RÉUSSIR... ET APRÈS

Du même auteur

Mes virginités, Presse de la Cité, 1998
Richard Branson, l'autobiographie, éd. Scali, 2006
Ma petite philosophie connaît pas la crise (les leçons de la vie), éd. Scali, 2007
Du capitalisme à l'écologie, éd. Scali, 2008

RICHARD BRANSON

RÉUSSIR… ET APRÈS

Traduit de l'anglais (Grande-Bretagne)
par Nadine et Jean-Marc Millanvoye

Éditions de la Martinière

Conception couverture : Plaisirs de myope,
d'après la couverture originale.

ISBN 978-2-7324-4465-9

First published in Great Britain in 2008
by Virgin Books Ltd
Titre original : *Business Stripped Bare*

une marque de La Martinière Groupe, Paris, France
Connectez-vous sur :
www.editionsdelamartiniere.fr
Dépôt légal : février 2011

Ce livre est dédié à tous ceux qui, par leurs talents divers,
ont contribué et contribuent encore aujourd'hui
à faire de Virgin ce qu'elle est.

Remerciements

Une nouvelle expérience, une belle leçon de vie, voilà ce que l'écriture de ce livre m'aura apporté. J'ai encore appris en racontant dans le détail mon parcours d'homme d'affaires avec la volonté de me dévoiler complètement. J'ai gardé en mémoire mes multiples tribulations de ces dernières années, et je suis conscient que certains collaborateurs de Virgin se sont un peu inquiétés de ce que j'allais raconter. Ai-je pu être tenté de pratiquer ici ou là la trop fameuse langue de bois des politiques ? Certainement pas ; c'est un point fort du groupe Virgin que de pouvoir parler de l'entreprise de la manière la plus franche. Bien entendu, si ma mémoire m'a trompé sur le déroulement exact de tel ou tel événement, et si j'ai pu commettre une erreur ici et là, j'en assume seul la responsabilité.

À la fin d'une pièce de théâtre ou d'un film qui raconte la vie d'un personnage réel, il arrive souvent que soit ajoutée la mention : « Les noms des protagonistes ainsi que les dates ont volontairement été changés. » Ici, ce n'est pas la peine : je n'ai pas l'intention de mettre quelqu'un dans l'embarras ou d'être désobligeant envers qui que ce soit.

S'il fallait résumer l'histoire extraordinaire de Virgin, on pourrait dire qu'elle raconte la construction d'une entreprise planétaire à travers la vie d'un homme. Nous avons fait mille choses, et il reste encore tant à réaliser ! Les gens remarquables et dévoués n'ont pas manqué à la tête de nos diverses entreprises. J'aimerais les remercier tous et toutes individuellement, mais un livre n'y suffirait pas, et l'éditeur ne serait pas d'accord ! Je vais donc saluer ceux qui ont eu des responsabilités directes sur Virgin au cours de ces dernières années.

Je veux exprimer ma gratitude à Stephen Murphy, le directeur général, pour son travail et son soutien. Je ne l'ai pas fait souvent, et pourtant il accomplit un travail magnifique. Merci aussi à Gordon McCallum, Mark Poole, Patrick McCall et Robert Samuelson ; Jonathan Peachey et Frances Farrox aux États-Unis ; Andrew Black au Canada ; Brett Godfrey en Australie ; Dave Baxby en Asie-Pacifique, et Jean Oelwang qui dirige notre entreprise caritative Virgin Unite, à Steve Ridgway, homme de confiance et ami sincère depuis de nombreuses années, Alex Tai, à Virgin Galactic, qui a vécu beaucoup d'aventures à mes côtés, et à son collègue Stephen Attenborough, qui travaille d'arrache-pied sur notre nouveau projet spatial. Des mercis encore à Tony Collins pour Virgin Trains, Jayne-Anne Gadhia pour Virgin Money et Matthew Bucknall pour Virgin Active, et à notre équipe de juristes dirigée par Josh Bayliss, qui a su nous guider parfaitement et nous éviter des erreurs, à nos gourous des relations publiques Nick Fox et Jackie McQuillan, et à mon staff personnel, Nicola Duguid et Helen Clarke, qui est ici près de moi sur Necker Island, et à Ian Pearson, le gardien des archives de Virgin dans l'Oxfordshire, en Angleterre.

Que Neil Whitehorn, président de Virgin Galactic, ami et conseiller de longue date, soit assuré de ma reconnaissance ; il m'a accompagné tout au long de la rédaction de ce livre. Merci aussi à Virgin Books, maintenant une branche de Random House, et Richard Cable, Ed Faulkner et Mary Instone, qui ont beaucoup travaillé à sa conception. Mes remerciements aussi à mes bons amis Andy Moore, Andy Swaine, Adrian Raynard, Holly Peppe et Gregory Roberts pour leur présence et leurs réactions précieuses.

L'excellent journaliste Kenny Kemp m'a aidé de la manière la plus efficace pour mettre en place mes idées ainsi que dans mes recherches, sans hésiter à courir au bout du monde pour grappiller chaque fois quelques instants de mon emploi du temps toujours très chargé. Merci à lui ainsi qu'à Simon Ings, qui m'a également beaucoup aidé. Toute ma gratitude enfin à mon épouse Joan, à mes enfants Holly et Sam, et à mon père et ma mère chéris, qui m'ont tous soutenu de leur amour.

Richard Branson
Necker Island, août 2008.

Préface

L'année de mes vingt ans, le propriétaire d'une boîte de Londres m'avait invité un soir pour boire un verre avec mes amis. Or, les vigiles de ce club branché nous avaient interdit l'accès sans ménagement, sous prétexte qu'on avait osé se présenter en jeans. De retour chez moi, je l'avais appelé :

– Vous trouvez ça drôle ?

– Désolé, Richard, cet incident est inadmissible.

Il n'avait pas assez de mots pour s'excuser.

– Revenez, s'il vous plaît ; je voudrais absolument vous rencontrer.

Il voulait vendre le club au premier pigeon qui se trouverait dans son viseur. Le lendemain matin à l'aube, je lui avais fait savoir que j'étais d'accord, et je m'étais retrouvé propriétaire d'un bel établissement, avec un toit en terrasse dans le quartier chic de Kensington. Je ne l'ai jamais regretté, au contraire. Il faut dire que nos clients avaient le droit de venir en jeans. Le club m'appartient encore aujourd'hui.

J'y suis venu pour la dernière fois le 29 septembre 2008 pour présenter mon livre. Le hasard avait fait curieusement les choses. Nous étions au cœur de la crise financière mondiale et tous les médias parlaient du plan de sauvetage des banques américaines. On attendait le vote de la Chambre des représentants pour l'attribution de 700 milliards de dollars (483 milliards d'euros). Cette intervention sans précédent de l'État dans le secteur privé visait à racheter les actifs douteux issus de la crise immobilière. Et moi, je venais présenter mon dernier ouvrage qui donnait des conseils pour réussir dans les affaires. Je commençai ainsi : « Nous vivons des instants dramatiques, mais, au fond, ce n'est pas plus mal. Je ne comprends pas que les banques du monde entier n'aient pas su anticiper une telle catastrophe. Je ne comprends pas, et j'enrage. Nous n'avons pas le choix ; tout le monde, qu'on soit riche ou pauvre, doit s'y mettre pour faire un grand nettoyage. Il faut reprendre confiance dans les banques, et il n'y a pas d'autre solution que de les renflouer, sinon nous allons connaître une crise identique à celle de 1929. »

L'effet de mon discours sur le public me rendait perplexe. Les gens n'arrêtaient pas de gigoter sur leurs chaises en regardant dans leurs mains, au milieu d'un étrange bourdonnement. Puis le silence se fit d'un seul coup. « Voilà quelque chose de bizarre », pensai-je.

« Si vous n'avez qu'une chose à retenir de ce livre, c'est le principe que je mets sans cesse en avant et sur lequel je reviens toujours. Il faut anticiper et éviter les accidents. Si vous voulez réussir dans les affaires, il faut savoir prendre des risques. C'est comme dans la vie. Si vous vous contentez de la routine, d'un quotidien sans relief, vous ne connaîtrez pas la vraie vie. Mais avant de vous lancer, il faut imaginer et envisager les conséquences et leurs effets collatéraux si tout partait en vrille. Je ne suis pas en train de prêcher pour un excès de prudence. J'ai souvent pris des décisions qui auraient pu mettre Virgin en grande difficulté. Ce que je veux vous faire comprendre, c'est qu'avec mon équipe tout était pesé et calculé. C'était plus ou moins bien apprécié des observateurs, mais on savait ce qu'on faisait. Les P-DG de banques et les ministres des Finances peuvent-ils en dire autant aujourd'hui ? »

Quand j'eus terminé mon speech, Richard Cable, un ami éditeur, m'apporta une coupe de champagne :

– À la tienne ! me dit-il.

– Alors ?

– L'info est tombée pendant que tu parlais. En me tendant son Blackberry, il me dit : Je croyais que tu avais compris.

J'avais la clé du mystère. Le public, composé d'hommes d'affaires, avait attendu fébrilement le résultat du vote. C'est pourquoi, jusqu'à l'arrivée de la nouvelle, ils n'avaient pas quitté des yeux leurs téléphones qu'ils avaient mis en mode vibreur. Je lus le message plusieurs fois.

Richard leva son verre. Il était tendu.

– Ils l'ont rejeté ?

– Avec 23 voix d'écart, me répondit Richard en reprenant doucement son téléphone.

La Chambre des représentants avait refusé le plan Paulson. Le lendemain, le Dow Jones s'écroula de 7 %, la chute la plus importante de son histoire en une seule séance.

Les éditeurs m'avaient demandé de faire des mises à jour du livre à la lumière des événements récents. « Tu peux nous faire une dizaine de pages ? »

Dix pages ?

Depuis la première édition, six mois s'étaient écoulés. Une éternité quand on est au bord d'un précipice. Le choc avait été terrible, et le monde des affaires était méconnaissable. À bien des égards, la situation semble aujourd'hui encore plus difficile. La Chambre a finalement donné son feu vert pour les 700 milliards de dollars de la présidence Bush, et quelques mois plus tard elle approuva aussi les 900 milliards du plan de relance du président Barack Obama. L'Amérique serait-elle parvenue à enrayer l'effondrement de son système financier ? La vérité est tragique : personne n'est capable de le dire. Dans ces conditions, venir donner des conseils pour réussir dans les affaires peut paraître étrange ou carrément perfide.

Je ne changerai pourtant rien de ce que j'ai écrit. Pas un mot. Vous allez découvrir ma propre vision des choses. Je ne dois rien à personne, sauf peut-être à ma famille qui m'a enseigné la valeur de l'argent ; j'ai appris à faire des affaires uniquement en faisant des affaires. Je ne développe aucune théorie, parce que je n'en ai pas. Au lieu de cela, je préfère garder les yeux ouverts sur le monde. Ces quelques lignes vont vous donner une idée de ce que je ressens aujourd'hui, et les chapitres suivants vous montreront comment j'ai l'intention de m'y pendre demain.

En février 2009, le gouvernement britannique a injecté 25 milliards de livres dans la Royal Bank of Scotland et a mis en place un plan d'assurance contre les actifs toxiques – payé par les contribuables britanniques – de 325 milliards de livres. J'ai de la peine à le dire, mais je me lance : les gouvernements ont raison de renflouer les banques. J'ajoute qu'ils auraient pu faire davantage.

Jamais le gouvernement américain n'aurait dû abandonner la banque Lehman Brothers à son sort et accepter sa faillite. Nous avons besoin d'un système bancaire fiable, c'est essentiel. Les gens doivent pouvoir s'endormir l'esprit tranquille en sachant qu'ils pourront retirer demain l'argent qu'ils ont déposé ce matin. C'est vital pour que les entreprises puissent monter des projets, créer des emplois et produire. Lorsque la banque anglaise HBOS s'est trouvée en difficulté et que sa faillite était annoncée, de nombreuses entreprises ont eu peur pour leur avenir immédiat et leurs liquidités. Son rachat par la Lloyds, notre banque, a apaisé le climat avant qu'on connaisse la réalité des pertes de HBOS. Pendant des années, les appels téléphoniques de la Llyods, qui voulait « juste vérifier si je n'allais pas faire bientôt faillite », m'avaient souvent agacé. Je me suis permis de les appeler à mon tour : « Je voulais juste vérifier que vous savez ce que vous faites. »

Un chapitre de ce livre raconte en détail notre tentative avortée de reprendre la Northern Rock. À l'automne 2007, notre équipe chargée du dossier, animée par sir Brian Pitman, fit un examen complet et rigoureux des chiffres en calculant précisément jusqu'où nous pouvions aller. Nous annonçâmes officiellement notre proposition de reprendre la banque mais, après réflexion, le gouvernement repoussa notre offre et préféra la nationaliser. J'étais horriblement déçu. Tout était prêt pour créer la banque Virgin et dynamiser la concurrence. Notre projet tenait la route et faisait partie des favoris. Les chutes de Bradford & Bingley, HBOS et RBS qui arrivèrent ensuite ne firent que confirmer mon opinion. Une nouvelle banque fiable et solide ferait le plus grand bien au marché.

Mais tout cela appartient au passé. Il faut regarder l'avenir.

Nous en sommes à un tel point aujourd'hui qu'il m'arrive de faire l'éloge de la nationalisation.

Mais permettez-moi d'en préciser les tenants et les aboutissants.

Une nationalisation doit se faire uniquement en cas de crise grave, quand une solution doit être trouvée d'urgence, mais à condition que la situation ne se prolonge pas, sous peine de nouvelle catastrophe. On sait comment ça se passe. Quand un responsable politique met un pied dans l'économie, il peut être tenté de s'investir davantage pour gérer toute l'économie du pays. Ce serait une erreur fatale, un peu comme si vous alliez vous asseoir sur une plage à marée basse en demandant aux vagues de ne pas venir vous rouler dessus.

Quand une banque connaît une crise grave, la solution est effectivement de demander au gouvernement de venir à son secours. Il faudrait ensuite la diviser en petites unités concurrentes pour que leurs clients sachent parfaitement comment est géré leur argent, et pour les faire revenir le plus vite possible dans le marché afin que les consommateurs puissent bénéficier de la concurrence en matière de prix et de services.

Nous avons besoin de petites banques privées à la gestion saine (Virgin Money s'en sort très bien avec 200 salariés). Les montants en dépôts seraient bien inférieurs, le gouvernement n'aurait pas à payer des primes d'assurances considérables en regard des sommes qu'il a jetées par les fenêtres ces derniers mois. Enfin, l'ensemble du secteur ne serait pas menacé d'un effet domino. Je trouve mon idée formidable et j'aimerais bien qu'on le reconnaisse !

En réalité, cette idée ne date pas d'aujourd'hui. Elle a six cents ans. La banque des Médicis a duré un siècle, ce qui n'est pas très long pour une institution financière. Elle était plus solide que la plupart des États européens eux-mêmes, et elle a permis aux Médicis de devenir la famille la plus riche d'Europe. Ils ont pu dominer le marché en gardant une taille raisonnable.

En 1397, lorsque Giovanni de Médicis s'est lancé dans les affaires, il a créé des filiales sous forme de sociétés juridiquement indépendantes – mais contrôlées majoritairement par la maison mère de Florence – et confiées non pas à de simples commis, mais à des membres des principales familles florentines, parentes ou alliées des Médicis. Ils ne recevaient pas de salaires, mais ils se payaient eux-mêmes en prenant un pourcentage sur les bénéfices de leurs établissements. Leur champ d'action était parfaitement délimité et, en cas de difficultés, les autres sociétés ne risquaient pas d'être contaminées. Contrairement à ses concurrents, la banque Médicis n'existait que sur un papier, un contrat régulièrement renégocié donnait des instructions précises quant à la gouvernance de ces centaines d'établissements qui constituaient la banque. Si vous voulez en savoir davantage, je vous conseille l'excellent livre de Niall Ferguson, *L'Irrésistible Ascension de l'argent*. À la page 44, j'ai noté en marge « Exactement comme Virgin ».

Les Médicis avaient su protéger leur entreprise. Leur personnel était habilité à prendre des risques, importants parfois, mais qui ne pouvaient pas porter préjudice à l'ensemble de l'entreprise, alors que leurs concurrents étaient des monolithes. Il arrivait souvent qu'un opérateur peu scrupuleux ou un gros débiteur provoque une faillite. Aujourd'hui, comment ces gens si talentueux et si intelligents ont-ils pu ignorer ces principes de base ? Je ne vois qu'un curé ou un psychiatre pour nous l'expliquer. Pour ce qui me concerne, je mets tout en œuvre pour en tirer encore des leçons.

Les patrons qui se vantent d'afficher un chiffre d'affaires de 100 milliards de livres avec 100 000 salariés appartiennent à la préhistoire. Avant dix ans, ils auront disparu, comme les dinosaures, sauf s'ils ont su morceler leur affaire en cent ou deux cents entreprises, chacune responsable de sa gestion et de ses comptes, avec chiffre d'affaires d'un demi-milliard. Une décision douloureuse et difficile à prendre, mais qui garantirait la pérennité.

Les crises économiques sont cycliques. Toutes les générations en ont connu. Tous les responsables politiques et les économistes ont tenté d'en atténuer les chocs. Pour y résister, il suffit de faire comme les Médicis : voir les choses en grand en s'appuyant sur de petites structures. Il vaut mieux avoir de bonnes idées que de mettre sa réussite en avant. Prenez l'exemple de Virgin Galactic. Pendant des années notre programme spatial a surtout consisté à accueillir en plein désert des chercheurs enthousiastes – mais en sueur –, venus examiner en détail nos fusées rudimentaires. Aujourd'hui, nous sommes prêts. Le départ est imminent.

L'important, c'est de rester simple. Je voudrais que tout le monde soit persuadé que l'avenir appartient aux entreprises à taille humaine.

Tout le monde ne peut pas devenir entrepreneur. Si vous voulez vous tester, faites-le dans vos soirées ou vos week-ends. Si vous avez un bon job, ce n'est pas le moment de donner votre démission, à moins que vous ayez l'idée du siècle. Ceux qui ont un salaire garanti vont moins souffrir en cette période si incertaine.

Pour ceux qui ont perdu ou risquent de perdre leur emploi, il est clair que tout va devenir plus difficile, avec des répercussions sur l'activité des entreprises, privées de leurs talents, de leurs savoir-faire et de la cohésion sociale. Chez Virgin, nous avons examiné toutes les solutions : diminution du temps de travail, congés sans solde, temps partagé, jusqu'au gel des salaires. Le licenciement doit rester le dernier recours. Il faut sans cesse chercher à faire des économies, qu'il s'agisse du nombre d'ampoules dont on peut se passer, du compte permanent de la société de taxis qui revient trop cher, ou des documents qu'il est inutile d'imprimer... Il est certain que le prix du pétrole continuera à augmenter. La chasse au gaspillage est donc la priorité.

L'élection du président Obama a apporté la première vague d'air frais depuis une décennie. Il a bénéficié du soutien du monde entier, et je ne fais pas exception. C'est formidable de voir qu'une de ses premières décisions a été de supprimer la torture lors des interrogatoires militaires. Vous me direz que cette décision s'imposait, mais ce fut très émouvant d'assister à la disparition de ce terrible épisode de notre histoire récente.

Les dirigeants politiques ne peuvent plus reculer ni nier l'évidence au risque de mettre notre économie en danger ; dans ce domaine, Obama est prêt à faire des choix audacieux. Va-t-il réussir tout ce qu'il veut entreprendre ? On peut en douter, mais en véritable homme d'action il est tout à fait capable de le reconnaître.

Je n'oublie pas une minute ce qui est arrivé à l'industrie automobile américaine qui est par terre et qui a mis des milliers d'employés au chômage. Pour moi, c'est une erreur de vouloir sauver à tout prix ce secteur en décomposition et de continuer à construire des voitures d'une autre époque, dévoreuses d'énergie. L'heure est venue d'opérer un changement radical, sinon ces arbres centenaires vont se flétrir définitivement pour laisser la place à des plantes toutes nouvelles, comme Toyota, Honda et autres constructeurs de voitures électriques comme Tesla.

Le président Obama a choisi de s'engager pour un monde plus écologique ; il est même prêt à promouvoir une économie verte dans la mesure de ses moyens. Ce ne sont pas que des mots. Il pense pouvoir créer 5 millions d'emplois dans le secteur de l'énergie renouvelable. Il veut investir lourdement dans un « réseau vert », qui fournirait de l'électricité aux maisons particulières à partir d'éoliennes et de panneaux solaires, et qui pourrait même redistribuer l'énergie non consommée. C'est une belle idée, mais je me demande si elle va pouvoir survivre à la récession. L'urgence est de tout mettre en œuvre pour faire diminuer le chômage ; il est plus simple d'embaucher des gens pour remettre des routes en état que pour construire le réseau d'énergie du XXIe siècle. Je ne doute pas un instant de la volonté du gouvernement américain, mais il faut être réaliste. Compte tenu de la situation, les projets écologiques seront les premières victimes, d'autant plus que, pendant une période récente, les prix des combustibles ont recommencé à baisser.

Je suis certain que le « réseau vert » de Barack Obama sera une réussite. Je crois dur comme fer que les biocarburants efficaces et durables vont se développer, tout comme l'économie verte, pour le bien des États-Unis. Je suis d'un naturel optimiste, mais Obama inspire confiance. Je sais qui il est, et je ne suis pas le seul.

Le prix du pétrole va de nouveau augmenter dans des proportions incroyables, bien au-delà de ce qu'on peut imaginer, avec de lourdes conséquences sur le monde économique. Les études récentes menées chez Virgin nous disent qu'aux alentours de 2015 la demande sera réellement supérieure à l'offre, et même en tenant compte de l'exploitation de nouveaux gisements de pétrole ou de gaz, il ne sera pas possible de satisfaire la demande croissante des pays émergents, d'autant plus avec l'accroissement de la population. Il faut créer d'urgence des nouvelles énergies.

Nous sommes à un tournant. Nous avons cinq ans pour construire un nouveau monde avec un budget insuffisant. Comment répondre à un tel défi ? Où trouver la solution ?

Il faut regarder du côté du Bangladesh, où un des membres du groupe des Aînés, le professeur Muhammad Yunus, a bel et bien créé une banque, la Grameen Bank, qui accorde des prêts à des entrepreneurs sans aucun moyen pour mettre en œuvre leurs projets et permet ainsi à des communautés de sortir de la grande pauvreté. Il faut se tourner vers l'Afrique où les bonnes vieilles méthodes de gestion ont épargné au continent d'être touché par la récession, si bien qu'aujourd'hui les compagnies sont à l'équilibre et prêtes pour une croissance rapide.

Il faut retenir les leçons de nos penseurs et de nos décideurs les plus expérimentés. Cette année, les Aînés ont choisi de se concentrer particulièrement sur les problèmes rencontrés par les femmes. Ce sujet me tient à cœur, en particulier pour ce qui concerne la répartition entre le temps de travail et celui consacré à la famille, un droit qui devrait être respecté religieusement chez Virgin pour les femmes comme pour les hommes.

J'imagine que cette culture du carriérisme au prix de journées de travail interminables disparaîtra dans les pays occidentaux qui ont connu jadis la prospérité. J'espère que nous serons toujours plus nombreux à pouvoir accorder davantage de temps à nos familles sans que notre réputation de dirigeants en souffre. En révisant nos organisations, je ferai de mon mieux pour que les salariés du groupe puissent en bénéficier, avec des rémunérations correctes.

Le fait de passer moins de temps à son travail n'apportera que des bienfaits. Je ne suis pas le seul à le penser, même si cela peut paraître étrange.

Dans le premier chapitre, je raconte que mes journées de travail commencent chez moi. Mes partenaires sont aussi des amis. Le temps passé chez soi n'a rien à voir avec l'oisiveté, au contraire. Ce sont des moments où je peux vivre les valeurs auxquelles je crois : la créativité, l'empathie, la confiance et le travail d'équipe, qui donnent un véritable relief au monde des affaires.

Au moment où le vieux monde s'éloigne, c'est autour de la table de la cuisine, avec ceux qui nous sont chers et qui nous aiment, avec nos enfants dont nous sommes fiers, qu'il faut imaginer et bâtir l'entreprise d'aujourd'hui.

Richard Branson,
Necker Island, mars 2009

Introduction

Je lui parlais tous les jours ou presque. Il était pour moi une caisse de résonance, un expert capable de mettre en musique notre façon de penser, et il nous avait donné de précieux conseils sur la gestion de Virgin One. Avant d'être consultant chez McKinsey and Co, Gordon McCallum avait travaillé pour les services financiers de Wells Fargo et pour d'importantes enseignes de la grande distribution, dont JC Penney. Je le connaissais bien, j'avais entièrement confiance en lui, et un jour j'eus besoin de l'appeler.

– Gordon ! Tu bosses pour nous ?

– Oui.

– Tu es salarié ?

– Non, Richard ; je suis consultant en free-lance.

– Il faut qu'on se voie. Demain à la maison, OK ? Et je raccrochai.

Quand, à 9 heures précises, Gordon arriva à Holland Park, j'étais encore au lit. Des images furtives de la fête de la veille passaient dans ma tête. Je ne voulais surtout pas qu'il s'imagine que je venais de me coucher. Je l'appelai de mon lit :

– Je veux te proposer un job à plein temps.

Malgré cet entretien d'embauche original, le premier du genre pour lui, Gordon garda son sang-froid.

– Quel genre ?

Et moi :

– Qu'est-ce que tu voudrais faire ?

Il éclata de rire.

– J'aimerais bien travailler avec toi sur la stratégie de Virgin pour donner au groupe une véritable dimension internationale.

Ses propos tombaient à pic.

– C'est ce que je pensais. Quel poste t'intéresserait ? lui demandai-je, tout en jouant les contorsionnistes pour attraper ma robe de chambre. Il y eut un blanc.

– Quelque chose comme directeur de la stratégie...

– OK. Je te nomme directeur de la stratégie du groupe Virgin.

On se mit d'accord sur son salaire, puis j'allai prendre ma douche.

Ça se passait donc comme ça dans le business ? Oui, plus souvent qu'on le pense. Les recettes ne se trouvent pas dans les livres. Il ne s'agit pas que de questions d'organisation, de chiffres d'affaires, de résultats, de rentabilité, de contrats, que sais-je encore ? Il s'agit de motivation, la clé de la réussite. C'est ce que je raconte dans ce livre destiné à tous ceux qui espèrent devenir entrepreneurs.

Mon problème, au-delà des conditions très particulières de notre entretien, c'était de recruter Gordon pour tirer le meilleur parti de ses immenses talents. Que je sois en peignoir ou en costume n'avait pas d'importance.

C'est au mois de juillet 2007 que je pris réellement conscience de cette réalité, en une heure, lors d'une interview au Aspen Ideas Festival[1]. J'avais accepté de répondre aux questions de Bob Schiefer, l'ancien présentateur du journal de CBS qui avait animé le débat Bush-Kerry lors de l'élection présidentielle américaine de 2004. J'avais l'air sûr de moi alors que j'ai un trac fou quand je dois prendre la parole en public, un exercice que je n'apprécie pas particulièrement. Je connaissais sa technique d'interview et je savais qu'il ne me ménagerait pas. Il m'accueillit gentiment, en faisant tout pour me mettre à l'aise dans une discussion à bâtons

1. Colloque qui se déroule chaque année en juillet à Aspen (Colorado), qui rassemble des acteurs et décideurs d'univers différents pour identifier et relever les défis du monde contemporain. *(NdT)*

rompus traitant du terrorisme international et du tourisme spatial, jusqu'à ce qu'il m'envoie un uppercut. Moi qui avais quitté l'école à 15 ans pour créer un magazine destiné aux étudiants, je m'entendis demander pourquoi j'avais choisi la carrière de businessman.

Sidéré par la question, je pris quelques secondes pour réfléchir, le temps de me rendre compte que ça n'avait jamais été mon objectif. C'est ce que je lui répondis, en ajoutant : « Ma passion, c'est la création. »

Le public d'Aspen n'a pas dû trouver ma réponse bien originale, bien qu'elle reflète ma conviction et ma pensée profondes. Inventer, bâtir sont des notions qui doivent faire partie de nos vies. Si vous n'êtes pas dans ce cas, inutile de vous lancer dans les affaires.

En quelques années, le groupe Virgin a acquis une compagnie de chemins de fer, construit un vaisseau spatial, créé une nouvelle ligne aérienne en Afrique et s'est investi dans le combat contre le Sida et le HIV. Tout cela me tient à cœur. Toutes ne sont pas des « entreprises » au sens habituel, mais cela ne donne pas pour autant raison aux journalistes qui ont mis en cause nos méthodes. *Virgin, contrairement à d'autres, n'oublie jamais le sens de sa mission. C'est ce qui a fait sa réussite.*

L'entreprise est, comme la peinture, une question de créativité. Devant une toile blanche, libre à vous de dessiner ce qui vous passe par la tête ; mais c'est précisément à ce moment-là que vous vous retrouvez confronté à la première difficulté. Vous allez souffrir : pour un tableau réussi, il y a d'innombrables échecs. Je vous donne des angoisses ? C'est normal. Tenez. Commencez. Vous avez choisi une couleur. La suivante doit être en harmonie avec la première. La troisième avec les deux précédentes, la quatrième... et ainsi de suite. Vous avez compris. Maintenant que vous êtes embarqué, vous ne pouvez plus vous arrêter. La marche arrière est impossible. C'est pourquoi je pense que ceux qui passent leur temps à dénigrer les hommes ou femmes d'affaires sont à côté de la plaque. Pour connaître la réussite, il leur a fallu ravaler leur peur en se lançant dans un projet original, quelque chose de particulier, avec le plus qui va améliorer la vie de chacun. Les avions sont-ils propres et bien entretenus ? L'équipage accueillant et sympathique ? Les couleurs rendent-elles bien ? Les sièges confortables ? Les repas de qualité ? Ça coûte combien, tout ça ?

Que l'on soit artiste peintre ou P-DG, on reçoit des factures, et l'argent ne rentre jamais assez vite. Pour peu que l'on se retrouve brutalement en récession, les petits tracas quotidiens prennent la forme d'une crise majeure et même vitale. Arrive le moment des décisions pénibles, dont les journalistes sont friands ; c'est pourtant le côté le moins intéressant et le moins caractéristique du métier. Ce qui compte, c'est ce que vous avez créé, en avoir fait un produit renommé, et en être fier.

« Vous devez avoir une vie extraordinaire. » Cette phrase, je l'entends tout le temps. Je reconnais volontiers que j'ai beaucoup de chance. Je possède une île paradisiaque, une épouse et une famille merveilleuses, des amis fidèles, bienveillants, et toujours disponibles, comme je le suis pour eux. Je voyage beaucoup, j'ai vécu beaucoup d'expériences et d'aventures qui m'ont donné la notoriété. Même George Clooney a avoué qu'il échangerait sa vie contre la mienne… Imaginez la réaction de ma femme !

Si j'en suis arrivé là, c'est parce que j'ai réussi dans les affaires. Si ce n'avait pas été le cas, ça ne m'aurait pas empêché d'être heureux. Entendons-nous bien sur le sens du mot « affaires ». Aurais-je été heureux sans cette vie où j'ai cent décisions à prendre chaque jour ? Certainement pas. Je serais le plus malheureux du monde. J'aurais surtout le sentiment d'être inutile.

Aujourd'hui, le groupe Virgin rayonne sur la planète entière. C'est devenu une marque de réputation internationale, à laquelle des milliers de personnes de tous les continents font chaque jour confiance. Pourrait-elle s'écrouler et disparaître du jour au lendemain ? Je ne crois pas. Nous l'avons bâtie de façon qu'elle puisse faire face à tout type de difficultés et organisée en 300 sociétés à responsabilité limitée. Nous avons fait la preuve qu'une marque composée d'entreprises distinctes, financièrement autonomes et responsables, pouvait fonctionner. Contrairement à ce qui s'est passé pour la banque Barings, nous n'avons rien à redouter des agissements d'une fripouille de trader qui pourrait provoquer l'explosion du groupe. Nous sommes à l'abri d'un désastre qui détruirait 50 000 emplois dans le monde et réduirait à néant quarante années de travail. Virgin est le plus grand groupe d'Europe, mais chacune de ses filiales dans son secteur d'activité est en position d'*outsider* avec une excellente réactivité sur la plupart de ses marchés.

Au moment où j'écris ces lignes, nous sommes toujours au cœur de cette épouvantable tempête qui nous est tombée dessus en 2008. Le monde entier a assisté au drame qui a frappé des dizaines de milliers de familles américaines. Grugées, ruinées, ne pouvant plus rembourser leurs crédits, elles se sont retrouvées à la rue. Depuis la crise des *subprimes*, les banques ne prêtent pratiquement plus, et l'une d'entre elles, au Royaume-Uni, s'est d'ores et déjà effondrée. Certaines institutions financières mondiales ont demandé l'aide des gouvernements et nous n'en sommes pas encore au désastre total. Pas encore. Mais quand le prix du pétrole atteint des sommets, l'impact est immédiat sur les consommateurs quand ils passent à la pompe. Ils freinent leurs dépenses et n'achètent presque plus rien. Du coup, tous les pays dont la bonne santé repose essentiellement sur une forte demande pourraient connaître une crise majeure.

Comme les autres, Virgin doit se frayer un chemin à travers de nombreux obstacles. Dans ce livre, je voudrais pouvoir mettre en lumière les éléments clés qui ont permis à nos entreprises de réussir en dépit de conditions économiques difficiles et d'une forte instabilité des marchés.

Pour comprendre comment marche une entreprise, comme dans bien d'autres domaines qui font appel à la créativité, les guides genre *pour les nuls* sont... pour des nuls. J'ai fait comme vous, pour tuer le temps dans les aéroports, j'ai fouiné dans les boutiques et j'ai feuilleté les livres du genre *Comment réussir dans les affaires*. Mais comme vous, je les ai trouvés mortels et je me suis dépêché de les reposer. Leurs auteurs ne connaissent pas la vie de l'entreprise. Ils n'ont jamais tenu *la barre*. Ils sont capables de vous expliquer comment peindre une toile. Mais ils seront bien incapables de vous expliquer pourquoi une peinture est mauvaise, ou comment reconnaître une belle toile au milieu de dix mauvaises, ou pourquoi vous prenez soudain conscience qu'un tableau est moche alors qu'il vous semblait parfait, ni comment pouvoir encore se regarder dans la glace quand vous vous rendez compte que vous avez mis une bonne peinture à la poubelle... que sais-je encore ! Bien entendu, il y a quelques exceptions, j'en ai rencontré, et j'aurai l'occasion d'en parler.

Qu'il s'agisse de peinture ou de business, il n'y a pas de règles. Pour réussir, il y a mille façons de s'y prendre ; et ce qui a fonctionné ne marchera pas forcément une seconde fois. La méthode pour apprendre à marcher n'est pas écrite : on se lance, on tombe, on se relève et on retombe, et peu à peu on comprend comment éviter de retomber. Des petites peurs qui prennent pourtant beaucoup d'importance ; plus tard, quand on entend le sifflement des balles pour la première fois, on pousse des cris de terreur.

J'ai créé et fait évoluer Virgin avec mes tripes, sans chercher à l'expliquer de manière rationnelle. Je n'en vois pas l'utilité. « On ne se baigne jamais dans la même rivière », dit le proverbe, C'est vrai dans les affaires comme dans la vie.

Tout ce que je peux faire – et je suis convaincu que c'est ce qu'il y a de mieux –, c'est de vous parler des routes que j'ai empruntées. Heureusement, j'ai beaucoup voyagé.

Le 11 novembre 1999, à Trafalgar Square à Londres, entouré de jeunes femmes largement dévêtues, surgissant d'une immense bulle de verre en forme de téléphone portable, j'annonçai la naissance de Virgin Mobile. Trois ans plus tard, en juillet 2002, c'est à Times Square, le quartier le plus fréquenté de New York, que je révélai le partenariat de Virgin Mobile et MTV. En guise de clin d'œil au succès du film britannique *The Full Monty*, je m'appliquai à rester pudique avec un téléphone en guise de feuille de vigne.

Le but de ces coups de pub originaux, c'était de faire passer l'idée que Virgin ne cache rien. Ce qu'on voit on l'a. Pour ce livre, une telle campagne publicitaire n'est pas prévue : le directeur de la publication m'a confirmé que nous n'en avions pas les moyens. Plutôt que de marteler des slogans, je vais dévoiler ce qui se passe chez Virgin en décrivant ce qui se passe et ce qu'on veut faire. Avons-nous atteint nos objectifs ? Avons-nous réalisé nos rêves ? En relisant mes notes et mes agendas pour trouver des idées et des thèmes porteurs, j'ai décidé d'évoquer sept grands sujets :

Les équipes
La marque
Les clients
Comment rebondir sur les échecs
L'innovation, moteur de l'entreprise
Esprit d'entreprise et leadership
L'entreprise et le monde

Que l'on vive aux États-Unis, en Australie, Nouvelle-Zélande, Japon, Afrique du Sud, Inde, Europe, Russie, Amérique du Sud ou en Chine, la marque Virgin fait partie de notre quotidien à tous et a pour objectif de nous faciliter la vie. Notre but, c'est de donner du bonheur aux gens en leur proposant des produits d'excellent rapport qualité-prix dans de multiples domaines.

Nous tenons à ces valeurs et elles ont un prix. Virgin Mobile USA détient un record : c'est l'entreprise qui a réalisé le chiffre d'affaires d'un milliard de dollars le plus rapidement, plus vite que Microsoft, Google et Amazon, record qu'elle détient toujours. Nous avons fait aussi plus de multimillionnaires qu'en Europe, et nous faisons partie du top 20 aux États-Unis. Pour en arriver là, il faut savoir prendre des décisions sans commettre d'erreurs et toujours donner la plus grande place à l'innovation. J'y ajoute la rigueur, un bon sens de l'humour, et, disons-le, un peu de chance.

Sur notre site Internet, on poste des centaines d'idées par mois, susceptibles de nous faire encore progresser. Un modérateur attaché au département Recherche et Développement est chargé de les répertorier et de les classer avant de les transmettre à nos spécialistes qui les étudient pour sélectionner les meilleures. Quelques-unes sont ensuite transmises à nos spécialistes en matière d'investissements, basés en Suisse, à Londres, New York, Shanghai et Sydney, pour être décortiquées avec davantage de rigueur encore que dans *Les Experts*.

Imaginez que votre proposition soit retenue. Qu'est-ce qui vous attend ? Pour commencer, nous allons vous faire passer un examen assez poussé.

En général, nous invitons les personnes concernées à plancher devant le Comité d'investissements de Virgin, à Londres, à New York ou Genève, et même en Extrême-Orient : au Japon ou en Chine. Une équipe de Virgin, chargée tout particulièrement d'étudier les projets, assiste à ces réunions hebdomadaires. Ses membres ne font pas partie des dirigeants pour éviter de rejeter des idées nouvelles qui, apparemment, pourraient être en contradiction avec notre stratégie, mais ils travaillent en collaboration étroite avec nos décideurs, Stephen Murphy, notre directeur général « Monde », basé en Suisse, et Gordon McCallum, directeur général pour le Royaume-Uni. Ils vous mettent ensuite sur le gril en passant au crible votre *business plan* pour étudier sa rentabilité. Pour les non-initiés, il est difficile d'oser contredire certains propos du Comité, mais vous êtes censé avoir suffisamment préparé votre dossier et connaître votre projet sur le bout des doigts. Cela dit, contrairement aux jurys de certaines émissions de télé-réalité, ils ne mordent pas et ne se comportent pas comme des brutes. Des entretiens complémentaires peuvent être organisés si nécessaire pour mieux approfondir le sujet et poser des questions plus pointues encore. Le Comité peut se réunir encore plusieurs fois avant de prendre sa décision. Toutes les lignes sont étudiées : chiffre d'affaires prévisionnel, investissements et frais de fonctionnement, provisions, puis le budget marketing, le seuil de rentabilité, et la stratégie de sortie : une vente ou une mise sur le marché boursier. Arrive enfin l'essentiel : choisir ceux qui conduiront le projet. Pour nous, il n'y a aucun doute. La réussite repose sur les hommes.

Après avoir tout étudié dans le moindre détail, le plus souvent, ils ne recommanderont pas de suivre votre proposition. Ne cherchez pas pourquoi. Les raisons sont toujours multiples et variées. Pas question non plus de vous lamenter. Respirez un bon coup, dites-vous que cette expérience vous aura apporté quelque chose, et reprenez votre téléphone.

L'équipe Virgin agit comme une société à capital-risque. Elle doit mesurer tous les enjeux que l'affaire représente : évaluer votre potentiel, vérifier qu'il est en phase avec les ambitions et la stratégie du groupe, qu'il entre dans le champ des valeurs véhiculées par notre marque et, bien entendu, s'il est rentable. Si Virgin retient votre idée, le Groupe mettra à votre disposition tout son savoir-faire et son expertise. Quant à moi, je suis toujours là pour apporter mon aide en peaufinant encore le projet, et pour prodiguer des conseils de toute nature.

Les hommes du Comité d'études et d'investissements ont toute ma confiance. Ils savent tout ou presque du Groupe. Je n'assiste que rarement à leurs réunions car ils n'apprécient pas mes interventions et mes remarques. J'en ai pris conscience depuis que je sais qu'ils m'ont donné le surnom de Docteur Yes, clin d'œil au superbe film *James Bond contre Docteur No.*

Si votre idée me plaît malgré les doutes exprimés par les membres du Comité, je leur demande de trouver des solutions aux problèmes qu'ils ont soulevés. Je les pousse en permanence. Lors de l'étude de Virgin Mobile, je les appelais toutes les semaines. « Alors ? Toujours pas de décision ? Pourquoi ? » Ce fut la même chose pour Virgin Blue, mais ils finirent par comprendre le bien-fondé de mon harcèlement.

J'ai toujours un as dans la manche et une bonne force de persuasion. Si je sens bien votre projet, je suis capable de convaincre ceux qui sont réticents, mais sans agir à la légère. Je l'ai dit, je fais confiance à mon instinct et il m'arrive de ne pas tenir compte des études approfondies. J'aimerais bien vous dire que toutes les cartes que j'ai sorties ont abouti à des réussites comme Virgin Mobile ou Virgin Blue, mais ce n'est pas le cas. C'est pourquoi j'ai tendance à casser les pieds de mes collègues cadres supérieurs !

Si nous avons décidé de tenter l'aventure avec vous, nous mettons en place un statut de marque à capital-risque ou parfois de capital développement[1]. Nous prenons également une participation en attendant le retour sur investissement sur deux à trois ans.

Les entreprises ont un autre devoir, et pas des moindres : veiller à la bonne santé et au bien-être de ses salariés. (Je vous conseille de regarder ce que nous avons fait pour nos équipes qui travaillent en Afrique du Sud avec HIV/Aids.) Au-delà de ça, les affaires ne seraient qu'une course effrénée vers le profit, n'est-ce pas ?

Ces termes s'appliquent plutôt au monde du crime, pas à celui des entrepreneurs.

Dans le business, l'éthique n'est pas un détail, c'est un but. Ce que nous voulons, c'est construire. Et vouloir construire, c'est déjà une décision éthique. Et plus l'entreprise se développe, plus il faut donner de place à l'éthique.

J'ai passé la première moitié de ma carrière à créer des entreprises dont je puisse être fier, sans rien devoir à personne, en me battant pour la force et le développement du groupe Virgin. En faire *la marque la plus respectée au monde*. C'est ce qui a fait notre force. Lorsque le programme Virgin Galactic commencera, j'espère que nous serons aussi la marque la plus respectée dans l'espace !

Dans la deuxième partie de ma carrière, en m'appuyant sur ce qui avait déjà été réalisé, j'ai créé les « cabinets de guerre » pour aller affronter les grands problèmes d'environnement et de maladies endémiques. J'ai fait appel à de grands leaders de la planète

1. Les investisseurs en capital-risque aident à la création et aux premières phases de développement d'entreprises innovantes, considérées à fort potentiel de développement et de retour sur investissement. Capital développement : financement d'une entreprise à fort potentiel de croissance ayant déjà atteint la maturité, destiné à permettre une nouvelle phase de développement. *(NdT)*

pour former The Elders[1], des personnalités aux grandes qualités humaines qui, grâce à leur renommée et leur influence, agissent pour le bien de l'humanité.

Pour organiser et faire vivre cette action, nous nous appuyons sur le savoir-faire et les mêmes méthodes que pour Virgin Records et Virgin Atlantic. Pourquoi faire autrement ? Réussir dans les affaires, c'est mener à bien des projets. Non. Notez plutôt ceci : c'est chercher à toujours faire mieux (en faisant du profit), tout en mettant en œuvre un projet social non lucratif. L'un et l'autre se gèrent de la même façon en réalité.

Mais il ne faut pas s'y tromper, tout n'est n'est pas simple. Plus on grandit, plus c'est difficile. Quand votre image de marque repose sur 300 entreprises, il faut veiller en permanence à ce que personne ne fasse la petite erreur qui portera un coup à votre réputation. Pas question, par exemple, de pots-de-vin ou bakchich pour faciliter une transaction. Tout le monde doit être traité avec un souci d'égalité et de justice.

Avec le changement climatique et ce qu'il porte en lui de menaces, nos enjeux sont aujourd'hui encore plus importants. C'est le plus grand défi que la planète doit relever. Le transport de passagers est une des activités importantes du groupe Virgin, avec nos compagnies de chemin de fer et aériennes, et bientôt le tourisme spatial. Nous faisons partie de ceux qui polluent. Bon. Peut-on supprimer le trafic aérien ou les voyages dans l'espace ? On ne peut pas revenir en arrière. Tout comme un groupe ne peut défaire une chanson, ou qu'on ne peut faire un retour en arrière quand on prend une cuite ou lorsqu'on a une indigestion. C'est la même chose pour vos enfants ou votre travail de la semaine dernière. Alors voici la première règle de l'entreprise : il est interdit de reculer !

Pour diminuer ses empreintes carbone, Virgin cherche à développer des énergies alternatives et renouvelables, plus écologiques,

1. Les Aînés. Dont l'idée est née lors d'une discussion entre Richard Branson et le musicien Peter Gabriel. En font partie : Nelson Mandela, Jimmy Carter, Desmond Tutu, Kofi Annan et bien d'autres encore. *(NdT)*

pour ce qui concerne le chemin de fer, le transport aérien et les voyages spatiaux. Nous travaillons très sérieusement sur les problèmes d'environnement. C'est en inventant autre chose qu'on apportera une réponse à cette crise et qu'on avance. J'espère bien vous dire comment dans ce livre.

J'ai eu jusque-là une vie heureuse, et j'espère que cela va durer encore longtemps. J'ai l'intention de travailler jusqu'au bout de mes forces et de continuer à me fixer des challenges tant que ma santé me le permettra et que j'aurai toute ma tête. J'espère que la chance dont j'ai bénéficié pourra profiter à d'autres, qu'elle leur apportera des changements fondamentaux et l'amélioration de leur quotidien.

Je veux croire que ce livre va vous être utile. Mes expériences vont peut-être modifier sensiblement vos opinions sur le monde des affaires comme ce fut le cas pour moi.

1

Les équipes

Trouve des gens bien, laisse-les libres

« Monsieur Richard ! Monsieur Richard ! Vous avez une minute, s'il vous plaît ? »

J'étais à Ulusaba, notre réserve privée tout près du Parc national Kruger en Afrique du Sud, un merveilleux morceau de *bush* dont Karl et Llane Langdon s'occupent à merveille. Les anciens propriétaires avaient prévu d'en clôturer 2 000 hectares pour protéger les animaux sauvages des trop nombreux braconniers, mais nous avions préféré suivre les conseils de nos rangers et laisser les léopards, les lions, les éléphants, les guépards et les rhinocéros se déplacer librement sur nos terres et celles du parc Kruger.

En 1999, j'avais acheté cette propriété pour près de 6 millions de dollars. C'était ma façon de témoigner à Mandela, le président de la République d'Afrique du Sud, mon respect pour la terre qui l'avait vu naître. Même dans les pires moments de l'histoire de Virgin, alors que j'avais des besoins urgents de liquidités, je n'ai jamais voulu la revendre.

– Monsieur Richard !

Je m'arrêtai et me retournai. Je fus soudain ébloui par l'un des plus beaux sourires que j'aie jamais vus de ma vie. Je restai figé devant une petite femme vêtue d'une robe jaune et rouge du Kwazulu.

– On m'a dit que vous étiez très généreux, monsieur Richard. J'ai besoin d'argent pour m'acheter une machine à coudre. Vous pouvez m'en prêter ?

Notre fondation caritative Virgin Unite se dépensait beaucoup à ce moment-là pour les villages de notre réserve et ceux de la région. Leurs habitants devaient faire des kilomètres à pied pour aller chercher une eau saumâtre jusqu'à Sand River[1]. La fondation avait construit une clinique, aidait les écoles, et avait fait des forages pour trouver de l'eau claire. Nous avions aussi aménagé des aires de jeux pour les enfants et des huttes où les habitants vendaient des souvenirs aux touristes.

Les touristes… Ils comptent dans les revenus de Virgin. Depuis dix ans, ils se disputent la location de nos maisons haut de gamme dans ce site de rêve. L'une d'elles, perchée sur une colline de granit, offre une vue à 360 degrés sur le *bush*. L'autre, une cabane dans les arbres, domine la rivière Mabrak, rendez-vous des animaux sauvages.

J'ai souvent été sollicité pendant ces trente dernières années, mais on ne s'y était jamais pris aussi directement. Vous connaissez l'*elevator pitch*[2] ? Ce jour-là, pas question d'ascenseur ; c'est au bord de la mare aux éléphants que cette petite femme m'avait interpellé :

– Je suis couturière, je sais bien travailler, et j'ai besoin d'une machine à coudre, mais je ne peux pas me la payer.

Elle avait une toute petite affaire qu'elle voulait faire évoluer.

– Combien il vous faut ?

– 300 dollars. J'embaucherai six personnes et je vous rembourserai dans trois mois.

L'ambition et la détermination de cette femme m'impressionnaient. Elle savait exactement ce qu'elle voulait et où elle allait. À Ulusaba, ou « Lieu de petite peur », je rencontre souvent le personnel chargé d'accueillir les visiteurs. Eux, ils savent ce qu'est la peur. La malaria, la tuberculose et le Sida font partie de leur quotidien.

Je lui donnai ses 300 dollars, bien persuadé de ne plus en revoir la couleur. Ce n'était pas du mépris de ma part, mais simplement le fruit de mon expérience.

1. La Rivière de Sable. *(NdT)*

2. Littéralement « se vendre dans l'ascenseur ». Exercice consistant à se mettre en valeur face à un haut responsable de l'entreprise, avant que les portes se referment une fois arrivé à l'étage de la direction. *(NdT)*

Trois mois plus tard, j'étais de retour pour inaugurer de nouvelles réalisations de Virgin Unite : des crèches, des orphelinats et une clinique réservée aux malades du Sida. À mon arrivée, six personnes vinrent m'offrir des ravissants oreillers de coton et des vêtements typiques qu'elles avaient fabriqués. Et elles me tendirent 300 dollars.

L'image de la petite femme en jaune et rouge me revint immédiatement en mémoire.

– Madame la couturière n'est pas là ?

– Elle aurait bien voulu vous saluer, monsieur Richard... mais elle est au marché pour vendre ses produits.

Je pense souvent à cette femme intelligente, volontaire et honnête, qui avait amélioré son quotidien et celui de ses compatriotes grâce à une machine à coudre. Au lieu de vous présenter à *Dragon's Den*[1], venez en Afrique si vous voulez assurer votre avenir. Ce continent regorge d'opportunités.

Comment faire pour que les plus défavorisés parviennent à monter des petites entreprises dans une nation à reconstruire ? C'était l'obsession du célèbre économiste Muhammad Yunus depuis l'indépendance du Bangladesh, son pays, en 1971.

Yunus, qui prêtait personnellement des petites sommes à quelques dizaines de villageois proches de son université tant il était bouleversé par leur misère, fonda la Grameen[2] Bank en 1977. Le premier programme de microcrédit au monde permettait d'emprunter à 2 % alors que les banques traditionnelles refusaient tout effort et que les usuriers locaux pratiquaient des taux de 20 %. Après son succès immédiat au Bangladesh, il fut étendu à d'autres pays : la banque dispose aujourd'hui de 2 400 succursales et de 7,5 millions d'emprunteurs ; et chaque année, 5 % des clients de Grameen sortent de leur pauvreté. L'idée géniale et la détermination de Yunus ont engendré un mouvement planétaire et

1. Émission de télé-réalité anglaise où des candidats « inventeurs » espèrent voir leur projet sélectionné par un jury. *(NdT)*

2. *Grameen* signifie « village ». *(NdT)*

bouleversé des millions de vies. Le prix Nobel de la paix lui a été décerné en 2007.

Muhammad, farouche partisan de l'économie sociale, a résumé sa philosophie dans une interview au *Santa Barbara Independent* :

Les entreprises veulent faire des profits, sans s'inquiéter pour ceux qui restent au bord de la route. C'est exactement le contraire en économie sociale. Nous ne sommes pas *une œuvre caritative ; nous aussi, nous nous battons pour faire des bénéfices. Ils nous permettent de rembourser les investisseurs et de poursuivre notre mission : aider les pauvres.*

Pour Yunus, ce n'est pas le capitalisme lui-même qui est à l'origine de nos problèmes, mais certains chefs d'entreprise qui n'ont aucune ouverture d'esprit.

« L'entrepreneur est un homme unidimensionnel, insensible, isolé et coupé de la vraie vie, qu'il s'agisse de religion ou de politique. Il n'a rien de commun avec les gens ordinaires qui ont tous plusieurs facettes. » Pour Muhammad, le capitalisme peut et doit profiter à tous. Je suis un pragmatique et j'ai tout appris du terrain. Ses propos m'allaient donc droit au cœur. Il a mis en musique ce que je ressentais depuis des années : *réussir dans les affaires, c'est aussi en faire profiter les autres, en leur permettant d'améliorer leur vie. Sinon, à quoi bon se battre ?*

Je reviendrai sur le rôle de Virgin en Afrique et sur les questions politiques que cette anecdote illustre à merveille. Mais commençons par le commencement. Imaginez un peu que votre entreprise soit composée uniquement de personnes de la trempe de cette petite couturière ! C'est le cas chez Virgin où nous faisons vivre un esprit d'entreprise dans toutes les branches de la société. Prenez un peu de recul pour réfléchir à ce qui se passe chez vous et dans votre entourage, le plus sereinement possible et sans détour. Si vous ne savez plus où donner de la tête, donnez donc un peu de pouvoir à vos cadres.

Il n'y a rien de plus difficile que de changer fondamentalement la culture d'une entreprise ; nous y sommes pourtant parvenus, mais à quel prix !

En 1996, nous avons fait l'acquisition d'Euro Belgian Airlines pour en faire une compagnie aérienne à bas coût, Virgin Express, avec une gestion rigoureuse mais dynamique. Après avoir changé la marque, on a mis 49 % d'actions sur le marché de Bruxelles et au Nasdaq. On savait dans quelles difficultés on se mettait en allant affronter EasyJet, Ryanair et Go, entreprises déjà bien implantées, qui avaient leur siège au Royaume-Uni alors qu'on était basé en Belgique. J'étais certain qu'il suffisait d'insuffler l'esprit Virgin pour y arriver. Erreur funeste…

Dès le début, j'ai eu l'impression d'être en guerre. Les lois stupides comme la semaine de trente-cinq heures de travail hebdomadaires et le poids énorme des charges nous handicapaient sérieusement. Il fallait donc procéder à des changements brutaux, un cauchemar quand il faut bouleverser les habitudes et l'organisation du travail. Si ce n'était pas simple pour nous, imaginez les réactions du personnel qui se comportait avec méfiance et insolence. Ils ignoraient tout du plaisir au travail, de la solidarité et de l'esprit d'entreprise.

On décida donc de tout changer ou du moins on essaya, dans un climat délétère et face à des syndicats jaloux de leurs prérogatives. Ils nous menaçaient sans arrêt de déclencher des grèves et nous forçaient à des négociations salariales interminables. Je pris beaucoup sur moi pour mener l'affaire à son terme en creusant dans les réserves de mon karma légendaire. J'ai retenu la leçon : surtout, ne pas tout mener de front. Mes notes prises à l'époque disent tout : *C'est pratiquement la première fois de ma vie que je passe des nuits blanches. Moi qui aime me colleter aux situations difficiles, je suis servi… c'est l'enfer. Il faut que mes équipes retrouvent la sérénité. Je ne laisserai plus jamais une de nos sociétés se mettre dans une telle situation. Plus jamais.*

Je pris la décision de nommer Neil Burrows P-DG. Au prix d'un travail colossal et de ses qualités de grand patron, il réussit à apaiser les tensions et à faire de Virgin Express une compagnie crédible, des plus compétitives en Europe. Tout se passait bien, jusqu'à ce que notre premier partenaire, la SABENA, atteinte de plein fouet par les événements du 11 Septembre, fasse faillite. En mars 2006, Neil arrivait tout de même au bout de ses travaux d'Hercule en annonçant la naissance de Brussels Airlines, issue de la fusion réussie de Virgin Express et SN Brussels Airlines. Il avait réussi le mariage des deux cultures et créé une des sociétés européennes les plus florissantes. On apprit beaucoup et on avait retenu une règle de base : toujours prendre le temps de la réflexion avant d'acheter une entreprise. Le plus difficile et le plus long arrivent après, quand il faut changer les habitudes. Combien d'acquisitions ont tourné au drame parce qu'on s'est contenté de regarder les chiffres et qu'on n'a pas anticipé les difficultés qui nous guettent pour faire travailler ensemble des gens qui n'ont pas la même histoire, ni les mêmes façons de penser, ni les mêmes valeurs. Au risque de me répéter, prenez le temps de faire le point. On a tiré d'autres enseignements de cette aventure. Si vous avez humilié des collaborateurs ou si vos patrons vous rabaissent sans vous écouter, il est urgent de tout mettre en œuvre pour améliorer le climat.

Maintenant, imaginez que vous repartiez de zéro et que vous commenciez votre recrutement. Une fois que vous avez trouvé des gens bien, qui ne feront pas de vagues, commencez à travailler avec eux. Ceux qui font l'affaire sont rares, mais vous allez vite les repérer. Commençons donc par eux.

On croise partout des prototypes « Virgin » : dans les bars, les cafés, les hôtels, les petites entreprises, les bibliothèques, les bureaux de poste, les hôpitaux, sur une jetée des Caraïbes, et même dans les gouvernements ou la fonction publique. Ils ne sont pas conscients qu'ils possèdent ce petit quelque chose que vous recherchez, et pourtant ! Il suffit d'un peu d'attention pour vite les dénicher.

Si vous dirigez une société ou un département « Ressources humaines » (au passage, je déteste cette expression ; je préfère parler d'hommes et de femmes, ou d'équipe), allez à leur rencontre. Ils sont curieux de nature et regardent la vie en face. Ils aiment travailler en équipe. Ce sont des bons vivants. Ils ont de l'humour. Je ne sous-estime pas les diplômes, mais ils ne m'apprennent rien sur celui ou celle qui les a obtenus. À un parcours universitaire traditionnel, je préfère le bon sens et la réactivité. C'est le plus important. À ce qui a construit une personnalité s'ajoute l'expérience de la vie. C'est ce qui compte.

Je suis en permanence à l'affût des meilleurs talents débordant d'énergie et d'enthousiasme, mais ils ne sont pas légion. Je veux des collaborateurs capables de prendre leur travail à bras-le-corps et qui n'ont pas peur des responsabilités. On ne peut jamais affirmer qu'on a fait le tour de son métier et qu'on le maîtrise complètement, car on apprend tous les jours. Récemment, j'ai remarqué deux types qui s'occupaient d'un centre aquatique. Brillants, efficaces, et appréciés par tout le monde. On ne recherchait pas particulièrement des professionnels de ce secteur d'activité, mais je leur ai quand même proposé de prendre la direction de notre île Necker dans la mer des Caraïbes[1].

Dans le monde des affaires, il faut savoir garder son sang-froid en toutes circonstances. C'est indispensable pour le groupe Virgin, dont la plus grande partie de l'activité concerne les relations avec des consommateurs qui sont aujourd'hui particulièrement sensibles et exigeants, qui détestent qu'un grain de sable vienne contrarier leurs projets.

Je tiens à ce qui a fait l'âme de Virgin. Je veux que chacune de nos sociétés soit imprégnée de la fraîcheur et du naturel de nos débuts, mais il n'y a pas de mode d'emploi. Le passé est le passé, et il serait stupide de chercher à recréer des situations déjà vécues. Cela dit, c'est à nous de repérer ceux qui sauront perpétuer cette

1. Petite île de l'archipel d'Hawaï, d'une superficie de 182 890 m^2 dans l'océan Pacifique, à 13 km au nord du Tropique du Cancer. À un quart d'heure de bateau du petit port de Limerick Bay, sur l'île de Virgin Gorda, c'est un vrai paradis tropical, réalisé par Richard Branson au prix de travaux très importants pour en faire un havre d'un raffinement extrême, dans un remarquable respect pour l'environnement. *(NdT)*

flamme dans les générations à venir. Comme tout le monde, nous voulons des collaborateurs dévoués, dynamiques et agréables avec nos clients comme avec nos collègues. Mais il ne faut jamais se prendre au sérieux. Quelqu'un de véritablement passionné et compétent ne doit pas être obsédé par son image ou son rang dans la hiérarchie. C'est pourquoi je tiens à ce que le groupe conserve une taille raisonnable, avec des dirigeants soudés qui facilitent la qualité des relations humaines. C'est le cœur de Virgin et un gage de bonne gestion.

Il faut se sentir libre de parler et de se confier pour bien connaître ses collègues et un peu de leur vie personnelle. Les conversations apparemment anodines sont souvent essentielles. À l'inverse, un univers rigide et impersonnel, une ambiance de caserne et de conflits pourrissent l'ambiance et conduisent à l'échec. Vous perdrez beaucoup de temps parce que cela se finira toujours dans votre bureau et que personne n'aura plus envie de se défoncer pour vous. La créativité naît toujours d'une bonne communication interne, ce qu'Albert Einstein avait formulé ainsi : « Ce qu'on veut réussir tout seul, en voulant se passer des autres, est triste et dérisoire. »

Une salle de réunion où les collaborateurs n'ont rien à se dire a quelque chose d'affligeant. *Il faut faire en sorte qu'ils soient obligés de se parler, d'échanger des idées et même de créer des liens d'amitié. Quand ils demanderont à vous rencontrer, ce ne sera pas pour se plaindre, ni pour évoquer leurs problèmes, mais pour vous proposer des idées étonnantes.* Les conflits sont bien entendu inévitables, surtout dans une petite équipe, quand on se côtoie toute la journée. Dès que vous avez connaissance de dissensions ou de disputes, il faut immédiatement y mettre un terme pour ne pas laisser pourrir et s'envenimer la situation et créer des difficultés. Au lieu d'arriver au bureau avec la boule au ventre, vous viendrez travailler avec plaisir et passion.

Pour bâtir une équipe dirigeante performante, un manager doit avoir des qualités de psychologue, mais le pragmatisme finit toujours par payer. Nul besoin de remuer ciel et terre pour trouver des natures exceptionnelles : c'est dans la vie quotidienne et dans l'adversité qu'on découvre les véritables personnalités ; tout le bruit fait autour de Virgin à ses débuts venait précisément de notre grande diversité et d'un mélange détonant de caractères bien trempés.

Je n'ai pas oublié Simon Draper, un garçon brillant venu d'Afrique du Sud, petit étudiant propulsé acheteur à la naissance de Virgin Records. Ce jeune homme branché, passionné de musique, assurait tout seul le rôle du conseil d'administration. D'une apparence nonchalante, il avait un don extraordinaire pour sentir les tendances musicales et faire signer les meilleurs groupes. Il fut un élément clé de notre réussite.

Autre chose : comme dans la distribution d'une pièce de théâtre, il faut changer régulièrement les équipes en place ; quand les comédiens jouent trop longtemps ensemble, ils finissent par perdre un peu de leur fraîcheur. N'attendez pas le premier signe de relâchement pour agir.

Dans nos premières années, dès qu'une de nos entreprises dépassait la centaine de personnes, je convoquais les adjoints du directeur, du directeur des ventes et du directeur du marketing. « Vous êtes maintenant directeur, directeur des ventes et directeur du marketing d'une nouvelle entreprise. » Nous divisions alors la société en deux, et dès qu'elles atteignaient à leur tour un effectif de cent, je recommençais.

Virgin Records a finalement donné naissance à vingt compagnies différentes dans le quartier de Notting Hill à Londres, toutes indépendantes et concurrentes mais avec un département comptabilité centralisé. Un directeur de petite unité avait toujours plus d'autorité que l'adjoint d'une grande. Comme ils étaient intéressés aux résultats, ils pouvaient mettre en valeur leurs succès et réagir rapidement en cas d'échec, et la petite taille de ces sociétés n'a pas empêché le groupe de devenir le leader mondial de son marché. Nous n'aurions sans doute pas connu la même réussite en conservant tout le monde sur le même site.

Aujourd'hui encore, chacune des entreprises du groupe est d'une taille raisonnable, même si nos compagnies aériennes et de chemin de fer ont connu un développement très important. Pendant des années, j'ai pu parler à nos collaborateurs en les appelant par leur nom. Ce n'est plus tout à fait le cas, mais nous faisons tout pour conserver cette culture de la proximité. Chaque fois que nous avons créé une nouvelle compagnie aérienne, nous en avons fait une entité autonome. Virgin Blue en Australie, Virgin Atlantic et Virgin America sont totalement indépendantes ; nous ferons de même pour celles que nous prévoyons d'installer en Russie et comme nous l'avons fait pour Virgin Nigeria qui a bénéficié du soutien des équipes de Virgin Atlantic à ses débuts. Cette méthode a fait ses preuves, d'autant plus que ces échanges intéressent beaucoup les salariés qui peuvent passer un an en Grande-Bretagne ou en Afrique du Sud, et l'année suivante à l'autre bout du monde, en Australie. Nos directeurs ont compris tout le bénéfice à tirer de ces échanges des cultures dont naissent les meilleures idées. *Chacun peut apporter sa pierre aux compagnies différentes dans leurs structures et leurs modes de fonctionnement.* C'est aussi une excellente méthode pour garder nos bons collaborateurs.

Comment garder sa motivation quand on s'est donné à fond pour obtenir un poste finalement confié à un parachuté, totalement étranger à l'entreprise ? Chez Virgin nous tenons à l'esprit de famille et nous privilégions la promotion interne autant que possible. À titre d'exemple, la directrice du département Enregistrement de Virgin avait commencé à travailler comme femme de ménage dans le manoir où nous avions nos studios. Quant à la directrice de notre hôtel de prestige d'Asni, au Maroc, elle s'était fait remarquer par ses qualités de battante quand elle était masseuse chez Virgin Atlantic.

En 1995, une trentaine de personnes étaient devenues millionnaires ou multimillionnaires après avoir commencé leur vie active chez Virgin, et il faut y ajouter la centaine de musiciens qui ont connu la même réussite avec leurs ventes de disques. Depuis, quatre-vingts personnes sont venues grossir ce chiffre. Juste retour des choses en regard du travail des équipes et de leurs excellents résultats.

Le *turn-over* est très répandu dans le monde des affaires. Les plus compétents quittent leur job pour un poste plus intéressant, mais il est difficile d'expliquer que certains partent pour le même boulot et pratiquement les mêmes conditions financières.

En général, les dirigeants sont persuadés que le salaire est la première des motivations. Il faut payer correctement ses collaborateurs et les intéresser aux résultats, mais cela ne suffit pas. Un salarié correctement rémunéré a également besoin de considération et de respect. Ceux qui passent leur temps à lire les offres d'emploi ne cherchent pas forcément à gagner plus mais ont souvent le sentiment d'être sous-estimés.

Quand un collaborateur se rend compte que ses suggestions ne sont jamais prises en compte parce qu'on ne prend même pas la peine de l'écouter, il finit toujours par se dire : « J'en ai marre, je me tire. » Les patrons devraient être davantage à l'écoute. Tout le monde y gagnerait.

Brett Godfrey, qui a lancé notre compagnie australienne Virgin Blue, demandait à son équipe dirigeante de partager régulièrement une journée avec les manutentionnaires des bagages. C'était un bon moyen de découvrir leurs difficultés quotidiennes, de prendre conscience de certains problèmes, et, en se levant comme eux à 4 heures du matin, de leur témoigner respect et considération. Dans toutes les compagnies, ces employés sont tout en bas de la hiérarchie ; Brett leur a donné toute leur importance en faisant d'eux un élément essentiel du trafic. Ils sont habillés de rouge Ferrari et on les appelle « le stand de ravitaillement ».

Quand je suis en voyage, je me fais un devoir de loger dans le même hôtel que nos équipes de bord. À Sydney, je dors à l'Holiday Inn de Potts Point où j'ai passé des heures à écouter et à discuter avec plus de 200 membres d'équipage.

Attention toutefois à ne pas tomber dans l'excès inverse. Un patron qui prend le temps d'écouter ses collaborateurs, c'est bien ; s'il y passe toutes ses journées, ça ne va pas.

Pourquoi seriez-vous obligé de demander l'autorisation de mettre en œuvre une bonne idée ? Pourquoi attendre qu'elle soit appliquée pour en parler à votre patron ? Pourquoi n'est-on pas libre de tenter des expériences, au risque de réussir ou – quelle horreur – de se planter ?

Chez Virgin, nous faisons tout pour donner à nos collaborateurs le sentiment de travailler pour leur propre affaire. Les plus anciens possèdent des parts et des *stock-options* dans les sociétés qu'ils dirigent. Quel que soit le niveau où il se trouve, le personnel doit se sentir propriétaire de sa boîte ; je le dis franchement, c'est plus important que le salaire. À titre d'exemple, le personnel de cabine de Qantas[1] gagne en moyenne et en fonction de l'« ancienneté » 66 400 dollars par an. Chez Virgin Blue, le salaire des débutants est de 40 000 dollars. Leur temps de travail est de sept cents heures par an ; chez Qantas, six cent soixante. Ces écarts se réduiront dans le temps, mais pour l'instant, c'est tout bénéfice pour les clients de Virgin Blue qui pratique les tarifs les plus bas. Comment fait-on ? Nos équipes sont-elles de moins bonne qualité ? Bien sûr que non !

Tout a son importance pour fidéliser les clients, à commencer par les prestations qui doivent être toujours irréprochables. Les passagers ont en général l'impression que le service à bord est un travail facile et agréable. Et pourtant... J'ai compris que c'est exactement le contraire lorsque j'ai voulu faire moi-même le job de steward pour juger sur pièces ! Il m'arrive de penser que le personnel de cabine de certaines compagnies a été formé dans un pub, un samedi soir, en buvant des bières aux frais de la société. À Virgin Blue, les nouvelles recrues suivent un stage rigoureux de cinq jours.

1. Qantas est la principale compagnie aérienne australienne, avec des lignes intérieures et internationales, et une des plus grandes du monde. *(NdT)*

Pourquoi donc nos équipes acceptent-elles de faire le même travail à un salaire inférieur ? Au lieu de les faire vivre dans la crainte, Brett les a responsabilisées en mettant en place le système d'intéressement « First to know, first to fix », c'est-à-dire qu'un collaborateur qui rencontre un problème et trouve sa solution gagne un vol gratuit pour lui et la personne de son choix. Brett respecte infiniment les hommes et les femmes de l'entreprise ; quand il leur arrive de faire des erreurs, à condition qu'elles ne soient pas intentionnelles, il ne les sanctionne pas ; il préfère en parler.

On n'a qu'une vie. On la passe en grande partie au travail. *On doit donc se sentir bien dans sa peau et même s'y épanouir : on sera tous plus efficaces.* Très franchement, je ne comprends pas que certains de mes collègues entrepreneurs n'adoptent pas ce principe. Le bien-être est indispensable dans le milieu professionnel comme dans la vie privée. Je sais de quoi je parle.

Les semaines filent... Je passe le plus clair de mon temps en avion ou dans les aéroports. Récemment, j'ai eu à faire une série d'allers-retours sur l'Australie qui m'a épuisé. J'aurais dû m'inspirer de Nelson Mandela, qui pendant ses longues années de captivité a fait tout son possible pour rester en bonne forme en faisant des pompes et des abdominaux. Il entretenait aussi ses méninges avec des exercices intellectuels quotidiens. Pendant ces quatre mois, je n'avais fait qu'un seul break lors d'une escale à Bali, et la petite heure que je m'étais dégagée pour surfer dans les vagues m'avait remis en selle pour des semaines. Il faudrait toujours s'obliger à pratiquer des exercices physiques, malgré les pressions de nos métiers et de la vie quotidienne. Pour être efficace, il faut être en pleine forme, et quand on peut profiter d'un cadre enchanteur, c'est encore mieux. Nos clubs Virgin font tout pour rendre les séjours les plus agréables possible, mais j'avoue préférer passer une heure devant un lever de soleil au large de Necker Island que faire des longueurs dans une piscine.

Quand un de vos salariés est débordé de travail, dites-lui de prendre des vacances. Si un autre a le malheur de perdre un proche, donnez-lui les congés nécessaires. *Inutile de laisser les gens s'enfoncer dans un stress infernal. Il faut qu'ils puissent reprendre leurs forces.* C'est du bon sens. Dans des entreprises comme les nôtres, qui vous font voyager à grande vitesse, cela peut même sauver des vies.

Les clients de nos compagnies aériennes ou ferroviaires payent pour être transportés dans les meilleures conditions à des centaines de kilomètres/heure ; ils savent que la sécurité est notre priorité et que nous sommes les meilleurs, mais de tels résultats ne seraient pas possibles si nos équipes venaient au travail en traînant les pieds. Nos ingénieurs en chef y sont très attentifs, car c'est la seule façon d'atteindre l'excellence.

Nos trains et nos avions, ces machines énormes, surpuissantes et potentiellement mortelles, portent toutes un petit nom. Vous trouvez ça charmant. Sachez que c'est surtout un outil de communication interne qui permet à nos équipes de se rappeler facilement dans quelle motrice ou dans quel avion elles étaient la veille, la semaine ou le mois précédent. Si elles ont une anomalie à signaler – moteurs, wagons ou compartiment –, inutile d'aller chercher dans les carnets de bord. Nos ingénieurs et personnel de bord sont avant tout des hommes et des femmes, et nous préférons de loin personnaliser nos machines que mécaniser nos équipes.

Je ne comprends pas que de trop nombreux dirigeants accordent peu d'importance au cadre de travail. Que peuvent-ils éprouver à la vue de deux plantes vertes mourant de soif à côté d'un extincteur ? Pour notre part, nous entourons nos collaborateurs de l'environnement le plus agréable. Ils doivent être fiers de travailler pour Virgin. J'ai souvent entendu dire que lorsque nos équipes se retrouvent au pub pour récupérer d'une bonne journée de travail, histoire de prendre un verre ou de partager un dîner, arrive toujours le moment où on leur demande où ils bossent. Et quand ils répondent « chez Virgin », on leur répond toujours : « Vous avez de la chance, ça doit être bien. » Nous recherchons la satisfaction de nos clients comme de notre personnel ; ils doivent être considérés de la même façon.

Nous avons choisi pour nos avions des sièges confortables, une nourriture de qualité et les tenues les plus élégantes. Nos appareils sont modernes, sûrs et performants. La qualité du cadre de vie est un pilier de l'esprit Virgin, dans toutes nos sociétés, qu'elles soient ou non au contact des clients. Nul besoin de logiciels compliqués ou d'investissements lourds ; il suffit que le personnel dispose des meilleurs outils. C'est la recette simple pour que fraîcheur et passion ne s'éteignent jamais. Le plus enthousiaste finit toujours par se décourager s'il a le sentiment d'être oublié dans un placard ou considéré comme une pièce de musée.

Je ne vous ai parlé jusque-là que de ce qu'il ne faut pas faire. Ne pas pratiquer le micromanagement[1] et ne pas se désintéresser de la vie des collaborateurs. En fait, les manières de décrire le rôle d'un patron peuvent se décliner de différentes façons. À titre d'exemple, voici comment s'est passée ma première rencontre avec Gordon McCallum.

En 1996 a eu lieu le vol inaugural de Virgin Atlantic. Nous avions organisé une fête à San Francisco où s'était posé notre avion. Pendant la soirée, une Irlandaise très dynamique, cadre chez Kinsey & Co, m'avait invité à rencontrer un groupe d'analystes et de consultants dans ses locaux de California Street. Ces hommes et ses femmes passent leurs journées chez leurs clients ; c'est la fonction qui veut ça, mais du coup ils ne se voient pas souvent. Tous les vendredis, ils se retrouvent donc autour d'une table pour parler de leurs problèmes en mangeant de mauvais sandwichs au poulet tirés de sacs en papier, accompagnés d'un jus de fruits. Ils invitent souvent quelqu'un pour parler business. Ce jour-là, c'était moi.

Je n'avais absolument rien préparé et je n'ai aucune idée de ce que j'ai pu leur raconter. Quoi qu'il en soit, Gordon a fait l'effort de garder le contact avec moi. Des années plus tard, je lui ai

1. Management où les dirigeants exercent sur leurs subordonnés ou employés des contrôles excessifs ; ce terme est généralement compris comme péjoratif. *(NdT)*

demandé de quoi je leur avais parlé, et en quoi cela avait pu intéresser les gens de Kinsey & Co.

– Aucune idée.

– Vraiment ?

– Pas la moindre.

– Pourquoi donc as-tu gardé le contact avec moi ?

Gordon souleva les épaules.

– Parce que tu avais pris la peine de nous consacrer du temps, même pour un sandwich et un jus de fruits.

Un article consacré à Virgin m'avait particulièrement frappé l'année de mes 21 ans. Nous étions décrits comme « une organisation professionnelle manquant de professionnalisme », cette expression sibylline est à mes yeux le plus beau compliment qu'on puisse faire à un entrepreneur. Nous dirigeons nos sociétés de la façon la plus professionnelle possible, nous n'acceptons pas les comportements irresponsables, mais nous tenons aussi *à ce que tout le monde prenne du plaisir et s'amuse en travaillant.* Même si ce n'est pas toujours gagné, nous faisons en sorte que les personnes qui sont embauchées chez Virgin arborent un sourire dès le premier jour.

La hiérarchie a toute son utilité. Chacun est à sa place et connaît ses attributions, mais on ne perd pas de temps en préséances quand trois collaborateurs se retrouvent dans la même pièce. Je déteste le protocole et je pourrais citer cinquante occasions où il a bloqué et étouffé la communication. Pour revenir à cette anecdote, que le simple fait que j'accepte de partager un sandwich avec eux puisse les étonner en dit long sur l'ambiance de la boîte.

Le meilleur dirigeant de Virgin sera toujours celui qui veillera au bien-être de ses collaborateurs en s'intéressant sincèrement à eux pour qu'ils donnent le meilleur d'eux-mêmes. *Un patron doit toujours être attentionné vis-à-vis de tout le monde, de la standardiste à la personne qui nettoie les toilettes, en passant par ceux et celles qui siègent au conseil d'administration.* Un excellent manager n'hésite pas à faire la fête avec ses équipes, tout en restant attentif à leurs problèmes personnels, et il est certain de s'assurer leur loyauté et leur confiance. Il peut même s'en faire des amis. Je l'ai dit plus haut : la gestion d'une entreprise occupe votre esprit 24 heures sur 24. On ne peut pas s'en défaire. Je ne suis donc pas étonné de m'être fait des amis au travail, ni d'avoir fait des affaires avec des amis.

Je regrette que bien peu de collègues de travail ne partent pas en vacances ensemble. Je m'efforce de connaître à fond mes collaborateurs ; leur famille, leurs enfants, savoir ce qui va bien ou moins bien, et je ne veux rien leur cacher de ma vie personnelle. Pour aller loin, il faut bien se connaître.

Tout n'est pas parfait. Il y a bien longtemps, un de mes amis proches avait pris la direction d'une division de Virgin. Quand il eut à faire face à des problèmes personnels, il se laissa aller à des absences de plus en plus fréquentes, et ses directeurs décidèrent de m'avertir. J'ai dû le convaincre qu'il avait dépassé les bornes et que j'étais dans l'obligation de me séparer de lui. Ce fut très pénible. Notre amitié en a pris un coup, mais des années plus tard nous nous sommes retrouvés comme de vieux amis qui s'étaient perdus de vue. Il m'avait invité au vingt et unième anniversaire de ses triplés ; en le serrant dans mes bras, je lui dis mon bonheur de partager cette journée avec eux.

Nous tenons à ce que tous les collaborateurs du groupe Virgin s'approprient les problèmes auxquels ils sont confrontés ; dans une société de services, tout le monde y gagne. Pour peu que leurs initiatives soient reconnues et prises en compte, ils s'identifient à l'entreprise et s'impliquent à fond. Herb Kelleher, de la compagnie Southwest Airlines aux États-Unis, évoque souvent les paralysies venant de la résistance au changement qui est une réalité. Quand nous recrutons un collaborateur, nous cherchons avant tout à évaluer sa personnalité, son potentiel et ses capacités d'adaptation ; ensuite nous perfectionnons son savoir-faire.

J'ai évoqué bien des sujets. Au risque de vous étonner, il y en a encore un qui me tient à cœur, c'est la discipline.

Dans son livre *Good to Great*[1], Jim Collins, le grand gourou du business, raconte que toutes les entreprises ont leur culture, mais bien peu ont une « culture de la discipline ». Si l'on n'est pas satisfait d'un collaborateur, il n'est pas question de l'attacher à un arbre pour le fouetter, ni de retenir une somme sur son salaire s'il a cinq minutes de retard. Je veux parler d'autodiscipline et de personnes respectueuses de l'organisation comme le sont tous les salariés du groupe Virgin. Si vous voulez qu'ils se sentent bien dans leur fonction et soient ainsi source de progrès, il faut leur faire confiance. Ceux qui n'adhèrent pas à mes propos sont probablement les tenants d'un système hiérarchique et rigide qui considèrent leurs salariés comme des esclaves ou des robots.

C'est sans doute l'image qu'ils ont du commandant de bord, assis dans son cockpit devant un immense tableau de bord plein de cadrans et d'écrans informatiques, tenu de respecter les consignes. Il procède à la longue check-list, consciencieusement, avec son copilote, puis contacte la tour et se dirige vers la piste en suivant à la lettre les instructions du contrôleur jusqu'au moment du décollage. C'est seulement quand il a le feu vert que le pilote retrouve son autonomie. Il va tout faire pour que le vol se déroule bien, avec l'obsession de garantir la sécurité des passagers et de l'équipage. Arrivé à destination, il prépare sa descente dans des conditions souvent difficiles, et pour que tout se passe bien, il rentre à nouveau dans le cadre des procédures. Il n'a pas le choix. Il est tenu d'obéir aux ordres sans discuter.

Sans discuter ? Voire...

Je n'oublierai jamais ce 5 novembre, jour de fête nationale en Angleterre, où on peut admirer des feux d'artifice pour fêter la « conspiration des poudres », menée pour renverser la monarchie au XVIIe siècle. En 1997, les contrôleurs d'Heathrow attendent l'arrivée du Maiden Tokyo, un de nos Airbus A340 en provenance de Los Angeles. Je me trouve aussi par hasard dans cet aéroport

1. New York, HarperCollins, 2001. « De la performance à l'excellence », non traduit. *(NdT)*

battu par les vents ; je vais embarquer pour Boston. Dans le sifflement des rafales, on me prévient par téléphone que l'avion a un grave problème de train d'atterrissage, dont une partie n'est pas sortie. Le Maiden Tokyo est contraint de se poser en procédure d'urgence.

Tim Barnby, un des meilleurs pilotes du Royaume-Uni, est aux commandes. Cet homme fort discret mais de grande expérience étudie toutes les options possibles. Il pense aux 114 personnes dont 98 passagers qui sont à bord. Les dents serrées, le mobile à l'oreille, je suis le déroulement des opérations. L'atterrissage d'un Airbus quadrimoteur sur un seul jeu de roues dans des vents violents et contraires ne laisse présager rien de bon.

Tim, qui ne peut pas voir si le train est sorti, survole la tour au plus près pour que les contrôleurs puissent le renseigner. C'est plus grave qu'on l'imaginait. Les roues côté gauche ne sont pas sorties, mais la trappe elle-même ne s'est pas ouverte et ils sont quatre à se démener pour éviter la catastrophe : Tim et ses deux copilotes, Andrew Morley et Craig Matheson, et au sol notre chef pilote Robin Cox, en liaison permanente avec eux.

Tim et ses collègues parviendront pourtant à poser délicatement l'avion sur un seul jeu de roues, après avoir légèrement incliné l'aile vers le sol en bout de course. Pendant que les passagers étaient évacués par les toboggans, les équipes de secours incendie inondaient l'appareil de mousse et en tout et pour tout 9 personnes furent légèrement blessées. Tout le monde fut sain et sauf. Quant à l'avion, Tim l'avait posé avec une telle douceur qu'il put reprendre du service un mois plus tard.

Au-delà de son intensité dramatique, cet exemple est valable dans bien d'autres situations, qu'il s'agisse d'un conducteur de train, d'un chargé d'accueil clients ou de tout autre poste. *Celui qui est autonome est suffisamment responsable pour gérer le quotidien. Il est capable de réagir de manière efficace en situation de crise, en sachant bien identifier ce qui est grave et ce qui ne l'est pas.* Cela semble évident, mais les pilotes de ligne soumis à des procédures rigoureuses et répétitives, voire routinières, doivent toujours être en capacité de réagir instantanément. C'est très gratifiant d'être pilote chez Virgin, bien plus que dans d'autres compagnies ; à la fin des fins, tout repose sur le sang-froid de personnes comme Tim et ses collègues, soudainement confrontées, dans la monotonie d'un vol long-courrier, au surgissement du danger. Pour remercier Tim et son équipage d'avoir évité cette catastrophe, je les invitai à passer quelques belles journées à Necker, notre île privée du Pacifique.

Liberté et responsabilité sont des valeurs fondamentales que nous confions volontiers à ceux qui sont capables de les assumer.

Le CV de Tim est des plus complets ; il a même volé sur des Spitfires et des bombardiers B17. Nous ne demandons pas à nos pilotes d'être les champions de voltige et de pratiquer l'aviation acrobatique à leurs moments perdus, bien que cela puisse leur être très utile… Mais ce 5 novembre 1997, notre volonté de recruter les meilleurs était justifiée. Virgin Atlantic embauche toujours les pilotes les plus expérimentés, qu'ils aient eu des carrières militaires ou commerciales, avec au minimum dix années de vol sur une compagnie de court-courriers. C'est aussi la raison pour laquelle nous n'avons pas de problèmes pour trouver les pilotes de notre fabuleux programme Virgin Galactic : nous les recrutons dans nos équipes de Virgin Atlantic et Virgin America.

Lorsque j'ai fondé Virgin Atlantic Airways, j'ai nommé Roy Gardner au poste de directeur général. J'étais allé le chercher à British Caledonian, une très bonne compagnie où il était ingénieur en chef. Il répondait à nos critères : c'est quelqu'un de très expérimenté et très sensible aux problèmes de sécurité. Il n'y a pas de complaisance dans mes propos. Au moment où j'écris ces lignes, Virgin Atlantic et les autres compagnies fonctionnent depuis vingt-cinq ans sans incident majeur et sans perte de vie humaine. J'espère pouvoir dire la même chose dans vingt-cinq ans. C'est et ce sera toujours ma première préoccupation.

Ne jamais oublier d'où on vient, c'est le défi le plus important qu'une entreprise en forte expansion doit relever. Nous avons travaillé dur pour que Virgin Atlantic, malgré ce quart de siècle, garde son esprit d'origine. L'enthousiasme et le plaisir qui faisaient notre différence à nos débuts sont restés et resteront éternellement intacts.

Herb Kelleher a fondé Southwest Airlines au Texas dans les années 1970 ; pendant une quarantaine d'années sa compagnie a été aux États-Unis la référence du transport aérien à bas coûts. Il avait décidé de pratiquer une politique de prix très bas avec un service de grande qualité, idée des plus innovantes qui m'avait beaucoup impressionné. Je m'en suis inspiré pour marquer notre différence sur ce marché en créant nos compagnies, dont Virgin Blue en Australie est le parfait exemple.

Avec Herb, nous avons la même démarche pour embaucher des collaborateurs : évaluer leurs capacités et leurs potentiels pour les former à notre main. Depuis le premier jour, avec son collègue Colleen Barrett, il s'est appuyé sur des valeurs fondatrices qui ne feraient que se renforcer avec le temps et que j'ai faites miennes pour Virgin :

1. Le bien-être des salariés est notre priorité. La façon dont vous les traitez impacte directement leur comportement vis-à-vis de vos clients.
2. Pour grandir, pensez « petit ».
3. N'ayez pas peur des esprits rebelles.
4. Soyez toujours naturel.
5. Épanouissez-vous au travail.
6. Prenez la concurrence au sérieux sans vous prendre au sérieux.
7. N'oubliez jamais que vous dirigez une entreprise de services, même s'il s'agit d'une compagnie aérienne.
8. Quoi qu'il arrive, n'oubliez jamais ces principes. Cette règle d'or doit s'appliquer en interne comme en externe.

L'esprit d'équité insufflé à Southwest Airlines est à l'origine de son succès. Même lors de la récession du premier trimestre 2008, quand les prix du pétrole n'en finissaient pas de grimper, elle a battu des records avec un résultat d'exploitation de 2,53 milliards de dollars et un résultat net de 43 millions, en augmentation de 30 %. Comment obtenir ces chiffres sans avoir des clients satisfaits et toujours plus nombreux ?

Herb et Colleen qui dirigeaient la Southwest avaient compris que le plaisir des clients et celui des employés sont les deux faces d'une même pièce. Ils ont recherché l'excellence en matière de service, avec des collaborateurs parfaitement sélectionnés, motivés par de bonnes conditions de travail et justement récompensés. Jusqu'à une période récente, ils n'ont pas eu de concurrents sérieux. Pourquoi ne pas le dire : il leur faut maintenant compter sur Virgin America, son organisation et sa fraîcheur. Je ne promets pas la guerre, mais de belles empoignades et une émulation, car je n'oublie pas que nos véritables ennemis sont les énormes compagnies de transport américaines, très conservatrices et nourries de subventions du Congrès américain à peine dissimulées pendant presque dix ans. Leurs avions ont vieilli, leurs exigences en matière d'entretien diminué, leurs prix ont augmenté et les équipes sont démotivées.

La dimension planétaire que Virgin a acquise ne l'empêche pas de se remettre en cause, mais la décision n'est pas l'affaire d'un seul individu. Quand, après avoir été nommé directeur général, Stephen Murphy a décidé de lancer un énorme plan de redressement, il a demandé à Gordon McCallum, Robert Samuelson, David Baxby, Frances Farrow, Patrick McCall, Mark Poole et Will Whitehorn d'élaborer avec lui notre nouveau projet d'entreprise.

Je sais ce que vous éprouvez à la lecture de cette phrase : toute restructuration s'accompagne de sang et de larmes ; c'est le cas si vous avez laissé la situation se dégrader depuis longtemps, que vous ne maîtrisez plus rien, et que vous confiez l'avenir de votre entreprise à un cabinet de consultants grassement rémunéré.

Virgin traverse aussi les périodes de restructuration dans la douleur, mais nous avons l'avantage d'être modulaires. On peut être en désaccord. Nos divisions peuvent s'exprimer fortement, mais elles ne perturbent pas pour autant le fonctionnement de la maison. Pendant des années on nous a reproché de n'être qu'un conglomérat de sociétés disparates sans identité. Les auteurs de ces articles se sont lourdement trompés : ils ne se rendent pas compte du poids et de la force du logo Virgin dans le monde. J'expliquerai d'ailleurs dans le prochain chapitre les raisons de cette diversification et comment nous l'avons réussie. Quant à l'esprit d'entreprise, ils auraient dû enquêter auprès de nos collaborateurs. Le groupe contrôle et fédère parfaitement toutes ses sociétés indépendantes qui ont l'avantage d'être à taille humaine.

Les temps changent, la conjoncture change, le monde lui-même change en permanence, et vite. La seule chose qui ne change pas, c'est la permanence du changement. À mes débuts, j'entendais toujours la même rengaine, comme si elle était l'illustration d'une myopie généralisée : « Les chapeaux seront toujours à la mode. » Il suffit de voir comment le monde de la musique a évolué depuis le temps où nous expédiions par la poste nos enveloppes pleines de vinyles. J'imagine la tête de celui qui nous aurait dit à l'époque « les 33 tours de rock sont éternels ».

Aucune entreprise n'est éternelle. Pas plus Virgin que les autres. Elles se battent pour atteindre leurs objectifs, mais quand elles souffrent sous les coups de la concurrence et se retrouvent en sureffectif, elles peuvent être amenées à se séparer de collaborateurs. C'est une décision qui ne peut se prendre que lorsque toutes les autres solutions ont échoué. Procéder à des licenciements de personnel revient à priver l'entreprise de son savoir-faire.

La nostalgie n'est pas interdite, mais quand Virgin entreprend de se rénover, ceux qui se lamentent de la chute des feuilles mortes sans penser à celles qui viendront au printemps suivant m'énervent prodigieusement.

Entre le milieu des années 1990 et le début des années 2000, nous avons connu des moments difficiles et perdu des secteurs entiers d'activité. Nous nous sommes alors comportés avec la plus grande prudence, en prenant le temps d'examiner dans le détail ce qui marchait et ce qui ne marchait pas, et nous avons mis en place notre comité de Conseil en investissement, une structure chargée d'étudier des jeunes projets d'entreprise et de contrôler les performances des sociétés existantes.

Après sa cure d'amaigrissement, le groupe Virgin a démontré qu'il avait retrouvé toutes ses capacités et toutes ses forces. Le 14 février 2007, Virgin Media, issue des différentes compagnies NTL, Telewest et Virgin Mobile, était devenue la plus grande du groupe Virgin.

Vous connaissez sans doute l'histoire du chien qui court derrière la voiture en aboyant et qui est dépité une fois qu'il l'a rejointe… J'étais un peu dans la même situation quand j'approchais 10 millions de clients et 13 000 salariés au Royaume-Uni. Jusqu'à cette période, je m'étais toujours considéré comme un entrepreneur du genre « *Small is beautiful* ». Virgin Media n'avait pourtant rien d'une *petite* entreprise, et n'avait rien de très *beau* non plus ! Nous étions devant un chantier énorme qui nous prendrait des mois. James Kydd, Ashley Stockwell et les équipes du marketing du siège étaient là pour nous ramener à la réalité quand il le fallait, pour ne pas perdre de vue l'esprit et les valeurs de Virgin malgré les difficultés de la restructuration.

NTL était dans un état pitoyable. Le service clients était en ruine. Il fallait procéder à des changements drastiques pour l'améliorer car le personnel chargé de prendre les réclamations au téléphone était complètement démotivé. Il y avait de quoi : ils ne lâchaient pas leur guide de procédures, qui prit sur-le-champ la direction de la poubelle. Il était urgent de donner à notre centre d'appels tous les moyens pour qu'une solution soit proposée aux clients dès le premier coup de fil.

Nous n'avions pas le choix. Il fallait donner davantage d'autonomie au personnel pour lui permettre de prendre les bonnes décisions et réparer les préjudices ; cette proposition ne suscita guère d'enthousiasme. « Et si un de nos employés sortait du cadre en se montrant trop large avec les clients ? » « Qui vivra verra », répondis-je simplement. Il est stupide de reprocher à un salarié d'être trop généreux avec un client mécontent. Quant aux collaborateurs qui n'auront pas la solution, ils feront toujours mieux une prochaine fois.

Dans nos compagnies aériennes, nous avons très vite pris l'habitude de faire des gestes commerciaux au moindre problème. Nos clients doivent avoir le sentiment que nous sommes entièrement à leur service. Nous répondons à leurs questions rapidement et avec précision. Rapidité et précision sont apparemment contradictoires, mais nous mettons réellement tous les moyens possibles pour rassurer des clients dans l'embarras. Quand des familles ont patienté trop longtemps dans une file d'attente, nous les faisons passer au salon. « Vous avez envie d'un massage ? Pour vous remercier de votre patience nous vous offrons une place en classe affaires pour votre prochain voyage. » Tout ça n'est pas écrit dans le manuel complet du service clients, parce qu'il n'y a pas de solution clé en main pondue par la direction. Le tout, c'est de ne pas se tromper au moment du recrutement. Une personne à qui on donne de l'autonomie doit être capable de prendre les bonnes décisions.

Face à un client mécontent, il faut agir tout de suite, sinon vous pouvez lui dire adieu. Vous ne le reverrez plus jamais, ni lui, ni sa famille, ni même ses amis puisqu'il en aura parlé à tout son entourage. Un incident apparemment mineur peut détruire une entreprise par effet domino ; en revanche, si vous avez réglé son problème au mieux, il vous sera éternellement fidèle.

J'ai commencé ce chapitre sur le thème de l'esprit d'entreprise et il se termine avec une réflexion sur le service clientèle. Belle association.

Nos jeunes entrepreneurs, autonomes et motivés, jouent à fond la carte du service, la première des valeurs portées par le groupe Virgin, car la satisfaction de nos clients est notre leitmotiv. Ce n'est pas le cas chez la plupart de nos concurrents, en particulier les entreprises monolithiques où le client a l'impression d'être un numéro.

Lorsque nous avons créé Virgin Records dans les années 1970, le mot « entrepreneur » avait mauvaise presse. Un homme d'affaires à la tête de plusieurs entreprises était considéré comme un opportuniste, et caricaturé dans la série télévisée de la BBC *Del Boy*, l'archétype de l'affairiste magouilleur, ou par Arthur Daley, un capitaine d'industrie grand amateur de gin, superbement interprété par George Cole dans *Minder*. Je n'avais pas particulièrement apprécié qu'on me surnomme Del Boy à mes débuts, mais c'est vrai que de la Grèce antique au film *Wall Street*, en passant par la pièce de Shakespeare *Le Marchand de Venise*, l'homme d'affaires a été la plupart du temps décrit comme le symbole du capitalisme, un individu peu recommandable obsédé par le fric. Pour une grande partie de la population, « patron » est encore un gros mot, bien que les médias aient modifié sensiblement – mais pas assez à mon goût – l'image des capitaines d'industrie. On a toujours du mal à reconnaître que les entreprises portent des projets honnêtes, qu'elles rapportent beaucoup d'impôts, qu'elles créent des emplois et enrichissent le pays. D'autre part, un entrepreneur qui fonde une société et invente de nouveaux produits ou services pour améliorer la vie quotidienne des gens est avant tout quelqu'un qui prend des risques.

Mon ami Jon Butcher[1] affirme que c'est grâce à eux que la pauvreté a pratiquement disparu dans le monde occidental. La société en est consciente, et l'histoire l'a démontré. Quel autre système pourrait rivaliser avec le libre-échange qui fait progresser le niveau de vie en créant toujours plus de prospérité ? J'ai vu l'Asie faire un grand bond en avant grâce aux industriels, et dans les dix années qui viennent, des pans entiers de pauvreté tomberont à leur tour grâce à de nouveaux entrepreneurs. C'est une preuve que le libéralisme marche bien, alors que plus personne ne croit au communisme ou au socialisme purs et durs, qui n'ont jamais fonctionné. Ces systèmes ont fait beaucoup de mal en maintenant des générations entières dans la misère et en ruinant des millions de vies alors qu'ils voulaient leur bien. Notre culture, qui a toujours associé les mots « argent » et « vice », en est encore imprégnée.

1. Physicien et musicien saxophoniste. *(NdT)*

Des entrepreneurs se sont aussi conduits en philanthropes, d'Andrew Carnegie au XIXe siècle jusqu'à Bill Gates aujourd'hui. Carnegie, qui avait construit un empire dans l'industrie de l'acier aux États-Unis, a financé presque toutes les bibliothèques du monde occidental et a amené une véritable révolution dans le monde de l'éducation.

Les entrepreneurs ne cherchent pas à profiter des clients. Ils ne travaillent pas pour leur ego. Ils n'ont pas l'obsession d'être le numéro un, ni de devenir richissimes. Le travail *ne doit pas* l'emporter sur la vie ; c'est votre passion qui produit du capital pour le bien de tous et vous permet d'aller encore plus loin. Je suis certain que la fibre entrepreneuriale est dans nos gènes. Ne voyez pas de prétention dans cette affirmation ; elle a quelque chose à voir avec la passion du jeu qui est en chacun de nous. Pour ce qui me concerne, j'aurais le sentiment de me comporter comme le dernier des lâches si je restais les mains dans les poches, la tête dans les nuages, ou à me consacrer au train-train quotidien. Depuis la révolution industrielle du XVIIIe siècle, c'est l'image de l'usine qui a donné au monde des affaires sa mauvaise réputation, car des femmes et des hommes ont été détruits ou réduits à des tâches mécaniques et traités souvent, au vrai sens du terme, comme du bétail. Les conditions de travail se sont depuis considérablement améliorées à travers des bouleversements politiques, technologiques et scientifiques, surtout dans les pays développés, et nous sommes quelques-uns à avoir la chance extraordinaire de pouvoir penser en chefs d'entreprise.

Donnez à vos salariés l'envie de se conduire en patrons et traitez-les toujours en adultes et ils se sentiront responsables. Plus vous déléguerez, plus vos équipes se défonceront pour vous.

En trente-cinq ans, le groupe Virgin a bien mené sa barque, de ses premiers balbutiements à la réussite d'aujourd'hui, sans oublier notre part d'échecs. Notre travail est une passion que nous aurons vécue à fond. Je suis bien incapable de vous donner la recette, et de toute façon vous ne l'appliqueriez pas. Retenez surtout qu'il faut toujours savoir s'adapter aux circonstances.

J'espère au moins que ce livre vous donnera quelques clés pour que vos collaborateurs et vous-même puissiez progresser pour devenir toujours plus forts. Je sais que vous y parviendrez.

À vous de trouver la solution qui vous convienne.

C'est la bonne nouvelle : *plus vous donnerez d'autonomie à vos équipes, plus elles penseront et agiront par elles-mêmes et plus elles vous aideront : vous n'aurez plus besoin de tout faire tout seul.*

2

Pour la marque

Pavillon haut !

L'année de mes 16 ans, une charmante jeune femme, Patricia Lambert, prit contact avec moi. Elle était mandatée par IPC Magazines pour m'annoncer que ce groupe de presse grand public voulait acheter Student *au prix de 80 000 livres sterling.*

Cette offre ne pouvait pas tomber mieux. J'avais repéré une petite île au large de Majorque, avec une maison rustique, blanchie à la chaux, dont les toilettes se vidaient à flanc de falaise. Depuis quelques semaines, ce coin de paradis occupait toutes mes pensées. Notre petite entreprise de vente par correspondance qui marchait de mieux en mieux me prenait tout mon temps et j'avais beaucoup de mal à tout mener de front. Il fallait jongler 24 heures sur 24 pour comptabiliser les rentrées publicitaires sans lesquelles je ne pouvais payer ni le papier ni les frais d'impression, et j'étais toujours sur le fil du rasoir. Heureusement, mon rêve d'île déserte allait se concrétiser. IPC voulait me garder comme rédacteur en chef ; *Student* ne serait donc plus *mon* magazine, mais j'aurai toujours autant de plaisir à faire le job. L'équipe dirigeante me donna rendez-vous à l'heure du déjeuner dans ses bureaux de Fleet Street pour finaliser notre accord, scellé par une franche poignée de main à mon arrivée. J'expliquai ma façon de voir les choses. On allait créer une agence de voyages, des magasins de disques, des clubs de sport et même une compagnie aérienne, tout à l'enseigne *Student*. J'avais senti monter la stupéfaction sous les froncements de sourcils et les regards ébahis. Dans l'heure qui suivit, ils m'appelèrent pour me remercier d'être venu et pour m'annoncer qu'ils avaient changé d'avis. Ils ne me l'avaient pas dit franchement, mais ils m'avaient pris pour un dingue.

Des années plus tard, je reçus une lettre sympathique de Patricia qui me faisait part de leur admiration devant la réussite de Virgin et leurs regrets de ne pas avoir compris les ambitions de ce jeune rédacteur en chef.

Leur décision avait pourtant été logique. Comment auraient-ils supporté ce gamin bourré d'idées qui les aurait saoulés à longueur de temps ? Aujourd'hui, IPC est le plus grand groupe d'édition du Royaume-Uni. Leur métier et leur identité n'ont pas changé.

Les fondateurs ou dirigeants se positionnent en général sur un seul créneau, se conformant à ce qui est enseigné depuis toujours dans les écoles de commerce : ne pas se disperser et se concentrer sur son cœur de métier. Sur les vingt enseignes les plus connues au monde, dix-neuf travaillent sur un marché unique : Coca-Cola pour les sodas, Microsoft pour l'informatique, Nike pour les chaussures et les équipements de sport. L'exception, c'est Virgin. Nous sommes les seuls sur la liste des 20 meilleurs à avoir autant diversifié nos activités en compagnies aériennes et ferroviaires, agences de voyages, téléphone mobile, médias – y compris radio, télévision et câble –, produits financiers, espaces de remise en forme… Les seigneurs du management qui nous ont longtemps regardés de haut ne comprennent toujours pas que nous pesions des milliards de dollars aujourd'hui. Nous en avons perturbé quelques-uns. Je pense souvent au gros titre de l'*Evening Standard* : « Une diversification qui dépasse l'entendement ». Il en disait plus long sur le petit monde des affaires que sur le groupe Virgin lui-même.

Que faudrait-il faire encore pour que les experts de tout poil cessent d'annoncer régulièrement notre faillite spectaculaire et notre déconfiture ? Notre proposition est des plus limpides. Nos clients nous connaissent ; ils font confiance au savoir-faire et à l'expertise Virgin qui ont fait notre réputation, et notre stratégie est solide. Nous ne cherchons pas à poser notre logo sur la première affaire qui se présente. Au contraire. Nous prenons tout notre temps pour étudier ses forces et ses faiblesses, en intégrant dans notre démarche notre réputation de numéro 1 du service clientèle. Ce n'est que lorsque nous sommes certains de remettre une entreprise sur pied que nous lançons la machine avec l'objectif de devenir le leader du marché ; ce que nous avons réalisé dans la finance en est une parfaite illustration.

En trois ans, Virgin Direct[1] a attiré 200 000 investisseurs et un portefeuille de 1,6 milliard de dollars en obligeant nos concurrents à baisser leurs prix.

Aussi incroyable que cela puisse paraître, Virgin s'est développé avec succès en tissant une toile de nombreux métiers, tous différents les uns des autres. Entre 2000 et 2003, le groupe a vu, dans trois pays différents, trois de ses nouvelles acquisitions partir de zéro et atteindre un chiffre d'affaires de 3 milliards de dollars. En Australie, Virgin Blue a pris 35 % du marché aérien en faisant diminuer les prix des billets de manière spectaculaire. Virgin Mobile s'est imposé sans coup férir au Royaume-Uni grâce à une croissance ultra-rapide, et aux États-Unis l'enseigne est arrivée au premier rang de tous types d'entreprises confondus, publiques comme privées, avec un profit par employé de 902 000 dollars et un taux de satisfaction record : 95 % de nos 5 millions de clients nous recommandent à leurs amis. En trente-cinq années, Virgin a créé davantage de sociétés qui pèsent 1 milliard de dollars dans plus de secteurs que n'importe quelle autre compagnie.

Nous vivons la première grande récession du XXIe siècle ; tout le monde se précipite vers les issues de secours, mais Virgin fait la démonstration de ses capacités à affronter la tempête grâce à sa diversification. Même si une de ses branches les plus importantes souffre ou perd de l'argent, le groupe résistera. Que se serait-il passé si nous n'avions pas accompagné les évolutions technologiques dans l'industrie du disque et celle de la musique alors qu'elles sont confrontées à la révolution numérique et au téléchargement ? Elles auraient évidemment disparu.

1. La banque fondée par Richard Branson, aujourd'hui Virgin Money. *(NdT)*

Virgin marche fort quand la météo est bonne et résiste magnifiquement en pleine tornade. Pourquoi d'autres compagnies ne s'inspirent-elles pas de nous ? Pourquoi, dans les écoles de commerce, les professeurs s'obstinent-ils à conseiller aux jeunes créateurs d'entreprises de s'en tenir uniquement à ce qu'ils pensent maîtriser ?

Notre diversification n'est pas sans risques ; elle peut paraître étrange, mais elle relève d'une stratégie et d'une volonté affichées. Au risque de surprendre, Virgin est autant concentré sur ses objectifs que n'importe quelle autre compagnie. Ce qui fait la différence, c'est ce sur quoi nous travaillons. Nous sommes probablement davantage perçus par nos clients et investisseurs comme un concept ou une démarche philosophique que comme une entreprise classique. Nous sommes sans doute l'exception qui confirme la règle.

Notre réussite dérange car nous avons osé enfreindre la règle d'or qui veut que l'on s'en tienne à une activité unique. Virgin suscite bien des questions. Où se trouve le cœur de l'entreprise ? Où est son centre névralgique ? Qu'est-ce qui fait sortir Branson du lit chaque jour ? On a longtemps cru que c'était l'industrie musicale, puis les compagnies aériennes, ses aventures en ballon, puis le chemin de fer, la finance, les téléphones mobiles… et maintenant ? La santé ? L'espace ? On a du mal à suivre !

Ce qui me fait lever le matin, *mon challenge quotidien, c'est ma passion pour notre marque.* Un journaliste du *Daily Telegraph* qui a fait des recherches sur mon nom de famille m'a dit qu'il signifie « Fils de marque » ; autrement dit, mes aïeux gagnaient leur vie en marquant du bétail. Il y a sans doute un lien…

La marque Virgin est fédératrice ; c'est une des raisons de notre succès. Voici quelques éléments de réflexion pour ceux qui ont du mal à le comprendre.

Tout le monde sait qu'IPC édite des magazines. Si je vous demande de citer au moins trois titres du groupe, si vous êtes salarié de la société, vous pourrez m'en donner une dizaine. Sinon, vous ne pourrez même pas me répondre et il n'y a rien de plus normal. L'enseigne IPC ne dit rien au consommateur. Ce qui l'intéresse, c'est l'esprit, le ton et le contenu du magazine, et pas celui qui le finance. Il connaît le nom de son journal préféré, pas celui de son propriétaire ; et s'il le connaissait, il ne l'achèterait peut-être pas ! Connaissez-vous l'éditeur du dernier roman que vous avez lu ? La société qui a produit le DVD que vous avez regardé hier soir ? Vous n'en savez rien. Quelle importance ?

La marque est le vecteur de communication de nos produits et de nos services. C'est aussi une façon de dire qu'ils sont de la même famille. Le logo est une garantie. Vous savez où vous mettez les pieds. Les lecteurs fidèles de la collection Harlequin savent quel genre de roman ils vont retrouver, et les parents attendent avec impatience le dernier film des studios Pixar pour y emmener leurs enfants, qu'il raconte une histoire d'animaux, de jouets ou de voitures. Pourtant, même si l'innovation et l'originalité sont la clé du divertissement, il ne viendrait à l'idée de personne de coller des grandes affiches galomphantes[1] sur sa dernière production pour indiquer au public que le nouvel opus est dans la ligne des précédents.

La marque Virgin ne se trouve pas dans la même sphère que les autres ; elle est ailleurs, à l'autre extrémité du spectre, dans le superbe isolement de l'infrarouge lointain[2]. Le logo vous parle instantanément. Il vous dit que *cette* carte de crédit est de la même famille que *cette* compagnie aérienne, *ce* centre de remise en forme, *ce* CD ou *ce* fonds de pension. Quel est le point commun, alors, entre ces différentes marchandises ou services ? Qu'est-ce qui les unit ?

Ce sont nos clients.

Quand vous achetez Virgin, vous êtes en territoire connu. Vous savez qu'on va bien vous accueillir et prendre soin de vous et que

1. En référence à *Jabberwocky*. *(NdT)*
2. L'infrarouge lointain (IRL) est une partie de la lumière émise par le Soleil qui réchauffe les tissus du corps comme le Soleil, mais sans les inconvénients des rayons ultraviolets. *(NdT)*

vous allez acheter un produit de bonne qualité à un prix raisonnable qui va vous donner plus de plaisir encore que vous pensiez. C'est aussi simple que ça.

C'est pour nos clients que je me lève chaque matin, avec l'objectif simple de leur donner du bonheur. Nous sommes parvenus à créer un esprit, un mode de vie, une philosophie « Virgin », ce qu'aucune autre marque n'a su faire. Ce n'est pas le fruit d'une décision froide et réfléchie, mais parce que depuis le commencement j'ai voulu transmettre ce que j'ai appris en faisant confiance à mes intuitions et à ma curiosité.

Je me doute bien que vous veillez à la satisfaction de vos clients, mais sont-ils vraiment, au fond de vous, votre priorité quotidienne ? Il ne suffit pas de l'affirmer sur vos publicités ni de le proclamer dans vos réunions. Ce serait trop simple.

Plus la marque Virgin se développait, plus mes centres d'intérêt s'élargissaient. Je n'étais pas plus attiré par la direction d'un magazine que par la musique. Ce qui m'animait, c'était d'inventer de nouveaux loisirs pour qu'on ne s'ennuie jamais, même dans les aéroports, c'est dire !

Ce qui m'a fait avancer, dès la création de Virgin dans les années 1970, c'est de m'amuser en travaillant. Les sociétés du groupe se sont approprié les autres valeurs fortes auxquelles je crois : créativité, honnêteté et humanisme. Mais c'est à la naissance de Virgin Atlantic que nous avons commencé à fortement nous préoccuper du bien-être et du bonheur de nos clients.

L'humour fait aussi partie de nos valeurs. Même si vous ne faites pas partie de nos fidèles, l'originalité et la dérision de nos messages publicitaires captent votre attention et vous amusent. Notre savoir-faire en la matière s'est développé avec le temps, en faisant de nos clients des complices, un concept qui a fait davantage pour notre marque que n'importe quelle campagne à gros budget.

Sur les premiers vols Virgin Atlantic, nous avions de magnifiques salières et poivrières au design très réussi. Le temps du voyage, elles disparaissaient. Nos passagers, qui ont le goût très sûr, pensaient qu'elles seraient du plus bel effet sur leurs tables. Que faire ? On décida de récupérer l'affaire en imprimant sur ces objets utilitaires « Piqué à Virgin ». On avait transformé un problème en opération promotionnelle et nos voleurs en agents commerciaux.

Nous faisons toujours partager à nos clients nos succès et nos difficultés. Ils s'intéressent à nos publicités comme à nos combats, nos erreurs et nos problèmes. Pourquoi cacher les choses ?

Tout le monde a suivi nos démêlés avec British Airways. Quand la presse mondiale s'est précipitée à Londres pour assister à la construction de la Grande Roue[1], et que nous avons appris que son commanditaire British Airways rencontrait d'énormes problèmes techniques, nous avons envoyé notre ballon avec une immense banderole : « BA n'y arrivera pas ! » Lorsque nous avons mis en place des massages sur les vols Virgin Atlantic, nous avons écrit sur nos dépliants : « BA n'est même pas capable de vous offrir un shiatsu[2] ! »

Quand la société qui gère l'aéroport de Sydney – une branche de la célèbre banque Macquarie – a augmenté brutalement ses taxes d'atterrissage, je décidai de faire peindre un slogan sur nos avions et sur les immenses panneaux qui longent la route de l'aéroport : « Les banquiers, des boulets ! » Les médias s'emparèrent de l'affaire et expliquèrent en boucle comment les financiers se faisaient du « gras » sur le dos des compagnies *low cost* ; Macquarie fit très vite savoir qu'ils étaient prêts à rediscuter. Je me présentai alors costumé en chef indien, avec le calumet de la paix, pour enterrer la hache de guerre (au vrai sens du terme, puisqu'elle est encore aujourd'hui sous le tarmac !). Au lieu de se laisser aller à des réactions primaires, cette façon de se comporter comme des potaches ravis de leur canular fit la joie des Australiens. Brett Godfrey, le PDG de Virgin Blue, récupéra dans l'affaire des partenariats intéressants avec les entreprises qui avaient compris qu'*il est préférable de conclure une alliance avec son ennemi potentiel*.

1. La Millenium Wheel ou « Grande Roue du millénaire », également appelée The London Eye, « L'Œil de Londres », qui y a été installée lors les festivités de l'an 2000. *(NdT)*

2. Le shiatsu est une technique de thérapie manuelle d'origine japonaise qui utilise des pressions verticales, réalisées à l'aide des pouces principalement. *(NdT)*

Beaucoup de sociétés veulent se montrer plus belles qu'elles ne sont. Elles ne se rendent pas compte qu'en ayant idéalisé leur image elles perdront leur crédibilité au premier pépin. Il faut garder les pieds sur terre ; c'est toujours notre cas lorsque nous mettons en avant notre logo. Le groupe Virgin a atteint sa dimension planétaire parce qu'il a su créer des liens particuliers avec ses clients et que sa très grande capacité d'innovation va profiter aux générations futures. Il est le symbole de la modernité d'aujourd'hui et de demain.

J'ai lu ici ou là que c'était un accident de l'histoire. C'est surtout un phénomène hors normes. Si j'ai toujours dit que je travaillais en m'amusant, c'est parce que j'ai fait mes premiers pas dans une décennie où le divertissement tenait une place énorme. Mon image d'entrepreneur « hippy » nous a suscité beaucoup de sympathie et me colle encore à la peau. Aurait-on aussi bien réussi dans un autre contexte ? On ne le saura jamais. Quoi qu'il en soit, quand je découvre mon visage en ruine au matin d'une nuit agitée, je me secoue : « Allez ! Richard, allez ! C'est reparti ! »

Les marques devenues légendaires gardent l'empreinte de leurs créateurs et font partie de notre histoire ; elles sont comme la « patte » d'un artiste, difficile à imiter, et impossible à copier. Comme le logo Virgin. Je ne veux pas vous expliquer comment vous y prendre pour la vôtre. C'est à vous d'y réfléchir, mais je vais tâcher de vous donner quelques pistes. Merci d'accorder la plus grande attention à mes propos, comme à la signature d'un peintre sur ses toiles !

La marque est un signe de reconnaissance, un point de repère et un message : elle dit ce que vous faites et, quel que soit votre domaine d'activité, vous devez toujours être à la hauteur de ce qu'elle promet. C'est bien pourquoi *il est préférable de chercher à faire passer votre différence et votre originalité que de chercher à vous faire plus beau que vous n'êtes*. Soyez honnête dans votre analyse. Comme on l'a fait, soyez intelligent. Imaginez le futur et l'évolution de votre entreprise au lieu de suivre les modes, comme tout le monde. Ne jouez pas avec des changements de noms qui, contrairement à l'idée reçue, peuvent avoir des conséquences négatives et se retourner contre vous. Ils sont souvent perçus comme une couche de peinture passée à la va-vite pour cacher les défauts.

Quand nous avons choisi le nom Virgin, les services du Registrar of Companies Office[1] m'avaient fait part de leurs réticences : le mot était « osé ». Je pus apporter la preuve qu'un bateau avait déjà porté ce nom au XVIIe siècle et que la *London Gazette* avait relaté son arrivée dans le port de Cadix le 26 avril 1699. C'était déjà risqué à l'époque mais certainement très drôle. Je ne voyais rien d'obscène dans ce choix. Chaque fois que nous nous attaquions à un nouveau marché, nous étions vierges au sens où l'entreprise était neuve et innocente. Nous avons déboursé beaucoup d'argent pour le faire enregistrer par toutes les instances juridictionnelles du monde, mais je ne regrette rien. Ces démarches lourdes mais obligatoires ont été le point de départ d'une magnifique aventure, même si en débarquant dans le monde des affaires nous avons, nous aussi, fait parfois preuve d'innocence.

Une marque indique toujours une orientation. Une fois que vous aurez bien défini votre message, il faudra l'affiner et lui donner encore du temps pour qu'elle prenne tout son sens. C'est le résultat d'une réflexion en profondeur et du travail d'une bonne équipe. Il arrive aussi que le logo prenne un sens très éloigné de ce que vous aviez prévu.

Il me faut revenir sur les toutes premières années de l'existence de Virgin pour expliquer pourquoi la marque est perçue de manière si positive alors que nous n'avions rien fait pour. Elle n'a pas été étudiée au cordeau dans le cadre d'un *business plan*. Nous nous sommes contentés de récolter les fruits de notre boulot et la vie a fait le reste.

Il faut sans doute expliquer aux jeunes lecteurs ce qui se passait dans les années 1970 pour ma génération, sinon, comment

1. Organisme officiel en Grande-Bretagne qui enregistre le dépôt des marques. (*NdT*)

pourraient-ils comprendre que Virgin Records ait été notre première entreprise ?

À cette époque, la musique faisait partie de notre vie. Rien à voir avec aujourd'hui. Amy Winehouse ou KT Tunstall sont d'excellentes chanteuses, mais notre relation avec le rock était passionnelle. À l'époque il n'y avait ni DVD, ni téléphone mobile, ni de multiples chaînes de télé – nous n'avions que la BBC et ITV – et seules les entreprises multinationales possédaient des ordinateurs. Les jeunes passaient leur temps à écouter de la musique. Le seul luxe qu'ils pouvaient s'offrir, c'était acheter des albums. Nos sujets de discussions tournaient la plupart du temps autour du nouveau Led Zeppelin, Queen ou Yes.

Entre 1970 et 1980, la sortie d'un nouvel album était un énorme événement. C'est à cette époque et dans ce contexte que nous avons créé et développé notre entreprise. Virgin Records et le rock progressif faisaient leurs premiers pas ensemble.

À Woolworths[1], les disques étaient classés par ordre alphabétique et ça ne gênait personne que Led Zeppelin soit à côté du *crooner* romantique Andy Williams. Les Beatles et les Rolling Stones étaient nos icônes depuis que la pop music et le rhythm'blues avaient fait irruption dans nos vies. Les anciens labels étaient encore aux mains des grandes compagnies, très conservatrices et même déjà complètement dépassées. Le concept de discount leur était inconnu, et les quinquagénaires qui les dirigeaient n'écoutaient que de la musique classique. Les studios d'enregistrement faisaient penser à des usines sans âme, et les magasins mettaient à la disposition des clients des petites cabines surannées doublées de polystyrène datant encore des années 1950. Acheter un disque n'avait vraiment rien d'excitant. Quant aux émissions de radio qui diffusaient du bon rock, elles étaient rarissimes.

Au printemps 1970, notre petite bande de provocateurs chevelus s'est lancée dans la vente par correspondance. On avait mis nos groupes préférés à notre catalogue, ce qui ne s'était jamais fait et la

1. Chaîne de grands magasins. *(NdT)*

jeunesse qui avait soif de nouveauté s'y est immédiatement identifiée. On ne savait pas que nous semions les graines de ce qu'allait devenir Virgin, en lui donnant un parfum étrange que la marque a su garder.

Outre le magazine américain *Rolling Stone*, il y avait deux hebdomadaires britanniques spécialisés : le *Melody Maker*, sérieux, très lu, axé sur le rock et la pop ainsi que sur la musique folk et le jazz, avec des chroniqueurs de talent mais très suffisants. Le *New Musical Express* (*NME*) était davantage orienté sur la pop et les années 1960. Il fallait innover en donnant naissance à une nouvelle revue, histoire de casser le moule.

On lança *Sounds,* avec le fameux slogan « La musique est le message ». Le premier numéro fut imprimé le 10 octobre 1970 alors que j'étais encore au téléphone avec les gens de la publicité, pour être sûr qu'ils avaient réussi à négocier des emplacements à prix promo. La première semaine, au grand dam de nos concurrents, ce fut un carton : on en vendit 200 000 exemplaires. À notre hit-parade « albums », on trouvait *Paranoid* de Black Sabbath, *Get Yer Ya Ya's out* des Rolling Stones, *Led Zeppelin II*, *Deep Purple in Rock* et *Cosmo's Factory* des Creedence Clearwater Revival. À côté de ça, il y avait aussi les tubes immondes comme *Le Monde de Mantovani* (qui ne ferait jamais partie du nôtre) et ce ringard d'Andy Williams.

Les *majors companies* ne se battaient pas pour livrer une petite entreprise sans références ni trésorerie. Je pus négocier des délais de paiement de trente jours pour passer des annonces dans la presse spécialisée et m'adressai à Ray Lanone à Notting Hill Gate pour la marchandise. Nous lui passions des commandes au prix de gros pour ensuite les expédier à nos clients dans des délais qui nous permettaient de recevoir leurs règlements avant de payer nos factures de disques et de pub. Nous avions pu démarrer, mais au prix de dettes que nous allions traîner comme un boulet. Si vous voulez lancer une affaire aujourd'hui, ne suivez surtout pas cet exemple ! Et ceux qui ne sont pas en mesure de faire autrement peuvent être assurés de mon soutien et de ma solidarité, car je sais ce qu'ils vont vivre.

Notre collaboration avec Ray fit de sa petite boutique un des magasins les plus vendeurs d'Angleterre. Quand les camions de livraison arrivaient chez lui, il y en avait toujours un complet pour nous. Il se garait derrière la boutique, et nous emportions les cartons jusqu'au bureau que nous avions aménagé dans la crypte de l'église de Bayswater.

Notre image et notre communication furent nos atouts majeurs. Il faut dire que nous n'en avions guère d'autres ! Nous y avons tous travaillé, mais c'est surtout John Varnon, un type déjanté mais génial, qui trouvait des slogans à son image. Pour faire comprendre qu'on offrait de loin le meilleur rapport qualité-prix, il avait conçu des annonces qui parodiaient les styles gothique et victorien :

– Il y a quelque chose qui cloche dans votre truc.
– Pas le moins du monde.
– Dites-moi tout ! Vos disques sont vieux ou fendus, ou rayés ? Les pochettes ont des défauts ?
– Pas du tout !
– Ce ne sont pas de vrais vinyles, alors !
– Si !
– Il doit bien y avoir une arnaque quelque part...
– Pas du tout.
– Mais alors, c'est quoi ?
– Ils sont moins chers, c'est tout !

L'impact fut immédiat. Nos prix étaient inférieurs de 5 à 15 shillings sur tous les labels.

Toute l'équipe travaillait d'arrache-pied. Les manches retroussées, nous préparions des cartons de Led Zeppelin, Pink Floyd, Jimi Hendrix et des Rolling Stones. Nous nous donnions le même salaire, 20 livres par semaine, en fonctionnant comme une communauté hippy, sauf que nous bossions comme des fous. Les compagnies de disques qui cherchaient à savoir pourquoi les ventes avaient soudainement explosé dans le magasin de Ray découvrirent assez vite le pot aux roses.

Nous avions de plus en plus de commandes, mais nous n'arrivions pas à gagner d'argent. J'ai compris plus tard pourquoi, quand j'ai rencontré des anciens clients qui m'ont expliqué comment ils nous avaient arnaqués en profitant de notre manque total d'organisation. Nous avions régulièrement des appels furieux ou des lettres d'insultes qui affirmaient n'avoir rien reçu. Avec le cirque qui régnait dans notre bureau et notre ignorance totale des procédures comptables élémentaires, on ne pouvait pas vérifier si l'envoi avait bien été fait et on réexpédiait l'article. Inutile de dire qu'avec les pertes engendrées, notre marge bénéficiaire était des plus maigres. Je n'ai pas oublié la leçon : *un excellent chiffre d'affaires peut cacher une pitoyable marge bénéficiaire*.

La marque Virgin Records commençait tout de même à prendre sa place. Nous vendions des milliers d'albums par semaine quand arriva la catastrophe. Fin octobre 1970, les employés des postes britanniques qui réclamaient des augmentations de salaires entamèrent une grève dure qui se prolongea pendant quarante-quatre jours. Notre affaire dégringolait à toute allure. Il fallait d'urgence trouver une alternative et le faire savoir par des encarts publicitaires dans la presse musicale. Je n'ai jamais oublié depuis que, dans toutes circonstances, il faut toujours avoir un plan B sous la main. Le 6 février 1971, nous annoncions sur une demi-page l'ouverture de notre premier magasin au 24, Oxford Street. J'avais loué l'entresol d'un magasin de trois étages, à côté d'une école de secrétariat et au-dessus de NU Sounds, à trente secondes de la station de métro de Court Road. Il fallait encore mettre de l'argent dans la pub ; on publia un guide marrant et original[1], comme notre boutique. Nous ne vendions pas que des disques, mais aussi du café, des cassettes, des affiches et des casques. Il se murmurait que notre personnel vendait d'autres choses encore, mais je n'ai jamais commenté leurs activités privées. À la fin de l'année 1971, nous achetions des pages

1. La thématique de la publicité s'appuyait sur le terme « joint », avec un jeu de mots : « Les clients de Virgin sont cools. Ils savent reconnaître tout de suite la bonne marchandise. » *(NdT)*

entières de pub. « Nous sommes le numéro 1, les meilleurs des meilleurs, et de loin les moins chers. » Et encore : « Voici la photo de notre directeur général qui rend de l'argent à un de nos clients qui payait ses disques au prix habituel. »

Les choses n'ont pas vraiment changé. Quand vous prenez aujourd'hui la Central Line du métro londonien, il suffit de lever les yeux pour découvrir les pubs toujours politiquement incorrectes pour Virgin Media. Dès nos débuts, nous nous étions adressés avant tout à nos clients en faisant comme aujourd'hui la promotion de notre accueil et de notre service.

En 1971, Tom Newman, qui avait été dans la première équipe de Virgin Records, nous proposa d'installer un studio d'enregistrement 4 pistes dans la crypte. Il se trouve qu'entre-temps j'avais interviewé pour *Student* le producteur légendaire des Beatles, George Martin, qui m'avait dit que le 4 pistes était obsolète et qu'il fallait prendre du 8 pistes. Je m'empressais de dire à Tom qu'il fallait bazarder le 4 pistes qui nous avait coûté 1 350 livres et, malgré nos petits moyens, se mettre tout de suite à la recherche d'un 8 pistes. Une autre leçon que j'ai bien retenue : toujours s'équiper du meilleur matériel, quel que soit son prix.

J'avais 21 ans. J'étais propriétaire d'un magazine, d'une entreprise de vente par correspondance, et j'étais en passe d'installer un studio d'enregistrement. J'étais tout de même un peu inquiet car nous n'en étions qu'à la fin de notre première année, et notre découvert était déjà de 11 000 livres. Très fatigué, j'avais vu un médecin qui m'avait diagnostiqué un ulcère. Il m'avait demandé avec beaucoup d'insistance de changer mon rythme de vie en mettant la pédale douce. Nous décidâmes de changer d'air et d'installer le studio à la campagne. En feuilletant un numéro de *Country Life* je tombai sur le lieu idéal, un vieux manoir en vente à Shipton-on-Cherwell. Dès la première minute de la visite, ce fut un éblouissement. Il fallait l'acheter et installer un 16 pistes. La banque m'accorda un crédit et je devins propriétaire du manoir le 23 mars 1971.

Au mois d'octobre, on ajouta une mention aux encarts publicitaires pour nos *waterbeds* : « Nous vous informons que nous disposons maintenant d'un studio, dans un endroit calme, à la campagne. Si vous voulez enregistrer quelques morceaux et passer du bon temps, appelez-nous. » Des groupes se présentèrent tout de suite, mais les tendances musicales étaient en pleine évolution. Ils ne se contentaient plus d'une guitare, d'une batterie, d'une basse et de chœurs ; leurs compositions de plus en plus sophistiquées nécessitaient une console 32 pistes et 20 canaux. L'évolution des technologies d'enregistrement, l'arrivée et le perfectionnement des synthétiseurs rendaient possibles des effets sonores inouïs et de nouvelles capacités d'expression musicale. Pour ne rien laisser au hasard, nous avions confié l'équipement de notre studio aux meilleurs spécialistes du son, Westlake Audio de Los Angeles, en choisissant le matériel dernier cri, dont le système Dolby.

Les artistes adoraient l'atmosphère magique et envoûtante du manoir. Quand ils avaient fini une session, ils se relaxaient et passaient du bon temps en dégustant nos meilleurs vins. Le réapprovisionnement de la cave était aussi un gros boulot. Notre affaire prenait de plus en plus d'ampleur grâce au bouche à oreille des groupes qui appréciaient le cadre et l'accueil. Ils nous demandaient souvent quelque chose de particulier et nous nous mettions en quatre pour les satisfaire. Depuis, j'ai demandé que Virgin crée des espaces particuliers dans toutes nos sociétés pour que les gens se sentent comme chez eux et dans les conditions idéales pour laisser leur créativité s'exprimer.

Pour revenir au manoir, c'est en fait là que j'ai vraiment appris à gérer une entreprise artistique. Tous les grands noms de la musique rock et pop y ont forgé leur réputation. J'ai vu réussir des musiciens qui n'avaient pas un talent énorme et d'autres dont le génie sortait par tous les pores de leur peau qui passaient à côté du succès. J'ai bu des verres avec des gens qui avaient gâché leur potentiel et d'autres qui avaient su tirer parti de leurs capacités moyennes.

On sait que le premier album de Mike Oldfield, *Tubular Bells*, fut la première pierre de l'empire Virgin en provoquant un formidable déclic. Mike était (et est toujours) un génie, et un immense bosseur qui ne s'arrêtait jamais. Dans la péniche qui me servait d'appartement, il m'avait fait écouter une de ses premières bandes à la beauté envoûtante. Je n'ai pas oublié cette soirée magnifique. L'originalité et le génie fascinants de ce jeune homme de 15 ans qui jouait de nombreux instruments avec un immense talent me bouleversaient ; nous fîmes des pieds et des mains auprès des producteurs de disques et les dinosaures de A & R pour qu'ils lui donnent sa chance ; mais ils ne voulurent rien entendre et le renvoyèrent à ses chères études. Un soir, au pub, je dis aux gars que ça avait assez duré et que j'avais pris ma décision : « Il faut s'occuper de Mike. On va monter notre propre label et on va sortir son disque, qui sera le premier de Virgin Records. »

Ils essayèrent de me convaincre que c'était une folie. Je savais bien qu'on n'était une boîte de vente par correspondance, pas une société de production, mais rien ni personne ne pouvait m'empêcher d'aller au bout de mon idée. Mike me fit la liste des instruments dont il avait besoin et j'allai louer une batterie, un synthétiseur, une guitare et un carillon tubulaire à Charing Cross. On s'organisa, entre deux réservations de studio, au printemps 1973 pour que Mike puisse s'installer et travailler. Je m'étais mis à la table de mixage avec Tom Newman, totalement absorbé dans ses réglages. Je n'avais jamais vu quelqu'un travailler avec une telle capacité de concentration et d'écoute jusqu'au moindre détail. Cette rencontre m'a marqué à jamais.

C'était une bonne idée d'assurer nous-mêmes la distribution, mais rien ne nous disait que ça marcherait. Virgin Records était une toute petite entreprise, qui ne possédait ni l'influence ni les capacités des autres grandes compagnies. On venait de sortir l'album de Gong *Radio Gnome Invisible*, nous faisions aussi la promotion d'un groupe allemand d'avant-garde, Faust, que, conformément à notre politique, nous vendions au prix d'un single, 48 shillings, mais Gong et Faust n'avaient rien de commun avec Tubular Bells. Chris Blackwell, le patron d'Island Records, qui avait une façon de penser assez proche de la nôtre, adorait la musique de Mike ; il nous proposa une grosse somme pour le prendre en charge et le distribuer. C'était tentant, mais on décida de rester sur notre décision. J'aime le risque, et la formule *risquer plus pour gagner plus*, que j'ai toujours appliquée, pourtant il aurait peut-être été plus raisonnable de laisser Island faire le boulot le moins intéressant, comme la publicité, le marketing, la logistique. Mais nous avions placé notre confiance en Mike, et c'était notre affaire.

En juin 1973, John Peel passa le disque dans son émission nocturne, *Top Gear*[1]. Il diffusa une face entière sans interruption. Une première mondiale !

Le lendemain, le téléphone n'en finissait pas de sonner. Tout le monde posait la même question : où peut-on trouver le disque ? Si les critiques de Gong et de Faust étaient plutôt tièdes, celles de Mike Oldfield étaient dithyrambiques. C'est pendant l'été 1973 que je saisis l'importance des médias. John Peel et la presse spécialisée avaient joué un rôle capital. L'album resta pendant cinq ans au hit-parade ; on en vendit 5 millions d'exemplaires au Royaume-Uni et 10 millions dans le monde.

À la fin du mois de novembre 1972, j'avais 22 ans ; j'étais en train de discuter avec mon amie quand je me mis à faire une petite liste :

1. *Apprendre à voler.*
2. *Surveille-moi/toi/la péniche.*
3. *Aide-moi à donner du bonheur aux gens.*
4. *Réinvite des gens sympas.*
5. *Fais les brocanteurs. Commence à préparer notre installation au manoir.*
6. *Aide-moi à réfléchir à l'avenir/m'organiser.*
7. *Ouvrir d'autres magasins.*

En dépit de ces ambitions, nous n'étions encore qu'une petite entreprise.

1. Animateur de radio et journaliste britannique très populaire au Royaume-Uni et l'un des plus respectés dans le monde entier. *(NdT)*

Notre moyenne d'âge dépassait à peine 20 ans. J'avais compris qu'il fallait structurer correctement l'affaire et je me mis à la recherche d'un vrai comptable pour l'année 1973. J'avais rédigé cette annonce :

> *En trois ans, Virgin Records a ouvert dix-sept magasins, créé deux studios d'enregistrement, une grande société d'export, une grande société d'import, une société d'édition, une agence, une société de management, des licences dans tous les pays du monde, une société de disques prospère. Nous sommes une équipe de cent cinquante amis, mais Virgin Records a besoin d'un service comptabilité du feu de Dieu.*

Virgin Records continua sa croissance jusqu'à devenir le plus grand label indépendant du monde. Après une tentative infructueuse d'entrer en Bourse en 1987, je l'ai vendue 1 milliard de dollars à EMI. On avait commencé en bossant comme des fous pour honorer nos commandes et en faisant pas mal de boulettes, mais on avait surtout pris conscience que les heures de travail harassantes ne nous auraient pas permis de réussir si nous n'avions pas voulu avant tout satisfaire nos clients. C'était la clé de notre succès, mais si c'était à refaire, je ne le referais certainement pas. Tout cela pour dire que celui qui veut créer une affaire aujourd'hui n'a pas intérêt à s'inspirer de la naissance de Virgin Records. Le contexte de l'époque n'a rien à voir ; dans les années 1970, l'explosion fabuleuse du rock enchantait nos vies insouciantes. Pendant cette période d'expansion se sont tissés des liens d'amitié et de fidélité indéfectibles.

Si vous voulez tout de même emprunter le même chemin, vous y parviendrez peut-être, mais il est bien probable que les futures Virgin ne ressembleront en rien à Virgin Records. Ces sociétés naîtront de l'industrie du jeu, des réseaux sociaux du Net ou d'un domaine encore totalement inconnu aujourd'hui pour moi et ma génération. Des entreprises d'avant-garde prendront tout le monde par surprise, donneront des angoisses aux parents et feront le bonheur des enfants.

Emma a 18 ans. Elle n'a pas les moyens de se payer un téléphone portable. Elle vient de quitter l'école et a commencé à travailler dans un salon de coiffure. Elle n'a pas un gros salaire, mais voudrait bien vivre comme ses copines. Elle lit des magazines people, regarde la série *Friends*, apprécie Madonna, Janet Jackson et MC Hammer et « chatte » régulièrement avec son petit copain Mark, à peine plus âgé qu'elle, qui vient de se faire embaucher dans une entreprise de maçonnerie. Il est supporter d'un excellent club de foot qui joue les premiers rôles mais n'a pas les moyens de se payer un abonnement annuel au stade. Il aime boire des verres au pub avec ses amis, apprécie le rap, le hip-hop et rêve d'une Toyota gonflée équipée d'une grosse sono une fois qu'il aura obtenu son permis. Nous sommes en plein dans les années 1990. Les grands opérateurs de téléphone ne s'intéressent pas à eux. Nous, si.

Notre arrivée sur le marché du portable reste encore aujourd'hui un de nos plus grands exploits. En proposant à la jeunesse des téléphones avec communications prépayées, on se plaçait sur un créneau qui avait été négligé. Dans les années 1970, Virgin avait marqué l'époque en créant des liens particuliers avec une nouvelle génération. C'est en prenant ce nouveau virage que Virgin devint vraiment « mobile », en passant sans trop de difficultés d'un secteur à un autre et surtout d'une génération à une autre.

Nous aimons bien créer des entreprises dans des secteurs peu exploités. Plus loin, je parlerai de notre société à capital-risque. Le groupe a montré qu'il était capable de s'adresser à toutes les tranches d'âge. Qu'est-ce qui fait marcher un produit ? Le concept lui-même ou la chance ? Nous avons séduit deux générations, et nos capacités d'adaptation nous permettront d'être appréciés par une troisième. Toutes les études de marché démontrent que Virgin est une enseigne fédératrice pour les parents et les enfants. En vieillissant, il faudra veiller à ce qu'elle passionne aussi les petits-enfants, donc trois générations. D'ici là, la nostalgie des années 1970 sera loin, et nous saurons bien si notre marque a une chance d'être éternelle.

Je m'étais intéressé à la téléphonie mobile lors d'un séjour au Japon. J'avais demandé à des jeunes de me parler du dernier truc à la mode. Tout fiers, ils m'avaient montré leurs portables en m'expliquant leurs fonctionnalités. Ils étaient nettement en avance. NTT DoCoMo, une filiale de Nippon Telecom, avait déjà mis sur le marché des mobiles disposant d'un accès limité à Internet ; et l'enthousiasme avec lequel ces jeunes m'avaient parlé des jeux en ligne de DoCoMo m'avait parfaitement éclairé. La première compagnie de téléphone cellulaire était aussi la première à mettre sur le marché grand public un mobile équipé d'Internet. Pas question de rester sur le quai.

Je m'étais rendu compte au cours des années 1990 que plus la dernière génération avançait en âge, plus elle changeait de mode de vie. Les adolescents à qui nous avions vendu des disques étaient maintenant des adultes qui s'intéressaient aux clubs de vacances, aux fonds de pension, aux produits financiers et à leur santé, des créneaux sur lesquels nous étions bien présents, mais nous n'avions rien pour leurs enfants qui passaient leur temps à envoyer des sms avec une facilité telle que le portable semblait leur avoir été greffé. En 1999, nous fûmes les premiers à le proposer au Royaume-Uni et d'un point de vue marketing, c'est la téléphonie mobile qui nous a permis de replacer Virgin sur le marché de la jeunesse.

On était certain d'avoir un excellent produit et la méthode pour le faire connaître. On mit à disposition des coupons « Pay as you go[1] » dans des lieux fréquentés par les jeunes : WH Smith's, Sainsbury, Tesco, et dans les stations-service Texaco et BP. Mais il fallait aller plus loin.

Le gourou de la publicité Virgin Mobile, James Kydd, n'avait pas le budget correspondant au lancement de ce nouveau produit. (Pour information, nous lui avions déjà demandé de se débrouiller face à Coca-Cola, avec un budget de 44 millions de livres contre 400 millions pour Coca.) La bagarre se jouait entre quatre entreprises : Vodafone, BT Cellnet, One2One et Orange. James, habitué à gravir

1. « On ne paye que ce qu'on consomme. » *(NdT)*

l'Everest, n'avait cette fois qu'une colline devant lui. Après quelques estimations, il me dit que c'était jouable. Je lui accordai une enveloppe de 4 millions de livres pour la campagne de lancement.

James n'avait pas son pareil pour alimenter les tabloïds et autres médias de nouvelles drôles et insolites pour faire du buzz sur Internet et en utilisant le marketing viral pour toucher directement notre cœur de cible. Pour garder notre statut de « chouchou des consommateurs », on décida d'attaquer les autres joueurs de front, en défiant d'abord Hans Snock, le PDG d'Orange. Il n'avait pas tenu sa promesse de s'aligner sur nos prix, et on ne se gêna pas pour lui rappeler publiquement. Virgin Mobile frappa ensuite très fort à la porte de Charles Dunstone, le P-DG de Carphone Warehouse[1], en le priant instamment de mettre nos produits en avant. Charles était un grand copain avec qui je faisais du ski et de la voile. Il se montra beau joueur parce que ça l'amusait, mais je suis persuadé que notre campagne lui posa des problèmes.

Vodafone prenait de l'âge, British Telecom connaissait une période de déclin, One2One était le bas de gamme, et Orange, considéré comme la référence, s'orientait vers le monde des affaires. Quand Virgin Mobile s'attaqua au marché de la jeunesse, le champ était pratiquement libre. Nous occupâmes le terrain en cultivant notre image de marque, née avec Virgin Records, et en jouant de notre humour décalé. On offrait la possibilité de rencontres par *blind date,* avec l'option de recevoir un faux appel pour trouver une excuse. « Je suis vraiment désolé, il faut que j'y aille, mon chien est mort ! »

Pour notre campagne télé, conçue sur le thème « l'oisiveté est mère de tous les vices », nous avions fait appel à des superstars comme Busta Rhymes, Wyclef Jean et Kelis. Chaque vedette avait accepté de jouer le jeu de la dérision. Le résultat était à la hauteur de notre attente. Les clips, très drôles, devinrent rapidement cultes

1. Distributeur indépendant de téléphones mobiles et de services de télécommunications en Europe. Le concept de The Phone House est fondé sur l'indépendance envers les constructeurs et intermédiaires, pour garantir l'impartialité de ses conseils. *(NdT)*

et contribuèrent à nous faire apprécier des jeunes urbains. Ces pubs imaginées par Ben Priest et réalisées par Bryan Buckley étaient fines et subtiles, et donnaient à notre entreprise une image des plus cool. Les chiffres de l'ARPU[1] ne cessèrent d'augmenter, jusqu'à ce que nous nous retrouvions numéro un des systèmes prépayés. Dans le premier trimestre 2003, Virgin enregistra davantage de contrats que O2, Orange, T-Mobile et Vodafone confondus.

En mai 2004, on fêtait notre 4 000 000e client ; on signa avec Christine Aguilera. Le clip tourné à Los Angeles la montrait dans une scène destinée à ridiculiser les paparazzi. On y voyait Christine, dans le bureau somptueux d'une maison de disques, en train de jouer avec le mécanisme permettant à son fauteuil de monter et de descendre de plus en plus vite. En la voyant s'agiter frénétiquement, des ouvriers en plein travail dans l'immeuble d'en face pensent assister à un scandale sexuel où était impliquée la star de l'année. C'est en voyant débarquer de véritables paparazzi, prêts à faire des clichés sensationnels, qu'on s'aperçut qu'on avait tapé dans le mille. Notre clip bénéficiait déjà d'un buzz fantastique avant même que son tournage soit terminé. Merci les gars ! Vous nous avez donné un sacré coup de main.

Tout le monde est d'accord pour dire que la publicité a un rôle fondamental, mais il faut travailler au message en jouant avec tous les aspects de la marque, surtout si vous êtes une société de services. Il ne faut pas lésiner sur le budget, ni hésiter à se mettre en scène avec un bon scénario et une bonne histoire. Quand CNN essaie de me joindre, j'abandonne sur-le-champ mes occupations du moment pour répondre à l'interview. Ce serait une folie de laisser passer l'occasion de parler de sa marque au monde entier, et c'est mille fois plus efficace qu'une grande page de pub qui coûte une fortune. Je ne comprends pas les patrons de très grandes compagnies qui refusent de recevoir les journalistes alors qu'ils s'engagent pour des campagnes de millions de dollars.

1. Revenu annuel moyen par client, calculé en divisant le chiffre d'affaires généré sur les douze derniers mois par l'utilisation du réseau. *(NdT)*

Virgin Mobile a réussi parce qu'elle a été perçue comme unique. L'excellent travail de James Kydd a payé. La fraîcheur du nouveau venu s'ajoutait à des valeurs auxquelles la nouvelle génération est particulièrement sensible : une technologie de pointe et un message rassurant, « Ne vous inquiétez pas, nous sommes là ».

Pourrait-on recommencer ? Je n'en doute pas. Tout cela n'est pas spécifique aux années 1970 ou 1990. C'est intemporel et tout simplement humain. Nos équipes sont expertes pour ce qui concerne la psychologie des consommateurs et des catégories sociales. Et si Sam ou Dolly, mes enfants, décidaient d'intégrer la société – je ne cherche pas à les convaincre –, leur look serait plus adapté que le mien pour personnaliser et lancer de nouveaux produits.

Avant de raconter une de nos dernières grandes aventures, celle de Virgin Blue, le moment est venu de vous parler de moi. Richard Branson, la star, la mascotte ou le bouc émissaire ? J'ai été tout ça dans ma vie.

Une grande partie de l'histoire de Virgin vient du fait que j'aie voulu que notre publicité s'appuie sur ma personnalité. Combien de costumes différents ai-je endossés dans ma vie d'homme d'affaires ? Je ne saurais le dire ; davantage, en tout cas, que Laurence Olivier. Je suis très reconnaissant à Jackie McQuillan, notre directrice de la communication, pour sa créativité et ses propositions toujours originales. Au cours des quinze dernières années, elle a su imaginer et monter de très bons coups. Elle m'a convaincu de raser ma barbe pour me costumer en jeune mariée, m'a demandé de m'habiller en prince indien et de sauter d'un immeuble de Mombai en jouant du tambour pour marquer bruyamment notre arrivée en Inde ! Le public a su apprécier nos campagnes spectaculaires et inoubliables parce que conçues avec méticulosité et ingéniosité. Il faut qu'elles soient drôles et spirituelles. Elles doivent exciter les yeux comme la pensée. Et puis il est nécessaire qu'elles aient un sens, qu'elles racontent une histoire en véhiculant les qualités et les messages de Virgin. À titre d'exemple, on se souvient du jour de juillet 2002 lorsque j'annonçai mon partenariat avec MTV, une division de

Viacom, quasiment nu, avec un téléphone portable qui cachait mes parties intimes, sur le thème « Virgin Mobile n'a rien à cacher ! ».

« Virgin, l'entreprise qui n'a peur rien. » Cette réputation a eu des conséquences inattendues, mais très importantes. C'est la même chose avec nos opérations spectaculaires, lorsqu'elles ne réussissent pas à 100 % même si on les a préparées et répétées avec le plus grand soin : elles portent toujours notre message.

Il y a des risques à centrer la communication sur le patron de l'entreprise en le mettant dans la lumière, et c'est parfois contre-productif. La rumeur médiatique sur mes relations privilégiées avec le Premier Ministre britannique, Gordon Brown, simplement parce que nous avions pris l'avion ensemble m'a posé d'énormes problèmes au moment de l'affaire de la Northern Rock Bank. Cela dit, je reste persuadé que le bilan est positif. Grâce à mes propres aventures au vrai sens du terme, j'ai donné un visage au groupe. Mes succès dans les affaires m'ont permis de vivre des rencontres merveilleuses et authentiques, lors de mes courses de hors-bord ou de mes courses en ballon. Je me suis lancé des défis spectaculaires dans l'esprit Virgin qui ont apporté une notoriété énorme au groupe. Je l'ai fait en m'amusant. Tout le monde n'a pas envie de s'attaquer à des records du monde et d'ailleurs cela n'apporterait pas forcément quelque chose à l'entreprise, mais si vous trouvez le moyen de représenter physiquement et humainement les valeurs propres de votre société, vous aurez tout à gagner.

D'une manière générale, les médias ont été très honnêtes avec nous. Il faut dire que je n'ai pas manqué une occasion de prendre la parole pour donner du relief et de la vie aux articles qui parlaient du groupe. Les anecdotes croustillantes sont toujours recherchées, et nos attachés de presse sollicitent tous les journalistes quand nous lançons un nouveau produit ou pour les tenir au courant de l'avancée de tel ou tel projet. J'évoquais les dirigeants qui fuient micros et caméras alors qu'ils ont tout intérêt à créer des liens et à garder des contacts avec les médias, comme nous l'avons toujours fait ; pour ce qui me concerne, depuis mes débuts d'apprenti journaliste à *Student*, j'ai d'ailleurs toujours apprécié la compagnie des journalistes et des écrivains.

Quand je monte un coup médiatique pour Virgin Atlantic Airways, son P-DG Steve Ridgway accepte en souriant de rester au second plan, mais il n'est pas le dernier à faire parler de lui dans les articles de fond des magazines spécialisés pour mettre en avant sa compagnie. C'est une bonne formule et je suis très heureux que les dirigeants de sociétés de Virgin s'engagent ainsi avec détermination dans la promotion de notre enseigne. Il est capital d'arriver à personnaliser chaque entreprise et leurs patrons pour les identifier.

Je venais de descendre de l'avion, épuisé par le décalage horaire de quatorze heures. Un hélicoptère était en vol stationnaire au-dessus de la partie privée de l'aéroport. M'attendait-il pour me transporter en deux minutes à mon hôtel ?

Quelqu'un de Virgin me passa un harnais, me couvrit la tête, me ligota et m'accrocha à un câble. Une exceptionnelle montée d'adrénaline me coupa l'envie de bâiller et de dormir.

À peine arrivé en Australie, voilà que j'étais hissé et suspendu à trente mètres sous l'hélicoptère. En serrant les fesses, je me vis monter peu à peu au-dessus de la ligne d'horizon. Tel Peter Pan survolant Londres, je faisais une arrivée des plus spectaculaires ; mais ce n'étaient ni Big Ben ni le Parlement que je survolais, c'étaient des filles lézardant au soleil et des surfers qui jouaient avec les vagues. Au passage, je tiens à vous affirmer que ce n'est pas la voie empruntée habituellement par les passagers de Virgin Airline entre l'aéroport Kingsford Smith et le centre de Sydney. Ma balade dans les airs se poursuivit jusqu'au-dessus du pont de Sydney dont mes pieds effleurèrent quasiment le sommet de l'arche. Nous passâmes à toute vitesse devant l'Opéra, où des gens par dizaines me faisaient des signes d'amitié, et je finis mon périple sur le quai de la Douane, où se trouvait une meute de journalistes à qui j'allais annoncer le lancement de Virgin Mobile Australia. Jamais je n'avais ressenti les sensations d'un oiseau en plein vol. Avant de prendre la parole, il m'avait fallu quelques minutes pour récupérer.

Chaque fois que je vais en Australie, je fais des trucs extraordinaires. J'ai fait du ski nautique attaché à un ballon dans une eau infestée de requins, avant d'être recueilli par les jolies filles de Bondi Beach[1] ; j'ai bavardé avec l'animateur de radio Rosso de la fameuse émission *Merrick et Rosso* ; j'ai vendu des chocolats glacés au festival V, toutes activités qu'un président d'entreprise est rarement amené à faire !

On me demande régulièrement si là-bas j'ai appris quelque chose en matière de business. Je peux prendre l'exemple de la création de Virgin Blue, qui fut une expérience unique et des plus gratifiantes. Les Australiens, plus peut-être que les habitants des autres pays du monde, y compris la Grande-Bretagne, ont été ravis de voir débarquer Virgin chez eux. Même avant l'implantation de Virgin Records, mon taux de notoriété était de 94 % ; un pourcentage qui peut s'expliquer par mes exploits en ballon, mes courses de hors-bord et mon autobiographie, qui a connu un gros succès en Australie. En 2008, Virgin Blue figurait sur la liste des dix meilleures enseignes de la partie Asie-Pacifique du monde et une des cinq préférées des Australiens. J'ai compris pourquoi. Cette nation adore le divertissement. Ils sont nombreux à avoir couru le monde sac au dos avant de se poser et détestent les excès de réglementations et le zèle de petits chefs. Ils sont capables de suer sang et eau au travail et de faire la fête toute la nuit sans penser au réveil qui va sonner le lendemain. En un mot, ils détestent la routine.

J'ai toujours voulu que Virgin soit une marque « jeune » et non pas « pour les jeunes » ; les deux expressions n'ont rien à voir. En Australie, l'approche est tout à fait différente ; il n'est pas question de génération. Tout le monde comprend tout de suite notre message sans chercher à savoir à qui nous nous adressons.

Avec la maturité grandissante du groupe et le fait que nos sociétés soient de plus en plus dispersées sur la planète, l'accueil fait à Virgin en Australie m'avait définitivement convaincu que nous avions touché juste. Nos produits intéressaient tout le monde, et ce n'était

1. La plus célèbre plage de Sydney. *(NdT)*

pas une question de chance. C'est fascinant de voir à quel point Virgin est en interaction avec le caractère des Australiens. Ils adorent les outsiders – ce que sont la plupart de nos sociétés en Australie –, même si on peut dire que Virgin, qui emploie des milliers de personnes, est maintenant bien installé. Leur esprit sportif les conduit à jouer toujours à fond ; on ne fait jamais de cadeaux à l'adversaire. Tous les moyens sont bons pour le faire reculer, mais après le match on fait la fête en buvant des bières toute la nuit.

Après quelques mêlées un peu chaudes, il y en a toujours pour dire : « Sans rancune, mec ! » Comme pour ce qui nous est arrivé avec Virgin Blue.

Les Australiens et les Néo-Zélandais méritent le respect. Ils travaillent dur pour gagner leur vie et détestent qu'on les arnaque. Ils avaient pourtant conscience que pendant des années Qantas, feu la compagnie Ansett, et Air New Zealand étaient loin de leur offrir le meilleur rapport qualité/prix.

J'ai toujours dit que j'aimais réveiller les entreprises qui somnolent. Au mois d'août 1999, nous annonçâmes notre intention de créer une ligne en Australie au capital de 10 millions de dollars. Qantas et Ansett, qui étaient bien installées, nous voyaient arriver sans inquiétude. Elles avaient leur ancienneté et leur expérience pour elles.

En 2008, au moment où j'écris ces lignes, Virgin Blue détient 32 % de parts de marché du pays, avec plus de 2 200 vols par semaine et 22 destinations intérieures. Elle s'est développée en Nouvelle-Zélande sous le nom de Pacific Blue et assure les liaisons entre les îles Tonga, Samoa et Fidji sous le nom de Polynesian Blue. Nous travaillons maintenant au lancement de notre liaison vers les États-Unis sous la marque Virgin Australia.

Il nous a fallu moins de dix ans pour monter cette société à laquelle les Australiens, les Néo-Zélandais et les Polynésiens sont très attachés. Je le ressens profondément chaque fois que je voyage sur une de nos lignes.

Brett Godfrey, un Australien dont le père travaillait pour Qantas, et Rob Sherrard, qui avait créé Sherrard Aviation – où Brett avait exercé son premier métier de comptable –, sont à l'origine de Virgin Blue ; ils avaient noté cette idée sur des sous-bocks en 1993. Brett les avait toujours sur lui et il avait attendu des années avant de m'aborder. Preuve supplémentaire que les meilleures idées surgissent le plus souvent après avoir bu quelques coups !

J'avais été frappé par la réponse brillante qu'il avait faite à l'article d'un journal qui avait attaqué notre compagnie européenne Virgin Express. Il avait clairement formulé ce que je ressentais. J'y pensais souvent.

En 1999, Brett était directeur du service financier. Il avait travaillé comme responsable du comité exécutif auprès des trois P-DG qui s'étaient succédé. Il était au courant de tout et surtout de ce qui ne fonctionnait pas très bien. Travailleur infatigable, il était expert pour instituer un bon climat, et ses qualités personnelles lui avaient déjà permis de venir à bout de situations difficiles.

Un jeudi soir, je décidai de l'appeler pour lui proposer la direction de Virgin Express. Il refusa poliment en m'indiquant qu'il voulait quitter Bruxelles et retourner en Australie pour faire un break. Il voulait avoir davantage le temps de s'occuper de ses deux enfants Ryan et Nicholas, et de sa femme Zohra. « Si par hasard tu cherches une occupation là-bas, appelle-moi, on verra si on peut faire quelque chose ensemble. »

« C'est marrant que tu me parles de ça », me répondit-il. Il pensait justement créer une compagnie *low cost* en Australie. « Et si nous le faisions ensemble ? – Je vais voir ça. »

Brett rentra chez lui, peaufina son dossier et demanda à un collaborateur de me l'apporter à Oxford. Le lendemain soir, je fis à nouveau son numéro.

Son projet avait été précédemment refusé par l'équipe dirigeante de Virgin de Londres, mais pour moi il tenait la route. « Tu es le premier à être d'accord avec moi ! j'étais en train de renoncer », me dit-il. Je lui demandai de retravailler sur cinq points importants et de revenir vers moi. Mes questions concernaient les créneaux horaires, les avions, le choix des aéroports, la billetterie, le personnel et les pilotes. Il s'envola pour l'Australie et une semaine plus tard il était de retour avec les solutions. Après en avoir parlé avec mon équipe, je lui dis : « Finalise tout ça, et on y va ! »

En lui serrant la main, je lui annonçai que dès le lendemain il aurait un virement de 10 millions de dollars australiens sur son compte, ce qui lui valut un coup de fil du directeur de sa banque qui croyait à une erreur.

Brett s'était déjà assuré du soutien du gouvernement du Queensland qui avait à sa tête Peter Beatle ; il voulait faciliter notre plan marketing dans cette région touristique mais guère exploitée. Un sacré coup de chance, car toutes les métropoles régionales australiennes réclamaient une ligne aérienne supplémentaire pour leurs États. Brisbane et Perth étaient en pleine croissance et la Sunshine Coast[1] attirait énormément de monde. Les charges salariales comme les plages étaient plus intéressantes que partout ailleurs. Nous avions déjà reçu 12 000 CV au moment de lancer notre projet, tous désireux de changer d'horizon pour s'installer dans le Queensland !

La compagnie américaine à bas coût Jet Blue disposait de 120 millions de dollars lors de son installation. Notre budget de 10 millions de dollars australiens était évidemment serré aux yeux de Brett, mais il avait fait du bon travail. Compass, qui avait le budget le plus important mais sous-capitalisé, n'avait pas résisté à la guerre des prix déclenchée par Ansett et Qantas, et avait disparu en décembre 1999. Le patron de Compass, Brian Gray, nous donna des tuyaux utiles pour ne pas tomber dans les mêmes pièges. Ce qui s'ensuivit fut un parfait exemple des avantages du capital-risque Virgin. Nous n'aurions pu souhaiter mieux. C'était aussi une belle illustration de l'aphorisme selon lequel *il vaut mieux marcher dans les pas d'un pionnier que le précéder.*

Des rumeurs commencèrent à circuler sur l'arrivée d'un nouveau concurrent. Le 30 novembre 1999, lors d'une conférence de presse à la maison des douanes, Brett révéla le nom de son commanditaire : Virgin. Nous avions réussi à garder le secret pour créer un

1. « La Côte du Soleil » se trouve au sud-est du Queensland. *(NdT)*

e surprise en annonçant que le prix du ticket Brisbane-
y coûterait moins de 100 dollars australiens, alors qu'il était à
hez nos concurrents. La banque australienne ASX commença à s'affoler en voyant la valeur boursière de Qantas chuter de 2 milliards de dollars australiens. Avec Brett, on rigolait : si nous avions acheté des parts, nous aurions récupéré notre investissement de départ.

Qantas était une des compagnies aériennes les mieux gérées au monde, mais avait beaucoup de points communs avec Ansett. Les deux compagnies se ressemblant beaucoup, il fallait que Virgin imprime sa marque et sa différence, et cela passait par notre culture que personne n'est capable de copier. Dès le premier jour, Brett se mit à la recherche de gens sans expérience en passant des annonces du genre : « Si vous avez les cheveux violets, que vous travaillez dans une boucherie et que vous arrivez encore à sourire à l'issue d'une journée de travail éreintante, vous êtes peut-être celui que nous recherchons. » Cela me rappelait ce que nous avions fait à Virgin Music : une formule directe, sans fioritures et un message authentique.

C'étaient exactement les qualités qu'il demandait à ses collaborateurs. On ne peut pas faire semblant de sourire pendant des heures. Nous avions besoin de personnes capables de le faire naturellement car le travail en cabine est un des plus difficiles, debout dix heures par jour dans des espaces confinés, et en permanence au contact du public. Les pilotes, eux, sont assis et n'ont pas à répondre aux demandes incessantes des passagers qui ont perdu leur sac, manqué leur correspondance ou renversé du vin rouge sur une robe d'été immaculée. Brett parlait du personnel de bord de Virgin Blue comme d'« une équipe qui a tout pour résister aux passagers » et leur demandait de rester philosophes en toutes circonstances. Au petit matin d'une nuit de folie passée avec eux, je me rappelle lui avoir dit que ses équipes avaient davantage l'esprit Virgin que les autres. J'aurais évidemment dit la même chose des équipes de Virgin Atlantic après une telle soirée !

Un journaliste australien me demanda un jour d'où venait ce nom de Virgin Blue alors que notre logo était rouge. C'est lors du concours que nous avions organisé que cette suggestion nous avait été faite. Les personnes aux cheveux roux sont appelées « *bluey* » en Australie. C'est pourquoi nos avions rouges se sont appelés « Blue ». Toujours la dérision.

Nous ne sommes sans doute pas les seuls à faire de l'humour à nos dépens, mais il faut des années de succès avant de pouvoir se le permettre. C'est toujours efficace et c'est une façon de démontrer que les liens avec nos clients sont bien sincères, même si, avec notre dimension planétaire, ce n'est pas toujours simple. Certains commentateurs nous accusent de démagogie mais nos clients sont assez intelligents. Il vaut bien mieux rire de soi-même plutôt que de se faire plus beau qu'on est. Le public ne supporte ni la prétention ni l'hypocrisie.

En mars 2000, Brett déclara qu'il fallait continuer notre démarrage en douceur. L'effectif était alors d'une dizaine de personnes, y compris le directeur de la communication et notre troisième associé fondateur, David Huttner. L'affaire monta en puissance. En août nous avions 350 salariés, et nous étions prêts pour le premier vol. Nous avions prévu d'être opérationnels pour les Jeux olympiques de Sydney qui devaient commencer le 15 septembre, mais notre cash diminuait à vue d'œil. Le directeur financier, Manny Gil, annonça à Brett que la trésorerie était à sec et que les salaires ne pourraient pas être virés, mais Brett, toujours malin, avait créé un compte séparé où il avait déposé un million pour faire face à cette éventualité. Manny put préparer les salaires.

Brett s'était bien organisé pour acquérir nos avions. Nous prîmes les premiers en leasing, mais plus tard nous décidâmes de les acheter. Boeing nous livra le tout nouveau modèle de 737, du matériel flambant neuf à peine sorti des ateliers de Seattle. Le lendemain, j'eus Brett au téléphone comme tous les jours. Mais il avait perdu sa jovialité ; il était même particulièrement nerveux :

– Richard, il faut que je signe un chèque de 600 millions de dollars australiens. Es-tu certain que je puisse le faire ? Le plus gros que j'aie fait jusque-là, c'était pour mon hypothèque.

– Brett ?

– Oui, Richard.

– Signe-moi ce foutu chèque !

Nous avions prévu d'atteindre la rentabilité au bout de trois ans, mais nous dépassâmes très vite nos objectifs de chiffres d'affaires. Brett voulut alors s'attaquer au marché de la Nouvelle-Zélande après que la filiale d'Air New Zealand, Freedom Air, eut mis en place une ligne entre la Tasmanie et Brisbane. On lança notre ligne entre Christchurch et Brisbane à l'enseigne Pacific Blue.

Notre idée était simple : proposer des vols directs à nos clients au lieu de les faire passer par un immense *hub*. Pour eux, c'était nettement plus confortable, et nos avions neufs, efficaces et fiables nous permettaient de réaliser des économies substantielles. La réussite de Virgin Blue fut dès lors considérable : la flotte se monta à 41 Boeing 737, l'avion le plus vendu au monde. Nous avions 3 000 salariés et plus de 30 % de parts de marché.

Le vol inaugural eut lieu le 31 août 2000 à 10 heures. Il était bondé. Brett, Rob et le reste de l'équipe, qui s'étaient inspirés de mes coups médiatiques, avaient fait leur entrée costumés en Blues Brothers. J'aurais bien voulu voir la tête du P-DG de Qantas. Nous étions ses seuls véritables concurrents et nous prenions du plaisir à le chambrer, ce qui faisait rire tout le monde, équipage, presse et passagers.

À la fin de la première année, nous nous étions hissés au niveau de Qantas et d'Ansett, qui se trouvaient face à d'énormes difficultés. La petite nouvelle, Virgin Blue, secouait sérieusement le cocotier.

Notre obsession de baisser nos charges nous avait conduits à instituer la réservation par Internet dès le premier jour. Chez Qantas et Ansett, elles ne représentaient que 3 %, compte tenu des habitudes et de leur réseau d'agents de voyage. Chez Virgin Blue, la proportion fut tout de suite de 60 % et 92 % six mois plus tard. Non seulement c'était plus rapide, mais cela réduisait considérablement nos coûts de transaction et donc le prix des billets.

En juin 2001, le P-DG d'Air New Zealand, Gary Toomey, invita Brett à dîner dans les salons du Chairman's Club, un endroit somptueux de Melbourne dont les W.-C. avaient des sièges plaqués or. Brett, qui n'avait rien demandé, indiqua qu'il était ouvert à toute proposition, et qu'ils trouveraient bien les moyens de s'entendre. Quelques semaines plus tard, il rendit l'invitation à Gary au Crown Casino de Melbourne, un lieu où se retrouvent les businessmen pour parachever leurs accords. Avant les hors-d'œuvre, Gary proposa d'acheter notre compagnie au prix de 70 millions de dollars. « Des dollars américains ? » demanda Brett qui avait déjà fait dans sa tête la conversion en dollars australiens : 120 millions. « OK », répondit Gary.

Le dîner terminé, Brett m'appela pour me donner l'information. Nous avions une estimation intéressante qui pouvait nous permettre de réaliser des investissements utiles à la croissance du groupe Virgin, mais il était encore trop tôt et on ne donna pas suite à cette proposition. Peu de temps après, c'était au tour du P-DG de Singapore Airlines, Dr C. K. Cheong, de m'appeler. Je le connaissais très bien. Au mois de décembre 1999, nous lui avions vendu 49 % de nos parts de Virgin Atlantic pour 600 millions de livres. Singapore Airlines possédait 20 % du capital d'Air New Zealand, qui était elle-même propriétaire d'Ansett. Nous savions cette dernière en grande difficulté. Air New Zealand l'avait payée trop cher, et ils n'avaient pas les moyens de renouveler leur flotte vieillissante. Compte tenu de la situation, nous ne pouvions pas imaginer que Cheong voulait s'offrir Virgin Blue.

« Écoute-moi, me dit-il, l'an dernier, tu n'as dépensé que 10 millions de dollars pour lancer Virgin Blue. Aujourd'hui, je suis prêt à t'en proposer 250 millions de dollars australiens, mais il me faut une réponse demain matin ; si tu refuses, nous allons investir massivement sur Ansett et en six mois Virgin Blue sera par terre. » Cette conversation était amicale, et Cheong était un de nos partenaires... Mais Virgin Blue était une société fantastique, qui était très appréciée et qui avait toute sa place en Australie. Nous étions heureux d'en être les propriétaires, certains d'avoir le meilleur personnel de cabine et des avions fabuleux. C'était un véritable dilemme. D'une part, nous avions cette offre incroyable qui nous amenait un énorme retour sur investissement et, d'autre part, le potentiel encore énorme de la compagnie, sans parler de la confiance que notre personnel et nos clients nous avaient faite.

Brett avait compris qu'une proposition de ce niveau pouvait m'inciter à vendre. Nous nous rencontrâmes à Brisbane pour une conversation interminable. À l'hôtel, nous tournions en rond sans arrêt en examinant toutes les options possibles. Nous en étions arrivés à penser qu'il y avait quelque chose de louche. Pourquoi Singapore voulaient-ils à tout prix se débarrasser de nous ? Pourquoi voulaient-ils encore jeter leur argent dans ce puits sans fond qu'était Ansett, juste pour détruire Virgin Blue ? Ils étaient nos partenaires ; ils avaient des parts dans notre capital... Je ne comprenais pas leurs véritables intentions.

Mon comité exécutif avait très envie que je donne mon accord pour récupérer l'argent, mais mon instinct me disait de faire le contraire. Je l'ai déjà dit, j'aime le risque.

Brett appela alors ses hommes de confiance qui se déplacèrent pour me convaincre de tenir bon et de consolider la société. Dans l'ascenseur, je lui dis : « Tu sais, ce n'était pas la peine de m'envoyer une délégation. Je n'ai pas l'intention de vendre. » C'est à cette minute que tomba le fax de confirmation.

Les yeux écarquillés, nous lisions et relisions le texte de Cheong : un quart de milliard de dollars australiens ; vingt-cinq fois le montant que nous avions mis au départ, il y avait à peine un an. Nous nous retrouvions à la case départ. Est-ce qu'on était en train de rêver, ou de devenir dingues ? J'appelai Andy Cummings, directeur à Lloyds TSB à Londres, notre chargé de compte, pour lui expliquer qu'on nous offrait 250 millions de dollars australiens, que l'on pouvait vendre demain, mais que nous souhaitions garder Virgin Blue. La banque continuerait-elle à nous suivre en sachant que l'on avait refusé cette magnifique opération ? Andy et son équipe nous avaient beaucoup aidés pour faire grandir et prospérer le groupe. Ils connaissaient parfaitement notre situation, et il nous confirma qu'ils nous suivraient sur nos autres projets.

Nous nos assîmes sur le canapé pour relire le fax.

Nous prîmes notre décision le lendemain matin. Un peu plus tard, on était devant une dizaine de caméras et la plupart des journalistes australiens que nous avions invités à une conférence de presse au terminal de Brisbane. Le silence se fit lorsque je me levai pour prendre la parole.

« Bonjour à tous. J'ai à la fois de bonnes et des mauvaises nouvelles. Regardez ! On nous offre 250 millions ! » dis-je en brandissant un chèque à l'en-tête de la Qantas Savings Bank que j'avais emprunté à l'un de nos directeurs qui était client. « Une fois encaissé, je pourrai retourner en Angleterre. L'Australie restera un grand souvenir ; nous sommes tristes, mais comment refuser une telle proposition ? » À peine avais-je terminé ma phrase que des jeunes femmes de Virgin Blue éclataient en sanglots. J'étais tellement bouleversé que je m'interrompis brutalement. Un reporter d'Associated Press en profita pour quitter le hall à toute allure pour aller donner la nouvelle exclusive qui allait faire le tour du monde en quelques minutes. Après avoir repris mon souffle, je déchirai le chèque en mille morceaux, en lançant : « Je plaisantais ! Pas question de vendre ! » Sous les acclamations et ovations, je vis revenir le journaliste, blême. « Vous vous rendez compte ? Je vais perdre mon boulot ! » Je m'agenouillai et lui baisai les pieds pour me faire pardonner.

La veille, en lisant et relisant le fax, Brett et moi avions cherché où était le piège. Singapore Airlines était trop pressé de se débarrasser de nous en Australie et en Nouvelle-Zélande. Pourquoi diable auraient-ils injecté encore de l'argent dans Ansett qui allait si mal et qui leur avait déjà coûté si cher ? Nous arrivâmes à la conclusion que Singapore Airlines n'avait pas du tout cette intention. Ils espéraient que nous serions tentés par cette proposition démentielle et que nous mettrions un point final à l'aventure Virgin Blue. Dès le lendemain, ils abandonnèrent Ansett à son sort. Le 13 septembre

2001, la société était mise en liquidation et les avions bloqués au sol. La concurrence de Virgin Blue et le choc énorme que fut l'attaque des tours jumelles à New York les avaient définitivement brisés.

Plus de 16 000 personnes perdirent leur emploi. Cela ne s'était jamais produit en Australie. La faillite d'Ansett devint même une affaire politique lors de la campagne électorale de 2001. Kim Beazley, le leader de l'opposition travailliste, promit de relancer la compagnie en lui accordant des subventions pour maintenir les emplois. Le chef du Parti libéral, John Howard, releva le défi. Pour lui, il était vital de respecter les lois du marché, et l'Australie n'aurait rien à gagner d'un soutien d'une compagnie agonisante. Il gagna finalement les élections à la tête d'une coalition avec le Parti national.

Ironie du sort : par peur du terrorisme, beaucoup d'Australiens cessèrent de se rendre à l'étranger après les attentats du 11 Septembre. Plutôt que d'aller en Europe ou aux États-Unis, ils redécouvrirent leur continent et passèrent leurs vacances à l'intérieur des terres ou sur les plages de la Gold Coast[1].

Avec la disparition d'Ansett, Virgin Blue multiplia sa flotte par deux en six mois, pour la doubler encore et une nouvelle fois la multiplier par deux un peu plus tard. Le taux de remplissage des 36 avions frôlait les 100 %. Virgin Blue avait acquis une efficacité exemplaire et une avance prodigieuse en termes de productivité : alors qu'Ansett, au plus fort de son activité, transportait 10 millions de passagers avec un effectif de 16 000 personnes, Virgin Blue avait fait voyager 15 millions de personnes avec 4 000 employés.

« Virgin Blue, c'est du vent. »

« Le marché n'est pas assez grand pour que Virgin Blue puisse vivre. »

« Virgin Blue n'a pas les reins assez solides. »

« Qantas va employer tous les moyens pour chasser l'intrus. »

1. La Côte d'Or (580 000 habitants), haut lieu du tourisme, est une conurbation qui s'étend sur quelque 50 km au sud de Brisbane. *(NdT)*

> *« Ils ne tiendront pas un an. »*
> *« Richard Branson ment quand il dit que les tarifs des vols intérieurs sont encore trop élevés. »*

Des propos de ce genre, tenus par les cadres supérieurs de Qantas à la presse, montraient bien que la compagnie commençait à tanguer. Lorsque j'annonçai que nous avions l'autorisation de la Grande-Bretagne pour mettre en place des vols réguliers vers l'Australie (il ne nous restait plus qu'à obtenir du gouvernement australien les droits d'atterrissage), l'*Australian Financial Review* fit paraître un article cinglant, disant que ce n'était que du vent. C'était trop. En 2003, je fis une lettre ouverte au journal :

> *Je lance un défi à Geoff Dixon : si Virgin Alantic met en place des vols sur l'Australie d'ici dix-huit mois, je lui demande d'accepter de participer au vol inaugural, costumé en hôtesse de l'air, et apportant des plateaux pour servir les passagers. Si je ne dessers pas l'Australie d'ici le mois de décembre, je suis prêt à en faire autant sur un avion Qantas entre Londres et l'Australie.*

Je joignis un montage photo assez drôle avec la tête de Geoff sur le corps de rêve d'une hôtesse. Sa réponse fut brusque et immédiate : « Nous dirigeons des compagnies aériennes, pas des cirques. » Les actions de Qantas chutèrent immédiatement de 3 %, et nos premiers vols commencèrent en décembre 2004, mais sans Geoff vêtu d'un tailleur d'hôtesse !

Brett est un papa poule. Quelques semaines avant que Virgin Blue soit introduite à la Bourse australienne, un groupe de journalistes économiques l'attendait un jour à l'arrivée du vol Brisbane-Sydney. Il était introuvable. Personne ne l'avait vu, même pas ceux qui s'étaient attardés à la sortie. On envoya quelqu'un de l'aéroport qui le trouva dans l'avion, en train de passer l'aspirateur, de ramasser la vaisselle sale et de raccrocher les ceintures de sécurité pour accélérer les procédures d'embarquement. Il sait que la ponctualité est la clé de la réussite et du cours de nos actions.

Le 13 novembre 2003, dans le port de Darling à 4 heures du matin, Brett et moi sortions en titubant d'une belle fête avec une foule de gens de Virgin Blue. Trois heures plus tard, sous les projecteurs aveuglants de l'équipe de TV qui nous avait suivis toute la soirée, nous partions à un rendez-vous avec nos banquiers et nos investisseurs.

Trois heures après ma rencontre avec Goldman Sachs fut une des plus encourageantes que j'aie eu à vivre dans le milieu des affaires. Le cours de Virgin Blue avait été multiplié par onze, et la demande était encore de 3,8 milliards. Avec ma mentalité quelque peu taquine, je me demandais s'il ne fallait pas appeler Geoff Dixon pour lui conseiller de hisser le drapeau blanc en signe de reddition.

Lors de l'introduction en Bourse de Virgin Blue sur ASX[1], le 8 décembre 2003, notre capitalisation était de 23 milliards de dollars australiens, et notre retour sur investissement était proprement ahurissant. Mais ce qui me faisait surtout plaisir, c'était de voir Brett, mon associé fondateur, et son équipe toucher les bénéfices des excellents résultats de la compagnie. Brett détenait 80 millions de dollars australiens. Il est aujourd'hui un des quadras australiens les plus riches, grâce à l'augmentation de nos actions. Quand on lui demande s'il ne veut pas prendre sa retraite sur une plage du Queensland, il secoue la tête en signe de dénégation. Il sait déjà les opportunités qui l'attendent lorsque nous mettrons en place des vols entre l'Australie et les États-Unis. La direction de Virgin Blue est surtout sa grande passion.

L'important était de faire face à cette croissance rapide. Brett pouvait s'appuyer sur les valeurs portées par l'enseigne Virgin. Il est parfait. Même s'il n'avait jamais travaillé pour nous auparavant, il n'y avait pas de différences dans nos façons de penser. Il s'est imprégné et a parfaitement intégré les valeurs de Virgin, qu'il a transmises à son équipe de direction et à son personnel.

Ce n'est pas simple de pouvoir établir une relation avec chaque membre des 4 200 salariés de l'entreprise ; Brett insiste cependant

1. Australian Securities Exchange, la Bourse australienne. *(NdT)*

pour discuter avec les nouveaux embauchés à chaque session de formation. Il leur tient des propos d'une grande honnêteté. « Le travail en cabine est épuisant. Si vous pouvez sourire facilement, vous y arriverez. Mais je ne tiens pas à payer quelqu'un qui souffre. Commencez, donnez-vous trois ans et prenez le temps de réfléchir. Si cela vous convient, continuez, sinon... la vie est trop courte, n'est-ce pas ? »

Quand nous avons monté notre compagnie, avec Brett, j'avais insisté pour que nous partions de rien. Il y en avait une en vente en Nouvelle-Zélande, mais nous ne voulions pas avoir les poings liés. Ce n'aurait pas été notre enfant. Je connais trop les difficultés qu'il y a à restructurer une entreprise déjà imprégnée de sa culture. (J'ai déjà évoqué ce sujet : quand on a usé les gens, si on a tué leur enthousiasme et leur disponibilité, il ne suffit pas de changer l'aménagement des bureaux ou de distribuer quelques augmentations pour changer la culture existante.)

Au moment où j'écris ce livre, l'industrie aéronautique doit faire face à des problèmes planétaires qui représentent des défis bien plus importants que ceux auxquels je me suis déjà heurté. Le prix des actions de Virgin Blue et de Qantas a chuté. Les deux compagnies doivent réduire la voilure et diminuer les coûts de fonctionnement pour pouvoir régler les factures de kérosène qui n'en finissent pas d'augmenter. C'est dans ces moments-là qu'une équipe de direction doit être forte pour prendre des décisions avec sang-froid, en faisant la preuve de ses capacités à analyser la situation. Virgin Blue a donné l'occasion à Qantas de se réveiller, et Geoff, dans ces circonstances, s'est comporté comme un P-DG talentueux et capable. D'autre part, l'histoire de Virgin Blue est celle d'une expansion audacieuse et d'une société qui tient ses engagements ; si nous voulons continuer à tenir le coup, Brett et son équipe auront à faire preuve de grandes qualités pour savoir évaluer les risques et résister aux tempêtes.

Virgin Blue lui appartient maintenant en propre. L'esprit de l'enseigne, parfaitement assimilé, est cultivé. Ils en ont fait une culture d'entreprise hybride en l'imprégnant de leur propre culture pour obtenir un produit différent et passionnant, mais Brett n'a pas changé : malgré sa réussite, il a toujours autant de culot.

Le samedi 29 mars 2008, nous avions organisé une soirée pour 3 000 personnes dans notre hangar immense de Brisbane qui se trouve à vingt minutes du centre-ville en voiture. Juste avant, Brett m'avait invité chez lui à la réception VIP prévue dans son jardin. J'étais préoccupé. Je revenais de Makepeace Island, une merveilleuse île tropicale grouillante de vie sauvage que nous aménageons en lieu de vacances pour les collaborateurs de Virgin Blue, leurs familles et leurs amis. On venait de me briefer sur la campagne publicitaire que nous faisions là-bas.

Makepeace était la terre d'origine d'une espèce animale protégée, la grenouille arboricole du Queensland. Ce que nous avions prévu la mettait en danger et risquait de bouleverser les habitants. On m'avait dit qu'ils préparaient une manifestation pour la soirée chez Brett, mais je ne m'inquiétais pas plus que ça, la police ayant été avertie. Tout semblait sous contrôle mais je ne pouvais supporter l'idée qu'on ait pu me tromper sur une question écologique. Avais-je à ce point perdu le contact avec la réalité ? Ni moi ni mon entourage n'avions jamais entendu le moindre mot sur la grenouille arboricole du Queensland. Qui avait pu laisser passer une telle information ?

Nous en étions donc là, dans le jardin de Brett avec quelques hommes politiques importants, dont Wayne Swan, le trésorier fédéral, quand, à 16 h 40 très précisément, Brett reçut un appel sur son mobile :

– Tu es au courant, Richard ? Des manifestants se dirigent vers la maison avec des pancartes et des banderoles.

Je lui expliquai rapidement ce qu'il en était.

– C'est à propos des grenouilles arboricoles du Queensland.

Brett laissa échapper un sifflement.

– Et alors ?

– Tu as bien dit *les grenouilles arboricoles du Queensland* ?

– Oui, pourquoi ?

Un mouvement de foule se produisit dans la rue et un vigile quitta le défilé pour nous avertir que les manifestants voulaient investir le jardin. Une fanfare commença à jouer et on entendit chanter « Faites la paix, pas la guerre, à la grenouille arboricole » ; « Honte à vous, sir Richard ».

– Il faut recevoir les manifestants et leur parler, me dit Brett en me voyant paniquer. Il s'agit des grenouilles arboricoles du Queensland, pour l'amour de Dieu !

J'étais paralysé, incapable de la moindre réaction. Brett alla à leur rencontre ; le voyant dans la difficulté, je pris conscience qu'il fallait que je l'accompagne pour le soutenir. Je marchai à ses côtés à grands pas. Les manifestants m'encerclaient, le regard sévère ; c'est alors qu'ils retournèrent leurs pancartes où il était écrit : « On t'a bien eu ! » Signé « Brett ».

À la fin de l'année 1973, l'économiste Ernest Friedrich Schumacher fit paraître une série d'essais sous le titre *Une société à la mesure de l'homme*[1], expression qui devint un véritable credo pour beaucoup de gens, comme solution alternative aux grands conglomérats qui s'imposaient dans le monde des affaires. E. F. Schumacher était un grand penseur dont les prédictions s'étaient avérées. Il attirait l'attention du monde sur le gaspillage des ressources naturelles de la planète par les pays occidentaux et les grandes sociétés occidentales, gaspillage qui entraînerait à terme la disparition des énergies fossiles. Il fut l'un des premiers à montrer le chemin d'un monde durable.

En 1999, après avoir relu son livre, je réfléchis à la façon dont Virgin pouvait s'impliquer dans ce domaine. J'arrivai à la conclusion que notre objectif n'était plus forcément de devenir l'enseigne numéro 1 au monde mais la plus respectée.

1. Le titre original, *Small is Beautiful,* est devenu un slogan repris dans de très nombreux pays. Une deuxième édition commentée fut publiée en 1999. Les thèmes qui sont développés sont : l'importance de l'échelle humaine, l'idée de traiter la nature comme un capital et non comme un revenu, le développement durable, la décentralisation et l'autosuffisance communautaire... *(NdT)*

Auparavant, mon obsession était le service clients. Aujourd'hui, le groupe Virgin se concentre beaucoup plus sur notre planète. Nos priorités sont le transport, le tourisme, les communications, les médias, les produits financiers, les loisirs, le divertissement, la musique, la santé et le bien-être, les énergies renouvelables et l'environnement.

Nous avons eu notre lot d'épreuves, mais nous en avons tiré des leçons. Nous avons appris à améliorer nos offres et à rechercher des secteurs où notre présence changerait la vie des consommateurs. Nous avons compris qu'il ne fallait pas laisser passer la chance. Et nous sommes aujourd'hui une société à capital-risque. Compte tenu de l'importance que revêt le mot « enseigne » dans cette définition, je pense que le moment est venu de raconter comment nous en sommes arrivés là.

À la fin de l'année 1989, j'ai demandé à notre ancien directeur de la communication, Will Whitehorn, qui dirige aujourd'hui Virgin Galactic, de regarder la façon dont étaient gérées des sociétés semblables à la nôtre. Nous avons examiné différents modes d'organisation en cherchant à voir lequel serait le plus adapté à Virgin. Le rapport de Will a cristallisé nos choix de la façon la plus nette, en identifiant trois modèles de gouvernance d'entreprise sur lesquels il faudrait nous pencher.

L'option d'investissement en actions dans des sociétés privées est très prisée en Amérique. De grands noms comme Berkshire Hathaway (propriété de Warren Buffet, l'homme le plus riche du monde), Blackstone et le groupe Texas Pacific ont beaucoup investi dans les entreprises traditionnelles qui avaient de bons *cash flows*, et cela s'est révélé être une excellente façon de gagner de l'argent, y compris avec les mutuelles et les fonds de pension. Le Texas Pacific Group, par exemple, a des parts dans Continental Airlines, Burger King, MGM, et le groupe Carlyle, une des principales sociétés d'investissement. C'est une méthode qui garantit de faire beaucoup d'argent, mais elle ne nous a pas particulièrement intéressés. La gestion en bon père de famille peut difficilement s'appliquer au dynamisme de l'enseigne Virgin où on n'hésite pas à mettre les mains dans le cambouis. Bien entendu, certains aspects de cette organisation nous plaisaient, par exemple la possibilité de se renflouer assez vite en cas de difficultés, mais cela nous semblait trop confortable et sans âme.

Un deuxième modèle d'organisation est très présent en Corée du Sud. Là-bas, les affaires se font par l'intermédiaire de *chaebols*, à qui on doit les progrès économiques remarquables du pays. Le *chaebol* est en général contrôlé par une famille fondatrice qui en centralise la propriété, par exemple une industrie de transformation qui est approvisionnée en pièces détachées par ses filiales. C'est le cas de Samsung, Hyundai et LG qui dirigent toute une myriade d'entreprises, de la fabrication d'ordinateurs aux ordinateurs portables, en passant par les téléphones, les PC et les voitures. Cela a pour effet de donner énormément de puissance aux *chaebols* dans des secteurs entiers, tels que l'informatique. Cependant, nous avons compris que ce type de structure familiale compliquait les levées de fonds en cas de besoin urgent. Ces entreprises ont tendance à trop couver leurs biens, ce qui rend la circulation des capitaux compliquée de l'une à l'autre (un phénomène auquel nous nous sommes habitués, malheureusement, depuis la généralisation du resserrement du crédit à partir de 2008).

Le troisième modèle retenu par Will est japonais. J'admire profondément l'apport de ce pays en matière de révolution technologique que j'ai découverte progressivement depuis l'époque où je dirigeais les magasins de disques Virgin. Fin 1971, le Japon était un de nos premiers clients à l'exportation ; j'y avais d'ailleurs installé une société à capital-risque. Ce que j'ai appris sur la manière de faire des affaires au Japon a eu un fort impact sur nous : nos Virgin *megastores* ont été les premiers à vendre des jeux sur ordinateur et des consoles Sega, Nintendo, Atari et la Playstation Sony, tous ardents supporters de Virgin.

Avant la Seconde Guerre mondiale, le Japon était sous le contrôle de quelques conglomérats importants avec le système du *zaibatsu*, dissous par les Alliés qui trouvaient leur pouvoir politique excessif. Leurs machines-outils, destinées à fabriquer des armes et des munitions, furent transformées pour élaborer des objets comme des machines à coudre, des appareils photo ou des motos. C'est de ces industries dans lesquelles on investissait largement et qui obtenaient d'excellents résultats grâce au soutien des banques qu'a émergé le *kereitsu*, qui occupe une position de leader dans un grand nombre de secteurs.

Dans le classement établi par le magazine *Fortune* en 1984, parmi les 500 meilleures entreprises non américaines, 146 étaient japonaises. Pour ce qui est des plus grandes banques commerciales hors États-Unis, 28 % étaient japonaises et figuraient aux quatre premières places. Dans le marché de l'automobile, Toyota et Nissan arrivaient en troisième et quatrième position derrière General Motors et Ford. Les aciéries nipponnes étaient plus importantes que les aciéries américaines. Hitachi et Matsuchita Electric étaient deuxième et troisième derrière General Electric et avaient dépassé Philips et Siemens.

Quand j'ai débuté dans les affaires, il y avait moins de dix importantes *kereitsu* au Japon, et j'ai eu affaire à chacune d'entre elles d'une manière ou d'une autre au cours de ces trente-cinq dernières années. Là où les *chaebols* sont une propriété centralisée, le *kereitsu* est l'émanation de groupes d'actionnaires croisés, gouvernés par un puissant groupe de managers très professionnels. À titre d'exemple, Mitsubishi a été créée à partir de la banque Mitsubishi et s'est déployée dans une foule d'activités, des voitures aux brasseries, à l'industrie pétrolière, l'immobilier et l'industrie lourde. Toutes ces entreprises ont des liens étroits et pourtant chacune d'entre elles est autonome. Ce qui me plaisait dans les *kereitsu*, c'est qu'elles fonctionnaient à partir de structures économiques différentes. En effet, les *chaebols* et les *kereitsu* étaient toutes les deux des modèles intéressants malgré leur extrême complication, et, pourtant, trop difficiles à mettre en place. D'une part, c'était difficile d'imaginer le comportement de Virgin comme un réseau familial, du fait que, il faut bien le dire, nous ne sommes pas une véritable famille, même si nous nous comportons, en tant que personnes, comme telle. Nous nous sommes appliqués à nous comporter correctement les uns par rapport aux autres, mais la métaphore de la famille s'arrête là. Elle ne convenait ni à notre façon de travailler, où nous mettons beaucoup de flexibilité, ni à la liberté, dont chaque entreprise jouissait pour mener à bien ses propres projets, ni au rythme étourdissant auquel nos équipes dirigeantes nous rejoignaient, nous quittaient, nous rappelaient, travaillaient à nouveau pour nous, repartaient, nous rappelaient à nouveau… Avec les *kereitsu*, c'était différent. La présence de capitaux croisés signifiait que tout le monde travaillait les uns pour les autres, que cela leur plaise ou non. Il n'était pas question de se faire mal en supprimant froidement certaines de nos entreprises et, dans le même temps, il n'était pas possible à nos entreprises de se développer individuellement. J'arrivai à la conclusion que si nous nous transformions en *kereitsu*, nos 300 entreprises pourraient s'épauler mais aussi se combattre sans pitié, et ce qui faisait l'originalité de notre gouvernance s'évanouirait en une seconde.

Nous voulions faire un *kereitsu* à notre façon, en y mettant notre propre touche, avec une gouvernance à capital-risque, en s'inspirant du capitalisme américain. Nous prîmes conscience que plutôt que de nous lier les mains avec des participations croisées comme dans les *kereitsu*, nous pouvions prendre comme modèle les meilleures des sociétés américaines à capital privé en investissant dans toutes nos entreprises comme des sociétés à capital-risque classiques de type occidental.

Nous revenions donc à notre modèle de capital-risque. Après avoir eu le sentiment de tourner en rond, une idée nous vint à l'esprit : qu'est-ce qui faisait la différence entre nous et les autres sociétés à capital-risque et les entreprises privées du Japon ? Notre marque, qui a l'avantage d'être mondialement connue et qui capte immédiatement l'attention. Le mode de gouvernance idéal que nous avions recherché était là, sous nos yeux. Il était déjà en place, et il marchait très bien sans ces croisements de capitaux familiaux. Notre logo nous suffisait.

La puissance de l'enseigne Virgin, qui bénéficie d'un grand respect des membres de notre « famille » et qui est aussi le signe rassembleur de nos entreprises, nous permet de leur donner l'autonomie nécessaire pour réaliser des bonnes affaires, tout en les plaçant sous la protection de la marque. En retour, chacun s'engage à la valoriser et à la soutenir. Si ce n'est pas le cas, nous pouvons leur retirer le logo.

Tout le monde se bat pour sa propre entreprise Virgin et touche sa part de bénéfices quand les choses marchent bien. L'histoire de la croissance de Virgin Active est, à bien des égards, un des meilleurs exemples de la réussite du capital-risque.

En 1997, Frank Reed et Matthew Bucknall nous contactèrent pour nous faire part de leur projet de monter des centres de remise en forme à l'enseigne Virgin. Ils venaient de vendre leur société Living Well aux hôtels Hilton et voulaient lancer une nouvelle affaire, avec un concept différent. Ils pensaient qu'avec la marque Virgin ils pourraient proposer quelque chose d'original, d'un bon rapport qualité/prix, et de meilleures prestations que celles que l'on trouvait sur ce marché. En Grande-Bretagne, ces centres avaient vieilli, leurs droits d'inscription étaient élevés et l'accueil laissait à désirer. La problématique ne me semblait pas très éloignée de ce que nous avions rencontré dans le marché des compagnies aériennes en 1984.

Frank et Matthew passèrent deux ans à étudier et à mettre en forme leur projet qui se distinguerait de tous les autres grâce à l'enseigne Virgin. Le marché semblait complètement bouché pour beaucoup, mais Virgin Active – c'était le nom de l'entreprise – passa avec succès son examen de passage devant notre équipe.

Nous ouvrîmes le premier de nos clubs que nous avions voulu spacieux et familiaux en août 1999, à Preston. Il était bien plus grand que les clubs moyens du pays et il y avait de quoi s'éclater pour un excellent rapport qualité/prix, le dénominateur commun de toutes nos activités.

La combinaison d'un management fort et indépendant, la force de l'enseigne, la satisfaction des clients et du personnel motivé sont les ingrédients de la recette de notre succès, avec une croissance continue sur les plans national et international, en dépit de difficultés passagères.

Avec l'acquisition de la chaîne Health and Raquet, la petite entreprise du Royaume-Uni fit un bond magistral en devenant numéro un en Afrique du Sud.

Nous avons choisi de créer la plupart de nos entreprises en partant de rien, avec du personnel neuf, au lieu d'acheter et de transformer des entreprises préexistantes. Mais pour ce qui concerne Virgin Active, nous avons su jouer sur les deux registres. Notre équipe de direction a acquis des centres en Espagne et au Royaume-Uni, y a posé l'enseigne et a su insufflé l'esprit Virgin en redonnant une immense énergie aux équipes.

En Grande-Bretagne, la reprise de Homes Place, qui a régné des années durant sur le marché, en est un très bel exemple. Matthew et Patrick McCall ont compris qu'il y avait l'opportunité de lui donner une nouvelle jeunesse en lui faisant adopter les méthodes et l'esprit Virgin. Ils savaient que nous étions prêts à investir pour changer l'enseigne et rénover les établissements, mais Patrick sut persuader les actionnaires de Homes Place de prendre des parts dans Virgin Active et de venir vivre l'aventure avec nous. Parmi eux, il y avait ceux de Bridgepoint, qui avaient été nos partenaires lors des premiers pas de Virgin Active. Ils avaient revendu toutes leurs parts pour réinvestir, même en payant plus cher. Ils seraient heureux d'être avec nous aujourd'hui ; car l'entreprise est une des trois plus grandes chaînes de centres de remise en forme au monde, avec une croissance qui continue. Nous avons des projets d'ouverture en Italie, en Espagne, au Portugal et à Dubai. Virgin Active est remplie de dynamisme, d'indépendance d'esprit et d'engagement, tout ce qui fait l'esprit Virgin et qui a permis de construire une enseigne puissante à part entière. Pour moi, c'est bien la preuve que, si on sait choisir les bonnes équipes dirigeantes, leur donner assez d'autonomie et de moyens financiers, il est possible de créer une affaire de dimension planétaire.

Même si nous nous sommes trouvés confrontés à des problèmes dans une ou deux entreprises du groupe qui ne se montraient pas à la hauteur, nous n'avons jamais accepté de faillites. Notre réputation passe avant tout. Il vaut mieux payer les dettes, remettre les compteurs à zéro et repartir. Repartir... c'est plus facile à dire qu'à faire ! C'est bien pourquoi il est vital d'être bien entouré.

En 1996, j'avais demandé à Gordon McCallum de faire une évaluation honnête du groupe Virgin. Il m'avait répondu que c'était avant tout une marque britannique, mais qu'il lui fallait montrer sa force sur d'autres marchés internationaux pour devenir une entreprise mondiale. Je m'étais senti comme un petit garçon qui venait de recevoir son bulletin trimestriel avec la mention « Peut mieux faire ».

Aujourd'hui, même si notre réputation est faite au Royaume-Uni, nous cherchons d'autres territoires. Nous avons fait une liste de douze pays, assez mûrs économiquement pour nous accueillir. Nous nous sommes fondés sur la démographie, les revenus de la population, notre notoriété et sur la possibilité d'y faire des affaires. Nous avons réussi aux États-Unis, au Canada, au Brésil, en France, en Italie, en Espagne, en Chine, en Inde, au Japon, en Russie, en Australie et en Afrique du Sud. Comme beaucoup d'autres, nous nous concentrons maintenant surtout vers l'Inde et la Chine. Je voudrais conclure ce chapitre avec quelques réflexions sur la façon dont on espère implanter largement l'enseigne Virgin dans ces pays aux cultures différentes et complexes.

Pour le groupe Virgin, l'expansion en Inde est plus facile qu'en Chine, parce que nos cultures ont une histoire commune, parce qu'on y parle anglais, et parce que la législation économique est plus mature. C'est cela qui a fait la différence. Nous avons voulu prendre notre temps, en investissant progressivement dans la radio et les dessins animés, avant de lancer Virgin Mobile en partenariat avec Tata en 2008. Des réglementations statutaires nous interdisent d'utiliser des réseaux virtuels d'opérateurs (MVNO) qui marchent très bien (j'en expliquerai le fonctionnement plus loin) ; nous avons donc mis en place un partenariat de marketing avec une des plus grandes sociétés qui en fait un projet alléchant pour Virgin Mobile : le potentiel représente 5 millions de nouveaux clients par mois.

Notre flirt avec le marché aérien indien a duré longtemps mais n'a pas abouti. Nous avons passé beaucoup de temps à négocier avec Air Deccan, la première entreprise émergente à bas coût, née d'une entreprise privée d'hélicoptères charters en 2003. J'ai rencontré Captain Gopi – GR Gopinath, son fondateur – et pendant plus d'une année nous avons essayé d'entrer dans son capital. Dans ce marché en forte croissance, et en dépit de l'arrivée de Spicejet, de Kingfisher et d'autres encore pour concurrencer Deccan, il m'annonçait une augmentation de prix chaque fois qu'on se rencontrait. Nous sommes arrivés à la conclusion que cette compagnie se développait trop vite ; et, après d'énormes pertes, Deccan a fusionné avec Kingfisher Airlines, qui appartient au groupe UB, propriété de l'entrepreneur indien Vijay Mallya. Nous nous sommes retirés, non sans leur avoir souhaité bonne chance.

Ce qui fait de l'Inde un territoire idéal, c'est précisément ce qui le rend difficile à exploiter. La mauvaise qualité du service pourrait être leur hymne national. C'est vrai que tout le monde, absolument tout le monde cherche à changer les habitudes ancestrales et l'ambiance générale. Il est très difficile d'être le champion du service dans un pays qui a mis à tort ou à raison la valeur de l'argent au-dessus de toutes les autres. Avons-nous vraiment tout fait pour implanter notre marque, là-bas ? Pour être honnête, il va nous falloir du temps, mais c'est bien de ce côté de la planète que nous ferons nos meilleures prises.

Ce n'est pas sans émotion que je téléphonai à David Baxby. Il est vrai que ça n'arrive pas souvent dans la vie qu'on ait l'occasion d'appeler quelqu'un pour lui dire : « Je te confie la direction du département Chine. » David, qui avait dirigé Virgin Asia-Pacific de Sydney à Shanghai, le prit plutôt bien. Maintenant qu'il avait fait de nos entreprises des sociétés florissantes en Australie, nous lui demandions d'être le fer de lance de nos opérations dans la nation la plus peuplée de la terre. Nous avons commencé à discuter avec la nouvelle génération d'entrepreneurs chinois qui mettent une grande application à conserver leur identité et leurs traditions, mais aussi à importer les meilleures pratiques qu'ils ont remarquées ailleurs dans le monde.

Je me suis rendu plusieurs fois en Chine ; j'ai rencontré des jeunes gens issus du milieu des affaires, mais la visite dont on a parlé le plus, c'est celle que j'ai effectuée en janvier 2008 parce qu'elle coïncidait avec les propositions que nous étions venus présenter avec Northern Rock[1]. Dommage qu'elles aient éclipsé le but véritable de notre séjour, parce que nous y avons fait un énorme travail, ce qui n'est pas souvent le cas lors d'un voyage officiel.

J'avais été invité pour mettre en avant notre bonne volonté et pour créer des liens économiques entre la Grande-Bretagne et la Chine et j'avais demandé de pouvoir rencontrer certains des entrepreneurs chinois afin d'échanger des impressions sur leurs expériences et le contexte dans lequel elles évoluaient.

La température était de moins dix degrés lorsque notre avion se posa à Pékin. Notre visite était importante sur le plan diplomatique. On m'avait demandé de dire quelques mots sur le métier d'entrepreneur par l'intermédiaire d'un interprète qui avait tout d'un chef d'entreprise. Le public était très nombreux, et ses réactions m'ont étonné et encouragé. Le commerce et l'entreprise ont joué un rôle primordial depuis des siècles, et il est clair que les excès de la révolution culturelle chinoise dans les années 1960 n'ont pas réussi à étouffer la confiance que le peuple chinois avait en lui-même, en constituant une nation de commerçants des plus ambitieux.

En effet, le commerce et les affaires recommencent à faire partie de leur vie, et l'esprit d'entreprise est bien plus valorisé en Chine qu'au Royaume-Uni. Cela m'apparut de manière limpide lors d'une table ronde d'entrepreneurs à Shanghai. J'ai eu des conversations avec Zhang Xin, une fascinante femme d'affaires chinoise qui dirige une des plus grandes sociétés immobilières du pays. Elle m'a expliqué que l'essor de la propriété privée en Chine est une opportunité permanente. Plus de 400 millions de personnes peuvent être

1. Banque britannique spécialisée dans l'immobilier. *(NdT)*

considérées comme faisant partie de la « classe moyenne ou professionnelle », une catégorie qui augmente de 30 à 40 millions chaque année.

Zhang Xin est passionnée d'art et de design. Elle a reçu plusieurs prix internationaux pour son architecture visionnaire. Née à Pékin en 1965, elle est venue vivre à Hong Kong, puis à l'âge de 14 ans s'est rendue en Angleterre pour faire ses études à l'université de Sussex et ensuite à Cambridge. En 1992, elle est allée travailler à Wall Street chez Goldman Sachs, avant de retourner à Pékin pour monter sa propre affaire dans l'immobilier en 1995. Zhang Xin a été l'initiatrice du concept SOHO (Small Office Home Office). Devant la multiplication de petites entreprises sur Internet, elle a eu l'idée avec son mari de créer des espaces où l'on pourrait à la fois vivre et travailler, à l'intention des jeunes créateurs urbains et de leurs entreprises. Une affaire qui aujourd'hui vaut des millions.

J'ai également fait la connaissance de Charles Zhang, le P-DG de Sohu, le Google chinois en quelque sorte. Sohu est le numéro un de l'Internet chinois ; elle figure sur la liste du Nasdaq à New York. C'est un immense portail publicitaire associé au moteur de recherche Sogou.com, avec plus de 10 millions de pages répertoriées. Charles m'expliqua que Sohu avait acquis sa notoriété en grande partie grâce à son jeu de rôles en ligne Tian Long Ba Bu, qui passionne la jeunesse du pays. Malgré tout, David Baxby et moi ressentîmes une espèce d'anxiété diffuse. Certes, les autorités chinoises ont ouvert une fenêtre à leur peuple, mais leurs initiatives sont freinées par le poids historique des contraintes administratives et bureaucratiques, voire de l'ingérence qui risque de ralentir les possibilités phénoménales de croissance de ce pays étonnant. J'espère qu'il n'en sera rien.

Le tremblement de terre du Sichuan, le 12 mai 2008, fut d'une telle ampleur que la Chine dut mettre en place des plans d'urgence d'une portée considérable, qui ne parvinrent pourtant pas à faire face à la démesure du sinistre. Le fait que cette nation fière et souvent secrète reconnaisse la dimension du malheur qui avait frappé son peuple et accepte l'aide des pays étrangers, et que par ailleurs elle organise des Jeux olympiques, a montré que les autorités du pays peuvent s'ouvrir sur le monde tout en restant fidèles à elles-mêmes.

Je suis d'accord avec tout ce qui a été dit sur la libéralisation de la culture politique du pays inéluctable après sa large ouverture sur le plan du commerce mondial, mais pour moi, certains font preuve d'un optimisme exagéré. Il faudra plus de temps. La liberté de penser et de s'exprimer viendra avec le développement des marques chinoises proprement dites. N'oubliez pas que l'enseigne est porteuse de sens, et qu'il est difficile de contrôler tous les messages et les idées qu'elle porte. Un enchevêtrement d'idées et de rêves... Dans les pays occidentaux, les enseignes sont si nombreuses que nous ne prêtons pas toujours attention à l'emprise qu'elles ont sur nous. Il ne faut pas mésestimer ce pouvoir en Chine, car c'est une véritable force de changement.

Je suis issu d'une famille d'avocats. Mon père exerçait ce métier et apportait sa pierre au bon fonctionnement du système démocratique britannique. J'ai sans doute été le premier de plusieurs générations à n'avoir pas suivi cette voie, mais j'ai compris combien il était important de protéger la valeur d'un nom de famille. Les couleurs de Virgin accrochées aux mâts de si nombreuses entreprises pèsent de tout leur poids sur nos consommateurs.

Quelles que soient les valeurs incarnées par votre marque, *il faut toujours être en mesure de tenir vos engagements. Inutile de promettre quelque chose que l'on ne peut tenir*. C'est la seule façon de contrôler votre enseigne. Connaissez-vous beaucoup de marques synonymes de mauvaise gestion, de mauvais service ou d'arnaque ? N'oubliez pas : une marque envoie toujours un message. Si vous n'avez pas pris le temps de la définir clairement, vos concurrents s'en chargeront. Les publicités Apple ont su mettre en valeur leurs produits en mettant côte à côte un Mac qui a l'air moderne et créatif, à côté d'un PC triste et d'un autre âge. Un regard suffit pour comprendre.

C'est pourquoi, dans le prochain chapitre, je parlerai des clients.

3

Nos clients avant tout !

Livraison urgente !

Je suis chez ma fille, à Londres, où je prends quelques minutes pour me relaxer dans un bon fauteuil. Je goûte le calme revenu après l'animation de la matinée. Investisseurs et banquiers n'ont cessé de se croiser et, comme d'habitude, c'est Virgin qui a été notre seul sujet de conversation. J'ai eu aussi un bon nombre d'appels de nos P-DG et associés. J'ai demandé à Nicola, ma proche collaboratrice, et à d'autres membres de Virgin Management Limited d'expédier une rafale de mails. Il fallait aussi qu'on valide une liste d'invitations pour une conférence de presse, et tout ça en compagnie d'une équipe de la télévision suédoise qui tourne un reportage sur la Grande-Bretagne.

Hier soir, de retour par avion de Necker Island, j'ai dîné avec Christina Aguilera ; on a parlé de son petit Max et de ses nouveaux projets. Dans l'après-midi, je m'envole pour rencontrer le président de la République française. Demain, nous partons pour Mumbai (Bombay) où nous avons rendez-vous avec des industriels indiens du groupe Tata. Ensuite, direction Japon où je vais donner une conférence sur les politiques d'investissement. Comme vous le voyez, je ne reste jamais assis très longtemps, sauf pendant mes vacances. Mes neurones sont toujours en activité avec une obsession : nos clients.

Il y a deux leviers essentiels à la bonne marche de l'entreprise : une communication soignée et le souci du détail. Deux points qui paraissent évidents, simples à comprendre et à mettre en œuvre ; et pourtant deux points qu'on néglige trop souvent.

Lorsqu'on a lancé Virgin Atlantic, j'ai pris l'habitude d'envoyer régulièrement un courrier personnel à tous nos collaborateurs pour les tenir informés de ce qui se passait dans la société. Je jetais d'abord quelques idées dans mon carnet. Ensuite, je les mettais en forme, et après une relecture j'expédiais la lettre à tout le monde. J'en avais fait la clé de notre communication interne.

Avec la croissance du groupe, ma notoriété grandissante suscitait de la curiosité chez les journalistes toujours à l'affût. Ils utilisaient parfois ces informations pour en faire état dans leurs journaux, et je dus malgré moi mettre fin à ce système. Tous les dirigeants doivent pourtant s'appuyer sur une information régulière pour garder le contact avec les équipes, et un courrier envoyé à l'adresse personnelle de chacun a bien plus de portée qu'un courriel. Je vais plus loin : n'hésitez pas à leur donner votre numéro de téléphone et votre adresse mail. Ne croyez pas qu'ils en profiteront pour vous harceler et vous bombarder de questions. Ils sont simplement rassurés de savoir qu'ils peuvent vous joindre ; c'est comme si vous étiez à leurs côtés et psychologiquement c'est une source supplémentaire de motivation. Quoi qu'il en soit, on ne peut se passer d'une communication régulière de l'équipe de direction, surtout lorsqu'on est une entreprise de services. Il ne faut pas avoir peur de se répéter, ni de revenir sans cesse sur le même sujet.

Chiffres, tendances, résultats, tout est passé au crible par une de mes équipes qui se réunit une fois par semaine pour étudier les performances de l'ensemble du groupe Virgin et me les communiquer. Ils ont la liste des priorités et celle des projets. Cette organisation a l'avantage de me donner du temps pour aller sur le terrain et pour me concentrer sur les choses essentielles.

Ne pas perdre une minute. Ne pas se laisser embarquer par le portable ou les mails qui sont les plus chronophages. Au téléphone, je suis le plus bref possible. Quand on dirige un groupe qui rayonne sur tous les continents, une note de trois lignes est souvent plus rapide et plus efficace qu'un coup de fil pour régler un problème. Cela dit, je préfère les contacts directs, toujours plus précieux. Quand on a réussi à convaincre quelqu'un de rejoindre votre équipe pour mener une importante réorganisation, il est vital de se parler tous les jours pour faire le point. Une conversation est toujours plus fertile, et les vidéoconférences n'ont rien à voir avec l'ambiance et la chaleur d'un bon déjeuner.

J'ai dîné récemment avec Raymond Blanc, propriétaire et chef renommé du « Manoir aux Quat'saisons » dans l'Oxfordshire, un établissement qui fait courir les foules. Il m'a expliqué qu'il avait un œil sur tout ce qui se passait chez lui, jusqu'au moindre petit détail. Qu'il s'agisse d'une compagnie aérienne, d'un restaurant ou de toute autre entreprise, il ne faut rien laisser passer. C'est la clé pour que vos clients soient satisfaits et reviennent.

Le meilleur conseil à donner aux dirigeants d'entreprise, c'est qu'ils aient sur eux en permanence un petit carnet pour prendre des notes. Que cela concerne le personnel ou les clients, qu'il s'agisse de visiter une usine, de découvrir un nouveau site ou même de faire la fête avec vos équipes, il y a toujours mille choses à mémoriser. Sans votre précieux calepin, il est difficile, voire impossible de vous rappeler le lendemain un seul des petits détails que vous aviez remarqués.

Le premier facteur de mécontentement du personnel, c'est de voir revenir sans cesse les mêmes problèmes sur le tapis. Récemment, je voyageais sur un vol Virgin Atlantic et je vis qu'il manquait de sucre. On me dit que ce n'était pas la première fois. Pourquoi n'en stockait-on pas davantage ? Pourquoi avait-on toujours trop de repas végétariens, au point qu'on était obligés d'en servir même aux passagers qui n'en voulaient pas ? Personne n'avait la réponse, alors qu'un petit coup de fil le lendemain aurait suffi pour régler le problème. On peut être très vite catalogué : *Virgin, la compagnie qui veille à votre santé : pas de sucre à bord !* Ou pire encore : *Virgin, la compagnie qui ne tient pas compte de vos remarques.* Inutile d'en ajouter à la liste déjà bien longue !

Si j'ai toujours mon carnet sur moi, ce n'est pas pour faire de la philosophie. La plupart de mes notes sont sèches, voire sinistres, mais essentielles. C'est une méthode qui ne coûte rien et qu'on utilise trop rarement. Je voudrais vous donner quelques exemples : *Moquette sale. Moutons. Des endroits sales à l'avant. Équipement : acier inoxydable moche. Menu décevant. Vol retour de Miami : crevettes puis homard (en plat principal) en classe affaires. Curry de poulet insipide. Le poulet n'est pas découpé. Riz trop sec. Pas de Stilton sur la carte des fromages.*

Le chariot des duty-free n'a pas fait une vente. Je me suis fait remettre le rapport du service pour vérifier, confirmé : rien. Trouver quelque chose pour inciter les passagers à acheter ? améliorer l'assortiment proposé ? les deux, probablement. Sinon, tout arrêter et se débarrasser du chariot pour gagner de la place et du poids.

Mais ce qui est le plus révélateur et qui vous sera fort utile pour apprendre à gérer une affaire, c'est la note suivante : *Le personnel en a marre de n'être pas écouté.*

Avec ce complément : *Il faut résoudre les dysfonctionnements notés dans le compte rendu de vol IMMÉDIATEMENT.*

Je peux vous dire que le personnel de bord obtient maintenant les réponses à tout ce qu'il signale.

Lorsqu'on a ouvert nos lignes vers le Japon, j'étais conscient qu'il fallait accorder la plus grande attention aux différences culturelles et au strict respect des convenances chères aux Japonais, sans nuire à la qualité de nos prestations. Un équilibre difficile à trouver. Lors du vol inaugural, je notai ce qui suit : *Mettre des chaussons en classe affaires, pas des chaussettes. Besoin de bière japonaise. Au départ de Londres, journaux en anglais uniquement. Prévoir des journaux japonais. Thé japonais au départ de Londres, mauvais. Repas japonais au départ de Londres, goût agréable, mais présentation à améliorer. On dirait du fish and chips. Soucoupes pour tasses japonaises.*

Tous les dirigeants et capitaines d'industrie devraient sortir plus souvent de leurs bureaux pour tester eux-mêmes leurs propres produits. J'en vois beaucoup qui se vantent d'aller sur le terrain discuter avec des collaborateurs sans prendre la moindre note. C'est le meilleur moyen de ne pas évoluer. Ils en subiront les conséquences dans le temps, mois après mois, année après année.

Imaginez ce scénario : vous travaillez sans relâche pour votre boîte, mais on vous met sans arrêt des bâtons dans les roues. On vous empêche d'investir. Vous avez gagné des parts de marché dans un environnement où tous les coups sont permis, et on ne sait pas quoi inventer encore pour vous empêcher d'avancer. Enfin, pour récompenser vos efforts et la qualité de vos services, on vous enlève votre entreprise pour la donner à d'autres.

Ce n'est pas un mauvais film. C'est ce que nous avons vécu avec le service de régulation du service public des chemins de fer britanniques[1] ! Soigner sa communication et veiller aux moindres détails ne suffisent pas.

En janvier 1997, quand nous avons acquis la première de nos deux concessions ferroviaires[2], j'ai fait publiquement la promesse de mener une véritable « révolution rouge », en mettant en place des trains neufs pour les voyageurs des lignes les plus fréquentées d'Europe. Je pris l'engagement de faire de la satisfaction de nos clients notre priorité absolue. Même s'il nous a fallu un peu plus de temps que prévu, notre compagnie a été finalement élue numéro 1 du Royaume-Uni en janvier 2008 par l'Institute of Customer Service[3], un résultat qui nous allait droit au cœur. Leur sondage national de Passenger Focus, qui mesure le bien-être et la satisfaction des clients, a placé les trains Virgin en tête avec un taux de 86 %. Selon Travel Week[4], la compagnie Virgin était également classée première par les réseaux commerciaux et agences de voyages. C'est avant tout aux équipes de Virgin Trains, qui travaillent jour et nuit dans des conditions difficiles, et à Tony Collins, le P-DG, toujours très proche du terrain, qu'il faut adresser ces félicitations ô combien méritées.

1. ORR (Office of the Rail Regulator) chargé, pendant la phase de privatisation des chemins de fer britanniques, d'assurer la supervision du secteur ferroviaire. *(NdT)*

2. Virgin Trains avait remporté deux concessions de services voyageurs de type grandes lignes : la West Coast Main Line et Cross Country. *(NdT)*

3. Institution britannique de défense du consommateur. *(NdT)*

4. Institution canadienne. *(NdT)*

Les performances que j'ai réalisées en ballon ont prouvé que j'avais un goût prononcé pour l'aventure. En lançant la grande ligne de la côte ouest le 9 mars 1997, j'ai annoncé qu'on allait remplacer la totalité de notre flotte en améliorant la qualité du service et les correspondances. J'ai également promis l'arrivée de nouveaux trains « Voyager Diesel » sur le réseau intérieur. Pour mener à bien ce projet, il nous fallait quelques années, d'autant plus qu'on avait hérité du plus mauvais matériel roulant, avec des trains dans un état lamentable, qui avaient plus de quarante ans et des moteurs datant de la British Railways[1], et qui rendaient l'âme les uns après les autres. Quand je devins officiellement propriétaire d'une compagnie de chemins de fer – qui l'aurait cru ? –, ma première décision fut de signer un chèque de 10 millions de livres pour acheter des pièces et remettre les trains en marche. J'en avais fait une question d'amour-propre.

Les trains furent nettoyés de fond en comble, repeints et rénovés avec les moyens du bord. Je répétais que le service était notre priorité en promettant une amélioration. Il nous fallut beaucoup de temps et surtout une patience infinie face aux blocages innombrables, sans parler des insultes des voyageurs qui refusaient la dérégulation et la privatisation de leur service public qui faisait partie de leur vie depuis un demi-siècle.

La West Coast Main Line (grande ligne de la côte ouest de Londres à Glasgow) est, avec ses 650 kilomètres, une des plus longues du monde. Parler de la « grande ligne de la côte ouest » n'a pas grand sens, car le train ne longe l'océan qu'une seule fois sur quelques kilomètres près de la baie de Morecambe. C'est en réalité une ligne intérieure qui passe par Birmingham, cité entourée de béton, avec son paysage de canaux, d'usines et de terrains vagues, qui traverse ensuite les villes industrielles de Crewe et Wolverhampton, et les Borders Upland. Le voyage n'en finissait pas à cause des très nombreux virages qui empêchaient le train d'atteindre une vitesse digne de cette ligne.

1. Société publique des chemins de fer britanniques. *(NdT)*

À l'aube du XXIe siècle, nous voulions lui redonner son faste et son prestige des années 1920 lorsque de somptueux trains à vapeur quittaient le matin les gares de King's Cross et Easton en soufflant et haletant pour filer vers le nord. Pour faire du plus mauvais réseau de trains du Royaume-Uni le meilleur d'Europe, il fallait mettre les usagers de notre côté en marquant notre différence. Après avoir étudié les différentes technologies, nous en étions arrivés à la conclusion que seuls les trains « pendulaires » pouvaient se jouer d'un parcours sinueux. C'est pourquoi, en mai 1998, je m'étais rendu à Turin chez Fiat Ferroviaria[1], le grand constructeur italien. J'y ai découvert des trains au design stylé et à la technologie de pointe dont notre réseau en ruine avait tant besoin. On m'expliqua en détail comment ils pouvaient rouler à grande vitesse même sur des voies conventionnelles, en s'inclinant dans les courbes de manière à compenser la force centrifuge, sans altérer le confort des voyageurs.

Lors de mon premier voyage Turin-Rome sur le Pendolino ETR 460, j'eus le plaisir de traverser la campagne piémontaise en douceur, à 150 km/h. J'avais été fortement impressionné, mais je ne voulais pas m'emballer et prendre ma décision tout de suite. Au retour, je fis une réunion avec Will Whitehorn et les autres membres de l'équipe dirigeante de Virgin Trains. « Je veux que nos trains soient les meilleurs et les plus sûrs. Prenons un peu de temps pour regarder les autres techniques en Europe et ailleurs. » Mes premières impressions furent toutefois confirmées : le Pendolino était de loin le meilleur train électrique en circulation !

Le système pendulaire permet à un conducteur confirmé de piloter ce rapide dans les meilleures conditions de sécurité. Il peut se pencher jusqu'à 8 degrés dans les courbes sans faire renverser le café. Des transpondeurs installés sur les bas-côtés envoient des signaux pour indiquer les zones dans lesquelles le train peut s'incliner sans danger et accélérer. Le conducteur, prévenu par une

1. Société du groupe italien Fiat SPA, spécialisée dans le domaine ferroviaire créateur du fameux Pendolino, vendue au groupe français Alstom en 2000. *(NdT)*

alarme, sait qu'il peut passer de 140 km/h à 180 km/h. La vitesse autorisée est de 200 km/h à 220 km/h en ligne droite. En été, les trains peuvent dépasser 225 km/h, et plus encore si on améliore la qualité des voies. C'est au conducteur de « sentir » son train et d'apprendre à connaître ses limites. Au cas où il ne tiendrait pas compte des alarmes, un freinage automatique se déclenche.

Il était convenu que les bogies du Pendolino de Fiat seraient adaptés par GEC-Alsthom à Birmingham pour les voies ferrées britanniques plus étroites. Le contrat se montait à 185 milliards de livres, une somme que je n'avais jamais encore déboursée.

Brian Souter, le président de Stagecoach, le premier groupe d'autocars britanniques[1], est un entrepreneur de transports dans l'âme et une figure du Royaume-Uni. Avec sa sœur, il forme un couple formidable qui a commencé son activité au moment de la « guerre des bus[2] », après la dérégulation. À Perth, où ils sont basés, Anne vend les billets et fait le nettoyage des véhicules pendant que Brian aime tenir le volant sur quelques lignes. Ils ont connu des difficultés lorsqu'ils ont racheté Coach USA pour se développer au États-Unis, mais ont su rebondir et se refaire une santé. Au moment où j'écris ces lignes, en 2008, Brian conduit toujours ses autocars, et Stagecoach est une des sociétés de transport les plus prospères.

Quand on annonça que j'envisageai de faire entrer Virgin Trains en Bourse, je reçus un appel de Brian qui voulait me voir, parce que, disait-il, « nous avons la même façon de voir les choses ». Neuf jours plus tard, nous avions signé un accord pour South West Trains, le plus grand réseau de trains de banlieue du Royaume-Uni

1. Groupe de transport britannique, créé dans les années 1980, d'envergure internationale. *(NdT)*

2. La « guerre des bus » éclata dans de nombreuses villes de Grande-Bretagne lorsque Stagecoach prit une position dominante sur la concurrence locale, forçant souvent ses concurrents à abandonner leur marché traditionnel par des tarifications agressives et les horaires, en faisant circuler des véhicules en surnombre sur une ligne, juste avant ceux de ses concurrents. *(NdT)*

et Island Line, la mini-compagnie de l'île de Wight. Stagecoach détenait 49 % de Virgin Trains.

La détermination et la volonté de Brian m'avaient impressionné. Depuis, se sont tissées une amitié et une qualité de relations de travail qui durent depuis plus de dix ans. Pendant des années, le transport – et le train en particulier – avait fait la une des journaux, de la pire des façons ; nous tenions à créer un événement positif qui nous permettrait d'annoncer enfin des bonnes nouvelles aux usagers démoralisés, et à leur apporter la preuve que nous nous occupions d'eux.

Brian était d'accord avec moi : il fallait faire preuve d'innovation pour redonner envie de prendre le train. Il était d'accord pour mettre des options sur l'achat de Pendolino, et en évoquant le proverbe écossais que lui répétait sa mère – « Aux sots et aux enfants il faut toujours tout expliquer » –, il ajouta : « Quand les gens verront enfin ce qu'on est en train de créer, ils comprendront qu'on fait de notre mieux pour améliorer le système. »

Les fêtes de Noël commencèrent très tôt pour nous en 2003. Le 4 décembre, je me rendis dans un des plus grands ateliers d'Alstom à Birmingham avec un gros cadeau. Je fis mon arrivée habillé en Père Noël, dans un chariot décoré tiré par un renne, entouré de deux jeunes femmes légèrement dévêtues. Brian avait pris le blazer de son lycée de Glenalmond, un short, un vieux cartable en cuir sur les épaules et une casquette bleue sur la tête. Il avait tout d'un enfant gâté qui attendait d'ouvrir son paquet pour découvrir un train… géant. Devant une foule de médias britanniques, j'interpellai Brian et lui demandai « s'il avait été sage et ce qu'il voulait pour Noël ». « Des beaux trains, tout neufs, qui brillent, et qui vont très vite, s'il te plaît. » Je ne pus m'empêcher de faire un bon mot devant les caméras de TV. « Et si le cours de tes actions grimpait, ça te ferait plaisir ? » (Stagecoach était au plus bas à la Bourse depuis son méga-accord avec Coach USA.) Nous avions assez souffert tous les deux pour que je puisse me permettre cette blague.

Sur la musique du feuilleton *Mission impossible* apparut alors le nez d'un train flambant neuf qui sortait d'un emballage de satin, dans les gerbes d'un feu d'artifice où tournoyaient des morceaux de glace factices. Jamais on avait été à pareille fête avec la British Railways. Le tout premier Pendolino était là, même s'il ne s'agissait que d'une coquille qui avait été transportée par bateau d'Italie à Bristol, puis jusqu'à Birmingham. L'aventure commençait.

Les 53 Pendolino achetés par la Virgin West Coast représentaient un investissement de 1,2 milliard de livres. Chaque train revenait à 11,5 millions de livres, une dépense somptuaire, et les dirigeants de la compagnie publique ne comprenaient pas, mais c'était aussi le prix de la sécurité à laquelle je ne voulais rien sacrifier en ayant choisi toutes les options proposées. Pendant ce temps, la fréquentation de nos lignes augmentait régulièrement, malgré des revers dus à des problèmes techniques récurrents concernant les voies.

Une filiale de la Royal Bank of Scotland, Angel Trains, nous proposa d'acheter nos trains pour les mettre en leasing, comme cela se pratiquait depuis des décennies pour les avions. Ce fut une belle opération car Angel Trains fut revendu pour la somme de 3,6 milliards de livres (4,15 milliards d'euros) en janvier 2008 à un consortium dirigé par Babcock et Brown, une entreprise australienne d'infrastructures qui a dans son capital la Deutsche Bank et AMP Capital. La construction de trains relança de manière significative le marché de l'emploi à Birmingham et permit de conserver ces métiers et une main-d'œuvre de qualité.

La part de carbone par passager des Pendolino était inférieure de 76 % par rapport au matériel roulant des lignes intérieures, ce qui en faisait le moins polluant d'Europe. Grâce à leur grande fiabilité, ils étaient immobilisés moins longtemps dans les ateliers de réparation, et ils pouvaient transporter davantage de passagers. Autre innovation technologique dont les autorités n'avaient pas voulu entendre parler pour la société nationale : chaque fois que le train est amené à ralentir, l'énergie dégagée par le système de freinage est récupérée pour renvoyer de l'électricité dans les caténaires. Le pétrole étant alors à 48 dollars le baril, ils ne voyaient pas l'utilité de faire des économies. À l'heure où en 2008 le prix est de 150 dollars, ils ont peut-être enfin compris que ce choix n'était pas si stupide.

Les nouveaux trains furent mis en service sur la grande ligne de la West Coast le 27 septembre 2004. Vous connaissez la loi de Murphy, dite de *l'emmerdement maximum*... Pour notre part, nous fûmes victimes de la loi de Sod, qui dit que Murphy était un optimiste ! Le jour de son lancement, après avoir quitté Glasgow, le Royal Scot dut s'arrêter à Carlisle pour transférer les passagers dans un autre train qui arriva à la gare d'Euston avec deux heures de retard. Ce pépin technique coïncidait exactement avec l'annonce du lancement de Virgin Galactic à Londres, le premier système au monde de vols commerciaux dans l'espace pour les êtres humains et la recherche scientifique. Plutôt que de titrer sur Virgin Galactic, les journaux firent des gorges chaudes ; la palme revint à la une du *Daily Mail* : « Euston, on a un problème[1]. » Inutile de dire que toute la journée j'avais été d'une humeur massacrante. Mais à la fin de la première semaine d'activité, j'avais de quoi me remonter le moral. J'ai retrouvé mes notes de l'époque : *Première semaine Pendolinos 27/09 – 2 octobre : ponctualité 82 %, réservation : 72 %. Annulations : 4 sur 210 trains en circulation quotidienne. 32 Pendolinos en circulation, 2 de plus que prévu.*

Lundi 27 : deux trains seulement font défaut. Pub énorme sur notre affaire spatiale. Jack Straw[2] était dans le train, il a beaucoup aimé la réception. On lui a raconté nos fêtes avec le personnel et ça l'a beaucoup amusé.

J'ajoutai : *Nous avons tenu les engagements annoncés il y a un an. De l'avis général, tout a bien fonctionné ; des progrès encore à faire.*

Nous étions sans cesse sous le feu des critiques. Nos deux concessions Virgin étaient les plus mauvaises en matière de

1. Jeu de mots qui évoque l'appel célèbre lors de la panne d'Apollo 13 : « Houston, nous avons un problème. » *(NdT)*

2. Secrétaire d'État aux Affaires étrangères à l'époque, dans le gouvernement de Tony Blair. *(NdT)*

ponctualité : 84 % seulement pour la grande ligne de la côte ouest en un an, jusqu'au 16 octobre 1999. Quant à Virgin Cross Country, qui assure les services à grande distance entre le nord et le sud de l'Angleterre *via* les Midlands, c'était pire : 80 %. Je prenais ça comme une injustice, car nos services s'amélioraient et nous avions de plus en plus de clients, malgré les voies obsolètes et le matériel roulant sinistré qu'on maintenait tant bien que mal en attendant nos nouveaux trains.

J'avais mal pour nos équipes. C'était démoralisant d'avoir à subir ces reproches incessants car tout le monde travaillait dur. Le service s'était tout de même amélioré. La privatisation du réseau nous apportait des avantages réels, mais elle nous imposait une structure politique et institutionnelle souffrant de graves dysfonctionnements depuis le début. La catastrophe d'Hatfield, le 17 octobre 2000, qui fit quatre morts et soixante-dix blessés, en fut la preuve dramatique. L'accident avait été causé par un rail défectueux qui n'avait pas été décelé. L'industrie du rail touchait le fond. Certains se demandaient même si elle s'en remettrait. Tous les trains furent alors tenus de respecter des limitations de vitesse, ce qui entraînait des retards et des annulations en cascade, et bien entendu les colères et récriminations des voyageurs. Je me souviens d'avoir eu de longues discussions avec Stephen Byers, alors ministre des Transports, sur tout ce qu'il y avait à faire. Je me demandais parfois si nous pourrions en sortir un jour. À la suite de la catastrophe d'Hatfield, la compagnie publique Railtrack fut mise sous contrôle de l'administration des chemins de fer sans dédommager les actionnaires. Le Rail Regulator[1] présenta alors une énorme facture aux contribuables. Elle correspondait à l'augmentation des coûts d'infrastructure induits par le chantier qu'il fallait entreprendre pour rattraper les investissements qui n'avaient pas été faits depuis des lustres et la mise sous contrôle

1. Service officiel dirigé alors par une personne chargée d'assurer le suivi et le bon fonctionnement de la privatisation des chemins de fer britanniques, doté de pouvoirs très importants guère appréciés des ministres du Transport. *(NdT)*

de Railtrack. La note était de 1,25 milliard de livres. J'avais le sentiment qu'on s'enfonçait de plus en plus dans une jungle hostile.

À partir d'Hatfield, le rail britannique commença progressivement à tourner la page. Le gouvernement mit en place Network Rail, une entreprise à but non lucratif, pour gérer l'infrastructure, à savoir les voies et la signalisation. Ces changements furent mis en œuvre par la loi sur le rail en 2005, qui donnait au ministre des Transports la responsabilité de la stratégie et du budget des chemins de fer en Angleterre et au pays de Galles.

Virgin Rail entreprit d'améliorer ses relations avec le gouvernement, Network Rail et les fournisseurs Alstom et Bombardier. Les progrès commencèrent à se faire sentir. Nos trains fonctionnaient toutes les vingt minutes entre Manchester et Londres, fréquence la plus élevée du monde pour ce genre de parcours, et les hommes d'affaires commencèrent à préférer ce mode de déplacement aux vols court-courriers. Nos clients nous faisaient de plus en plus confiance. En 1997, 13,6 millions de personnes avaient voyagé sur la West Coast Main Line. En 2003, 14,1 millions, en 2004, 15,1, en 2005, 18,7 et nous avons dépassé les 20 millions en 2007. Ce qui nous avait paru impossible devint plus que réalisable, au-delà de nos espérances.

Network Rail aura de gros problèmes à régler pour améliorer le dernier tronçon. Mais, d'une façon ou d'une autre, un grand bond en matière de service et de ponctualité aura été effectué en 2009, pour faire de la West Coast Line une véritable ligne de classe mondiale. Ce fut une épreuve difficile qu'on a pu traverser dans une période délicate grâce au leadership de Tony Collins et au soutien des dirigeants de Stagecoach.

Tout bouleversement, organisé ou non, a toujours des conséquences imprévisibles. Quand je vois un directeur de la communication expliquer à la télévision le plus sérieusement du monde que les difficultés de son entreprise proviennent de son succès trop rapide, je suis furieux. Aurait-elle été touchée par un mal mystérieux ?

Ce genre de conte est digne du récit du type qui affirme avoir été enlevé par des extraterrestres. Il ne faut jamais s'endormir sur ses lauriers. On ne peut pas tout prévoir, c'est pourquoi il ne faut jamais baisser la garde.

Le plus difficile, c'est souvent de tenir ses promesses ; il faut une mobilisation de tous les instants.

Nous avions investi plus de 2 milliards de livres pour remplacer les trains des lignes intérieures par des rames automotrices « Diesel Voyager », très appréciées des voyageurs et d'une grande fiabilité. Le nombre de nos passagers ayant doublé, c'était de plus en plus difficile de trouver des places disponibles sur les lignes les plus fréquentées. Nous étions victimes de notre succès, mais nos clients en subissaient les conséquences ; j'étais toujours très préoccupé par le sort qui leur était fait. Je me souviens d'un couple de personnes âgées qui m'avait raconté ses mésaventures dans un courrier. Ils avaient voulu prendre le train à Preston pour aller à Londres où ils avaient prévu de passer une bonne soirée, mais ils n'avaient pas compris qu'il fallait réserver les places. L'époux était en fauteuil roulant. Ils avaient été très mal reçus. J'étais catastrophé par une telle négligence sur des détails relevant du service clients ! Je m'étais employé à résoudre le problème personnellement et je m'étais appuyé sur cet exemple pour attirer l'attention de nos équipes.

Je fis un courrier à Ashley Stockwell, le « gardien » de la marque et du service clients du groupe Virgin.

Cher Ashley,
La mauvaise qualité des prestations de Virgin Trains m'inquiète au plus haut point. Lorsque notre conseil d'administration s'était engagé dans les négociations pour les concessions, nous en avions fait un de nos principaux arguments. Quand nous avons commencé l'activité, nous avions demandé le support de Virgin Atlantic qui était expert en matière de relations humaines et du contact clients. Les choses se sont malheureusement dégradées, et Tony Collins, qui en est parfaitement conscient, m'a avoué avec la plus grande franchise que tout le travail

qui avait été fait est à refaire. Je sais qu'il va tout mettre en œuvre pour régler le problème, mais nous sommes preneurs de l'aide précieuse que ton département pourra nous apporter.

Les choses recommencèrent peu à peu à s'améliorer. Nous recevions de plus en plus de compliments, si bien qu'en avril 2006, lorsque nous postulions pour le renouvellement de la concession Cross Country, je commençais à croire que notre travail allait payer. Je pensais au *gimmick* de Magnus Magnusson dans son émission[1] : « Il faut toujours aller au bout de ce qu'on a commencé. »

Or, avant une rencontre cruciale avec les autorités, je reçus un appel d'un journaliste spécialisé toujours bien informé. Il connaissait l'heure exacte du rendez-vous et le contenu de l'entretien. Il m'indiqua que nous allions nous heurter à une opposition de la part du ministère des Transports qui voulait casser notre concession Cross Country et qu'ils cherchaient des prétextes pour nous l'annoncer. J'écrivis sur mon carnet : *Si ce type a raison sur tout le reste, a-t-il raison aussi là-dessus ?*

Nos résultats parlaient pourtant d'eux-mêmes. La ponctualité s'était nettement améliorée ; les chiffres d'affaires avaient augmenté de 40 % et le nombre de passagers de 50 %. De plus, le gouvernement percevait 87 pence[2] sur chaque livre gagnée sur le chiffre d'affaires supplémentaire.

Je notai dans mon calepin : *Certains membres du ministère des Transports veulent récupérer Cross Country et la faire absorber par un autre réseau, et redessiner la carte. J'espère que c'est faux. J'ai confiance dans l'offre Virgin et je ne vois pas pourquoi une proposition concurrente l'emporterait. Tout ça est très étrange, mais dans le chemin de fer plus rien ne m'étonne.*

C'est pourtant ce qui est arrivé. Après avoir fait le sale boulot, encaissé toutes les critiques et réalisé une progression de 50 %

1. Magnus Magnusson (1929-2007) était un présentateur de télévision islandais, journaliste, traducteur et écrivain. Il a notamment présenté l'émission de télévision de la BBC « Mastermind », pendant plus de vingt-cinq ans. *(NdT)*

2. Soit 1 euro. *(NdT)*

chaque année, Virgin Trains s'est vu retirer la concession Cross Country. C'est ainsi dans la Grande-Bretagne du XXIe siècle. Allez, pas de regrets à avoir et même s'il y en avait, dans les affaires c'est comme dans la vie : il faut savoir tourner la page. Après tout, il nous restait la West Coast Main Line.

Dans certains cénacles, les critiques pleuvent contre Virgin Trains sous prétexte que nous aurions fait beaucoup d'argent grâce aux subventions du gouvernement. Ces gens devraient mettre en rapport le temps passé et le travail fourni avec nos tout petits bénéfices. Ces subventions nous avaient surtout aidés à financer Network Rail parce qu'on utilisait ses voies ; plus ils rencontraient de difficultés, plus ils nous le faisaient payer, alors qu'au moment de la signature jamais il n'avait été question de ces augmentations. Entre 1996 et 2006, nous avons bel et bien touché 2 milliards de livres, engloutis immédiatement pour régler les frais d'accès à Railtrack puis à Network Rail qui s'élevaient à 2,4 milliards de livres. En d'autres termes, c'est le gouvernement britannique qui fut le gros gagnant. De plus, les frais facturés par Network Rail à Virgin Trains ont été plus élevés que pour n'importe quelle autre compagnie, et tout ça au moment même où la subvention avait été réduite de moitié en passant de 526 millions de livres à 268 millions de livres à la fin du mois de mars 2006 !

Il y a peu de temps, nous avons préparé un projet pour faire passer le nombre de voitures de 9 à 11, pour mieux satisfaire une demande toujours croissante. J'ai expliqué à Douglas Alexander, alors ministre des Transports, qu'il fallait le faire pendant que notre concession était toujours en œuvre et qu'à partir de février 2012 nous aurions atteint la capacité maximale du nombre de places possible. Notre projet étant de composer des trains de 10 ou 11 voitures vers 2010, époque pour nous la plus favorable, compte tenu de l'investissement de 260 millions de livres. Nous avons aussi proposé d'augmenter les parcs de stationnement automobile avec paiement automatique ; en échange, nous leur demandions de bien vouloir prolonger notre franchise de deux ans encore. Je pensais que nos résultats et notre expertise suffiraient pour convaincre le gouvernement. Quelques mois plus tard, on nous faisait savoir que nos propositions étaient rejetées.

Au moment où j'écris ces lignes, nous avons repris les discussions. J'espère que le bon sens l'emportera. Mais si bientôt vous êtes obligés de rester debout dans le train jusqu'à Birmingham, vous saurez à qui dire « merci ». Je ne comprenais pas l'aveuglement du gouvernement britannique. Sa volonté de faire des économies en regardant les choses par le petit bout de la lorgnette me mettait hors de moi.

À la même époque, nous étions très préoccupés par le mauvais état de la ligne, malgré les travaux importants qui duraient depuis quatre ans. Notre équipe de choc, dirigée par Chris Green et maintenant par Tony Collins, était restée concentrée sur le service clients en se jouant des obstacles inimaginables. Je suis fier de pouvoir affirmer que Virgin Trains a su faire face aux difficultés de toutes sortes et a toujours tenu ses promesses. Nous savions ce que nous voulions depuis le départ et nous avons tenu parole, malgré des périodes de découragement et les attaques de la presse. Nous voulions les trains les plus beaux et les plus confortables, parce que nous savions qu'il fallait jouer sur la qualité pour reconquérir le public qui avait dû s'accommoder d'un service en décomposition depuis bien trop longtemps. Nous voulions des trains performants et économiques, parce qu'on n'avait pas la moindre idée de l'évolution du prix de l'énergie, et que de toute façon rien ne laissait présager une baisse. Nous avions raison sur ces points. Nous voulions surtout les trains les plus sûrs, ce qui tombe sous le sens quand des vies humaines sont en jeu, ce dont nous sommes responsables. La seule chose contre laquelle nous ne pouvons lutter, c'est la fatalité.

Nos propositions avaient été bâties en tenant compte des valeurs essentielles de notre entreprise, de notre stratégie à moyen terme et de nos plans à long terme. C'est ainsi qu'il faut raisonner. Rien n'est écrit à l'avance et même les petites décisions doivent être prises en essayant le plus possible d'en prévoir les conséquences.

Ainsi vous aurez le sentiment de bien tenir la barre et de pouvoir éviter les tempêtes.

Combien de personnes déclarent vouloir vous aider en ajoutant – à votre grande surprise – qu'ils sont plus réalistes que vous ? Les gouvernements sont experts en ce domaine et les ministres sont pourtant éphémères. À peine se sont-ils emparés d'un dossier qu'ils sont déjà partis. C'est le jeu de nos démocraties mais c'est désastreux pour les entreprises, au Royaume-Uni en particulier. Les ministres ne maîtrisent pas les problèmes qu'ils ont à gérer et ne s'encombrent pas de considérations à long terme. Ce n'est pas parce qu'ils ne les comprennent pas ou qu'ils ne sont pas d'accord, c'est simplement parce qu'ils désespèrent d'avoir à attendre pendant des mois une décision du ministère des Finances.

N'abandonnez pas vos convictions, même si vous vous heurtez à des institutions assommantes ou à des gens qui freinent des quatre fers. Faites comme s'ils n'existaient pas. Entourez-vous d'une équipe de confiance. Demandez-lui de jouer l'avocat du diable et d'attirer votre attention sur ce que vous n'avez pas vu.

Si vous avez la chance de devenir un moteur du changement, vous vous sentirez incroyablement frustré si on ne comprend pas où vous voulez aller et, surtout, si vous n'êtes pas suivi. Plus l'entreprise est grande, plus le changement est difficile à conduire. Il est presque toujours perçu comme une menace et même un danger. Les gouvernements sont d'ailleurs les premiers à le craindre, car ils savent qu'ils n'auront jamais assez de temps pour l'action. Il ne sert à rien de répéter « Préparez-vous au changement » ou bien « N'ayez pas peur du changement » et autres clichés répandus dans les ouvrages spécialisés. Quoi que vous fassiez, il sera toujours perçu comme une menace. Il arrive souvent plus vite que prévu, au moment où on ne s'y attend pas ; il risque alors de vous couper l'herbe sous le pied ; nous l'avons vécu à Virgin Records.

Les géants de l'électronique courent sans cesse pour découvrir des nouvelles technologies et bouleverser le marché. C'est bien d'être le premier, mais l'important c'est d'être le meilleur. J'ai toujours fonctionné à l'instinct et il ne m'est jamais venu à l'idée d'attendre que les autres fassent des erreurs, juste pour en tirer des enseignements. J'avance, au risque de prendre des coups. C'est souvent le cas quand on s'expose.

Pendant les années 1980 et 1990, Philips, Sony, Panasonic et Hitachi ont foncé à l'aveugle en fabriquant des produits qui ne duraient pas. L'industrie musicale se dirigeait en toute logique et à fond vers la musique téléchargeable, processus qui atteint son apogée (à l'heure où j'écris) avec le iPOD d'Apple.

L'apparition du Compact Disc avait annoncé la révolution, et le passage de l'enregistrement analogique au numérique fut une révolution pour nos oreilles. Dans les années 1970, le bon vieux 45 tours single était une sorte d'étalon-or pour l'industrie musicale. Tous les orchestres pop (excepté certains groupes de rock progressif) voulaient être premiers au hit-parade en Grande-Bretagne, en Amérique et dans le reste du monde. La consécration était aussi une reconnaissance de leur travail.

Au début des années 1980, l'écurie Virgin ne quittait pas les premiers rangs des charts ; c'est ce qui nous a permis d'en faire la plus grande entreprise de musique au monde. Quand un des titres se retrouvait numéro 1 dès sa sortie, le groupe profitait de l'interactivité qui se développait ; il était forcément invité le jeudi suivant dans l'émission de la BBC *Top of the pops* et, après leur passage à la TV, les ventes de l'album redoublaient.

La nostalgie des vinyles est compréhensible mais difficile à justifier avec le recul de l'histoire. Depuis le XIXe siècle, l'industrie du disque et de l'enregistrement a tourné sur des cycles de trente ans : trente ans après que le cylindre de cire eut subjugué les leaders d'opinion des années 1880, les fragiles 78 tours ont modifié considérablement les habitudes d'écoute des masses. Depuis la Seconde Guerre mondiale, grâce aux 33 tours, aux singles[1] et aux

1. 45 tours 2 titres, les plus répandus dans les pays anglo-saxons dans les années 1960. *(NdT)*

super 45 tours qui comportaient deux ou trois pistes sur chaque face, la musique était à la portée de tous. Nous pouvions même envoyer ces disques souples mais solides par la poste !

Les bonnes âmes qui prétendent aujourd'hui que le téléchargement est en train de tuer les grandes entreprises devraient se rappeler que la dernière fois que l'industrie musicale a connu un marasme, ce fut – comme c'est bizarre – en 1982, il y a moins de trente ans. La crise économique avait fait beaucoup de mal. À cette époque, nous avions plus de cent magasins dans toutes les plus grandes villes du pays qui étaient absolument déserts en semaine.

Les amateurs de musique enregistraient les tubes qui passaient à la radio et sur les disques qu'on se prêtait ; c'étaient les prémisses du téléchargement illégal, qui a entraîné la création de Napster et l'éclosion d'autres sites qui permettaient d'enregistrer de la musique gratuitement. La révolution numérique avait fait son apparition dans les studios d'enregistrement quelque temps avant, et nous utilisions déjà des logiciels pour mixer les albums et les bandes. Le numérique n'allait pas tarder à se diffuser largement.

Le groupe Dire Straits fut le premier grand vendeur de Compact Discs. Le vinyle continua à livrer une vaillante bataille d'arrière-garde, et de nombreux fans préfèrent encore aujourd'hui le son analogique. Certains, qui se prenaient pour des experts simplement parce qu'ils possédaient des enceintes Quad, firent la fine bouche, mais ceux qui décidèrent d'accompagner le progrès en commençant à en acheter furent les plus nombreux. Au Salon du disque de Paris, l'un des plus importants au monde, le géant hollandais Philips annonça que le Compact Disc deviendrait le nouveau standard audio dans le monde entier.

Dans nos bureaux, les mordus de la hi-fi eurent des discussions sans fin, nombreuses et très animées. Les irréductibles du vinyle affirmaient que le son du CD manquait d'âme et ne pourrait jamais supplanter les bons vieux albums. Ces doutes étaient largement répandus à l'époque, et aujourd'hui encore j'entends dire que le vinyle a beaucoup plus de charme avec ses pochettes stylisées considérées parfois comme une forme d'art contemporain. Le bel objet étincelant était toutefois en marche. Il était plus pratique d'utilisation et pouvait aussi servir de sous-bock pour protéger les meubles.

Son inventeur, Philips, annonça d'autres projets concernant la fabrication de logiciels qui seraient édités par Polygram et vendus dans les magasins de disques, séparément du *hardware*. La sortie d'un concurrent du CD, le *laser vision disc,* fut annoncée au printemps 1983. Quant au géant japonais de l'électronique, JVC, il était en train de promouvoir son système VHD. Une trentaine d'entreprises étaient prêtes à fabriquer des platines spéciales pour les CD ; je surveillais tout ça. Il ne fallait pas passer à côté du nouveau standard.

Polygram et Ariola étaient les seuls à avoir passé des accords avec Philips, qui exigeait des royalties trop élevées pour sortir des produits adaptés au nouveau système. Ils commencèrent à livrer leurs premières platines en Belgique qu'on pouvait raccorder à une chaîne hi-fi exactement comme une platine de vinyles. Le prix de vente se situait entre 300 et 400 livres, une somme importante pour les amateurs de musique plutôt jeunes. À cette époque, celui qui possédait une platine CD était considéré comme le plus riche du quartier.

Lors du lancement, 200 titres étaient disponibles au prix public de 7,50 et 8,50 livres. Polygram préparait la construction d'une usine de disques en Allemagne, à Hanovre ; son objectif de production était de 500 000 en 1982 et visait le chiffre de 4 millions l'année suivante. En 1982, Sony fit passer de pleines pages de publicité couleur dans la presse musicale. On y voyait côte à côte un 33 tours et un CD avec un slogan astucieux : « Dans six mois, le monde va changer. »

Le CD convenait parfaitement aux amoureux de musique : ni pleurage ni oscillations, une gamme dynamique étendue, pas de souffle et un produit inusable.

Je relis dans mes carnets les questions que je me posais à l'époque. *Comment mesurer l'impact de ce bouleversement sur notre entreprise ? Que va-t-il se passer ? Les gens vont-ils remplacer tous leurs vinyles par des CD ? Quelle parade trouver ?*

L'arrivée du Compact agit comme des vitamines pour notre industrie, mais il ne fallait pas se tromper de dose, au risque de tuer le malade. Cette nouvelle technologie changeait complètement les règles du jeu : ou on s'adaptait ou on mourait. Dans l'immédiat, notre seul moyen de défense, c'était de baisser les prix de vente des vinyles. L'époque où nous vendions des LP par camions entiers touchait à sa fin. Il fallait agir sans attendre.

En mars 1982, Virgin Records révisa toute sa structure tarifaire au prix d'un forcing acharné car l'industrie musicale surfait sur les taux d'inflation élevés des premières années du gouvernement de Mme Thatcher. Nous augmentâmes les prix de nos groupes qui marchaient le mieux, comme l'album *Dare !* de Human League qui se vendait 3,40 livres. Les prix de vente de notre fonds de catalogue passèrent de 2,74 à 2,92 livres, soit une augmentation de 18 pence pour nos distributeurs, mais on baissa les prix d'un certain nombre de titres à 1,82 livre à titre purement expérimental, pour voir l'effet produit sur des artistes qu'on avait négligés comme les Skids et Magazine.

Certains détaillants commencèrent à faire entendre leur colère. Alan Davison, le vice-président du RAVRO, le syndicat des vendeurs de disques qui avait lui-même un petit magasin, s'exprima dans *Music Week* : « Our Price et Virgin doivent fermer leurs magasins. Ils pourront rouvrir à condition qu'ils reviennent à des tarifs corrects. Les disques sont des produits de luxe. Les vendre comme de la moutarde à prix discount aura été la pire des choses. »

Pauvre Alan ! Une politique de prix élevés sur un marché en crise conduit inévitablement à des réductions d'effectifs et à la spécialisation, comme si on essayait d'éteindre une maison en feu en commençant en même temps sa reconstruction. Alan n'était pas prêt à faire ce grand écart. Il décida de se préserver, comme avant, une marge de 33 %, en augmentant ses tarifs jusqu'au prix de vente recommandé. Une pure folie. La marge sur les disques et les K7 était montée à 32 % en 1978, pour redescendre à 23 % en 1981 ;

la concurrence acharnée l'amena même ponctuellement à 16 %. Selon le BPI, le prix public d'un 33 tours était de 5,22 livres en 1981, alors que le prix réellement payé en caisse était de 4,39 livres. Les marges étaient si faibles que l'avenir des maisons de disques qui n'avaient pas d'artistes au hit-parade cette année-là était compromis.

À la même époque apparut un nouveau phénomène (ou nous menaça, cela dépendait de notre point de vue). En 1980, l'inventeur et entrepreneur britannique Clive Sinclair cassa la barrière des 100 livres avec son ordinateur Sinclair SX 80. Ceux qui s'en sentaient capables pouvaient l'acheter en kit pour 79,95 livres et l'assembler eux-mêmes. Un an plus tard, il sortit le ZX 81 et en 1982 le Sinclair SX Spectrum. Dès le milieu de l'année 1982, il y avait pratiquement 500 000 appareils de jeux vidéo en service au Royaume-Uni. En voyant la vitesse à laquelle ce phénomène se répandait dans nos magasins, je voyais bien qu'il fallait se préparer à un nouveau bouleversement.

Un de mes responsables commerciaux vint m'en parler directement : « Richard, tu sais que Pac Man fait un tabac chez les jeunes ? On devrait peut-être s'y mettre aussi ? »

On décida de s'approvisionner directement chez Atari, une filiale de Warner Communications. Pac Man, cette espèce d'extraterrestre qui court dans un labyrinthe en croquant des fruits, nous fit faire d'excellentes affaires pendant des années. Nos ventes ne cessaient d'augmenter grâce aux jeux d'arcade, notamment Space Invaders qu'on trouvait dans les bars d'étudiants de tous les pays. Tetris et Pac Man ont fait démarrer la Game Boy de Nintendo, sortie en 1989. Au début des années 1990, c'était au tour de la console SEGA avec Hedgehog. On se mit à jouer dans les foyers, ce qui provoqua l'explosion des ventes, tout particulièrement au Royaume-Uni. L'ordinateur domestique allait devenir le symbole d'une génération entière. Équipements et matériels se diversifiaient et se multipliaient à un rythme étourdissant : Atari ST, Commodore 64, Amiga, Mac... et l'industrie des jeux informatiques connaissait une croissance extraordinaire.

Pac Man avait acquis le statut d'icône, mais on atteignit le summum à Noël 1985 avec l'arrivée de la Nintendo et Super Mario. Les jeux commençaient à représenter le plus gros de notre chiffre d'affaires au Royaume-Uni et en Europe. Avec des prix de vente se situant entre 15 et 45 livres, notre marge bénéficiaire était bien plus confortable qu'avec la musique, et plus le temps passait, plus les jeux prenaient des parts de marché. Chez nous, les films en vidéocassette et plus tard les DVD prirent la même voie.

Nos petits magasins avaient le mérite d'entretenir notre image de marque, jeune et branchée, mais ils marchaient de moins en moins bien et la question de leur rentabilité se posait sérieusement. Je regrettais de ne pas les avoir vendus. À mettre sur le compte de mes erreurs et même de mes plus grands regrets.

En 1986, les Megastores eux-mêmes étaient menacés. HMV, notre plus gros concurrent, nous avait placés dans leur viseur. Ils étaient prêts à ouvrir un nouveau magasin avec un assortiment très large sur Oxford Street au mois de juin, et Tower Records avait trouvé un emplacement idéal à Piccadilly Circus.

Nous ne baissions pas les bras pour autant. Au mois de mars, on ouvrait le plus grand magasin du monde à Dublin, sur Aston's Quay. Nous avions investi 1 million de livres (1,15 million d'euros) pour transformer l'ancien magasin McBirney sur une surface de 5 000 m^2 sur cinq étages. Sa conception était la même que celle du Megastore d'Oxford Street.

La presse s'interrogeait ; certains articles nous faisaient passer pour des dingues. Un directeur de Music Makers, Syanley Simmons, s'exprima dans les pages « Débat » de *Music Week* : « Le concept global du Megastore au Royaume-Uni, fondé sur de fausses hypothèses, est à côté de la plaque. » Il m'expliqua qu'aux États-Unis les grands magasins bénéficiaient de meilleures conditions de crédit et d'amortissement que celles qui existaient au Royaume-Uni. Il attirait notre attention, à juste titre, sur nos frais fixes, nos loyers, nos taux d'invendus et l'importance de nos stocks.

Il se trompait. Non seulement le magasin de Dublin proposait un choix très pointu en classique, jazz, folk et musique rock, mais il avait aussi des rayons de vidéos musicales, de jeux et de logiciels, qui montraient bien quelle était notre stratégie. Quant aux enseignes les plus anciennes comme Woolworth, Dixons et Curry, elles accusaient sévèrement le coup.

Les vitrines et l'agencement de nos magasins étaient des plus dynamiques. En se comparant à Selfridges qui en avait fait sa réputation, nous n'avions vraiment rien à craindre.

Pour la sortie de *Black Celebration* de Depeche Mode, on installa une magnifique tour de près de quatre mètres de haut dans notre magasin d'Oxford Street, avec un jeu de miroirs qui provoquait des attroupements devant la vitrine. On décida ensuite de créer des événements en invitant des groupes à se produire dans nos magasins. Ces sessions acoustiques boostaient nos ventes et nous faisaient une excellente publicité.

Nos clients, qui passaient la porte avec leur argent de poche de la semaine gagné avec un petit boulot, étaient à peine plus jeunes que nos vendeurs à la compétence largement reconnue. L'ambiance particulière qui s'était installée dans nos magasins incitait nos fidèles à y passer leurs samedis après-midi. Le président de Dixons, Stanley Kalms, nous fit savoir qu'il était impressionné et intéressé par la réussite de Virgin ; nous avions aussi entamé des discussions avec Debenhams, pour les convaincre d'ouvrir des rayons de disques dans leurs magasins de province.

Un empire ne se bâtit pas sur la nostalgie. Les jours de nos petits magasins étaient comptés. En juin 1988, WH Smith nous approcha et nous nous mîmes d'accord pour leur en céder 67 pour 23 millions de livres et pour se recentrer sur les Virgin Megastore, dont celui que nous venions d'ouvrir sur les Champs-Élysées à Paris. L'avenir appartenait aux grandes surfaces de vente, et le rôle glorieux que nous avions joué dans l'industrie musicale appartenait à l'histoire.

En 2008, le CD était gravement malade, après avoir atteint son apogée en 1999, quand le marché mondial de la musique avait réalisé le chiffre de 17 milliards de dollars. En 2005, avec le développement du téléchargement, il était tombé à 10 milliards (nos projections nous donnent à peine 9 milliards de dollars en 2012, la moitié de ce chiffre étant réalisée par le téléchargement sur Internet). L'industrie musicale, dont une partie était la propriété de sociétés d'investissements, était beaucoup plus préoccupée de vendre des millions de petits boîtiers en plastique que de soutenir leurs artistes dont la position devenait délicate.

À la création de Virgin Records, nous financions les sessions d'enregistrement, nous fabriquions le produit, nous assurions la distribution et nous nous occupions de la carrière des groupes. Nous avancions l'argent pour leurs tournées et prenions en charge les clips promotionnels, l'équipement, les accessoires et les lumières. On les conseillait pour l'évolution de leurs carrières et nous nous occupions aussi de leurs comptes et de leurs situations financières, une démarche qui n'avait pas garanti notre avenir. Ce genre de services n'a plus lieu d'être depuis l'explosion du numérique, d'Internet, de You Tube et des réseaux sociaux.

Je ne crois pas que l'industrie musicale soit condamnée pour autant. La scène musicale est en mutation mais ne mourra pas. Sa situation économique est aujourd'hui bien plus saine qu'elle ne l'a jamais été, même aux plus beaux jours de Virgin. Quand on a construit le studio d'enregistrement dans notre Manoir d'Oxford (où nous avons donné sa chance à Mike Oldfield) et notre car régie, le fameux Monster Mobile, on ne s'était rien refusé. On avait dépensé des milliers de livres par jour en location de studio, pour s'offrir les meilleurs ingénieurs du son et un producteur, sans compter tout le vin qu'on s'enfilait et la dope qu'on fumait. Le métier de Virgin Records était d'avancer l'argent et de prendre des risques. Aujourd'hui, on peut faire un album d'excellente qualité sur un bon ordinateur portable ; puis envoyer le fichier par le Net à une myriade de destinataires.

Le coût de la fabrication et de la distribution est minime en comparaison de l'époque où Virgin Records assurait la promotion de Phil Collins, des Sex Pistols, de Human League ou de Stereophonics. Pour faire de l'argent, il fallait vendre des quantités énormes d'albums juste pour arriver à couvrir les frais de fabrication, d'impression, d'expédition, de distribution et verser les royalties. Ce modèle a disparu à jamais. Le numérique ne coûte pratiquement rien. La vente d'un million d'albums par Internet revient moins cher que d'en expédier cinquante par Fedex. Les jeunes musiciens n'ont aucune idée de ce que représentent les économies d'échelle, même si elles ont toujours autant d'importance pour les entreprises et leurs actionnaires.

Si j'étais aujourd'hui membre d'un groupe à l'aube de ses premiers succès, je ne m'adresserais pas à une société de disques traditionnelle. Je préférerais répartir les frais de distribution, de publicité et de marketing avec des associés partageant une même vision des choses. La promotion est simple à mettre en œuvre en créant une page sur Facebook, Myspace ou sur tout autre site de réseau social. Maintenant, ce sera plus difficile pour les groupes les moins connus ; ils gagneront moins d'argent parce que les sociétés de disques choisiront toujours de mettre en avant les valeurs sûres. Mais le choix sera plus large et il sera plus facile de se faire connaître.

Les maisons de disques parviendront à survivre à condition qu'elles réduisent leurs coûts de fonctionnement en tendant vers ma référence : *Small is beautiful*. Il leur reviendra d'aller chercher les vrais talents. Si l'on veut se faire une idée de l'avenir du téléchargement numérique, il faut regarder ce que font Brian Eno, le producteur du dernier album de Coldplay, *Viva la Vida*, David Byrne, le créateur des Talking Heads, et surtout Radiohead.

Quand, en 2007, le groupe d'Oxford a annoncé que leur album *Rainbows* serait téléchargeable gratuitement sur leur site Internet en laissant la liberté au client de régler la somme de son choix, on les a traités de dingues qui jetaient leur propriété intellectuelle à la poubelle. Leur pari a bien marché, car 40 % de fans ont payé en moyenne 3 livres pour leur album et le groupe a gagné 1,5 million de livres. De plus, ils ont créé un label pour l'éditer et le vendre en CD. Yorke a déclaré par la suite que le groupe avait gagné plus d'argent avec le téléchargement qu'avec tous leurs autres albums.

Madonna est un autre exemple. Elle a récemment signé un accord avec Live Nation[1] qui couvre la production de trois nouveaux albums, la promotion de ses tournées, la vente de merchandising, l'exploitation de son nom et de son image, ainsi que le téléchargement de ses chansons *via* un site Web. Ces stratégies peuvent tailler des croupières aux gros labels.

La musique enregistrée a adopté différents formats et a pris d'autres chemins, et le CD a détrôné le vinyle pour être remplacé par le téléchargement, parce que la musique aura toujours du sens et qu'elle touche à l'intime. Elle jouera encore longtemps son rôle de lien social en permettant à toutes les classes d'âges de partager les mêmes émotions. C'est ce que nous avons fait en organisant d'immenses festivals chaque été pour fêter la musique, en rassemblant des milliers de fans pour une véritable communion.

C'était Jackie McQuillan et James Kydd qui avaient eu cette idée en 1995 ; une fête musicale gigantesque et complètement inédite. Ils m'expliquèrent avec passion qu'elle donnerait un « plus » à l'image de Virgin Cola et naturellement à toutes les autres enseignes du groupe, qu'elles soient ou non sur le marché de la musique. Ils en avaient déjà discuté avec des professionnels, tous d'accord pour s'investir dans l'organisation. À la fin de leur speech, James ajouta : « Richard, il faut qu'on le fasse pour les *kids* ! » Et Jackie me lança : « Je te jure que ça va être un putain de truc. » Que répondre ? J'étais embarqué dans l'affaire, mais je les laissai m'expliquer jusqu'au bout comment ils voyaient les choses ; à la fin je m'entendis leur répondre : « OK ! le V Festival sera le tout premier concert en plein air à se dérouler en un week-end, sur deux jours et sur deux sites différents, avec des groupes qui se produiront alternativement sur les deux scènes. On les aura transportés dans la nuit d'un bout à l'autre du pays dans les bus internationaux de la ligne A. C'est génial ! On y va ! » J'en connais qui auraient vite renoncé en imaginant la logistique nécessaire

1. Grand organisateur américain de tournées. *(NdT)*

pour réussir le coup, mais je décidai de leur faire confiance et de les aider à réussir.

Jackie et James avaient choisi de s'adresser à ce qui se faisait de mieux en matière d'organisation de concerts au Royaume-Uni : Bob Angel de Metropolis Music, Denis Desmond de MCD Concerts, Simon Moran de SJM Concerts, et Stuart Clumpas de DF Concerts. Aucun d'entre eux n'avait jamais produit un festival comme notre V, mais nous nous entendions fort bien et cela suffisait.

Pour ces professionnels, la marque Virgin allait apporter un plus en fédérant les clients attachés à l'enseigne et à ses valeurs. Nous mettions tout en œuvre pour que le week-end soit magnifique, avec des campings bien éclairés, une signalisation efficace pour ne pas se perdre, des comptoirs de bars plus longs pour éviter les longues files d'attente, et de la nourriture appétissante pour une fois. Les Virgin Angels seraient là pour renseigner et aider les personnes en difficulté. Toujours guidés par le souci du détail, on alla jusqu'à prévoir dix fois plus de papier toilette pour bien marquer notre différence avec les autres festivals. Je ne pense pas que beaucoup de promoteurs aient déjà eu des conversations aussi longues et animées sur cet accessoire, en particulier sur des rouleaux portant l'inscription « Poopsie and Cack », un clin d'œil sympathique aux deux principaux concurrents de Virgin Cola.

Pour organiser ce supershow, Jackie et James faisaient confiance à l'expérience des promoteurs. Faire entrer des dizaines de milliers de personnes par de multiples portes d'accès au même moment, sans entraîner de bousculades ou d'échauffourées ; organiser les passages en scène, gérer les éclairages, composer avec le tempérament des artistes et assurer la sécurité d'une foule gigantesque, ils savent faire. Cela dit, pour respecter les valeurs Virgin, notre équipe se montra particulièrement insistante sur l'embauche de vigiles sympathiques, aimables, serviables et souriants. Preuve qu'il s'agissait bien d'une première planétaire !

C'est un bonheur de voir que cette équipe, née il y a trente ans, fonctionne toujours aussi bien. Le V festival se déroule chaque été le troisième week-end du mois d'août, sur des sites magnifiques d'Hylands Park dans le Chelmsford et Weston Park dans le Staffordshire. C'est un des événements les plus importants et les plus populaires du Royaume-Uni. Une centaine de groupes s'y produisent, et il a attiré plus de 175 000 fans en 2007. Il a été élu Festival européen de l'année pendant sept ans au *Live Magazine Awards*. Je ne regrettais pas de leur avoir fait confiance !

Avance rapide. Printemps 2006 aux États-Unis. Le combat que nous menons pour obtenir l'autorisation de lancer notre nouvelle ligne aérienne, Virgin America, entre dans sa deuxième année, et ce n'est toujours pas gagné.

Pendant que le ministère des Transports américain nous faisait lanterner, nos équipes continuaient de travailler avec obstination. Nous avions tout prévu pour offrir aux consommateurs américains une autre façon de voyager, quasiment révolutionnaire, et notre patience était à bout. Nous voulions lancer notre nouvelle compagnie *maintenant*.

Un matin de printemps, Dan Porter, de Virgin USA, que nous avions eu la joie de recruter pour sa grande expertise dans les nouvelles technologies et dans le domaine musical, m'appela au téléphone :

– Richard, toutes les entreprises Virgin ont une vocation sociale, qu'il s'agisse des clubs santé, des téléphones mobiles ou des compagnies aériennes. Pour la musique c'est la même chose, en particulier avec ces formidables festivals Virgin chaque été en Grande-Bretagne. En attendant que notre compagnie aérienne voie enfin le jour, pourquoi ne pas organiser la même chose aux États-Unis sur la côte Est ? Il faut que tous les Américains puissent goûter à Virgin !

– Tu peux mettre ça en place rapidement ?

Il suffisait de se jeter à l'eau, pensais-je, et cela prendra moins de temps que de lancer notre compagnie aérienne. J'adore la musique live, je crois au pouvoir régénérateur de la fête et, de plus, j'adore le camping.

– Donne-moi sept mois, dit Dan en ravalant sa salive.

Nous n'avions jamais organisé de festival dans le pays qui représente le plus grand marché musical au monde. Quelle était l'expérience de Virgin USA en ce domaine ? Maîtriser la logistique, choisir un site qui convienne, la date idéale, et convaincre 50 000 personnes de venir ? Il fallait espérer retrouver la magie et l'alchimie dont nous avions bénéficié au Royaume-Uni. Était-ce possible en Amérique ?

L'équipe US décida d'organiser deux festivals, un sur la côte Est, l'autre au Canada, qui porteraient tous les deux le nom de Virgin Festival. Nous avions la chance d'avoir une enseigne qui ne ressemblait en rien à une association ou à une marque de lessive, et nous étions à la recherche de partenaires qui partagent notre vision des choses. Le festival était une entreprise, mais l'objectif premier n'était pas de faire beaucoup d'argent ; il s'agissait plutôt de communiquer et de faire connaître notre logo et nos valeurs. Bien entendu, il fallait que tout soit parfait.

Deux promoteurs se joignirent à nous : Seth Hurwitz, le dernier grand promoteur indépendant de rock sur un marché des plus difficiles, dominé par des consortiums qui accaparaient l'organisation des concerts et les labels, et Andrew Dreskin, un partenaire fiable qui avait lancé Ticketweb avec Dan. Ils avaient le sens de l'esthétique, une véritable vision, et une position aussi arrêtée que nous ; ils n'hésitèrent pas à débloquer des enveloppes supplémentaires pour offrir des prestations d'excellence, des prix d'entrée au choix des boissons en passant par la qualité de l'affiche ou de la nourriture. C'était très important de respecter les valeurs du Festival V de 1996. Ils avaient choisi Baltimore, dans le Nord-Est, qui n'était pas un endroit des plus recherchés, mais il se trouvait à proximité de centaines d'universités et de plusieurs villes américaines importantes ou moyennes. Virgin Mobile US avait rejoint nos sponsors et se chargeait du marketing pour toucher le jeune public.

Pendant ce temps, à Toronto, l'équipe canadienne de Virgin Mobile, y compris les gourous du marketing comme Nathan Rosenberg (venu de Virgin Mobile Australie pour s'occuper de Virgin

Mobile Canada) et Andrew Bridge, commença à préparer le luxuriant parc de l'île de Toronto pour accueillir le festival.

Difficile d'imaginer de tels concerts sans une tête d'affiche exceptionnelle. Coup de chance et de génie, les Who avaient décidé de faire une tournée cet été-là ; il n'y avait qu'une date possible, mais Seth put les signer pour faire l'ouverture des Red Hot Chili Peppers à Baltimore. Avec les Who à l'affiche, nous savions déjà que la partie était gagnée.

Dan avait aussi convaincu mon fils Sam de participer à la fête. En juin, moins de trois mois avant le festival, c'est lui qui donna le coup d'envoi de la vente des billets au Megastore d'Union Square à New York, flanqué de copains avec des chaussettes pour tout vêtement, en hommage aux Red Hot Chili Peppers[1]. Sam appela Jackie et il arriva à lui faire croire qu'il avait fait un énorme buzz en se présentant avec une chaussette[2] en tout et pour tout. Dieu merci, mon fils est moins culotté que son père, mais son canular avait fonctionné.

Je ne vis pas passer septembre : le 9, je donnai le signal du départ du festival Virgin de Toronto, puis je descendis à New York pour annoncer, lors de la Clinton Global Initiative, que tous les bénéfices des transports du groupe des dix prochaines années seraient investis dans l'énergie renouvelable. Quelques jours plus tard, ma femme Jean, Sam et moi nous rendions à Baltimore. En fendant la foule, je serrai des milliers de mains ; les festivaliers me remerciaient d'avoir organisé ces concerts géants en Amérique, et aussi de vouloir sauver la Terre. Je leur répondis que nous avions tous un rôle à jouer.

Le marché nord-méricain n'a rien à voir avec celui du Royaume-Uni, mais on voulait absolument que l'organisation soit parfaite pour que ces immenses rassemblements se déroulent sans incident pour rester inoubliables, et les Virgin Angels, aux petits soins

1. Le groupe s'est produit à plusieurs reprises nu sur scène, avec des chaussettes comme unique accessoire. *(NdT)*

2. Allusion à la prestation des Red Hot Chili Peppers qui avaient chanté avec une chaussette sur le pénis. *(NdT)*

pour le public à qui ils proposaient des zones de détente, avec nourriture et boissons délicieuses, y contribuaient beaucoup. Des sponsors locaux participaient à la fête, sans vouloir mettre à tout prix leurs logos en avant. Les scènes n'étaient pas décorées de panneaux gigantesques avec des marques de chaussures d'athlètes ou de stations de radio. Il fallait que les festivaliers aient vraiment le sentiment de passer une soirée entre amis. En 2007, on lança nos V festivals en Australie, à Sydney, Gold Coast, Melbourne et Perth. Les Australiens qui aiment tant la fête étaient gâtés !

À l'heure du téléchargement numérique et des lecteurs MP3 qui apportent instantanément la musique du monde entier jusqu'à vos oreilles, les concerts gardent une précieuse authenticité qui permet de partager des moments forts, de vivre une expérience humaine et de faire de belles découvertes.

Quand Jackie et James étaient venus me voir avec leur proposition, pour le Royaume-Uni, on était loin d'imaginer qu'on allait être à l'avant-garde en Amérique du Nord, avec ces concerts d'un autre type. Les clients des compagnies aériennes aiment faire jouer la concurrence. Il en est de même pour les amateurs de musique. D'autres festivals ont vu le jour depuis ce fameux été. Ce sont les meilleurs qui survivront.

Le modiste qui voulait rassurer son fils lui dit un jour : « Ne t'inquiète pas, mon gars, les gens auront toujours besoin de chapeaux. » Ce qu'il veut dire, c'est : « *Moi*, j'aurai toujours besoin de chapeaux » ; il est fier de son métier qui est toute sa vie.

Aucune entreprise n'est éternelle. On peut gravement compromettre notre avenir en pensant qu'on va faire la même chose toute sa vie. Il faut respecter la règle du jeu, prendre des risques et en accepter à l'avance les conséquences, du moment que c'est pour une cause qui en vaut la peine et qui contribuera à améliorer les vies de chacun. Ma passion pour les records en ballon a failli me coûter la vie plusieurs fois.

J'ai beaucoup de sympathie pour les entreprises qui ont fait du bon travail et qui sont fières de ce qu'elles ont fait, même longtemps après que ses produits ont disparu. Ce qui s'est passé dans le monde de l'industrie musicale en est l'illustration. On prend souvent une bonne décision au mauvais moment. Il arrive aussi qu'on se trompe, mais aucun livre spécialisé ne vous dira qu'il ne s'agit pas d'une erreur mais de la fin d'un monde.

Virgin n'est pas un groupe agressif. Nous savons nous battre avec force et détermination, mais nous ne sommes pas du genre à chercher la bagarre ni à distribuer des coups tordus. Si Virgin connaît une belle réussite, ce n'est pas grâce à nos capacités d'anticipation. Si c'était le cas, votre moteur de recherche favori s'appellerait Virgin et non Google !… Et nous aurions vendu nos Megastores dès les années 1980.

Notre réussite s'explique d'abord par la volonté d'être toujours en phase avec les attentes de la clientèle. Ce fut un crève-cœur pour tout le monde de refermer le livre de Virgin Music, mais c'est bien pour nos clients que nous sommes en phase avec l'évolution de la société en créant des nouveaux produits ou services. Nous sommes peut-être uniques dans notre genre, mais quand nous nous attaquons à un nouveau marché ou à des secteurs qui nous sont étrangers, nous ne changeons pas pour autant de philosophie ou d'éthique.

C'est moins notre aptitude à aller sur de nouveaux territoires – comme doivent savoir le faire toutes les sociétés à capital-risque – que notre vitesse de réaction qui provoque l'étonnement. C'est très bien de savoir changer de direction, mais comment faire, en allant aussi vite, pour toujours retomber sur nos pieds ? Le volontarisme ne suffit pas. Quand on passe d'un marché à un autre, on emporte avec nous 90 % de notre stratégie de base, ce qui nous permet de nous adapter assez vite, sans difficultés majeures et sans perdre de temps en ajustements difficiles. Pour comprendre comment fonctionne une entreprise dont nous ignorons tout, ce n'est qu'une question de volonté et de travail ; il n'y a pas de secrets. Ni moi ni mes équipes n'avons été initiés aux mystères de la Kabbale.

Il ne faut pas avoir peur de se lancer, même si le projet vous paraît très compliqué. Si vous n'y comprenez rien, si vous trouvez le fonctionnement de cette entreprise complètement débile, en dehors de toute logique, c'est que vous avez commis une erreur de diagnostic et qu'il faut tout reprendre de zéro, avec un concurrent qui avance masqué pour vous piquer vos clients. Vous risquez de tomber de haut et de vous dire : *Le roi est nu*[1]. Ce sont des choses qui arrivent, et qui arrivent trop souvent. L'histoire de Virgin en témoigne.

Pour commencer, bienvenue dans le monde de l'aviation civile.

Ce marché est un des plus importants au monde, et Virgin n'y a pas beaucoup de concurrents. Mais mon histoire du Jumbo Jet en 1984 est assez significative de notre façon de procéder.

Toutes nos entreprises sont nées d'une opportunité que nous avons su saisir, et à ce titre, Virgin Atlantic est le parfait cas d'école. Des années après, elle démontre que notre énergie a payé et contredit tout ce qu'on raconte dans les livres. Je caressais l'espoir de créer un jour une compagnie aérienne depuis que je passais mon temps en avion et que j'en avais assez de prendre des colères. Je détestais voyager sur British Airways, sur Pan Am et sur TWA ; la qualité du service était des plus médiocres et le personnel, acariâtre, montrait qu'il s'ennuyait à mourir. Un déplacement tenait souvent du cauchemar. C'est au début des années 1980 que la goutte d'eau a fait déborder le vase.

En partance avec Joan pour Porto Rico, nous apprîmes brutalement l'annulation de notre vol American Airlines. Le terminal était plein de passagers désemparés qui tournaient en rond et je trouvais que ça commençait à bien faire. Après avoir passé quelques appels à des compagnies de charter, je pus trouver un vol direct pour Porto Rico au prix de 2 000 dollars. Je divisai cette

1. *Le roi est nu* est le titre d'un conte d'Andersen dans lequel personne n'ose dire au roi qu'il est nu... alors qu'il l'est. D'une manière générale, l'expression « Le roi est nu » ou « L'empereur est nu » est passée dans le langage courant pour évoquer des apparences trompeuses, une situation économique très difficile ou un manque de pouvoir inavoué. (*NdT*)

somme par le nombre de voyageurs en rade pour obtenir le tarif par personne. Je m'y repris à deux fois : le montant était de 39 livres. Il n'en fallait pas plus pour me convaincre que Virgin Atlantic apporterait sa différence et son originalité avec, comme toujours, la priorité absolue donnée à la qualité du service jusqu'au moindre détail.

Nous arrivâmes sur le marché en février 1984. Un avocat américain, Randolph Fields, m'avait averti que des créneaux d'atterrissage étaient disponibles au départ de Gatwick, à destination de Newark dans le New Jersey. Randolph voulait fonder une compagnie à bas coût sur les lignes habituelles, mais il n'avait pas oublié ce qui était arrivé à Freddie Laker et People's Express[1], dont les compagnies basées en Floride avaient toutes les deux fait faillite sous la pression des quatre grandes transatlantiques British Airways, British Caledonian, Pan Am et TWA. Elles avaient conclu un accord pour éliminer Freddie en mettant la pression sur MacDonnell Douglas, exigeant qu'ils refusent de lui vendre des avions ; elles avaient aussi persuadé les banques de ne plus lui accorder de prêts. Enfin, elles avaient faussé la concurrence en se mettant d'accord pour casser les prix. Ce complot organisé finit par atteindre son but. Les consommateurs britanniques ne leur ont jamais pardonné, mais elles étaient au-dessus de ça.

Randolph, qui me voyait comme un requin de l'industrie musicale agonisante, était prêt à me faire un chèque en blanc. Dans une entreprise, quelle que soit sa taille, on passe par le cabinet du P-DG pour obtenir un premier rendez-vous et on vous demande de faire un courrier (ou aujourd'hui d'envoyer un email). En 1984, nous vivions sur notre péniche ; je tenais à répondre à mes appels personnels, et c'est ainsi que Randolph put me joindre directement. Son discours était convaincant. Il me confirma la disponibilité de créneaux intéressants et disponibles, réservés à un transporteur

1. People's Express, fondée par Dan Burr, fut avec Freddie Laker un pionnier des compagnies *low cost*. Laker, qui avait créé Skytrain en 1977 et avait pris 20 % de parts de marché, devenant la cinquième compagnie sur l'Atlantique Nord. *(NdT)*

britannique. Une fois attribués, plus personne ne pourrait espérer les prendre. Je lui demandai de me faire passer le dossier pour l'étudier pendant le week-end à la campagne.

Randolph me proposait de monter une compagnie réservée à la classe affaires. Il fallait à mon avis ajouter une classe économique pour pouvoir remplir les avions à Pâques, Noël et lors des jours fériés. J'acceptai de m'engager à hauteur d'un million de livres pour commencer. J'avais une nuit pour devenir un expert en aviation civile.

Freddie Laker m'expliqua au téléphone que je n'avais pas besoin d'acheter des avions : les banques s'en chargeaient en passant des accords avec Airbus Boeing, Lockheed ou McDonnell Douglas, puis les compagnies aériennes mettaient les avions en leasing avec la garantie de recevoir chaque mois le règlement des loyers.

Je me tapai une grande partie du boulot pour découvrir comment fonder une compagnie aérienne. Je déposai pour commencer le nom Virgin Atlantic et fis savoir que nous étions candidats. Après avoir trouvé le numéro de Boeing dans l'annuaire des renseignements internationaux, j'appelai Seattle. Je ris encore de cette conversation improbable. J'avais demandé à parler au vice-président du conseil responsable des ventes :

– Hello, c'est Richard Branson, de Virgin, j'ai l'intention d'acheter des 747 d'occasion, dis-je en m'efforçant de prendre l'accent anglais du garçon qui a reçu une bonne éducation.

– Quelle est exactement l'activité de votre société ?

– Eh bien, dis-je, nous faisons travailler des groupes comme les Sex Pistols, Boy George et les Rolling Stones.

– Ah bon ? Vraiment ? Et comment s'appelle l'entreprise ? Virgin ?

Tous les constructeurs subissaient à l'époque une crise majeure, et Boeing en particulier avait une flotte pléthorique de 747 d'occasion. La plupart étaient stockés hors service dans le désert de l'Arizona, c'est sans doute pourquoi il ne raccrocha pas, ce coup de fil improbable l'avait particulièrement intrigué.

En prenant mes coordonnées, il me dit dans un éclat de rire :

– Avec un nom comme Virgin, si votre compagnie tient la route, on va bien arriver à vous vendre un de nos appareils.

Ils m'envoyèrent un jeune homme sympathique qui s'installa à l'hôtel pour quatre mois, le temps de mettre au point la transaction. Boeing était d'accord pour me reprendre l'avion au bout de la première année si je me plantais complètement. Mes arrières étant assurés, je pouvais me lancer.

Si ça ne marche pas, y a-t-il un risque que toute ma boîte s'effondre comme un château de cartes ? C'est la première question à se poser lorsqu'on a une telle décision à prendre.

Notre mantra[1] des affaires est inscrit dans notre cerveau : éviter la chute. Avec l'option de revendre l'avion à Boeing au bout d'un an, le risque financier pour Virgin était de 5 millions de livres. Nous mettions en jeu l'équivalent de six mois de bénéfices de Virgin Records, mais il y avait de quoi espérer faire de bonnes affaires. En cas de catastrophe, nous serions touchés mais pas forcément coulés. Le château de cartes resterait debout. « Tout faire pour éviter la chute » est un de nos principes de base. Quand nous avons dû y déroger, que je me disais toujours « Fonce ! », j'étais conscient des risques que je prenais et j'envisageais toujours d'hypothéquer ma maison. Le montage nécessitait un fonds de roulement de 3 millions de livres. Il fallait donc impérativement trouver davantage de liquidités.

Pour réaliser cette opération, il me fallait des hommes forts à la tête des entreprises du groupe. Je pris contact avec Don Cruickshand pour lui proposer le poste de directeur général. Son arrivée me libéra du business des disques et me donna du temps pour m'informer et en apprendre davantage sur les marchés aériens.

Je téléphonai de nouveau à Freddie Laker pour l'inviter à déjeuner sur ma péniche de Duende. Il m'expliqua les raisons de son échec et me donna des tuyaux pour éviter de commettre les

1. Dans l'hindouisme, un mantra est une phrase sacrée qui provient du verbe sanskrit *man*, signifiant penser, et de *trâna*, qui veut dire protection. Un mantra est donc une formule mentale qui protège. *(NdT)*

mêmes erreurs. En me racontant comment ils s'y étaient pris pour le mettre à terre, il me dit que British Airways allait à coup sûr se positionner comme notre ennemi impitoyable ; il avait aussi attiré mon attention sur les fluctuations de la monnaie. Les mensualités du Jumbo étaient payables en dollars américains, mais la valeur de la livre sterling était en chute libre par rapport à la monnaie américaine. Nos clients payaient leurs billets en livres sterling et il fallait veiller à ne pas y laisser des plumes.

Nous devions assurer la flotte sans même avoir la garantie que la UK Civil Aviation Authority[1] nous donnerait le certificat de navigabilité. On décida de faire un tour. Une volée d'oiseaux décolla en même temps que notre avion et s'engouffra dans le moteur droit qui explosa instantanément. Le prix du nouveau moteur était de 600 000 livres et, naturellement, comme il s'agissait d'un vol d'essai, les assurances ne voulurent rien entendre. Cet incident risquait de mener Virgin à sa perte car nous dépassions déjà notre découvert autorisé. Don et les autres directeurs voulaient que je reporte la date de lancement, mais dès que j'eus la certitude que les problèmes de sécurité étaient réglés, je fus impatient de voir fonctionner ma compagnie aérienne.

En un peu plus de quatre mois, il nous fallut tout apprendre du fonctionnement d'une agence de voyages, depuis la réservation jusqu'à la vente des billets. Fallait-il mettre en place la vente directe ou passer par des agences de voyages ? Je me mis au marketing pour faire connaître notre nouvelle compagnie, choisir le design et les couleurs de l'avion. Le soir, je travaillais sur la décoration intérieure : je sélectionnais les tissus et je discutais des menus et du choix des vins. Comme notre budget de publicité était faible, voire nul, je demandai conseil à Freddie. Il me dit de ne pas faire le timide et de me mettre en avant pour promouvoir l'entreprise.

Quatre mois pour apprendre à mettre sur pied une compagnie aérienne. Pas facile. Mais faisable. Je ne suis pas impressionné par

1. Direction de l'aviation civile britannique. *(NdT)*

les dirigeants qui jouent les Confucius en cherchant dans des colloques et dans des livres comment faire de leurs sociétés des puzzles ou des jeux d'échecs complexes. À les entendre, il faudrait être né dans la boîte pour progresser. C'est peut-être une bonne méthode pour cueillir des truffes, mais pas pour réussir dans les affaires. Pour comprendre le fonctionnement d'une entreprise et retenir un maximum d'informations, il faut s'immerger complètement dans sa structure pendant des semaines ou des mois, afin de bien pénétrer dans le système et prendre le temps de tout observer méticuleusement. Mais il faut surtout penser aux fondamentaux : communiquer et ne rien laisser au hasard. Vous n'imaginez pas les pas de géant qu'on peut faire en gardant toujours ces deux règles en tête et surtout en les mettant en pratique. On peut en voir les effets encore aujourd'hui sur tous nos vols Virgin Atlantic, car beaucoup de choses que nous avons décidées à l'époque sont toujours en place. Le bar de la classe affaires et les tenues rouge rubis qui étaient une exclusivité Virgin sont toujours là. Enfin, nous avions choisi d'offrir des prestations de première classe au prix de la classe affaires et c'est encore notre philosophie.

Le 21 juin 1984, nous prîmes le Maiden Voyager à Gatwick pour le vol inaugural réservé à nos nombreux amis, aux familles et aux proches. Holly était passée des genoux de Joan aux miens tout au long du voyage. J'ignorais alors que notre compagnie était quasiment un bébé mort-né. À mon retour en effet, la banque Coutts m'annonça qu'ils avaient pris la décision de rejeter nos chèques parce que nous n'arrivions pas à sortir du rouge. Voilà où on en était. Nous étions une des entreprises privées britanniques les plus florissantes ; notre bénéfice était estimé à 12 millions de livres et voilà qu'ils allaient nous briser parce qu'on avait dépassé notre découvert de 3 millions de livres. Je l'ai dit et répété, c'est primordial de communiquer ; j'ajoute : surtout avec la banque. Mais Coutts restait désespérément sourde. Même en recrutant un philosophe spiritualiste ou un *Ouija board*[1], nous n'avions aucune

1. Appareil à lire l'avenir. *(NdT)*

chance de nous faire comprendre par ces gens-là. Ils manquaient totalement de perspicacité et ne comprenaient rien à nos projets individuels ni à nos filiales. Il fallait changer. À la fin de la semaine, nous avions transféré la totalité de nos comptes chez la Lloyd's, qui multiplia par dix notre facilité de découvert pour le porter à 30 millions de livres. Moralité : quand vous avez affaire à un banquier borné, n'hésitez pas à en changer. Rien ne vous oblige à garder le même toute votre vie. Mais n'attendez pas qu'il soit trop tard.

Pendant les premières années, notre *cash flow* était des plus serrés. Le nombre de passagers était supérieur l'été, mais nos charges calculées à l'année. Dès le premier jour, les pilotes et les équipages de Virgin Atlantic s'étaient passionnés pour cette grande aventure. Notre légendaire sens de l'humour nous était précieux. L'affaire de la banque Coutts m'avait enseigné qu'il fallait avoir des relations permanentes avec nos banquiers pour les tenir au courant de tous nos mouvements bancaires et de nos projets. Nous avions besoin de directeurs de la trempe de Don Cruickshank pour le faire.

Dans le conte d'Andersen, quand le petit garçon commence à rire et à montrer du doigt le roi nu, tout le monde, y compris le roi, prend conscience de l'erreur commise par le souverain, et le petit garçon est vengé. Dans la vie, ça ne se passe pas tout à fait comme ça. Voici une ou deux histoires qui nous ont fait bien rigoler et permis d'être confrontés à certaines absurdités du monde des affaires. Et les ministres de l'empereur se précipitèrent et eurent tôt fait de nous étouffer.

« Quand on était jeunes, on croyait que nous serions la première génération où tout le monde pourrait passer le mur du son. En fait, nous serions les derniers, pas les premiers. » C'est ainsi que, le 25 octobre 2003, Matthew Paris évoquait dans le *Times* le dernier vol commercial du Concorde BA002. Il avait atterri la veille à London Heathrow en provenance de New York, mettant fin à vingt-sept années et neuf mois de vols commerciaux supersoniques. La décision brutale de British Airways et Air France de clouer les avions au sol fut des plus regrettables. Elles ne voulaient surtout plus les faire voler et elles allèrent même jusqu'à leur couper, au vrai sens du terme, le bout des ailes, une insulte à la grandeur de l'ingénierie de Concorde. On savait pourtant que tout n'était pas perdu, et Virgin lança une campagne pour le sauver. British Airways monta alors au créneau et interdit définitivement l'entretien de la flotte. Plus question de revoir décoller le bel oiseau. Ils se hâtèrent ensuite de démanteler les avions en les dispersant dans les musées du pays, façon déplorable de mettre un point final à une époque glorieuse. À la réception organisée pour marquer la fin des vols, lord Colin Marshall, le président de British Airways, avait proposé aux trois cents invités qui avaient fait les trois derniers voyages de regarder le reportage en direct de la BBC. Quand il entendit les commentaires assurés par un ancien pilote de Concorde, John Hutchinson, qui n'hésitait pas à taper sur British Airways pour s'être comportée ainsi et à me couvrir de fleurs parce que j'avais tout tenté pour continuer à le faire voler, sir Colin, horrifié, disparut derrière l'écran. Difficile d'imaginer que la coupure de son qui s'ensuivit était imputable aux techniciens de la BBC. La leçon à retenir, c'est de rester fidèle à ses principes. Les consommateurs ne sont pas des imbéciles ; je suis certain que c'est parce que Virgin ne leur cache rien que notre action est récompensée.

En 1997, je partageai mon expérience des jeux de loterie avec Thabo Mbeki qui était alors le vice-président de l'Afrique du Sud. Je pensais que ce serait une excellente façon de lever des fonds utiles au pays.

Diriger une loterie nationale, ce qui revient à imprimer de l'argent sans souffrir d'aucune concurrence, ne comporte donc aucun risque ; c'est aussi une entreprise très facile à créer. Il y en a dans le monde entier. Selon les États, la loterie est organisée de telle façon que cent pour cent des profits soient redistribués à des institutions qui en ont besoin ; le pays nomme à la tête un homme ou une femme d'expérience et digne de confiance qui reverse les profits au gouvernement ; celui-ci les redistribue pour les causes vitales du pays, comme l'éducation, la santé ou la lutte contre la pauvreté. Inutile de préciser que ces jeux n'ont pas d'actionnaires intéressés aux bénéfices.

À deux reprises, en 1994 et 2001, j'ai fait mes offres de service à la Loterie nationale au Royaume-Uni ; elles ont été refusées. Je ne comprends pas que Camelot, la société de gestion des jeux pour le compte du gouvernement (qui a fait travailler GTech[1] dont un des directeurs a essayé de nous corrompre au moment où nous faisions notre offre), puisse encore gagner autant d'argent sur le dos de justes causes. Entre le groupe Camelot et moi, le courant ne passait pas très bien. Le frère d'un des membres du personnel de Virgin Atlantic, invité à une soirée organisée par Camelot chez Mme Tussaud, le célèbre musée de cire de Londres, m'a dit qu'ils avaient mis mon personnage de cire dans un placard à balais. Je préfère penser que c'est ma statue qui a préféré décamper après avoir découvert cette noble assemblée. J'avais fait remarquer plusieurs fois que le gouvernement conservateur britannique était passé à côté d'une loterie dont tout le pays pourrait être fier alors que même les joueurs réguliers en parlent avec mépris. Le Parti travailliste s'était engagé à créer une loterie populaire quand la licence de Camelot viendrait à échéance. En 2007, les travaillistes, toujours au pouvoir, décidèrent de reconduire sa licence une troisième fois. Le gouvernement élu n'avait pas tenu sa promesse. Rien de surprenant !

L'Afrique du Sud avait tout à gagner, mais je craignais qu'ils s'y prennent comme en Grande-Bretagne avec le lobbying du business sur le gouvernement. Je fis de mon mieux pour convaincre Thabo Mbeki et le Président de ne pas faire la même erreur, mais je sentais qu'ils y allaient tout droit. Ils attribuèrent en effet la licence à la société commerciale Uthingo Management.

1. GTech est un des grands spécialistes en logiciels et technologies des jeux de hasard. *(NdT)*

Il suffit de quelques personnes qui manquent d'ambition et de vision pour vous empêcher de mener une action de changement. De quoi vous désespérer. Mais du combat perdu il restera toujours quelque chose, en particulier le respect du public qui vous témoignera à jamais sa fidélité. Quand les bonnes intentions sont confrontées à la réalité, il suffit de se comporter avec courage et loyauté. Et si on veut vous faire un sort parce que vous gênez, il faut savoir résister.

Depuis longtemps, je nourrissais l'ambition de diriger une compagnie aérienne rentable. J'insiste sur ce mot. Ce n'était pourtant pas gagné. Le nouveau-né est aujourd'hui en pleine santé malgré un accouchement long et douloureux.

Les entreprises britanniques qui ont connu l'échec aux États-Unis ne se comptent plus. Il en est de même pour les groupes de rock qui ont tenté d'y faire carrière et qui se sont cassé la figure. Je voulais que cette compagnie ne subisse pas le même sort et qu'elle réussisse aussi bien que Virgin Records USA et Virgin Mobile USA. Mais dans le domaine aéronautique, je me heurtais aux plus puissants lobbies. Les dés étaient pipés. Comment se retrouver dans l'incroyable quantité de règles fédérales et protectionnistes, qui n'ont aucun secret pour les compagnies du cru ?

Le premier obstacle à franchir fut d'obtenir notre certification. Pour ce qui concerne la structure financière d'une compagnie aérienne, la loi américaine exige que les étrangers possèdent jusqu'à 25 % d'actions à droit de vote plus 24 % d'actions sans droit de vote. Les négociations en cours entre l'Union européenne et les États-Unis pour laisser davantage de place aux investissements étrangers afin de stimuler la concurrence allaient dans le bon sens, mais ne voyant rien venir, on décida que 51 % du capital seraient américains.

Nos conseillers juridiques et politiques cherchaient toujours désespérément à obtenir le certificat d'exploitation pour Virgin America. En avril 2004, l'arrivée de Fred Reid, ancien P-DG de Delta Airlines à la tête de Virgin America, fut un vrai bonheur. Cet homme, fort de son expérience de vingt-cinq années de carrière, connaissait très bien les pratiques courantes à Washington DC. Il nous mit en garde. Le contexte était hyper-sensible et il fallait éviter toute remarque qui puisse paraître déplacée dans les réunions officielles ; on risquait d'être pénalisés de quatre-vingt-dix jours supplémentaires. Les États-Unis étaient en année électorale, et l'originalité de notre candidature permettait à nos adversaires de nous prendre en défaut pour que notre demande soit rejetée. Fred m'avait aussi confirmé que, dans un bel ensemble, tous nos concurrents se montraient très défavorables à notre arrivée sur le marché.

Je pensais tirer parti de la situation difficile dans laquelle se trouvait l'industrie aéronautique à la suite du 11 Septembre. United Airlines était sous le chapitre XI[1] pour se protéger contre la faillite, quant à American Airlines et Continental, elles cherchaient à réduire leurs frais de fonctionnement et procédaient à des licenciements. On me demanda si je saurais gérer ce genre de situation qui semblait insurmontable, ce qui était certainement le cas pour ces compagnies portant le poids de leur histoire, aux masses salariales énormes, aux pratiques d'un autre temps et aux flottes vieillissantes. Selon l'*Economist*, en 2007, leurs mauvaises méthodes de management, associées à un contexte sur lequel elles n'avaient aucune prise, comme le prix du pétrole multiplié par trois, les attentats de 2001 et le dollar en chute libre, leur avaient fait perdre un chiffre d'affaires cumulé de 35 milliards de dollars jusqu'à 2005, ce qui représentait des pertes abyssales pour les actionnaires.

Nous étions persuadés qu'en se conformant strictement à la législation américaine et aux exigences du ministère des Transports la décision finirait par se prendre en temps utile et nous l'attendions d'un jour à l'autre. C'était faire preuve d'une grande naïveté. Le ministère des Transports n'a de compte à rendre à

1. Le chapitre XI de la loi sur les faillites des États-Unis permet aux entreprises de se réorganiser sous la protection de cette même loi. *(NdT)*

personne dans ce genre d'affaires et il avait parfaitement le droit de prendre tout son temps. Au lieu de se préoccuper des consommateurs pénalisés par leurs tarifs et souffrant de la médiocrité de leurs services, nos concurrents se lancèrent dans des manœuvres d'obstruction à notre endroit tout à fait spectaculaires. Ils ne reculaient devant rien pour nous décourager, car ils avaient conscience de la menace que représentaient nos avions flambant neufs moins gourmands en kérosène et notre expérience en matière de service clients. Deux d'entre eux, Jet Blue et Southwest, dont on pouvait penser qu'ils avaient pourtant davantage à perdre que les autres, ne participaient pas à la levée de boucliers ; ils avaient de bons résultats et s'étaient abstenus de pleurnicher en criant à l'injustice.

Le groupe Virgin continuait à remuer ciel et terre en faisant toujours plus de concessions que celles exigées par la législation américaine pour contourner les obstacles du ministère. Fred Reid rassura les autorités en insistant sur le fait que notre compagnie était vraiment « née aux États-Unis ». Des investisseurs expérimentés entrés au conseil embauchèrent Don Carty, qui avait passé trente ans dans l'industrie comme P-DG de Canadian Pacific et d'American Airlines pour prendre la direction du conseil. Virgin avait le droit de disposer de trois membres au conseil d'administration, mais nous décidâmes de nous restreindre à deux. Nous reçûmes finalement l'accord en mai 2007, mais une dernière tuile nous attendait. Le ministère annonça à Fred qu'il lui était interdit de prendre la direction puisque c'était moi qui l'avais embauché – ce qui était faux – et que j'étais étranger.

Ce fut un sale coup pour Fred comme pour nous. Il fallait à nouveau se mettre en chasse. L'exploitation de Virgin America aurait pu commencer à la fin de l'année 2003, mais nous dûmes attendre encore le mois d'août 2007. Il nous avait fallu presque quatre ans et quatre mois pour créer et lancer Virgin Atlantic. Pendant que nous nous battions dans le labyrinthe de la réglementation américaine, nos six avions neufs étaient restés immobilisés durant pratiquement dix-huit mois et nous avions dépensé 11 millions de dollars avant de gagner le moindre penny. Mais dès sa première année d'exercice, Virgin America obtint une série de distinctions, dont le célèbre Zagat, pour la qualité de son service première classe en Amérique, et la palme de la meilleure ligne intérieure décernée par le magazine *Travel + Leisure*. Virgin avait tenu encore ses promesses d'être le numéro un. La compagnie avait poussé les autres à s'améliorer, créé des milliers d'emplois et fait baisser les prix sur l'ensemble du marché.

Le nouveau P-DG de Virgin America, David Cush, ex-American Airlines, a bâti avec son équipe un modèle d'entreprise exceptionnel aux fortes capacités d'adaptation. Il s'agit de piloter avec finesse dans cette période de fortes turbulences. Virgin America assure entre quelques villes moyennes des vols d'excellentes prestations dont le nombre augmente régulièrement. Notre objectif est maintenant d'atteindre la rentabilité. Récemment, lors d'un déjeuner de la Washington Aviation Association[1], un des dirigeants d'American Airlines dit à un de ses confrères qu'il trouvait assez cocasse que leur lobbying à Capitol Hill leur ait fait perdre un de leurs meilleurs collaborateurs en la personne de Fred Reid. À quelque chose, malheur est bon.

Toutes les entreprises, tout au moins à leurs débuts, veulent montrer leurs capacités d'adaptation. Ce n'est pas toujours simple, surtout avec un tout petit budget, dans un pays en voie de développement à l'infrastructure encore légère où les tentations de corruption peuvent nuire à la qualité des relations. Un univers dangereux pour une entreprise digne de ce nom C'est une bonne chose de se voir confier une mission de grande ampleur dans un pays ambitieux et en voie de développement, mais il faut savoir que vous allez rencontrer beaucoup de difficultés en semant la perturbation dans certains réseaux. L'action que vous conduirez risque d'être perçue comme une menace pour les intérêts existants, dérisoires à vos yeux mais vitaux pour d'autres.

1. Club qui regroupe des personnes s'intéressant d'une façon ou d'une autre au monde de l'aviation. *(NdT)*

À l'heure de la mondialisation, les entreprises doivent être expertes dans un exercice délicat : savoir marcher sur des œufs.

Juin 2004 : la sonnerie du téléphone interrompt ma partie de tennis en famille, dans notre jardin de l'Oxfordshire. La convocation que j'attendais. Depuis quelques années, j'étais en contact avec plusieurs officiers nigérians pour envisager la création d'une compagnie aérienne en Afrique. Il fallait que je me rende à Paris pour rencontrer le président du pays en personne.

Le Nigeria est une grande nation d'entrepreneurs et il y a beaucoup d'excellents hommes d'affaires dans ce pays qui souffre malheureusement d'infrastructures insuffisantes.

Chief Olusegun Obasanjo, général en retraite et ancien président, est un personnage autoritaire dont la réputation rayonne sur tout le continent. Le président Obasanjo m'a donné l'impression d'être un homme très honorable, très ouvert et très honnête lorsque nous parlâmes du passé. Il avait commencé un programme de privatisation. Les compagnies aériennes lui posaient des problèmes, en particulier en ce qui concernait la régulation ; le Président reconnaissait que dans le passé des accords douteux avaient été signés avec un très fort lobbying entre les compagnies locales et les constructeurs. Il voulait mettre en place un système beaucoup plus rigoureux et transparent (je notai plus tard dans mon agenda : *pas une fois, il n'a été question de corruption au cours des discussions que j'ai eues avec son entourage et son cabinet. Volonté de simplifier les procédures pour aboutir plus vite*). Je lui dis que j'étais d'accord, et que, pour que tout soit clair, nous ne voulions ni bakchich ni modes de règlement particuliers. Nous avions la volonté de faire du bon travail sur une base de confiance réciproque.

Dans certains pays d'Afrique, l'aviation civile et militaire bat des records en matière d'insécurité. Les accidents sont malheureusement trop fréquents, en particulier au Soudan et au Nigeria. Je comptais sur notre expertise pour que les choses s'améliorent tout en évitant de heurter les sensibilités. Il fallait être diplomate et éviter de se comporter comme un ancien colon qui regarde encore de haut un pays en voie de développement s'efforçant de progresser. En travaillant à la création de Virgin Nigeria, nous avons cherché à diminuer les tensions ; nous voulions permettre à une activité aux moyens dérisoires de se hisser au niveau mondial.

J'avais dit au Président que j'imaginais « une compagnie aérienne de classe mondiale conservant l'esprit de l'Afrique et du Nigeria ». De quoi, d'après Obasanjo, redonner de l'envergure au Nigeria. Mais la déliquescence du contrôle aérien nous compliquait sérieusement la tâche. Sa remise en état nécessitait de gros investissements et un programme de formation intensive pour les opérateurs. Le Nigeria était un des pays les moins sécurisés du monde.

Au début de septembre 2004, je m'étais rendu à la capitale, Abuja, pour un nouvel entretien avec le Président. Il était presque 13 heures et une longue file d'attente de Nigérians patientait dans le couloir d'un des plus beaux hôtels de la ville. Les conseillers du Président ne firent signe de monter dans sa suite au dernier étage.

Il me posa la main sur l'épaule.

– Je vous aime bien, Richard.

– Merci, Monsieur le Président, répondis-je, plutôt sidéré par un tel accueil. Qu'est-ce qui vous plaît chez moi ?

– Ce qui me plaît, c'est que vous ne portez jamais de cravate. Je déteste ces gentlemen anglais guindés avec leurs cravates.

Notre discussion se passa le mieux du monde et je lui confirmai l'engagement de Virgin. On se serra la main en signe d'accord, et le lendemain nous nous mettions au travail.

Le Président aimait beaucoup Virgin Atlantic, compagnie que nous avions lancée avec des prix défiant toute concurrence et le meilleur service du monde. La classe affaires bénéficiait de prestations auxquelles les passagers de première classe n'avaient même pas droit dans les autres compagnies. Nous étions les premiers à proposer des sièges inclinables très confortables, des *flat beds*, des salons avec coiffeuses et masseuses, et un service qui venait vous chercher à domicile en moto ou en limousine. C'est ainsi que nous avons réussi. Virgin fut le premier à installer des écrans vidéo en classe économique à chaque siège pour permettre aux voyageurs de choisir les films ou émissions de TV.

Nigerian Airways avait été la compagnie nationale de 1965 à 2002. Mais elle s'était laissé submerger par la bureaucratie et envahir par la corruption. Le gouvernement fédéral nigérian voulut faire un premier pas vers la privatisation en fondant une nouvelle compagnie de prestige avec l'apport du savoir-faire de Virgin. Le mardi 28 septembre 2004, au moment où nous annoncions le lancement de Virgin Galactic, je me rendis par avion de Londres à Abuja pour rencontrer à nouveau le président Obasanjo et son ministre de l'Aviation Mallan Isa Yuguda, pour signer le protocole d'accord qui faisait de Virgin Nigeria la nouvelle compagnie officielle.

L'investissement de départ était de 50 millions de dollars, le capital étant réparti entre les investisseurs nigérians qui en détenaient 51 %, avec 49 % pour Virgin Atlantic. Nous avions prévu d'ouvrir le capital le moment venu à la Bourse nigériane. On était minoritaire, mais je tenais à apporter toute notre expertise pour aider nos amis nigérians à créer la meilleure compagnie, pas uniquement d'Afrique mais du monde. Il était convenu que le siège de la compagnie serait le Murtala Muhammed International Airport (MMIA) à Lagos, avec des destinations sur Londres, Abuja, Kano et Port Harcourt, puis Abidjan, Accra et Dakar.

On demanda à Simon Hartford, qui avait travaillé avec Barbara Casani à l'installation de la compagnie *low cost* de British Airways, Go, de nous rejoindre. Une fois nommé P-DG, il se mit au travail avec enthousiasme. Il commença par signer un accord avec KPMG et Philips Consulting pour s'occuper du recrutement, capital pour nous. Nous fûmes submergés de demandes : on reçut presque 25 000 candidatures.

Nous avions bâti Virgin Nigeria en partant de rien, et nous en avions fait une compagnie aérienne moderne avec des prestations de haut niveau. Nous estimions que l'entreprise pourrait créer plusieurs milliers d'emplois en cinq ans et 200 000 emplois indirects.

On commença la construction d'un terminal de grande classe réservé à Virgin Nigeria dans l'aéroport MMIA ; EDS était chargé de la conception et de la mise en place d'un système intégré pour les réservations, la billetterie et les bagages, aussi efficace que ce qui se faisait partout ailleurs. On signa le contrat de leasing de notre premier Airbus A320, avec seize places en *business class* pour les vols intérieurs.

Simon et son équipe continuaient à travailler à la finalisation des accords de la Nigerian Civil Aviation Authority[1]. La vente des billets commença, par téléphone, Internet et par les agences de voyages le 13 juin 2005. Ils s'arrachèrent en quelques jours pour le vol inaugural de Lagos à London Heathrow, Terminal 3. Nous avions prévu un vol par semaine, puis trois fois par semaine avec un Airbus A340-300 de 187 places en classe économique, 28 en *premium economy* (la classe économique surclassée) et 40 places en classe affaires.

Notre premier vol commercial eut lieu le mardi 28 juin entre Lagos et Londres. Isa Yuguda, le ministre de l'Air, en profita pour présenter la première équipe de bord capable de « voler de ses propres ailes » à l'issue de leur formation.

Les vols intérieurs réguliers commençaient le lendemain avec des échos élogieux. Dan Ekpe, pourtant un habitué, déclara qu'à la vue de l'appareil aux couleurs de Virgin Nigeria sur le tarmac de Londres il avait éprouvé un « immense sentiment de fierté ».

Les chiffres enregistrés pendant les dix premiers mois étaient éloquents : nos six avions, deux Airbus 340-300, un 320-200 et trois Boeing 737-300 avaient transporté 500 000 passagers.

Le 11 juillet 2005, le président Obasanjo me fit un courrier : « Je suis persuadé que les Nigérians auront tout à gagner des bienfaits de l'innovation, de la concurrence et des nouvelles technologies. » Il poursuivait en ajoutant qu'il était nécessaire de « virginiser » l'ensemble du personnel, du management aux équipes techniques et de cabine. « Je sais que vous avez mis en place un excellent programme de formation et je ne doute pas que tout le personnel et tous les métiers vont en bénéficier. »

1. Autorité de régulation aérienne du Nigeria. *(NdT)*

C'était très exactement notre ambition. On consacra beaucoup de temps et d'efforts au recrutement et à la formation du personnel. On mit en place un partenariat technique avec le Nigerian College of Aviation Technology pour former de nouveaux pilotes qui se perfectionneraient ensuite sur les vols courts, et des programmes de formation d'apprentissage avec l'engagement de recruter ceux qui avaient réussi leurs tests.

Dès la première année, la ligne vers Dubai était en place. Le nombre de vols intérieurs continuait à augmenter régulièrement, avec les nouvelles lignes Lagos-Abuja, Port Harcourt-Kano et Lagos-Johannesburg.

En novembre, Simon Hartford, qui avait dirigé le lancement avant que quelqu'un d'autre ne prenne les rênes, nous annonça son départ. Il avait fait un excellent travail. C'est Conrad Clifford, qui était de notre premier voyage au Nigeria en 1996 avec Simon, qui lui succéda. Compte tenu du contexte du moment, ce n'était pas la période la plus facile pour prendre sa suite, mais l'entreprise n'avait pas de secrets pour Conrad qui pouvait sans problème poursuivre le travail. J'avais cependant quelques inquiétudes sur ce qui se passait.

Les lignes existantes au Nigeria connaissaient de sérieux problèmes. L'une d'entre elles avait fait faillite alors qu'elle avait assez de cash pour couvrir le coût des équipages, les taxes d'atterrissage, de navigation, de carburant et d'assurances, mais il ne restait plus d'argent pour entretenir le matériel et prévoir de nouveaux investissements. Une autre n'avait plus qu'un avion en service, le reste de la flotte étant cloué au sol faute de moyens pour assurer la maintenance. La situation était catastrophique.

La Federal Airports Authority du Nigeria nous sollicita de nouveau. Je savais que, contrairement à Virgin Nigeria, la gestion de ces compagnies était désastreuse et il nous faudrait beaucoup de temps pour en monter une nouvelle en Afrique. Pendant ce temps, des avions continuaient à se crasher en faisant de nombreuses victimes.

Le 22 octobre 2005, un Boeing 737 de la Bellview Airlines, qui avait vingt-cinq années de vol, décolla de Lagos avec 6 membres d'équipage et 111 passagers. Arrivé à 4 000 mètres, l'avion décrocha, s'inclina et piqua du nez jusqu'au sol. Il n'était tombé qu'à 30 kilomètres au nord de Lagos, mais il fallut neuf heures aux équipes de secours pour localiser l'épave, équipée d'un système obsolète qui ne facilitait pas les opérations de secours.

Le 10 décembre un DC 10 de la Sosoliso Airlines au départ d'Abuja s'écrasa à l'atterrissage de Port Harcourt, causant la mort de 109 personnes dont 71 étudiants du Collège jésuite de Loyola d'Abuja qui rentraient chez eux pour les vacances de Noël.

Quelques mois plus tard, encore à Port Harcourt, un jet d'Air France fut sérieusement endommagé après s'être écrasé sur un troupeau de vaches. Dieu merci, les passagers étaient sains et saufs. Le 18 septembre 2006, c'est un avion militaire Dornier 228 qui s'écrasait au sol en tuant 14 officiers, dont 10 généraux. Un grand nombre d'hommes politiques de premier rang perdirent aussi la vie.

Si le bien-être de nos clients est l'objectif numéro un de la marque Virgin en Afrique comme partout ailleurs, elle porte aussi les valeurs d'intégrité, de service et de sécurité. C'est un devoir qui ne supporte pas l'à-peu-près. Plusieurs compagnies étrangères avaient été contraintes de se retirer du marché africain sous la pression d'une concurrence locale acharnée qui les poussait à faire fi des règles de sécurité minimales. Tout se compliquait aussi pour nous. Nous avions mis toute notre énergie pour bâtir une compagnie de haut niveau, mais nos efforts se trouvaient sans cesse contrecarrés par un marché qui ne se souciait ni de sécurité ni de qualité ; de quoi se décourager. Une compagnie aérienne isolée n'avait pas les moyens d'intervenir sur le tissu industriel du pays. On avait besoin d'aide.

J'appelai le Président pour lui faire part de la situation. Quelques entreprises n'étaient pas aux normes ou avaient tendance à fermer les yeux sur certaines procédures. Il fallait prendre des mesures énergiques qui pouvaient aller jusqu'à leur retirer leurs certificats de navigabilité. Il n'avait pas le choix : il fallait exiger la remise en état des appareils défectueux ou les mettre à la casse.

Juste après mon intervention, une directive éjecta énergiquement Virgin Nigeria de sa base opérationnelle au Terminal 1 de Lagos (le siège des opérations de Virgin Atlantic Niger) pour la reléguer au Terminal 2.

Il était prévu que l'ensemble de nos opérations serait centralisé à un seul terminal pour créer un *hub*, au lieu d'être réparti sur deux terminaux ; c'était dans le contrat qui nous liait avec le gouvernement. Conrad et son équipe essayaient de créer une compagnie aérienne qui pourrait devenir compétitive sur la scène mondiale. Elle s'était développée de façon spectaculaire depuis 2005, exploitant trente vols par jour avec des chiffres de sécurité excellents. Le fractionnement de l'entreprise allait augmenter considérablement ses coûts de fonctionnement.

Nous décidâmes d'entamer une action en justice. Quelques heures avant l'audience, une bande intervenant probablement pour le ministère fédéral du Transport et la Federal Authority du Nigeria (l'Autorité fédérale des aéroports du Nigeria) vint détruire à coups de masse notre salle d'attente *business class*, de nuit, comme les pires des maffieux.

Je fis un courrier au président Yar'Adua, le successeur d'Obasanjo, pour lui demander d'intervenir personnellement. Les Nigérians voulaient une compagnie prestigieuse assurant des vols nationaux et internationaux dont ils pourraient être fiers. Nous avions travaillé dur et ce dont on avait besoin c'était de bon sens et de sang-froid pour nous assurer que nous n'aurions plus jamais à vivre des conflits de cette envergure. Le Président prit bonne note de ce que j'avais demandé dans mon courrier ; le problème semble avoir été résolu au moment où ce livre est en cours d'impression.

C'est souvent d'une récession que naissent de nouvelles idées et de nouvelles entreprises. Mais comment faire pour créer des nouveaux produits sur un marché encore convalescent, à peine sorti d'une intervention chirurgicale urgente ? Comment peut-on demander à des gens qui viennent de passer des mois ou des années à essayer d'éteindre un incendie de faire preuve de calme et de mener une réflexion stratégique ? Ce fut un des défis auxquels je me trouvai confronté alors que je me préparais à lancer des réseaux de téléphone mobile dans le monde entier.

Depuis 1995, je harcelais notre équipe de direction à Londres pour essayer de pénétrer ce marché en pleine croissance. Au cours des quinze dernières années, c'est le mobile qui a le plus changé notre façon de vivre et de travailler. En 1998, il s'en était vendu dans le monde plus que de voitures et d'ordinateurs confondus. Mais la domination des gigantesques entreprises de téléphone pénalisait les consommateurs. Cette situation m'énervait au plus haut point et j'étais démangé par l'envie d'aller sur ce terrain. Le problème, c'est que nous n'avions ni la puissance de feu ni l'infrastructure nécessaires ; nous avions en tout et pour tout l'enseigne Virgin et notre éthique, qui donne la priorité au client en toutes circonstances.

À l'arrivée de Gordon McCallum, nous commençâmes à nous pencher sérieusement sur le problème. Mes collaborateurs attirèrent mon attention sur le fait que Virgin Radio vendait énormément de créneaux publicitaires aux opérateurs et que cela risquait de poser des problèmes de chiffre d'affaires. Ils dépensaient des montants considérables et mon équipe craignait, à tort selon moi, qu'on perde leur clientèle.

Gordon McCallum, Stephen Murphy et toute leur équipe pensèrent que mon appétit allait être aiguisé par un rapport émanant de Goldman Sachs consacré aux MVNO, même si ce n'était pas mon genre de lecture préférée.

Un MVNO (Mobile Virtual Network Operator) est un opérateur de réseau mobile virtuel, qui, ne possédant pas de concession de fréquences ni d'infrastructure de réseau propres, contracte des accords avec les opérateurs pour leur acheter un forfait d'utilisation et le revendre sous sa propre marque à ses clients. C'est bien une société de téléphones, mais sans l'attirail compliqué indispensable au fonctionnement. Pas de centraux téléphoniques, pas de pylônes, pas de réseaux, pas de fils, pas de commutateurs ni de câbles souterrains.

Je suis sans arrêt à la recherche d'une bonne affaire. Il y a toujours des opportunités à saisir quand une entreprise n'arrive pas à couvrir ses frais parce qu'elle produit trop et ne vend pas assez. Les opérateurs de téléphone mobile, qui avaient avancé des sommes énormes pour financer leurs infrastructures, avaient besoin de faire du chiffre d'affaires et ils étaient tout disposés à louer du temps.

On contacta d'abord British Telecom, la compagnie de téléphone nationale qui avait des dizaines de milliers de salariés. Depuis qu'il avait été privatisé, BT avait été contraint par l'Union européenne d'autoriser d'autres fournisseurs de services téléphoniques et d'Internet à accéder à son immense réseau de lignes fixes. Pendant nos discussions, je fis la connaissance de Tom Alexander, un ancien coureur de karting professionnel qui était directeur commercial adjoint chez BT Cellnet. Je fais toujours confiance à mon instinct. J'aimais bien Tom et nous partagions la même passion pour le monde de l'entreprise que son père, un des inventeurs de l'industrie horticole, lui avait communiquée.

On fit une offre à BT Cellnet. Il y avait de quoi monter un bon partenariat. On commença à réfléchir à la façon dont Cellnet, qui se voulait à l'écoute du consommateur et proche de la jeunesse, pourrait collaborer avec nous, mais nous avions aussi très envie de travailler avec BT pour obtenir une licence de téléphone mobile 3e génération (3G) sur les cinq disponibles au Royaume-Uni. La concurrence était si sauvage que BT Cellnet mit fin à nos négociations pour se concentrer exclusivement sur sa propre offre (et comme on le découvrit ultérieurement, sur une de leurs marques, O2, qui avait fait de la jeunesse son cœur de cible et donc une concurrente de Virgin Mobile !). J'appelai toutefois Tom : « Je voudrais qu'on se voie pour parler d'un projet de création d'entreprise. »

Il débarqua le jour même dans ma maison de l'Oxfordshire. Carnet et stylo en main, on étudia la façon dont nous pourrions gérer un MVNO. Gordon et moi parvînmes à persuader Tom de quitter le navire et d'amener avec lui son collègue Joe Steel, un petit génie du téléphone mobile qui avait à peine plus de 30 ans.

BT Cellnet s'étant retiré, nous nous étions mis à la recherche d'un autre partenaire. One2One, située dans le sud-est de l'Angleterre, une région longée par l'autoroute M25, était une joint-venture avec Cable et Wireless, et le groupe américain Media One. Ils étaient impatients de nous parler de leur stratégie consistant à proposer la gratuité des appels le week-end et le soir ; du coup, il y avait peu de flux en cours de journée. J'étais certain que Virgin pourrait combler ce vide. À l'issue de nos discussions, on arriva à un accord le 1er août 1999. Virgin Mobile était née. Nous étions prêts à investir plus de 180 millions de livres dans la joint-venture et à mettre nos Virgin Megastores et nos petits magasins V Shops à la disposition du réseau commercial pour en faire des points de vente. Quelques semaines plus tard, Cable et Wireless annonçaient malheureusement qu'ils vendaient One2One. Deutsche Telecom leur fondit dessus pour les acheter, ce qui signifiait la fin prématurée de Virgin Mobile. Je décidai d'aller voir le patron de Deutsche Telecom, Ron Sommer, pour qu'il regarde notre projet attentivement. Les Allemands étudièrent notre proposition sans délai et, pour notre bonheur, se déclarèrent très intéressés. Ils étaient d'accord pour continuer. One2One disparut pour se transformer en T-Mobile.

Virgin et T-Mobile investirent 40 millions de livres chacun. Nous commençâmes alors des négociations avec la Royal Bank of Scotland et JP Morgan pour qu'ils nous accordent une créance bancaire supplémentaire de 100 millions de livres. C'était une des start-up les plus importantes du Royaume-Uni, elle recruta plus de 500 personnes et pensait créer encore 500 postes les deux années suivantes. Des analystes financiers de la City Investec Henderson Crosthwaite Securities évaluèrent l'affaire à 1,36 milliard de livres ; et il y avait encore une marge de progression. Nous avions le capital de départ. Nous avions la confiance des analystes. Il nous restait à faire nos preuves. Et vite...

Si vous arrivez tard sur un marché, vous devez marquer clairement votre différence pour récupérer des clients. Il est souvent question de la prime au premier entrant ou *first-mover advantage,* mais cette idée selon laquelle celui qui entre le premier sur un marché possède un avantage indiscutable ne se vérifie pas toujours. La puissance de l'enseigne Virgin jouait en notre faveur, et son arrivée pouvait provoquer une onde de choc importante. C'est ce qu'on espérait en se lançant dans cette nouvelle aventure.

Tom et Joe étaient peut-être des génies des télécoms, mais ils avaient tout à apprendre du marketing. James Kydd était probablement la personne la plus indiquée pour leur donner des éléments d'information. Cadre dans la publicité, James avait travaillé avec nous au lancement de Virgin Cola. Il connaissait Will Whitehorn depuis qu'ils s'étaient côtoyés à l'université d'Aberdeen, époque où ils buvaient des bières en refaisant le monde. Il avait aussi travaillé dans de nombreuses sociétés à l'enseigne prestigieuse. Comme beaucoup de gens qui sont encore chez Virgin aujourd'hui, il était arrivé chez nous en 1993 pour accompagner les premiers pas de notre compagnie aérienne pendant trois mois et avait finalement décidé de rester. Nous avions fait une campagne fatigante en classe affaires et j'avais besoin de faire un break. James avait pris le relais pour mener l'affaire à son terme. Bien qu'il n'ait pas l'intention de rester longtemps chez Virgin, nous lui avions donné un sacré défi à relever : la campagne marketing de Virgin Cola et de Virgin Vodka. Je mourais d'envie d'aller marcher sur les plates-bandes de Coke, et c'était pour moi quelque chose qui tenait de l'aventure. J'en parlerai un plus loin. En 1998, je lui demandai de rejoindre l'équipe pour mener à bien le projet de Virgin Mobile, en tant que directeur de campagne.

Pendant ce temps-là, les grandes sociétés de téléphone mobile compliquaient délibérément la vie du consommateur. La demande de mobiles explosait en Europe, pourtant les prix des derniers modèles de Nokia, Ericsson, Siemens ou Motorola, au design recherché, étaient souvent prohibitifs. Les opérateurs avaient décidé de lier les pauvres consommateurs avec des contrats de deux ou trois ans. Ce marketing par la confusion était trompeur et hypocrite. Les clients signaient pour des forfaits de deux cents minutes de communication et 100 SMS mais, en cas de dépassement, chaque minute supplémentaire coûtait une fortune, contrairement à la logique commerciale de base qui aurait voulu que plus on consomme, moins on paye. C'était ubuesque mais délibéré puisqu'ils voulaient enfumer les clients pour mieux les escroquer.

James Kydd et Will Whitehorn organisèrent une rencontre dans un hôtel du Hertfordshire pour discuter avec une dizaine de personnes de One2One, dont Alan Gow, le directeur financier, et Tim Samples, le P-DG. La question était comment Virgin pourrait imprimer sa marque avec succès dans le marché du téléphone mobile. Cette réunion rassemblait des spécialistes qui maîtrisaient parfaitement les aspects techniques, mais qui ne comprenaient pas quand on leur parlait des valeurs de notre enseigne. J'appris d'ailleurs un peu plus tard que James et Will avaient été catastrophés par leurs réactions lorsqu'ils avaient expliqué que Virgin Mobile serait le premier vendeur de téléphones mobiles volontairement à l'écoute et proche de ses clients.

Nous avons eu souvent des problèmes avec des gens qui voulaient faire des affaires avec nous en pensant que notre marque leur suffirait pour réussir. Ils ne voyaient en Virgin qu'un slogan publicitaire. Notre logo rouge et percutant ne suffira pas pour faire de vous le numéro un du service clients. Pendant des années, nous avons eu le plus grand mal à expliquer les retombées commerciales qu'on pouvait en attendre, mais il a fallu le succès de Virgin Mobile pour en faire la démonstration.

On est parti de ce principe fondamental : arnaquer le consommateur, c'est attaquer l'intégrité de la marque. C'est aussi simple que cela. Il n'était pas question pour nous de pratiquer, comme les autres, le « marketing par la confusion »... Je tenais à ce que les contrats soient assez simples pour que l'on puisse comprendre les factures. Même pour moi. C'est un message d'entreprise basique. Si les directeurs d'entreprise n'arrivent pas à connaître le calcul du prix d'un produit, comment voulez-vous que le consommateur y comprenne quelque chose ? On avait choisi de proposer des forfaits prépayés pour que davantage de jeunes et de petits salaires puissent aussi profiter de la révolution du mobile.

Nos tarifs devaient être clairs. J'avais noté dans mon carnet : *il faut que les gens sachent exactement ce qu'ils paient et récompenser leur fidélité. James a dit : « C'est comme les boîtes de haricots au supermarché ; plus vous en achetez, moins vous payez ! »*

James me raconta que les opérateurs déjà en place étaient horrifiés par notre volonté de simplifier la vie des gens. Ce n'était pas ce que nos partenaires souhaitaient. Ils voulaient continuer avec les forfaits classiques. Joe Steel avait une bonne expérience dans tout ce qui concernait les politiques de prix. Suivant nos conseils, il ne se laissa pas impressionner et continua son travail.

Notre offre devait être construite sur le principe du discount et la récompense de la fidélité. Une famille qui achèterait plusieurs mobiles Virgin aurait une bonne réduction et les communications entre deux clients Virgin devraient être facturées moins cher. Les clients qui viendraient acheter ou recharger leur mobile se verraient offrir des points pour des voyages en avion. De bonnes raisons d'acheter Virgin. Nous serions présents dans les stations-service, les boutiques des rues les plus fréquentées des centres-ville. Nos clients pourraient même recharger leurs téléphones dans les night-clubs.

Les prix annoncés lors du lancement étaient clairs : 15 pence (0,18 euro) pour les dix premières minutes, 10 pence (0,12 euro) pour les dix suivantes et 5 (0,06 euro) pour la suite. Plus tard, j'ai voulu simplifier encore les choses en supprimant les différences de tarif entre les heures pleines et les heures creuses, comme entre les appels locaux ou nationaux ; quant aux communications avec opérateurs concurrents, le prix serait ramené à 35 pence (0,40 euro) par minute. Un pack comprenant une carte Sim, un numéro de téléphone plus 10 livres (11,50 euros) de temps de vol gratuit serait vendu 12,50 livres (14,30 euros). Pour l'appareil, les clients avaient le choix dans un éventail de sept modèles entre 70 et 380 livres (80 et 435 euros).

Quand tout fut calé, j'eus le sentiment qu'on allait frapper un grand coup. Je faisais une confiance totale à l'équipe qui s'était constituée, et dont chaque membre était à lui seul digne de figurer dans une étude de cas sur le thème « comment constituer une équipe de choc ». Graeme Hutchinson était notre chef de ventes ; il avait enregistré deux albums avec un groupe de rock. Andrew Balston, au bureau du service clientèle, se démenait pour veiller à l'organisation et au fonctionnement de notre centre d'appels. Steven Day, ex-journaliste au *Daily Express* qui nous avait rejoints comme directeur de la communication, fit un travail remarquable, en se débrouillant pour faire parler de nous dans la presse et en apportant son aide pour tout ce qui concernait les relations avec les investisseurs.

Tom, Joe et son équipe fonctionnaient de manière autonome. Je n'avais pas besoin de m'impliquer au quotidien, mais ils me faisaient parvenir régulièrement des informations et les chiffres que j'étudiais tous les soirs. Dès le début, l'entreprise fut cotée en Bourse ; ce devrait être le cas pour toutes les start-up. J'aimais bien me rendre au centre d'appel de Trowbridge dans le Wiltshire pour discuter avec le personnel toujours enthousiaste ; j'étais particulièrement fier d'eux et fier de leur réussite. Ils étaient en permanence volontaires pour faire partie des Virgin Angels, pendant les V festivals pour aider les gens à monter leurs tentes ou à porter leurs sacs. J'aimais bien aussi participer à leurs fêtes ; il fallait bien se lâcher de temps en temps. Une fois, une de nos soirées partit un peu en vrille et le journal local annonça à la une que la soirée s'était transformée en véritable orgie et que des jeunes gens s'étaient accouplés comme des sauvages sur le parking de la boîte. Je me disais qu'ils avaient dû être bien courageux avec une température de moins deux et trente centimètres de neige ! Vrai ou pas, cet article stupide nous valut beaucoup mieux qu'une pleine page de pub : la semaine d'après, nous fûmes submergés de candidatures pour travailler à Virgin Mobile !

On avait voulu monter une opération choc pour le lancement, en n'hésitant pas à jouer les provocateurs. Notre idée était bonne. On eut droit aux gros titres de tous les principaux journaux du Royaume-Uni. Le 11 novembre 1999, je fis une apparition à Trafalgar Square, en plein centre de Londres, à l'intérieur d'un gigantesque téléphone transparent, entouré de sept jeunes et très jolies femmes entièrement nues, à l'exception de petites bandes de tissu orange qui cachaient certaines parties de leur anatomie. C'était l'illustration de notre slogan : « Nous ne vous cachons rien ! » Je fis une déclaration à propos de la confusion entretenue sur les forfaits et les tarifs pratiqués ailleurs pour berner les gens, et j'annonçai pour conclure que si tous les possesseurs de portable du Royaume-Uni le changeaient pour un Virgin, l'économie globale se chiffrerait à 1,6 milliard de livres.

La Metropolitan Police[1] se présenta pour vérifier si nos jolies dames étaient vraiment nues et nous quittâmes précipitamment les lieux. J'étais loin ce jour-là d'imaginer la réussite de Virgin Mobile.

Le 21 février 2001, j'étais à Cannes au 3GSM World Congress pour expliquer notre projet de faire de Virgin Mobile la première MVNO planétaire en s'implantant dans dix pays sur cinq continents dans les années à venir.

J'annonçai aux délégués la naissance de notre partenariat avec les Télécommunications de Singapour qui allait nous permettre de lancer Virgin Mobile Asie pendant l'été et je déclarai que des signatures de partenariat pour Virgin Mobile USA étaient imminentes.

J'affirmai que l'Europe, l'Afrique, la Chine, l'Inde, l'Indonésie, Hong Kong, Taiwan, le Vietnam et d'autres pays d'Asie du Sud-Est ainsi que la Pacific Rim[2] étaient tous prêts à accueillir des MVNO. Cette annonce méritait des explications pour montrer le sérieux de nos projets. « Je crois qu'aucun GSM qui se respecte ou le futur réseau d'UMTS ne peut se permettre de se passer d'un MVNO » (j'avais passé la matinée à apprendre par cœur les nombreux acro-

1. Police territoriale chargée de la sécurité du Grand Londres. *(NdT)*
2. Zone qui englobe les nombreux pays qui touchent l'océan Pacifique. *(NdT)*

nymes. Pour information, GSM signifie Groupe Special Mobile, la norme la plus répandue ; UMTS, Universal Mobile Telephone System, est son successeur).

Pourquoi créer un MVNO ? Les coûts d'investissement d'une start-up sont très bas si on les compare à ceux d'une société de mobile traditionnelle et pratiquement inexistants par rapport à ce que coûterait la construction d'un nouveau réseau. Mais quels bénéfices pouvait-on espérer pour des opérateurs de réseau existant ?

Les MVNO sont un excellent moyen de faire tourner les réseaux. Quand un client s'apprête à quitter un opérateur, ne vaut-il pas mieux qu'il aille chez un partenaire de MVNO plutôt que chez un concurrent ? Il sera toujours sur le réseau et apportera la moitié du chiffre d'affaires. Le MVNO et l'opérateur représentent chacun une marque, susceptible de cibler des utilisateurs différents et se donnant ainsi la chance d'attirer davantage de clients. Les opérateurs devraient considérer les MVNO comme un genre d'assurance. Une collaboration avec un MVNO diminue les risques que peut courir l'entreprise. La norme 3G a permis de disposer de services supplémentaires, par exemple la possibilité d'envoyer des emails et des MMS, mais personne ne sait vraiment quelle est la meilleure façon pour exploiter, conditionner ou vendre ses services. Je prétends qu'un MVNO peut avoir une stratégie différente de l'opérateur dont il partage le réseau, ce qui augmente les chances de succès en stimulant le trafic et les chiffres d'affaires.

Il m'était arrivé de faire des exposés plus drôles et plus sexy, mais le public était resté très attentif. Le marché était face à un dilemme, et tout le monde cherchait la recette idéale.

Les premiers réseaux avaient été conçus sur un système de communication vocale classique et la vitesse de transmission requise était très lente. À la fin des années 1990, les nouveaux standards de type 3G permettaient aux opérateurs d'offrir aux utilisateurs une gamme de services plus sophistiquée, comme les communications vidéo et l'accès Internet à grande vitesse. C'est parce que les réseaux 3G utilisent chacun une bande passante plus étroite qu'on avait pu trouver de la place pour de nouveaux opérateurs qui pourraient se lancer sur ce marché. C'est du moins la théorie qui avait cours.

La réalité est tout autre. En Allemagne et au Royaume-Uni, les conditions de mise aux enchères des licences 3G par les gouvernements avaient bloqué les marchés qu'ils étaient censés encourager. Au Royaume-Uni, en particulier, les opérateurs étaient véritablement pris à la gorge : le montant total était de 22 milliards de livres (25 milliards d'euros) ; un sacré coup de main pour Tony Blair et Gordon Brown qui lançaient leur nouveau programme de gouvernement. Il y avait de quoi construire et rénover écoles et hôpitaux.

On peut comprendre pourquoi ils furent tentés d'en profiter. Mais d'une certaine façon cela se retourna contre eux, car ceux qui avaient remporté les enchères avaient dû débourser de telles sommes qu'ils se retrouvaient en difficulté pour construire leurs réseaux et développer les services mêmes que le gouvernement avait voulu promouvoir. Nous étions préoccupés par le fait que T-Mobile n'ait pas accès au 3G et nous décidâmes de faire notre propre offre.

Notre consortium décida de s'en tenir à 1,5 milliard de livres (1,7 milliard d'euros), mais quand les enchères commencèrent, ce furent les autres qui l'emportèrent en alignant des sommes complètement délirantes. Le 5 avril 2000, nous décidâmes de nous retirer. À la fin du mois, les noms des gagnants furent annoncés : TIW, la société canadienne de télécoms dans laquelle Hutchinson Whampoa, plus connue sous le nom de « 3 », avait des parts, pour 4,3 milliards de livres, BT, One2One et Orange, environ 4 milliards, et Vodafone, 5,9 milliards (6,8 milliards d'euros) !

Nous nous en étions bien tirés en respectant nos principes à la lettre, à savoir faire une proposition correspondant au prix que nous avions estimé pour la licence. Nous n'avions pas voulu nous laisser embarquer dans une négociation qui tenait davantage des jeux de hasard et du casino.

Quand je m'étais exprimé à Cannes en février 2001 pour dire comment je voyais l'avenir dans le monde des télécoms, en jonglant ou en essayant de jongler avec ces horribles sigles, un truc qui aurait pu être inventé par le Dr Seuss[1], le projet Virgin Mobile USA faisait son bonhomme de chemin.

Tout se passait différemment en Amérique, d'une part parce que le gouvernement avait bu tout son sang, mais surtout parce que tout le monde avait le vertige en estimant les coûts d'infrastructure nécessaires pour profiter pleinement de la norme 3G. Avec la dérégulation, les entreprises avaient dépensé des milliards de dollars dans de nouveaux équipements capables de leur fournir un ensemble de services, du téléphone aux réseaux de TV viables et l'Internet à haut débit. Le montant total des dépenses d'infrastructure avait atteint la somme astronomique de plus de 100 milliards de dollars en 2000. Des dizaines de start-up de télécoms créées au cours des quelques années précédentes commencèrent à flancher, et entre juin et septembre 2000, les géants des télécoms se mirent aussi à lâcher prise. En septembre, *Business Week* parla d'un ralentissement sérieux des affaires, alors que les « Big trees », les trois grandes compagnies de Verizon Communications, Bellsouth et SBC Communications voyaient leurs actions dégringoler.

Les chiffres d'affaires annuels, qui augmentaient à une moyenne respectable de 10,5 % par an, ne suffisaient pourtant pas à rentabiliser les investissements. Beaucoup s'étaient brûlé les ailes. C'est ainsi qu'on trouva un nouveau partenaire, Sprint, pour créer le MVNO de Virgin Mobile.

Le problème c'est que Sprint souffrait tout autant que les autres ; ils n'en finissaient pas de sortir de l'argent et passaient plus de temps à essayer d'éteindre l'incendie qu'à élaborer une véritable stratégie. Sans cesse secoué par une succession de mauvais résultats trimestriels, Sprint commença à perdre son enthousiasme

1. Theodor Seuss Geisel (1904-1991), dit Dr Seuss, auteur et illustrateur, a publié plus de 60 livres pour enfants, souvent caractérisés par leurs personnages originaux, leurs rimes et l'utilisation fréquente des mètres trisyllabiques. *(NdT)*

pour notre projet. Les risques ne faisaient qu'augmenter et, au bout d'une année et demie de négociations et d'investissements, notre équipe chargée des finances nous demanda de tout arrêter. Le président de Sprint PCS, la division non câblée du géant des Telecoms US, Charles Levine, voulait continuer à avancer, mais il se heurtait à une vive opposition. Il fallait jouer notre dernière carte. Gordon m'encouragea à téléphoner au président de Sprint, Ron Le May, et au P-DG et président du conseil d'administration Bill Eskey.

Je leur expliquai que cela ne leur coûterait pas cher.

Pas de réponse.

Je leur dis que cela leur permettrait de gagner de l'argent dans une nouvelle catégorie.

Aucune réaction.

Je sortis la grosse artillerie. Je leur dis qu'on pourrait transformer leur image ringarde.

Rien.

Désespéré, je leur dis « il vous faut absolument l'enseigne comme Virgin. Vous êtes la compagnie préférée des Jeunes républicains[1] ». Et Bill changea d'avis.

En juin 2000, *Red Herring*, le magazine de technologie d'affaires, publia son classement des cent entreprises les plus importantes du monde. Virgin ne figurait pas sur la liste. Le magazine *Forbes* me sollicitait sans cesse pour que je fasse la couverture de son numéro de juillet 2000, mais Melanie Wells, leur journaliste, arriva à la conclusion que notre enseigne ne faisait pas le poids car elle était dispersée sur un trop grand nombre d'entreprises. Gordon McCallum m'avait pour sa part dit les yeux dans les yeux que Virgin était une marque « trop britannique ».

Il fallait impérativement qu'on se recentre pour montrer que nous étions en mesure de présenter un produit exceptionnel aux

1. The Young Republicans, organisation du Parti républicain, dont les adhérents sont âgés de 18 à 40 ans. *(NdT)*

exigeants marchés internationaux. Il fallait prouver que nous étions bien à notre place. Et cette place, c'était les États-Unis.

Sprint et le groupe Virgin annoncèrent officiellement la création de leur joint-venture en octobre 2001, une MVNO à l'enseigne Virgin qui fonctionnait sur le système numérique PCS de Sprint. Notre cible était les consommateurs américains de 15 à 30 ans aux États-Unis.

Frances Farrow, à qui j'avais demandé de rejoindre le conseil d'administration de Virgin Atlantic en 1993, était nos yeux et nos oreilles aux États-Unis. C'était une personne réfléchie et incisive. Elle occupait à ce moment-là le poste de P-DG de Virgin USA, le siège du groupe Virgin en Amérique du Nord, responsable du développement de l'enseigne Virgin et de nouveaux marchés, et c'est elle qui gérait les investissements dans la région.

L'idée préconçue que le prépayé ne marcherait pas aux États-Unis était largement répandue. C'est une garantie efficace d'anonymat et on me répétait que les seules personnes qui étaient intéressées étaient les « 3P » : *pumps, pushers* et *prostitutes*[1]. Ces propos ne nous enchantaient guère. Nous répondions en disant que cet argument ne tenait pas ; le téléphone prépayé s'adressait surtout à la jeune génération qui ne voulait pas se voir imposer des contrats compliqués.

On se rappela alors ce type très fin, Dan Schulman, le P-DG de Priceline.com, une des enseignes les plus reconnues du Web. Dan, qui avait été précédemment président d'AT&T, commençait à faire de Priceline.com, son site comparateur, une entreprise rentable.

Nous lui avions déjà parlé de Virgin Atlantic sur son site ; nous évoquions maintenant l'avenir des téléphones mobiles. Le 15 juin 2001, nous fûmes en mesure de confirmer en annonçant le lancement officiel de Virgin Mobile aux États-Unis.

Au Royaume-Uni, nous avions enregistré la signature de notre millionième client. En l'espace d'à peine dix-neuf mois on avait établi le record de croissance des sociétés de téléphonie mobile. Notre entreprise s'était développée à une vitesse impressionnante

1. Les maquereaux, les dealers et les prostituées. *(NdT)*

jamais vue en Grande-Bretagne. (Il avait fallu plus de trois ans à Orange pour atteindre ce chiffre, quatre ans pour One2One, huit pour Vodafone, et presque une décennie pour Cellnet !)

Le projet suivant était de lancer Virgin Mobile Australie sur un marché qui avait soif d'innovation. Virgin Mobile Canada, France et Afrique du Sud suivraient une fois que notre modèle serait parfaitement au point, et nous venions de signer un protocole d'accord avec Sprint qui confirmait que nous lancions une joint-venture à la marque Virgin aux États-Unis.

Nous étions en avance mais je savais bien que d'autres nous observaient avec intérêt et il ne fallut pas longtemps pour que Disney essaie – mais sans succès – de signer son propre accord de MVNO. Nous dûmes rapidement procéder à une augmentation de capital pour aller encore plus vite. On demanda à la société de chasseurs de têtes de dirigeants Heidrick et Struggles de ratisser le marché ; quelle coïncidence : ils nous proposèrent Dan Schulman, qui quitta Priceline.com en mai pour venir chez nous.

Vous aurez bien compris que pour diriger une entreprise vous n'avez pas nécessairement besoin d'être un expert en comptabilité ou un juriste hors pair, même si mon compte rendu a pu vous paraître un peu compliqué. Le moment est maintenant venu de se poser des questions.

Si on crée le meilleur produit du monde, y aura-t-il un marché pour lui ? La réponse à cette question n'est pas aussi évidente qu'elle en a l'air. Si la qualité devait chaque fois faire la différence, Betamax aurait battu VHS à plate couture en matière de vidéo et il y aurait davantage d'Apple que de PC.

En revanche, si on demande si les gens veulent voyager sur la meilleure compagnie aérienne du monde, pas besoin de chiffres et de statistiques pour savoir que la réponse sera positive.

Quand vous avez une idée, le plus important est de ne pas compliquer les choses. Ce n'est pas toujours simple d'avoir une réflexion claire et concise, mais on y parvient avec de la concentration, de l'expérience et de la sagesse. Il nous a fallu beaucoup de travail pour digérer les premières études consacrées au système MVNO et en faire un projet de création d'entreprise. Mais, j'ose le dire, il a fallu aussi beaucoup de courage à Virgin et faire courir des risques à ceux qui ont quitté des emplois très confortables pour donner une réalité à ce que nous avions imaginé.

C'est facile de se tromper sur le sens d'un mot de vocabulaire technique et de le répéter bêtement aux autres. C'est aussi très difficile de poser des questions idiotes. Personne ne veut passer pour un idiot.

On ne peut pas se tromper longtemps si on se met à la place d'un nouveau client. Pourquoi ces tarifications de mobile sont-elles si compliquées ? Parce qu'elles n'ont aucune logique, et surtout parce qu'on cherche à vous berner. Je suis encore stupéfait quand je repense à notre arrivée sur ce marché tout neuf et passionnant ; nous étions les seuls à pouvoir se moquer des seigneurs du téléphone en les montrant du doigt.

C'est facile et tentant de confier votre idée à des experts, mais c'est presque toujours une erreur. Ils sont experts dans leur domaine de compétence, pas de ce qu'il y a dans votre tête. Dans ces conditions, la seule personne qualifiée pour évaluer votre idée, c'est vous-même.

Si vous n'avez pas assez réfléchi à votre problème, les experts n'auront pas matière à travailler. Ils vous donneront une réponse d'ordre générique, prévisible, et dont vous ne pourrez pas tirer grand-chose. Je sais bien que si je fais appel à des cabinets comme Ernst and Young ou McKinsey pour mettre en forme un projet grossier, ils me diront ce que je risque de perdre. Mais si en revanche je consulte Pricewaterhouse Copers ou KPMG sur le même projet, ils pourraient très bien me dire combien je vais gagner. Ni dans un cas ni dans l'autre j'aurai appris quelque chose d'utile.

Il faut donner du corps à ses propres idées et poursuivre soi-même la réflexion. Il faut prendre en main la façon, la forme que vous allez donner à votre projet et le mettre en œuvre. Ainsi, les experts – comptables ou juristes – auront un os à ronger.

L'entrée de Virgin dans le monde de la finance a étonné beaucoup de monde. Hommes politiques et capitaines d'industrie se posent encore des questions. Cette sacro-sainte finance est un monde secret, qui n'a aucun sens du sacrifice. N'est-ce pas là le territoire exclusif des experts ?

Notre réussite dans le secteur de la finance vient du fait que nous nous sommes posé des questions très claires et c'est seulement après que nous nous sommes entourés d'experts diaboliques dans leurs façons d'interrompre votre verbiage pour faire ressortir les détails pertinents.

Un expert qui complique les choses ne fait pas correctement son travail, mais c'est très probablement de votre faute. Il suffit que vous lui donniez les bons outils pour travailler ; il vous fera alors une étude complète qu'il vous expliquera clairement et qui vous permettra d'y voir clair.

C'est au tour de Jayne-Anne Gadhia d'entrer en scène. Jayne-Anne est expert comptable chez Ernst & Young ; elle a travaillé chez Norwich Union, le géant des fonds de pension et de l'assurance. Elle est devenue une de leurs stars montantes, et s'occupe de placements qui permettent des réductions fiscales. Elle attendait un nouveau poste.

Un jour de 1994, elle se rendit à Londres où Alastair Gornall, un agent PR qui dirigeait Consolidated Communications, l'attendait pour déjeuner. Dans le train, en feuilletant un numéro de *Hello !*, elle avait lu un article consacré à Richard Branson qui parlait du groupe Virgin et s'était attardée sur les photos de ce barbu au large sourire.

« J'ai lu cet article et j'ai pensé, mince, ça n'a rien à voir avec Norwich Union. Ça doit être fantastique de travailler pour un type comme ça », me confia-t-elle plus tard.

Elle en parla à Alistair, ami de Rowan Gormley, qui venait de rejoindre Virgin et qui était le cerveau à l'origine de la joint-venture avec Norwich Union, Virgin Direct.

Nous nous rencontrâmes pour la première fois à Holland Park où devait se tenir une réunion. Nous venions juste de créer Virgin Cola et il y avait énormément d'agitation dans la maison. Elle se rappelle avoir sonné à la porte d'entrée et, n'ayant pas eu de réponse, s'être dirigée toute seule dans la maison. Un peu perdue, elle monta l'escalier et finit par me trouver dans une pièce en train de bosser. Je la conduisis dans la salle de billard où son patron Philip Scott avait apporté tous les journaux pour la revue de presse. On travailla sur les plans du lancement de Virgin Direct dans la salle de billard puis on descendit. Philip avala un gin tonic et nous quitta pour aller prendre son train.

En hochant la tête je dis à Jayne-Anne :

– Décidément, les jours ne se ressemblent pas ! Un jour on traite avec les Sex Pistols, et le lendemain on s'occupe de fonds de pension. Je montrai la chaise abandonnée par Philip. Il n'y a pas bien longtemps que Sid Vicious était assis là.

– Vraiment ?

– Oui, tu vois ce petit coin, là-bas ?

– Oui.

– C'est là qu'il a vomi.

L'accord signant l'acte de naissance de Virgin Direct fut signé le 19 décembre 1994, Norwich Union et Virgin s'engageaient à hauteur de 2 millions de livres chacun (2,3 millions d'euros). On travailla dur pour lancer l'affaire et mettre en place toutes les procédures, mais nous sommes tout de même arrivés à bien nous amuser. J'imagine que c'est la raison pour laquelle Jayne-Anne a apprécié Virgin.

En décembre 1994, Virgin Direct était un joueur d'un nouveau type : c'était une des premières entreprises financières à vendre ses produits par téléphone. Jayne-Anne me dit que l'AUTRO (Assurance and Unit Trust Regulatory Organisation) et l'IMRO (Investment Management Regulatory Organisation)[1] mettraient des mois avant de nous donner leur agrément.

1. Organismes de régulation. *(NdT)*

En entendant ces mots, je crus qu'elle me parlait de cousins italiens. Mais après avoir compris, je lui demandai : « Tu peux m'expliquer ça, Jayne-Anne ? Notre entreprise n'est pas très importante ; imagine-toi que nous avons créé une compagnie aérienne en quatre-vingt-dix jours ! » On ne se découragea pas ; l'association de Norwich Union, Jayne-Anne et Virgin nous donnait assez de poids pour que l'on puisse obtenir le feu vert à temps.

Le moment était venu de changer notre système informatique. Nous prîmes contact avec les gros joueurs. Le devis d'IBM était de 7 millions de livres, et il fallait des mois pour le mettre en place. Nous ne disposions pas de cette somme et n'avions pas de temps à perdre. Kevin Revell, un collègue de Jayne-Anne, et un copain qui était très fort en informatique créèrent le premier système pour Virgin Direct dans son grenier, à Norwich ; l'addition était de 17 000 livres (20 000 euros). Le dimanche 5 mars 1995, Virgin Direct fut lancée avec ce système. Soixante personnes étaient en place pour prendre les appels à Discovery House, Whiting Road, encore aujourd'hui le siège de Virgin Money. Je montai à Norwich pour le lancement. Le bureau était superbe, le nouveau logo bien en place et les ordinateurs tournaient. Rawan Gamley, le patron, était à la BBC pour parler de notre arrivée sur le marché dans l'émission *Money Programme*. Je décidai de prendre les commandes. Je sautai sur un bureau et ouvris une bouteille de champagne en l'agitant comme on le fait sur les podiums à l'arrivée d'un grand prix de formule 1. Des bulles scintillantes arrosèrent le personnel qui se marrait. Le champagne s'était aussi répandu sur quatre ordinateurs qui n'apprécièrent pas beaucoup ; ils se mirent à crépiter puis explosèrent.

Dès le premier jour, on sentit que l'enseigne Virgin allait se tailler un beau succès dans le marché des produits financiers. Nos équipes qui connaissaient parfaitement leur sujet travaillaient bien et le système informatique prototype à 17 000 livres construit dans un grenier poursuivit sa carrière quand on lança l'assurance-vie et les pensions.

Norwich Union n'avait pas assez d'ambition pour faire monter notre affaire en puissance, mais Virgin Direct avait besoin de capital pour se développer. En 1997, Norwich Union vendit sa part de 50 % dans Virgin Direct à AMP, la compagnie australienne d'assurance-vie, propriétaire de Pearl Assurance. AMP et Virgin devinrent des partenaires à égalité. En novembre 1996, j'écrivis à George Turbull à AMP pour lui proposer « un business plan avec d'abord un produit financier basique puis une carte de crédit ».

Comment faire ? La plupart des succursales installées dans les centres-ville du Royaume-Uni me contactaient pour parler de services bancaires et de produits financiers. Ce qu'elles voulaient, c'était s'abriter sous l'enseigne Virgin. C'était aussi simple que cela. Mais Virgin ne voulait pas se contenter de coller son logo sur le produit d'un autre. En 1997, je fus contacté par la Royal Bank of Scotland, dirigée à l'époque par George Mathewson et Fred Goodwin. Ils voulaient créer quelque chose.

L'idée du compte Virgin One était à la fois simple et révolutionnaire. Même moi, j'arrivais à comprendre. Elle était née en Australie où elle était de plus en plus populaire. Il s'agit de rassembler tous les produits d'épargne et tous les comptes d'un client. Des intérêts sont calculés chaque soir sur le solde de vos comptes et ils vous sont crédités. La plupart possèdent un crédit, un compte courant et des comptes d'épargne. Vous payez des intérêts sur votre crédit. Si on additionne le total des comptes, votre solde négatif est plus bas et vous pouvez rembourser votre prêt immobilier plus rapidement.

George Mathewson, cet Écossais malin et astucieux, alla voir Jayne-Anne Gadhia à Norwich. Il était enthousiaste, mais en même temps il ne semblait pas prêt à faire beaucoup de bruit autour de ce superproduit. « Vous n'avez pas l'air de vouloir le faire connaître », lui fit observer Jayne-Anne. Il répondit que si cela marchait il prendrait la moitié des bénéfices, sinon personne ne saurait qu'il était mêlé à ça.

En fait, George et son équipe étaient des gens très brillants. Notre relation a duré longtemps et continue encore aujourd'hui (il nous avait conseillés pour notre offre concernant Northern Rock). Il demanda à l'équipe de Virgin One de créer une entreprise intéressante pour ses clients. Il expliqua que s'ils avaient pu le faire eux-mêmes, comme une banque classique, ils l'auraient fait, mais qu'ils aimaient la culture de l'innovation de Virgin et qu'ils appréciaient qu'on tienne toujours nos promesses vis-à-vis de nos clients. Fin octobre 1997, le compte Virgin One fut lancé à l'interne du groupe Virgin pour le personnel, et dès 1998 il fonctionnait. J'admets que ce fut un démarrage difficile parce que le public du Royaume-Uni n'avait pas l'habitude de mettre tous ses œufs dans le même panier, même si c'était un bon panier. En octobre 1998, 2 000 comptes étaient ouverts. L'année suivante 9 000 et 15 000 une année plus tard. Ça marchait à fond.

Médecins, avocats et autres professionnels étaient, dans les dîners en ville, nos meilleurs agents de promotion. Ils étaient convaincus par Virgin One ; ils en parlaient à leurs amis, et le bouche à oreille faisait le reste. Dans les repas entre copains, il y avait toujours quelqu'un pour dire qu'il allait prendre sa carte Virgin One. C'était de l'or ! Ce genre de publicité ne s'achète pas. Virgin One décida de recruter des gens de Norwich qui avaient envie de jouer notre jeu vis-à-vis de nos clients, ce qui ferait notre différence. Le programme de formation était immense. Pas de cours à suivre ou de dossiers indigestes à avaler. Nous nous contentions de répondre à leurs questions. Ceux que nous recrutions croyaient, comme nous, que Virgin était embarqué dans une croisade militante pour changer les mœurs du système bancaire au Royaume-Uni. On répétait souvent que ceux qui travaillaient avec nous et au contact de nos clients étaient « hors norme ». On fit fabriquer des casquettes de base-ball, des T-shirts et des vestes pour 1 500 membres du personnel et pour les consommateurs, afin de montrer qu'on savait aller toujours plus loin que les autres.

En 2001, RBS se rendit compte que c'était une très belle affaire. Ils firent savoir qu'ils voulaient acheter 100 % de Virgin One. Ils en possédaient déjà 50 %, mais Virgin Direct détenait la partie restante. J'en possédais pour ma part 25 %, il y eut beaucoup de discussions sur la composition de l'actionnariat. Je déjeunai avec Fred Goodwin qui fut très clair avec moi. Il ne disposait pas de beaucoup de temps pour AMP.

J'écrivis dans un de mes carnets : *Fred Goodwin. Ne veut pas entrer dans une three ways venture. Essayer d'acheter 50 % de Virgin One. Proposer une base pour prendre 50 %. C'est de l'alchimie. Avec AMP, on ne s'entend pas bien. Prendre contact avec CGNU.*

Sur une autre page, j'ajoutai : *On est en train de jouer au Monopoly. J'aimais bien y jouer quand j'étais enfant. Je me rends compte que je n'ai jamais cessé. Hypothéquer mes hôtels pour garder la gare d'Euston, hypothéquer ma maison pour acquérir les compagnies des eaux et d'électricité. Emprunter à la banque pour tout payer. Tout vendre pour rembourser la banque.*

Nous arrivâmes tout de même à trouver un accord avec AMP. Une fois qu'il fut annoncé je téléphonai à Jayne-Anne :

– Je suis vraiment désolé.

– Pourquoi ?

– De te perdre. Je te téléphone pour te dire que je suis bien triste.

– Désolé ? Pourquoi ? dit-elle. Je viens de recevoir un chèque très convenable et mon équipe aussi.

– En fait, j'ai l'impression de vous vendre avec les meubles, toi et ton équipe. J'ai signé une clause avec la Royal Bank qui m'interdit de me lancer dans les prêts hypothécaires au Royaume-Uni avant deux ans. Réfléchis : si tu ne te sens pas bien pendant ces deux années, reviens chez nous.

Deux ans et un jour plus tard, je l'appelai :

– Es-tu heureuse ?

Mon appel l'avait surprise et lui avait fait plaisir, mais oui, en fait, elle était heureuse. Cela se passait très bien avec sir Fred. Elle s'occupait du développement du compte One et du First Active Account. Elle avait été nommée responsable des services financiers des comptes clients et du marché direct de RBS pour le Royaume-Uni. C'était quelqu'un d'extrêmement compétent et j'eus soudain l'idée de lui confier la direction d'une banque. On garda le contact, et le 19 décembre 2006, pour l'anniversaire du lancement de Virgin Direct, elle quitta RBS dans de bonnes conditions. On avait très envie de la récupérer pour Virgin pour lui confier la partie finance. Gordon arriva heureusement à la persuader. En mars 2007, elle nous rejoignit après avoir pris un peu de repos. Je l'appelai de Necker : « Bienvenue à la maison, Jayne-Anne ! »

Virgin Direct était devenue Virgin Money. Une joint-venture composée de divers partenaires, alors que c'est notre groupe qui est propriétaire de l'entreprise. Virgin Money se charge du marketing, conçoit les produits, les cartes de crédit, l'épargne et les investissements, les assurances-vie et générales, et nos partenaires s'occupent des autres produits (c'est la Bank of America qui gère nos cartes de crédit, ce qui veut dire qu'elles figurent sur ses bilans, pas sur ceux de Virgin !). Mais (et peut-être tant mieux avec la crise du crédit) nous n'avons pas pu revenir dans le marché hypothécaire depuis que nous avons vendu le compte One. J'ai demandé à Jayne-Anne et à l'équipe qu'elle avait amenée avec elle de le remplacer pour combler le vide laissé par tous les prêteurs qui se disputaient le marché. C'est cette planche de salut qui nous a permis de faire une offre à Northern Rock que j'évoquerai dans le prochain chapitre.

Dans ce chapitre, j'aurai donc essayé de démontrer comment Virgin a fait de ses clients sa priorité, d'illustrer l'importance des bonnes communications et l'attention qu'il faut accorder aux détails. J'ai souligné combien il est vital d'avoir une pensée et d'aller à l'essentiel. Ne sous-estimez pas l'effort requis pour y parvenir. C'est très difficile de regarder ce qui se passe à l'extérieur de votre entreprise et d'imaginer ce qu'il y a dans la tête des consommateurs si, comme c'est probable, vous consacrez votre vie à un objectif précis dans un marché précis.

Les valeurs associées à la marque Virgin, simplicité, vérité, sont immensément utiles pour notre politique tournée vers le client, avec la volonté de le satisfaire quotidiennement, parce que ce sont elles qui nous enracinent. Elles nous empêchent de perdre le contact avec la réalité. Et dans nos pires cauchemars, elles nous évitent d'être obligés d'envisager le « marketing par la confusion », pour lutter contre notre sentiment d'échec personnel.

N'oubliez pas que la complexité est votre ennemie. N'importe quel imbécile est capable d'imaginer des systèmes compliqués. Le plus difficile, c'est de faire quelque chose de simple. Utilisez les experts avec modération. Soyez leur patron. Donnez-leur du travail. Ils ne sont pas là pour vous tenir la main. Ne faites pas attention aux critiques. Rappelez-vous que tout le monde a des projets, et soyez prudents avec les conseilleurs qui ne font pas partie de votre entourage proche ; ils ne sont pas là pour vous aider. La plupart auront peut-être les meilleures intentions, mais même les conseils les plus précieux doivent être analysés rigoureusement.

Gardez la tête froide. Vous êtes dans les affaires pour faire bouger les choses. Si vous y parvenez, il est probable que votre action aura fait des victimes. C'est l'aspect le plus dur de ce monde. Soyez fair-play, jouez pour gagner et soyez proches des gens chaque fois que c'est possible. Si vous vous brouillez avec quelqu'un, rappelez-le un an plus tard pour l'inviter à dîner et tentez d'amadouer vos ennemis.

Soyez humain. Mettez de l'émotion dans votre travail. Vos instincts et votre passion vous aideront à avancer et vous faciliteront les choses. Les affaires, c'est une histoire de « tripes », et si jamais ce sentiment disparaissait, je renoncerais immédiatement. Quand je dis une histoire de tripes, je crois que j'ai su développer une attitude naturelle, grâce à ma grande expérience qui me permet de ne pas me tromper de direction et de prendre mes décisions en toute confiance.

Mes projets s'enrichissent des questions que je me pose, très simples à première vue, et qui ont plus à voir avec les émotions qu'avec les chiffres. Si on a l'intention de créer le meilleur club de sport de la ville, cela va-t-il faire changer les amateurs d'habitude, vont-ils quitter leur club et transférer leur carte de membre chez nous ? Si la réponse est « oui », on lui donnera sa chance et nous verrons bien si ça marche.

Il est clair que si vos entreprises sont en bonne santé financière, vous avez un avantage considérable. Les grandes entreprises ont de bonnes marges de manœuvre. La bonne nouvelle pour les petites entreprises, c'est que les grandes se soucient rarement d'utiliser au mieux l'avantage qu'elles ont.

Pourquoi ? Parce qu'elles ont oublié comment pensent les entrepreneurs. Pire encore, beaucoup d'entre elles ont oublié ce que ressentent les entrepreneurs.

4

Rebondir sur les échecs

Déclaration de sinistre

À la fin de l'année 2007, au plus fort de la crise touchant la Northern Rock Bank, alors que le groupe Virgin était bien placé parmi ses acquéreurs potentiels, un député du Parti libéral, Vince Cable, profitant de sa position privilégiée de membre du Parlement, déclara qu'il était impensable de me confier une banque. Il s'appuyait sur une bêtise que j'avais faite en 1969, sans doute la plus grave de ma vie. Au Royaume-Uni, quarante ans après une erreur de jeunesse, on pouvait encore me clouer au pilori.

Je venais d'avoir 19 ans. Je m'étais rendu compte par hasard que les disques achetés en Grande-Bretagne et destinés à l'exportation n'étaient pas soumis à la taxe sur les produits de luxe. Flairant le bon coup, je m'étais organisé. L'astuce consistait à embarquer quatre camions chargés à bloc à Douvres, faire tamponner les papiers à l'arrivée en France, et reprendre immédiatement le ferry pour l'Angleterre avec la même cargaison pour revendre les disques sans payer la taxe. C'était illégal et surtout stupide. Au mois de mai 1969, je fus pris la main dans le sac par la douane alors que je transportais une cargaison d'albums vers la Belgique, et après une nuit en cellule je fus mis en examen pour avoir transgressé l'article 301 du code des douanes de 1952. Je voyais tous mes rêves d'entrepreneur s'effondrer jusqu'à ce que mes parents me tirent d'affaire en hypothéquant leur maison pour payer la caution. Je n'ai jamais oublié l'énorme claque reçue ce jour-là ; je m'étais fait le serment de ne plus commettre d'actes illégaux ou immoraux pour le reste de mon existence. Je n'avais mesuré ni ce que représentait la responsabilité d'une entreprise, ni le tort qu'on pouvait lui porter avec un comportement aussi léger. Les services des douanes me firent payer trois fois le montant de la taxe que j'avais fraudée, soit 60 000 livres, mais, après négociation, je fus dispensé de régler les frais supplémentaires et ils acceptèrent de ne pas faire figurer la condamnation dans mon casier judiciaire. J'ignorais qu'à l'époque les grands vendeurs de disques faisaient exactement la même chose, jusqu'à ce qu'ils se trouvent dans la même situation.

Après ce séisme, nous nous mîmes d'accord pour travailler jour et nuit et tout faire pour développer notre entreprise aussi vite que possible. Le remboursement des dettes était devenu notre priorité pour m'éviter de passer au tribunal. Cela nous prit trois ans.

J'en ai tiré une règle capitale : *ne fais plus jamais quoi que ce soit qui te fasse passer des nuits blanches.*

Un entrepreneur n'est jamais à l'abri d'un faux pas. Plus on bosse, plus on prend des risques. Quand tout va bien, une mauvaise surprise vous attend peut-être pour balayer tout ce qui a bien marché la semaine précédente. Cherchez l'erreur.

Pour se mettre en situation d'échec, rien de mieux que d'éviter de regarder les choses en face. Chez Virgin, on ne tente jamais de nier la réalité, même si elle nous dérange. Plutôt que de s'en prendre inutilement aux proches collaborateurs, il vaut mieux essayer de rebondir en tirant des leçons de ses erreurs.

C'est comme dans la vie : le pire est toujours sûr, et les mauvaises nouvelles arrivent invariablement quand on ne s'y attend pas : le prix du pétrole est multiplié par trois, un terroriste s'est fait exploser dans une galerie commerciale, une tempête a anéanti une ville entière… et sans oublier les fluctuations des monnaies qui peuvent entraîner des faillites inattendues. Tout cela nous dépasse, mais il nous faut, autant que possible, prendre les mesures nécessaires pour éviter les risques, ou, au moins, les gérer.

Quand la catastrophe arrive, il faut évidemment se mobiliser à fond, mais un manager digne de ce nom doit être en permanence capable de l'anticiper en restant toujours sur le qui-vive. Il doit être aussi celui qui rassure et réconforte ses équipes en répondant à leurs interrogations.

Le 23 février 2007, un de nos trains tout neufs de la West Coast Main Line traversait la Région des lacs dans le nord-ouest de l'Angleterre à 160 km/h. Parmi les passagers, Margaret Masson, une vieille dame que sa famille et ses amis appelaient Peggy, rentrait chez elle, à Cardonald, petite ville située à côté de Glasgow. À 20 h 15, le train dérailla et après une terrible embardée, le wagon où se trouvait Peggy alla se fracasser dans le fossé.

Pendant dix ans, les trains Virgin avaient transporté des centaines de milliers de passagers dans tout le pays en toute sécurité, tout comme Virgin Atlantic, qui avait fait voyager des millions de personnes sur la planète sans jamais rencontrer le moindre incident.

Margaret Masson avait perdu la vie. D'autres passagers étaient sérieusement blessés. Virgin venait de connaître son premier drame. Un séisme pour toute notre entreprise.

Zermatt, Suisse. Je venais de passer une journée merveilleuse sur les pistes en famille grâce aux fortes chutes de neige arrivées à point. Épuisés mais heureux, nous allions prolonger la joie d'être ensemble au cinéma du coin. Au moment où nous prenions nos billets, je sentis le vibreur de mon portable se manifester avec insistance. C'était l'annonce de la catastrophe et de la mise en œuvre du plan rouge soulignant la gravité de la situation. J'appelai Will Whitehorn (aujourd'hui président de Virgin Galactic), administrateur des trains Virgin, qui était à l'époque notre directeur de la communication. Pour une fois, je tombai sur sa messagerie, alors qu'il est d'habitude joignable 24 heures sur 24. Je fis le numéro de Lou, son épouse, qui me rappela que c'était son anniversaire et qu'il avait coupé son téléphone pour la première fois de l'année ; juste après, j'eus Tony Collins, le P-DG de Virgin Trains et le responsable technique des trains Pendolino.

– C'est grave. La tête du train est tombée dans un fossé et les secours sont en train de sortir les passagers. Il faut se préparer au pire.

– Je pars. On se retrouve là-bas ? J'en ai pour quelques heures.

– Préviens-moi à ton arrivée. Je viendrai te chercher.

La neige continuait à tomber par rafales et une grande partie de la Suisse était déjà bloquée. J'avais béni son arrivée il y a quelques heures et voilà que je la maudissais. Il n'était pas question de prendre un hélicoptère. Les aéroports de Sion et de Genève étaient tous les deux fermés. Je n'avais pas le choix ; il fallait louer une voiture jusqu'à Zurich pour attraper le premier avion. Après une nuit au volant, je pus m'envoler à 6 h 30 du matin pour Manchester où Tony Collins et Will, arrivés d'Heathrow, m'attendaient. Ils me donnèrent les dernières nouvelles en leur possession, puis on se mit tout de suite à l'écoute de la BBC. Les flashes annonçaient que le train avait bien résisté, qu'il n'avait pas subi de gros dommages et qu'il y aurait beaucoup de survivants. J'étais un peu rassuré car le Pendolino n° 390033, City of Glasgow, avait été construit, comme tous les autres, avec une sécurité renforcée et supérieure aux normes exigées ; nous les avions voulus aussi résistants que des chars d'assaut. On entendit un peu plus tard un journaliste évoquer l'hypothèse d'un problème technique du réseau qui aurait provoqué le déraillement. Virgin Trains semblait dégagé de toute responsabilité, mais il n'était pas question d'attendre la suite des événements les bras croisés.

En prenant la route du Royal Preston Hospital du Lancashire, nous étions loin d'imaginer ce que nous allions découvrir. Dès qu'ils avaient été prévenus, les services d'urgences s'étaient préparés à accueillir une centaine de victimes, mais comme les wagons avaient bien tenu le coup, 24 personnes seulement étaient hospitalisées ; nous étions impressionnés par l'organisation et les moyens que s'était donnés l'hôpital. Nous nous rendîmes ensuite à Grayrigg, sur les lieux mêmes de l'accident. Un choc. C'était comme si un géant s'était emparé d'un jouet pour le jeter violemment au sol. Je me rappelai alors mes discussions innombrables avec le ministre des Transports, grand pourvoyeur de subventions aux chemins de fer, pour le convaincre de relever les normes de sécurité. Les wagons ne s'étaient pas détachés, et les fenêtres étaient encore intactes. Si le même accident était arrivé à un de nos vieux trains de la British Railways, il est évident qu'on aurait déploré beaucoup plus de victimes. Pendant que j'essayais de comprendre ce qui s'était passé, j'entendis pour la première fois parler de Ian Black, le conducteur, un ancien policier qui avait fait preuve d'un courage extraordinaire. Entraîné par sa vitesse, le train avait poursuivi sa course dramatique sur une distance de 600 mètres après avoir déraillé et Ian avait tout fait pour tenter d'immobiliser les 400 tonnes du convoi. Agrippé aux commandes, il l'avait tenu sur presque 500 mètres pour tenter de sauver des vies sans penser à son propre sort. Il était grièvement blessé aux vertèbres cervicales. Son comportement avait également épargné de très nombreux passagers. Pour moi, c'est un héros au même titre que nos pilotes d'essai, l'aventurier Steve Fossett, mon grand ami aujourd'hui malheureusement disparu, ou Per Lindstrand, le seigneur des courses en ballon.

Nous restâmes quelques minutes, figés par l'émotion, devant ces scènes terribles.

À la chambre mortuaire de l'hôpital, je serrai dans mes bras les membres de la famille de Margaret Masson. Ils étaient anéantis. Je ne trouvais pas mes mots pour leur présenter mes condoléances.

Moins d'une minute après – ce fut du moins mon impression –, je me retrouvai sous les flashs et les projecteurs des journalistes. Le souffle coupé, je m'approchai d'eux, mais je m'en tins à ce que je savais à ce moment-là.

Je ne pouvais de toute façon pas en dire plus. J'essayai encore de trouver des paroles de réconfort pour la famille de Peggy, puis je me rendis au chevet de Ian dans l'hôpital d'à côté pour lui dire ma gratitude. Ses graves blessures l'immobilisèrent pendant des mois. Les autres membres de l'équipe, Karen Taylor, Derek Stewart et Gordon Burns, s'étaient eux aussi comportés de façon exemplaire pour aider les autres passagers à sortir, sans se préoccuper de leurs propres blessures. Ils avaient fait beaucoup plus que leur devoir.

J'essayai ensuite de me rendre utile auprès de tous ceux qui étaient sur le terrain : police, urgentistes, équipes médicales et de sauvetage en montagne, salariés de Virgin Rail et des autres compagnies comme Network Rail, mais je compris vite que je les gênais au lieu de les aider. Il valait mieux les laisser travailler.

Je les quittai à regret, mais j'étais heureux d'avoir pu témoigner de ma présence. Dans une telle situation, un patron a le devoir de se rendre immédiatement sur place et de faire preuve d'humanité. Il suffit d'imaginer l'état d'esprit des victimes et de leurs familles qui ont tant besoin de soutien et de réconfort. Quand on tarde à aller sur le terrain, on prête à juste titre le flanc aux critiques, aux reproches et à la colère, surtout que les médias exercent une pression immédiate, pour de bonnes ou de mauvaises raisons, et qu'il faut leur répondre. Dans la tempête, tous les cadres dirigeants doivent être prêts à rencontrer les journalistes dès la première minute, comme s'ils étaient eux-mêmes chargés de la communication de la société. Juste après le terrible crash d'un de ses avions à Kegworth en janvier 1989, sir Michael Bishop, P-DG de la compagnie British Midland, s'était adressé immédiatement à la presse en prenant le temps de répondre aux questions en toute transparence. Nous avions fait une analyse en profondeur de ce qui s'était passé lors de quelques catastrophes ferroviaires arrivées précédemment pour mettre au point nos propres procédures d'urgence, et nous avions été épouvantés par le temps qu'il avait fallu pour que des responsables se décident à répondre au désarroi et à la colère des victimes.

Nous avons établi plusieurs scénarios catastrophes en nous fixant trois priorités : arriver sur les lieux le plus rapidement possible, s'occuper des passagers et du personnel, et répondre aux médias avec la plus grande franchise et la plus grande honnêteté. La leçon à retenir, c'est que notre choix d'investir sur la sécurité en s'appliquant à faire de nos Pendolino les trains les plus sûrs du monde avait vraiment payé en épargnant bien des vies. Dans les mêmes circonstances, un de nos trains datant de l'époque du service public aurait causé la mort de nombreux passagers.

Il faut s'organiser pour faire face à ce qui est imprévisible. Quand une catastrophe vous tombe dessus, pas question de se donner en spectacle en s'agitant pour faire dix choses à la fois en passant à côté de l'essentiel. C'est pourquoi il ne faut pas attendre l'arrivée d'une crise pour réfléchir et identifier le plus clairement possible tous les risques encourus par votre entreprise, ou au minimum ceux sur lesquels vous pouvez agir.

Il m'est arrivé à une ou deux reprises de ne pas appliquer les bons conseils que je donne, et je l'ai toujours regretté. Par exemple, j'aurais dû vendre les Virgin Megastores bien avant que je finisse par me décider. J'ai perdu beaucoup d'argent en refusant d'écouter mon équipe pendant trop longtemps parce que j'avais simplement refusé de regarder la réalité du marché. Il faut dire que nos magasins bénéficiaient du fabuleux démarrage de Virgin Mobile ; les chiffres avaient masqué des pertes financières dont je me serais bien passé.

Au lieu de taper sur la tête de celui qui s'est planté, les dirigeants doivent savoir tirer les leçons de l'erreur commise pour faire en sorte qu'elle ne se reproduise pas. Il ne faut pas hésiter non plus à présenter des excuses au nom de l'entreprise lors d'une conférence ou d'un débat en public, ou même directement à la personne qui a subi un préjudice. C'est toujours une bonne chose. J'ai feuilleté des livres qui expliquent comment gérer une entreprise dont la théorie est de ne jamais avouer ses échecs. Je ne tolérerai jamais cette attitude de la part de mes équipes. Il n'y a aucun mal à reconnaître une erreur.

Un chef d'entreprise est souvent amené à passer les appels téléphoniques délicats pour faire une mise au point. Je ne suis pas d'accord avec ceux qui prétendent qu'il faut être très dur. Je sais que parfois on dit ça de moi, mais ceux-là ne me connaissent pas et ne m'ont même jamais rencontré. Je regrette aussi d'être parfois passé à côté des problèmes personnels que vivaient certains collaborateurs. Je ne m'en étais même pas rendu compte parce que j'étais obnubilé par un projet ou des problèmes d'organisation. J'ai essayé de retenir la leçon et de prendre davantage de temps pour être à l'écoute. C'est tout à fait contre-productif de se montrer impitoyable. *Il faut traiter les gens comme vous voudriez qu'on vous traite.*

Soyons clairs en ce qui concerne les responsabilités des managers. J'entends souvent dire que maintenant ils ne donnent plus leur démission quand ils ont commis une faute. Croyez-vous que c'est une solution quand l'entreprise est en proie à des difficultés ? On n'a jamais vu un chef d'entreprise ou un homme politique de talent démissionner pour des broutilles ou une quelconque question d'honneur. C'est un mythe, et c'est ridicule. Je mets à part le cas où la personne responsable d'une catastrophe avait été nommée par le président. Il est évident qu'il devra se remettre en question. Quant au P-DG d'une grande banque qui ne s'est pas dotée de procédures de sécurité contre l'escroquerie d'un trader, il doit partir.

Excepté ces cas particuliers, les directeurs doivent rester à leur poste pour faire face aux problèmes. Ils sont payés pour ça. Plus important encore : ils devraient commencer par s'excuser, pour montrer qu'ils sont conscients de la situation.

Lorsqu'on est confronté à un grave problème, il faut faire appel aux meilleurs au lieu d'essayer de vous en sortir tout seul. N'ayez pas peur de demander de l'aide et des conseils. Si un de vos collaborateurs a une bonne connaissance du sujet, c'est à lui qu'il faut déléguer. Et s'il échoue, ne l'engueulez pas !

L'année 2003 a été marquée par l'arrivée de l'iPod. Je tenais à ce qu'on poursuive tout de même l'étude de notre propre lecteur MP3, Virgin Pulse, même si, d'après mon équipe, il n'était pas à la hauteur. Les meilleurs collaborateurs de chez Palm étaient venus nous voir avec leur proposition de MP3 Funky et sa gamme d'accessoires. Malgré un bon accueil aux États-Unis, il restait loin derrière l'iPod, plus convaincant car plus simple d'utilisation. Nous avions fait preuve d'un certain héroïsme en achetant les pièces en Chine et à Taiwan, et les 20 millions de dollars que nous avions mis pour sa fabrication et sa distribution nous étranglaient.

Apple s'était inspiré de Texas Instruments, le leader historique de la calculatrice de poche. Celui qui domine un marché a l'avantage de pouvoir déclencher la bagarre en baissant ses prix pour que ses concurrents soient tentés de le suivre et y laissent des plumes. C'est exactement ce qui s'est produit quand ils sortirent l'iPod Nano, plus petit et moins cher. Il fallait bien rendre les armes. La comète Virgin Pulse nous coûta 20 millions de dollars.

C'est quand on a en permanence le nez dans le guidon qu'on commet facilement des erreurs. En 2000, nous avions décidé d'installer des sièges très innovants et de grande classe dans les avions de Virgin Atlantic, mais comme la réalisation traînait en longueur, le secret finit par s'éventer et British Airways, qui eut connaissance de notre projet – ils l'avaient même eu en main –, nous prit de vitesse en sortant un produit supérieur. La sanction fut rapide et brutale. Les consommateurs, qui disposent avec leur carte de crédit d'un bulletin de vote imparable, nous délaissèrent pour aller chez nos concurrents. Nos résultats s'en ressentirent très vite. Comment réagir ? Nous aurions pu garder nos sièges jusqu'à ce qu'ils soient amortis, mais il fallait absolument rectifier le tir. Pour arrêter l'hémorragie, on n'avait pas d'autre solution que de casser les prix, une politique qui nous coûta 100 millions de livres. On ne s'arrêta pas là. Notre équipe se remit au travail et conçut les meilleurs *flatbeds* du monde pour la classe affaires contre lesquels nos concurrents ne pouvaient pas lutter, et on put récupérer nos pertes.

Cette pratique n'est pas simple à mettre en œuvre. C'est pourquoi tant de patrons ne vont pas au fond des choses. On peut laisser le temps passer en regardant l'entreprise couler doucement, mais il est préférable de sortir de son bureau pour aller sur le terrain tester ses propres produits et tenter de comprendre ce qui se passe. Une fois qu'on a identifié le problème, au lieu de licencier les cadres, il faut les mettre au boulot pour réparer les dégâts. C'est le meilleur moyen de refaire une équipe et de ne pas se faire piquer par les concurrents des gens encore plus compétents parce qu'ils auront beaucoup appris dans les difficultés.

La décision d'attaquer Coca-Cola sur le marché des *soft-drinks* fut une de nos plus grandes erreurs, même si cette bataille fit beaucoup pour la notoriété de Virgin en Amérique. En 1994, ce fut presque un jeu de lancer Virgin Cola, en me mettant dans la peau de David attaquant Goliath sans complexe. La guerre contre Coca nous a appris deux choses. Comment s'y prendre pour inventer un excellent Cola d'un goût différent et comment se mettre à dos une entreprise planétaire qui a réalisé en 2007 un chiffre d'affaires de 28 milliards de dollars, et un résultat net de 5 milliards.

Bien après la bagarre j'avais appris qu'ils étaient allés jusqu'à monter un vrai GIGN pour empêcher Virgin Cola de mettre un pied sur le marché des *soft-drinks*. Au final, nous nous sommes résignés à accepter le pouvoir et l'influence de cette enseigne mondiale, symbole même de la puissance et de la domination du capitalisme américain.

Voilà ce qui s'est passé. Faites en sorte de ne pas vous en inspirer.

Virgin Cola était une joint-venture montée avec l'entreprise canadienne de *soft-drinks* Cott Corporation, le plus grand fournisseur de sodas du monde. Cott assure la mise en bouteilles des marques de distributeurs des grandes chaînes de supermarchés comme A&P, Loblaw et Safeway au Canada, K Mart, Safeway, 7-Eleven et Wal-Mart aux États-Unis. Virgin Cola, arrivé sur le marché britannique en 1994, s'est tout de suite bien vendu dans les pubs et les restaurants. J'avais convaincu le P-DG de Cott Corporation, Gerry Pencer, que nous étions tout à fait capables de prendre notre part du marché mondial. Après tout, Cott avait des clients en Australie, en Grande-Bretagne, à Hong Kong, en Israël et au Japon. Mais quand il fut question d'attaquer Coca de front, ils se montrèrent très réservés. Nous aurions mieux fait de l'écouter.

On savait ce qui se tramait dans les coulisses. Un des principaux acheteurs de Tesco[1], John Gildersleeve, administrateur non

1. Enseigne numéro un de supermarchés en Grande-Bretagne avec Sainsbury et Asda. *(NdT)*

exécutif de plusieurs entreprises, s'était engagé sur un million de casiers de Virgin Cola. Quelque temps après, il confia à Simon Lester de chez Cott qu'ils allaient probablement revenir sur leur décision, et cela trois semaines avant la soirée de lancement organisée au Planet Hollywood de Londres, alors que nous avions envoyé toutes les invitations.

J'appelai John pour lui demander des explications. Il me répondit un peu gêné que la décision était très difficile à prendre, mais que la porte ne nous était pas complètement fermée. Il était parfaitement au courant de nos impératifs pour la campagne de lancement et de la nécessité de faire entrer une grande enseigne de distribution dans notre conseil pour montrer la solidité du projet. « En fait, nous avons deux types de difficultés. D'abord il y a des problèmes commerciaux, mais on peut arriver à les résoudre. Ensuite se pose la question du positionnement de la marque et de ce qu'elle peut nous apporter. » Il me raconta ensuite qu'un accord d'exclusivité avec Tesco était une arme à double tranchant. Quelle que soit la qualité du produit, leur enseigne y serait identifiée ; lorsque Sainsbury avait lancé leur Classico Cola, Tesco avait choisi de ne vendre que le « vrai » Coca. John s'inquiétait de nous voir partir en guerre contre Coca-Cola la fleur au fusil ; Coke avait toujours été parfait avec Tesco et il avait peur que Coca décide de se retirer de leur assortiment. C'était une position respectable que je comprenais parfaitement. Pourtant il était vital pour nous d'être référencé par les supermarchés et placés en promotion sur les têtes de gondoles.

Je leur expliquai que chaque fois que nous lancions une entreprise nous ne faisions rien au hasard ; que notre campagne ne consisterait pas à taper sur notre concurrent, mais à argumenter en expliquant que nous allions offrir un choix supplémentaire aux consommateurs et dire pourquoi nous étions les meilleurs. Nous avions toujours utilisé cette stratégie même dans la rude bataille entre Virgin Atlantic et British Airways. Je lui rappelai que comme le soulignait une étude récente de NOP parue dans *PR Week*, nous avions une excellente image de marque et qu'enfin David Sainsbury et Archie Norman de ASDA m'avaient tous les deux confirmé qu'ils allaient référencer Virgin Cola.

John vint me voir en personne le lendemain. À l'issue de notre conversation, Tesco décida enfin de mettre notre Cola dans leurs rayons. Un fabuleux booster. Fin décembre, les ventes de Cola avaient augmenté de 36 % dans les magasins Tesco et la part de Virgin Cola était de 75 %.

C'est à ce moment-là que Coke décida de nous rendre la vie difficile.

À l'occasion d'un séminaire de Virgin Trains, un des anciens cadres de British Rail m'informa que Coca-Cola s'apprêtait à mener une grande bataille contre Virgin Cola. Il tenait l'information de quelques cadres de notre concurrent rencontrés lors d'une journée de formation au management avec entraînement au parcours du combattant ! Je trouvai qu'ils en faisaient un peu trop, mais avec le recul je me rends compte que Coke faisait preuve d'une belle réactivité ; le lancement de Virgin Cola les avait bel et bien secoués et ils l'avaient pris comme une véritable déclaration de guerre.

Coca-Cola envoie sa recette secrète, une essence de sirop, à des centaines d'usines d'embouteillage dans le monde entier, mais ils gardent la main sur l'emballage, la distribution et le merchandising. C'est ce qui permit aux commandos d'entrer en action. Ils se rendirent sur tous les sites pour expliquer qu'il n'était pas question de travailler pour Virgin Cola. Ces usines d'embouteillage jouaient gros, car elles travaillaient aussi pour les autres produits de Coke comme Sprite, Fanta, Diet Coke et Minute Maid, qui représentaient un chiffre d'affaires et des bénéfices très importants. En 1998, on fit l'acquisition de Cott's Share et on décida d'investir 25 millions de dollars pour relancer Virgin Cola en attaquant Coke sur ses terres. Coke voulait la guerre. On décida de faire débarquer en plein New York un char d'assaut qui se mit à tirer sur leur enseigne de Times Square, connue dans le monde entier, jusqu'à la faire exploser. On entreprit ensuite la destruction d'un énorme mur de cannettes. En fait, on avait demandé en toute discrétion à une équipe d'artificiers d'installer de nuit un système qui ferait croire à des tirs et à une explosion spectaculaires. L'effet recherché atteignit son but au point que les badauds s'étaient enfuis en hurlant. On évita de justesse la prison.

Virgin Cola se vendait très bien en Grande-Bretagne ; en France, nous étions au coude à coude avec Pepsi, nous faisions de bons scores en Belgique et en Suisse et nous avions lancé la négociation d'une franchise qui avait de bonnes chances d'aboutir au Japon et en Italie.

En 2004, je rencontrai Diana Brightmore-Armour, ma nouvelle directrice des services bancaires, une femme très brillante qui travaillait à Londres pour Lloyds TSB. Au cours de la soirée, elle me fit cette révélation : « Richard, il faut que je te dise que je bossais chez Coca-Cola à Atlanta quand tu as lancé Virgin Cola, et que c'est moi qui ai convaincu les dirigeants de mettre en place des commandos pour faire capoter ton projet. »

Je tombai des nues. En 1997, nous savions bien que Coca-Cola avait l'intention de nous écarter, mais je ne réalisais pas à quelles extrémités ils en étaient arrivés.

« C'est lors d'une réunion de cadres supérieurs qu'on nous annonça que tu te préparais à lancer Virgin Cola en Amérique. La plupart des gens du siège se marraient. En fait, ils ne connaissaient pas vraiment Virgin : ils croyaient que ce n'était qu'une petite enseigne locale de *soft-drinks.* » Des collègues britanniques appuyèrent ses propos en expliquant aux dirigeants qui on était : « Attention, Richard Branson n'est pas n'importe qui ! Son groupe est très solide et il est capable de réussir. Il faut l'arrêter au plus vite », leur avait-elle dit.

Si Coca-Cola ne se souciait pas le moins du monde d'une petite marque régionale, ils n'avaient pas du tout envie de se retrouver avec un nouveau concurrent du genre de Pepsi. Diana me révéla qu'une équipe avait débarqué en Angleterre pour en former une autre et faire pression sur les distributeurs pour qu'ils nous virent des rayons. Plus tard, j'appris que le nombre de collaborateurs mis en place par Coke pour nous faire la guerre correspondait à la totalité des effectifs de Virgin Cola ! La petite marque était devenue l'ennemi public numéro 1 !

Après avoir atteint un pic de 75 % des ventes du Royaume-Uni, notre chiffre d'affaires commença à redescendre. Les commandos préparèrent alors le coup de grâce. Coke commença à vendre ses produits à prix discount, qui mettait le Coca moins cher que l'eau minérale. Il nous était évidemment impossible de nous aligner. Pour mener une telle politique, il faut réaliser d'énormes ventes et Coca-Cola avait cette puissance de feu. Ils menacèrent les petits commerçants de leur reprendre leurs frigos s'ils y mettaient du Virgin Cola et si besoin d'enlever Coke de leurs boutiques.

Notre aventure fut à l'origine d'un grand nombre d'articles qui demandaient quelle était la stratégie de Virgin, et si nous en avions une. *Business Week* avait fait sa une sur notre capacité à diriger un empire aussi hétéroclite. Question stupide. Nous avions une excellente image porteuse de valeurs fortes et dans laquelle nos clients se retrouvaient tout à fait, qu'ils soient passagers sur Virgin Atlantic ou qu'ils passent leurs appels sur nos mobiles ; quant à notre réputation d'être proches et à l'écoute des consommateurs, elle n'était pas surfaite. Le groupe Virgin, totalement concentré sur ses objectifs et sur sa réussite dans ses différents secteurs d'activité, n'avait rien d'incohérent.

Le Cola est une boisson très appréciée par les jeunes. Il était donc logique d'imaginer un Virgin Cola. Face à une entreprise gigantesque, Virgin a choisi, si nous n'étions pas les plus forts, d'être les plus malins en venant les concurrencer. Les différents « Colas » se ressemblent tous. Or pour le consommateur, la marque est une façon de se distinguer. Virgin étant très populaire, notre défaite n'était pas garantie.

Ce n'est pas parce que notre projet n'était pas solide que nous avons perdu. C'est que nous n'avions pu vu son talon d'achille. Aux yeux des consommateurs, nous n'étions pas le numéro 1 du Cola. C'étaient eux. On les trouvait partout, 24 heures sur 24, à un prix imbattable compte tenu des économies d'échelle hallucinantes qu'ils réalisaient, les plus importantes du monde. Depuis toujours, ils proposaient aux consommateurs un *soft-drink* agréable, et le nom de leur marque était tellement imprimé dans la tête des gens que quand ils voulaient boire un Cola, ils se contentaient de demander un « Coke ».

Coca-Cola ne nous a pas fait de cadeaux, mais le combat était perdu d'avance. Nous continuons la production de *soft-drinks* Virgin, mais de manière beaucoup plus ciblée et dans des marchés de niches. Il n'empêche que Virgin Cola est numéro un... au Bangladesh !

Je sais que Red Bull a lancé son propre Cola. Il leur faudra du temps et beaucoup d'argent pour gagner des parts de marché, mais c'est leur unique métier.

Avant de conclure, sachez qu'une nouvelle et belle entreprise est née de notre aventure. Des collaborateurs de Virgin Cola avaient saisi l'opportunité d'entrer sur le marché des *smoothies*[1], en créant Innocent Drinks. Ils sont maintenant à la tête d'une affaire qui vaut plusieurs centaines de millions de dollars. Ils avaient profité des V festivals pour faire tester leurs produits en installant deux poubelles : une poubelle « oui » et une poubelle « non », pour réaliser un sondage en temps réel, avant de prendre la décision de nous quitter pour créer leur entreprise. À la fin de la journée le « oui » l'avait emporté nettement. Ils avaient gagné et nous les avions perdus, mais je suis très fier de ce que ces types ont réalisé après avoir fait leurs premières armes chez Virgin.

En 1971, à l'époque où j'étais chaud comme la braise, j'avais écrit dans mon agenda « pas besoin d'avocats ». Mais tous les accords passés et contrats signés pendant des années nous avaient incités à ne plus faire les choses au hasard, donc à les rédiger en termes clairs et sans laisser la moindre ambiguïté. Notre contrat avec T-Mobile en est un exemple criant. Lorsqu'on lance une start-up, il faut veiller à la moindre dépense sous peine de se casser la figure, mais on ne peut pas se passer de juristes. Il faut être bordé

1. Fruits à boire. *(NdT)*

dès le départ, et aujourd'hui, même une start-up doit prendre le temps nécessaire pour peaufiner toutes ses clauses juridiques.

Virgin Mobile marchait à merveille en Grande-Bretagne. Nous avions fait mouche chez les jeunes avec nos pubs *funky* et provocantes qui faisaient un buzz incroyable. Tom Alexander et son équipe, obsédés par la réussite de l'entreprise, prenaient leur pied en voyant des milliers de nouveaux clients nous rejoindre. Au premier trimestre 2003, notre chiffre d'affaires dépassait 1 million de livres par jour.

Nos publicités télé raflaient les récompenses pour leur caractère particulièrement innovant. Nous ne cessions de prendre des parts de marché à Orange, Vodaphone, et même à notre partenaire T-Mobile. Au Royaume-Uni, nous avions recruté Wyclef Jean (ex-Fugees), la superstar du rap américain, pour un clip désormais culte. On le voit signer un contrat dont il ne sait pas qu'il va l'obliger à se prostituer dans un parc de mobil-homes. Il tente de s'enfuir, mais il est rattrapé et jeté en prison pour rupture de contrat ! Un message apparaît à la fin sur l'écran : « Ne signez pas n'importe quoi. » Un client qui changeait d'opérateur pour passer chez Virgin Mobile avait la certitude de ne pas se retrouver pieds et poings liés.

Les équipes de Virgin Mobile avaient de bonnes raisons de regarder aussi ce clip au second degré.

Notre accord était basé sur une juste répartition des rôles : à T-Mobile la gestion du réseau, à nous l'achat des téléphones, le marketing et la gestion de la marque Virgin Mobile. Tout se passait très bien jusqu'à ce qu'un cadre américain, Harris Jones, débarque en Grande-Bretagne. Ce nouveau venu était très fort, mais c'était le loup dans la bergerie. Il éplucha le contrat signé et s'aperçut que Virgin possédait 50 % de la joint-venture estimée à 1 milliard de livres. Les deux parties étaient comblées par notre fantastique *success story*, mais Harris Jones et surtout ses patrons voulurent à tout prix récupérer nos parts, quitte à tout essayer pour y parvenir.

Je m'interrogeais sur les motivations de leur démarche. En fait, ils trouvaient que notre accord les pénalisait. T-Mobile devait verser chaque mois à Virgin Mobile des frais correspondant aux coûts de résiliation de contrats pris en charge par T-Mobile quand ils récupéraient des clients chez les autres opérateurs. Même si Virgin n'était pas propriétaire de l'infrastructure du réseau, c'était prévu comme ça. Et c'était écrit noir sur blanc.

T-Mobile affirma que la loi leur permettait de revoir les termes du contrat. Pour nous, l'accord était clair comme de l'eau de roche, et pourtant nous commencions à trembler à l'idée de nous retrouver au tribunal. T-Mobile était une entreprise redoutable et avait les moyens de s'offrir un procès hors de prix. Le temps qu'il faut passer à discuter avec les juristes coûte cher, mais c'est aussi terriblement chronophage pour les cadres dirigeants. Nos relations commencèrent à s'envenimer et nous nous rendions compte que cette affaire allait repousser notre introduction en Bourse. T-Mobile perdit le procès devant la Haute Cour de Londres. Le juge avait déclaré que « T-Mobile méritait une condamnation morale ».

Le directeur de T-Mobile en Allemagne sut parfaitement en gérer les effets collatéraux. Il eut l'amabilité de m'inviter en Allemagne pour me présenter ses excuses personnelles, un geste élégant que j'appréciai à sa juste valeur. Il fallut attendre encore de nombreux mois pour signer un accord à l'amiable avec les anciens patrons de Harris Jones en Allemagne et la nouvelle équipe du Royaume-Uni, dirigée par son successeur Brian McBride. Sur décision du tribunal, ils furent contraints de nous vendre leurs parts pour une livre symbolique. Brian fit encadrer la pièce... Ils nous proposèrent un nouveau contrat, toujours en place aujourd'hui, et c'est en grande partie grâce à lui que nous avons pu prendre la décision d'aller en Bourse.

La leçon à tirer, c'est que les contrats doivent être parfaitement mis au point dès le départ, à la virgule près. *C'est sur le contrat qu'il faut travailler en priorité*. Il ne faut pas non plus hésiter à faire appel à la justice pour défendre son entreprise. Lorsque vous signez un partenariat de joint-venture, il faut savoir anticiper tout ce qui peut se produire en cas de désaccord, ou pire encore si on essaie de vous trahir. Si tout pouvait se décider sur une poignée de main, ce serait l'idéal – auparavant, beaucoup de bonnes affaires démarraient comme ça –, mais les personnes dénuées de scrupules ne manquent pas. Il faut vous en protéger pour protéger votre entreprise. En quarante ans, nous n'avons pas perdu un procès important. Dans les affaires Gtech (où je reçus des dommages et intérêts substantiels pour diffamation), British Airways et T-Mobile, nous n'avons rien lâché non plus.

Défendre sa réputation. Ne pas avoir peur de se tromper. Voilà mes principes de base. Contrairement à ce que pensent de nombreux chefs d'entreprise, ils ne sont pas antinomiques. Il est indéniable qu'en cas de problème grave, si l'image de l'entreprise a pris des coups, elle les traînera pendant des années. Vous pourrez tenir toutes vos promesses, toujours agir avec équité, et vous montrer le plus patient du monde, bref, être parfait, il y aura pourtant toujours quelqu'un pour vous faire une crasse et nuire à votre réputation. Longtemps après, alors qu'on a bien retenu la leçon et qu'on a conduit bien d'autres projets, on viendra encore vous rappeler le gros pépin qui vous est tombé dessus ou l'erreur que vous avez commise. J'ai connu beaucoup d'excellents et très estimables dirigeants qui ont porté longtemps le poids des fautes passées et dont les carrières ont pâti.

Il ne faut jamais courber l'échine devant ces attaques. Ce serait prêter le flanc aux rumeurs immondes colportées inévitablement sur vous.

Pour ce qui concerne la communication, rien ne doit être laissé au hasard. Virgin tient à avoir des contacts très étroits et permanents avec la presse. Elle sait qu'en cas de difficultés nous n'avons pas l'habitude de nous défiler et que nous ne passons pas notre temps à chercher des excuses. Quand ils ont toutes les clés, les bons journalistes sont capables de replacer une mauvaise nouvelle dans son contexte avant qu'elle se répande sous la forme d'une rumeur. L'opinion apprécie que l'on joue franc jeu, elle se sent respectée, et passera plus facilement sur un incident ; si au contraire vous faites profil bas, attendez-vous à des retours de manivelle.

Nous traduisons toujours nos paroles en actes.

Lorsque nous recrutons, nous ne recherchons pas nécessairement des gens lisses et parfaits. Ce qui nous intéresse, c'est leur parcours. Nous sommes loin d'être des naïfs, mais nous sommes heureux de leur donner leur chance en les faisant tourner, pour observer leur comportement et leur motivation jusqu'à ce qu'ils trouvent bien leur place. Nous ne fuyons pas pour autant nos responsabilités ; et si les choses vont de travers, nous agissons tout de suite. Cette culture contribue à nos résultats parce que avec le temps les gens réalisent que notre groupe sait parfaitement gérer ses problèmes et saisir les opportunités.

Pendant des années, Virgin s'est bâti une réputation sur deux mots : *audace* et *courage*. Je m'étonne toujours que si peu d'enseignes communiquent sur le courage. Sur le plan commercial, cette image nous a rapporté de l'or, et le combat contre Coca-Cola, même en essuyant une défaite, nous a permis de renforcer notre image et la fidélité de nos clients.

Une image dégradée fait plus de mal qu'une rumeur. Combien de personnes riches et célèbres ont été discréditées à un moment de leur vie ? Mais cela n'a rien de très surprenant : il vaut mieux faire confiance aux individus qu'à des groupes pour juger les gens. Pour se remettre d'un KO et refaire votre réputation, il ne faut compter que sur vos amis. Ils ne se contenteront pas de vous défendre, ils vont faire front ; et leur image vous aidera à retrouver la vôtre. Les gens ne sont pas idiots et ce n'est pas en vous affichant avec quelqu'un que vous serez facilement « lavé ». Mais vos amis sont généreux et compréhensifs parce qu'ils ont vécu et qu'ils ont pu eux aussi connaître la souffrance. N'ayez donc pas peur de demander des conseils et de l'aide aux personnes connues dans vos relations.

Je sais parfaitement de quoi je parle. En 2004, quand on préparait l'entrée de Virgin Mobile à la Bourse de Londres, nous nous sommes aperçus que ma personnalité gênait.

En général, les investisseurs ont la mémoire courte, mais les plus anciens de la City de Londres, cette bande des costumes à rayures qui se balade en bretelles, se rappelaient qu'en 1986 j'avais fait entrer Virgin en Bourse avec tambours et trompettes. Nous avions beaucoup d'espoirs, mais après le grand krach de 1987, j'avais dû revendre des parts. De grosses lettres rouges semblaient imprimées sur mon front : « Attention ! Cet homme est dangereux ! »

L'entrée en Bourse de Virgin avait suscité un engouement incroyable, avec un nombre de réservations jamais vu, si l'on excepte les privatisations du gaz, de l'électricité et des télécoms décidées par le gouvernement. Néanmoins, ce fut une des périodes les plus difficiles de ma vie d'homme d'affaires. J'étais effaré par les réunions innombrables et répétitives avec des analystes et des investisseurs qui ne comprenaient rien à notre philosophie. Lorsqu'on décida de changer notre stratégie, personne ne but le bouillon. Les investisseurs avaient récupéré leurs parts avec des dividendes considérables.

En 1985, notre toute nouvelle compagnie Virgin Atlantic fut embarquée dans une guerre des prix sur les voyages transatlantiques et comme nous avions absolument besoin de liquidités, mes conseillers m'avaient persuadé de procéder à une augmentation des fonds propres du groupe. Don Cruickshank fut chargé d'organiser l'introduction en Bourse des secteurs musique, commerce et spectacles regroupés au sein de Virgin Group Plc, dont 35 % des capitaux avaient été introduits sur le marché de Londres et au Nasdaq.

Avec le recul, le scénario est assez savoureux. Virgin Atlantic, considérée comme un investissement bien trop risqué, fut exclue de cette offre, tout comme nos night-clubs Virgin Holidays et Virgin Cargo. Peu après, Virgin Atlantic s'était hissée au deuxième rang des compagnies de long-courriers de Grande-Bretagne, Virgin Holidays était devenue numéro un des entreprises de vacances, et Virgin Cargo avait connu une croissance phénoménale, jusqu'à transporter 100 000 tonnes de fret en l'an 2000 !

Dès le début de l'année 1986, Don et Trevor Abbott, le directeur financier qu'il avait recruté, levèrent 25 millions de livres en actions privilégiées convertibles chez Morgan Grenfell. Il n'y avait pas d'obligation légale pour convertir cela en participation financière en cas d'introduction en Bourse, mais cela ne nous posait aucun problème. Les institutions financières pouvaient convertir leurs actions privilégiées jusqu'à 15 % des sociétés cotées et il nous serait alors possible de mettre de nouvelles parts sur le marché pour d'autres investisseurs en levant 30 millions de livres supplémentaires. Je me retrouvai détenteur de 55 % du groupe Virgin alors que les investisseurs en possédaient 34 %. L'entreprise que la banque Coutts avait pratiquement mise en faillite un an plus tôt était évaluée à 240 millions de livres. On transféra une partie du cash récupéré sur Voyager, la société qui permettait d'investir sur Virgin Atlantic.

Au début de l'année 1987, on utilisa cet argent pour organiser la reprise de EMI Music à Thorn EMI en achats d'actions pour lancer une filiale américaine Virgin Records. Les deux projets absorbèrent tout naturellement notre capital. Quand nous prîmes de plein fouet le krach boursier d'octobre 1987, je fis une erreur grossière en continuant à acheter des actions EMI alors qu'elles n'en finissaient pas de dégringoler. Don Cruickshank et nos directeurs étaient vraiment furieux. « Richard, arrête de balancer le pognon par les fenêtres ! » Il savait qu'on n'avait pas les reins assez solides.

Au moment où tout le monde commençait à se remettre du choc terrible d'octobre, je pensais que le prix de l'action monterait après avoir annoncé nos résultats puisque nos bénéfices avaient plus que doublé ; nous étions passés de 14 à 32 millions de livres pour l'exercice qui s'achevait en juillet 1987. Mais, comme pour tout le monde, le prix de nos actions s'était effondré. Le montant était de 140 p (pence britannique) au moment de notre introduction en Bourse et leur valeur dépassait à peine les 70 p. Nous avions multiplié nos profits par deux et nos actions avaient perdu la moitié de leur valeur. Allez comprendre. En juillet 1988, nous avons fait savoir au marché que nous voulions racheter nos actions à leur prix initial de 140 p. Je ne voulais pas laisser tomber l'armée de nos petits investisseurs parmi lesquels je comptais aussi beaucoup d'amis proches qui n'avaient pas hésité à mettre leurs économies et leur confiance dans notre entreprise. Pour ce faire, nous fîmes un prêt de 300 millions de livres ; inutile de dire que notre taux d'endettement était au plus haut. C'est là que mon rêve de rachat de EMI Music s'évanouit. La City de Londres n'avait pas compris notre fonctionnement ; nous allions être retirés de la cotation et devenir pourtant une des plus grandes entreprises privées du monde avec des investisseurs importants et cotés en Bourse.

En 2004, j'espérais que l'introduction en Bourse de Virgin Mobile serait l'occasion de notre réhabilitation, qui avait fait déjà de grands pas aux yeux de la City. Des échos parus dans la presse économique annonçaient notre arrivée. Le *Sunday Times* avait écrit que Virgin Mobile serait « un nouveau joyau de la couronne ». Au mois de juillet, au moment de sa mise sur le marché de Londres, il y eut quelques hésitations, mais elles étaient dues à l'ambiance générale qui régnait à ce moment-là et qui ne facilita pas la vie de ceux qui voulaient comme nous s'introduire en Bourse.

Ironie de l'histoire ; nous fûmes cotés la même semaine que Premier Foods, ceux qui fabriquent Branston Pickles[1] ; les journaux s'amusèrent en titrant « Branson Pickle ». Quelle allait être l'attitude des investisseurs ? Le contexte était complètement différent. J'avais beaucoup appris et j'avais pris la décision de ne pas me mettre en avant puisque mon visage barbu et souriant faisait toujours la une. Pas question non plus de présider la société ni d'exercer un contrôle direct. En 2004, la gouvernance des entreprises avait complètement changé, et dès le premier jour, Virgin Mobile a été créée et gérée comme une société anonyme.

Pour entourer et aider Tom Alexander, et éviter de reproduire ce qui s'était passé dans les années 1980, on mit en place une équipe de grande expérience dans la finance. Charles Gurassa, président de TUI[2] pour l'Europe du Nord, prédécesseur du P-DG de Thomson

1. Les *pickles* sont des conserves de légumes ou de fruits dans le vinaigre, très appréciées en Grande-Bretagne. *(NdT)*

2. Touristik Union International, entreprise allemande, le plus grand groupe de tourisme du monde. *(NdT)*

Travel, prit le poste de président. Caroline Marland, administrateur de Burberry et de la Bank of Ireland, Rupert Gavin, bien connu comme chef de la chaîne BBC Worldwide, et David Maloney, responsable financier des hôtels Méridien, tous entrèrent au conseil d'administration comme membres non executifs. Ces poids lourds allaient apporter tout leur savoir-faire au moment de rejoindre le FTSE 250.

Tom Alexander avait un beau parcours et beaucoup d'expérience. Il en était de même pour son équipe et les membres du conseil d'administration. Ils me sollicitèrent en tant qu'investisseur important, mais aussi pour ce que mon image pouvait apporter, et ils me nommèrent président honoraire !

Notre situation financière était saine. Nous avions préparé avec soin l'arrivée de Virgin Mobile sur le marché. Je n'ignorais pas que quelques investisseurs avaient encore en tête l'expérience de 1987. Tant pis. On ne pouvait obliger personne à investir.

Le 30 juin 2004, Virgin Mobile fit son annonce officielle. Des actions gratuites furent offertes à tous les salariés de Virgin Mobile qui avaient au moins un an de présence. Nous avions fait appel aux banques JP Morgan et Morgan Stanley pour démarcher les investisseurs et les sponsors ; avec Investic Securities, ils nous servaient aussi de caution.

Le 7 juillet 2004, nous décidâmes que le prix de l'action se situerait entre 235 p et 285 p qui valorisait l'entreprise à 1 milliard en hypothèse haute. Ce n'était pas si mal, à moins que nous fassions preuve d'un optimisme exagéré. Le marché continuait à se dégrader et il nous fallut revoir nos chiffres à la baisse. Le 21 juillet, Virgin Mobile annonça son offre : 200 p par action, ce qui valorisait la société à 11 millions de livres avec un apport de 125 millions de livres et un capital de 500 millions de livres.

Il n'y avait pas de quoi se plaindre, compte tenu de la conjoncture qui avait amené plusieurs autres IPOS[1] à abandonner pendant l'année. L'introduction en Bourse du groupe Virgin nous rapporta

1. Initial Public Offering, sociétés désireuses d'entrer en Bourse. *(NdT)*

environ 400 millions de livres, investis dans de nouvelles opérations aux États-Unis, en Chine et en Afrique. Les souvenirs de 1987 et « Branson Factor[1] » n'étaient plus un problème ; Virgin pouvait poursuivre sa croissance.

Les entreprises ont des difficultés à réagir et à s'adapter en période difficile. Virgin Mobile USA s'est trouvé ballotté dans un marché virulent dès le premier jour. Nous n'avons pas fait d'erreurs, mais rien n'est jamais gagné.

Je suis heureux de voir comment l'entreprise continue à innover. Quand les choses sont difficiles, il est tentant de rester sur la défensive, de ne rien changer et de jouer la prudence, mais dans un marché très disputé, c'est un comportement suicidaire. Il faut lutter contre nos tendances naturelles en réagissant au plus vite et en changeant ce qui ne va pas si on ne veut pas disparaître. Ce n'est pas simple. L'histoire de Virgin Mobile USA en est une belle démonstration.

En 2002, nos débuts ont été brillants. Il faut dire qu'on s'était vraiment bougé les fesses. Virgin Mobile USA avait trouvé un produit qui convenait parfaitement aux jeunes Américains, avec les fonctionnalités qu'ils attendaient, un prix transparent et sans ces pages de contrat à signer qu'on vous remet dans un beau dossier. En 2005, le marché du mobile prépayé devint un combat de chiens. Le marché se tendait de plus en plus. Nous étions attaqués par des concurrents au portefeuille bien rempli qui commencèrent à nous rendre la vie difficile.

Dan répliqua en sortant de super-produits. Le flasher V7 Flip Phone disposait d'un appareil photo avec flash, MMS, des sonneries « superphoniques », des jeux téléchargeables et la possibilité de personnaliser l'écran. C'était aussi le premier appareil qui pouvait se raccorder sur notre nouveau réseau à plus haut débit à un prix très attractif, voire trop bas. Les prises de parts de marché nous coûtaient de plus en plus cher.

L'équipe américaine avait contracté un emprunt important pour pouvoir s'imposer sur cet immense marché, et ils commencèrent à

1. Allusion à la série TV *Fear Factor*, dont la thématique repose sur la peur. *(NdT)*

avoir des inquiétudes. Ils n'étaient pas certains de pouvoir continuer à rembourser leurs échéances. Pour ajouter à leurs soucis, ils avaient des problèmes de matériel et ils étaient à deux doigts de faire un procès à Nokia, notre fournisseur le plus important. Dan me signala aussi que le moral des salariés avait sérieusement baissé parce que notre introduction en Bourse était sans cesse repoussée. On décida de diminuer les bonus. La viabilité de l'entreprise était maintenant en question. Les actionnaires s'inquiétaient. Il y avait au moins une chose dont on était sûrs, c'est que notre stratégie n'était pas au point.

Dan s'isola pendant le week-end. À son retour, il présenta son plan d'action pour la résurrection de Virgin Mobile. Un appel vibrant pour se remettre en ordre de bataille et retrouver sa position de leader en se concentrant sur quelques actions radicales : s'occuper de nos 4 millions de clients. Régler la dette. Faire en sorte que nos équipes retrouvent leur enthousiasme. Résoudre nos problèmes juridiques avec Nokia, Freedom et Telecordia. Booster nos ventes. Tout cela en six mois.

C'était monstrueux, diablement courageux, mais il avait convaincu tout le monde. Les troupes, prêtes à repartir, avaient retrouvé leur pêche.

En 2006, Virgin Mobile USA mettait un point final à l'opération. Tout avait été revu : la marque, les téléphones et le réseau de distribution. Nous avions mis en place de tout nouveaux services adaptés à la demande de la jeune génération comme Sugar Mama, un moyen de gagner des minutes gratuites, Stash, une carte à débit prépayé, et ReGeneration, un réseau caritatif pour aider les jeunes SDF. Fin juillet, le redressement était spectaculaire. Virgin regagnait des parts de marché, y compris sur les téléphones *low cost* de Cingular. Nous avions gagné de nouveaux clients : ils étaient maintenant 4,6 millions, soit une augmentation de 20 %. On était repassés dans le vert. Les clients de Virgin s'étaient échangé 1,5 milliard de SMS, comme si chaque client en envoyait un par jour chaque année. Ils avaient téléchargé 15 millions de sonneries et 2,5 millions de jeux. En décembre 2006, les clients de

Virgin Mobile USA utilisaient 950 millions de minutes de communications. Beaucoup de « chats ».

Nous étions prêts pour Wall Street. Le 11 octobre 2007, Virgin Mobile USA annonça son introduction en Bourse ; on s'arracha 27,5 millions d'actions à 15 dollars.

En 2007, Virgin Mobile USA était rentable pour la première fois avec un résultat net de 4,2 millions de dollars, mais personne n'imaginait pour autant que la partie était gagnée. Près de six mois après notre introduction en Bourse, les choses commencèrent à se dégrader. La crise des *subprimes* et l'effondrement de la banque Bear Stearns faisaient dégringoler Wall Street. Sous la menace de la récession, dans une concurrence implacable, tous les cours enregistrèrent une forte chute. Certains analystes commençaient à remettre en cause les MVNO et le cours de notre action finit par tomber à 2 dollars. Nos investisseurs étaient désemparés. J'étais pourtant convaincu que nous allions rebondir. Dan était optimiste et ne montrait pas d'inquiétude pour l'avenir de Virgin Mobile. « De l'avis général nos offres sont plus attrayantes et notre affaire reste bien positionnée pour le futur », répétait-il aux investisseurs. Il savait que je le soutenais. Pendant ces cinq années, Virgin Mobile a été un moteur de l'innovation. Si la société poursuit son travail de fond et continue à réduire ses frais en faisant évoluer ses produits et ses services, nous aurons encore une augmentation sensible de la demande.

Malgré toutes ces difficultés, ou peut-être à cause d'elles, je suis incroyablement fier de Virgin Mobile USA. L'entreprise a eu le culot d'innover pour se sortir de ses problèmes. Comme a dit Robert Frost : « Ne pas hésiter à défoncer la porte pour sortir. » Dan le savait et il avait vraiment tapé dans le mille. Il était convaincu que, quand une entreprise a besoin de se rétablir, il ne faut pas hésiter à entamer un bouleversement total.

Il ne fit pas la confusion entre l'ampleur des efforts à fournir et un simple lifting. Il sut traiter les problèmes essentiels, effacer les dettes et régler ses problèmes juridiques en s'assurant de l'adhésion de ses équipes grâce à une communication permanente, honnête et directe.

Virgin Mobile USA n'a pas volé son succès. Si vous vous en inspirez dans les moments difficiles, il en sera de même pour vous.

Dans la soirée du 17 février 2008, j'étais à la barre de mon bateau ; je venais de quitter Necker Island pour rejoindre Virgin Gorda[1] en traversant Biras Creek. Je sentais la fraîcheur de la brise dans le soleil couchant. J'avais des frissons malgré mon pull en cashmere, une tenue plutôt rare dans les Caraïbes. Ce n'était pas le froid mais l'accablement. À mes côtés, Ryan West (plus connu à Necker sous le nom de Westy), Nicola Duguid, qui était alors mon assistante personnelle, et le professeur Dan Kamenn. Dan et Westy étaient venus pour me dire l'enthousiasme que suscitait notre idée de tourisme durable sur l'île Moustique. À Berkeley, Dan travaillait en effet à un modèle d'ordinateur, dans son laboratoire de l'université de Californie, pour notre projet de station de vacances écologique, sans émission de carbone, équipée d'éoliennes et de panneaux solaires.

Mais j'avais la tête ailleurs. J'étais abattu par la mauvaise nouvelle. Des dizaines de personnes de Virgin avaient travaillé sans relâche pendant cinq mois pour aboutir à rien. Les enjeux étaient énormes, et jamais nous n'avions pris un tel risque depuis quarante ans. Si nous n'avions pas atteint notre objectif, qui consistait à sauver une entreprise de la faillite et qui était à notre portée, les conséquences auraient été dramatiques pour Virgin. On avait parfaitement préparé notre affaire, et au prix d'un travail de dingues on était arrivé à deux doigts de la réussite. On ne refera pas l'histoire et on ne saura jamais ce qui se serait passé. Nous avions tout fait pour sauver Northern Rock, victime d'un cataclysme, et nous avions perdu. Il me fallait faire le deuil des accords les plus audacieux qu'on ait jamais imaginés.

1. Île de l'archipel des îles Vierges britanniques, d'une superficie de 30 km^2, peuplée par un millier d'habitants. *(NdT)*

En posant les pieds sur la jetée, je leur dis : « Ça y est ! Ils nationalisent Northern Rock. Si vous n'y voyez pas d'inconvénient, je vais prendre une cuite. »

Cette histoire est une parfaite illustration de ce que j'aurai essayé d'expliquer dans ce chapitre et même dans ce livre. Quand les astres sont contre vous, il n'y a rien à faire. Vous pouvez bien laisser votre colère exploser en hurlant et vociférant, mais ça ne sert à rien si ce n'est à perdre du temps.

En août 2007, lorsque le resserrement du crédit a commencé à se faire sentir, une bonne opportunité se présenta à moi. Depuis des mois, je suivais de très près la crise qui s'installait et prenait de l'ampleur. Je pris la décision très sage de vendre mon portefeuille personnel d'actions – sauf les Virgin – pour récupérer du cash. Je m'en sortais beaucoup mieux que Northern Rock. Dans les semaines suivantes, les choses commencèrent à se gâter car on ne voulait plus accorder de prêts aux banques de crédit hypothécaire. Nous ne nous attendions pourtant pas à l'un des plus grands krachs de l'histoire des banques britanniques.

À ce moment précis, Jayne-Anne Gadhia était dans la boue jusqu'au cou, mais pour son bien-être ! Elle était avec des amies, Susan et Rosemarie, ce dimanche 16 septembre, à se faire choyer au centre de remise en forme du château de Stobo, dans la région d'Édimbourg. Les journaux du dimanche parlaient tous de la débâcle de Northern Rock, et Jayne-Anne s'était tout de suite mise à réfléchir à ce que Virgin pourrait faire. Elle se leva en jetant son journal et se mit à chercher un téléphone et le numéro de Gordon McCallum.

« Ne dis pas de bêtises ! lui répondit-il. Tu vas un peu trop vite. »

Elle envoya alors un email à Gordon et Stephen Murphy pour s'expliquer.

> *Bonsoir ! Vous allez me traiter de folle, mais je n'arrête pas de penser à la situation de Northern Rock ; comment leur venir en aide et en tirer quelque chose. Pour moi il y a plusieurs opportunités allant du possible à l'inimaginable.*

1. Accepter que ceux qui fournissent le bilan prennent les actifs et regarder si l'on peut prendre les systèmes, etc., à un prix convenable.
2. Passer un accord avec Citi[1] *ou BOA*[2] *pour qu'ils achètent l'entreprise en nous laissant mettre notre enseigne, et leur permettre d'avoir des succursales à l'enseigne Virgin au Royaume-Uni.*
3. Prendre contact directement à Northern Rock et à la Bank of England.
On pourrait utiliser Richard pour aller au front et pour montrer l'importance que nous accordons à la crise, rebaptiser Northern Rock Virgin avec la Bank of England derrière pour les emprunts en cours, se retirer des prêts hypothécaires dans l'immédiat et se concentrer sur l'épargne pour rééquilibrer le bilan, et avec Richard Branson en première ligne pour faire une grande campagne pour l'épargne. L'image de Branson jouerait un rôle capital ; objectif : augmentation de l'épargne et réduction de la dette.
4. Quoi qu'il arrive, je pense que si on faisait des sondages pour savoir à qui on peut faire confiance en matière de finances, la réponse serait à coup sûr Richard Branson.
J'ai conscience que tout cela a l'air complètement dingue, mais la confusion actuelle est propice pour changer et je pense qu'on a quelque chose à faire. Richard pourrait parler à Darling[3] *ou à Brown pour savoir comment on peut se rendre utile.*
Qu'en pensez-vous ? Je n'ai pas voulu en parler à Richard avant d'avoir votre avis.
J. A.

La réponse de Gordon fut empreinte de son mélange habituel de prudence et de bon sens. « Je pense que le paragraphe 1 est intéressant, mais que tout ce qui suit est fou. Parlons-en demain matin. » Stéphane se montra tout aussi prudent. Jayne-Anne décida alors

1. Conglomérat financier. *(NdT)*
2. Bank of America. *(NdT)*
3. Alistair Darling, chancelier de l'Échiquier, ministre des Finances dans le gouvernement de Gordon Brown, Premier Ministre. *(NdT)*

de m'appeler directement. Elle me demanda si j'avais vu les files d'attente devant la filiale de Northern Rock aux infos.

– Bien sûr que oui.

– Alors ? Tu penses qu'on devrait tenter quelque chose ?

– Arrange ça ! Dis-je. Tu as le feu vert.

– Vous ne pouvez passer en pôle position que si vous essayez quelque chose.

Pendant des années le but du groupe Virgin a été de se positionner fortement sur des marchés mouvants. On a fait ça, dans notre société de disques dans les médias, les télécoms, les clubs de santé et sur la brèche à la recherche de nouvelles opportunités. C'est le meilleur moyen de ne pas louper la bonne affaire.

Le lendemain Jayne-Anne eut une discussion avec Peter Norris, un de nos conseillers de longue date, et qui avait dirigé Barings[1]. Peter répliqua que Virgin devrait commencer à creuser sérieusement cette idée. Gordon et Stephen avaient repris leur souffle et surmonté le choc. Il était temps de constituer une équipe pour s'atteler à cette tâche gigantesque. L'aventure Northern Rock commençait.

Le lendemain j'appelai Matt Ridley, le président de Northern Rock, pour lui dire que nous serions très heureux de venir en aide à la banque. Matt est charmant ; il était ravi de m'entendre.

– Bonne nouvelle, Richard. L'enseigne Virgin est exactement ce dont la banque a besoin, dit-il. Bien entendu, vous réalisez qu'il va falloir des milliards de livres.

– Oui, dis-je. En mon for intérieur je pensai : *des milliards ? Il a bien dit des milliards ?*

– Je suis certain que nous allons y arriver.

Il avait parlé de milliards… c'est évident… Il s'agissait d'une banque.

– Je comprends bien, dis-je en commençant à transpirer, oui, je comprends.

1. La plus ancienne banque britannique qui fit faillite en 1995 à cause de placements à découvert, supérieurs à ses fonds propres, réalisés par le trader Lesson. Elle a été rachetée par la banque ING au prix symbolique d'une livre sterling. *(NdT)*

La situation de la banque avait été rendue publique le jeudi 13 septembre 2007. La BBC avait annoncé le SOS, lancé par Northern Rock à la Bank of England, qui avait répondu favorablement à sa demande d'aide financière. L'opération fut bouclée rapidement et annoncée à la Bourse de Londres dès 7 heures du matin. Dans la foulée, on assista à des scènes choquantes disparues depuis l'époque victorienne : de longues files s'étaient formées devant toutes les agences de Northern Rock du pays. Leur standard avait sauté et leur site Web était complètement saturé.

Northern Rock avait beaucoup de points forts et je voulais contribuer à sauver tout ce qu'elle avait de meilleur. Comme tout le monde, j'étais devant mon téléviseur, mais en bon *business man*, je regardais surtout ce qui se passait avec les porte-parole de Northern Rock qui tentaient de rassurer des clients affolés. J'admirais leur comportement. Dignes et calmes, ils s'efforçaient de conseiller au mieux leurs clients qui voulaient récupérer leur argent. Tout le personnel était mobilisé et mettait la main à la pâte.

La banque s'était mise en grande difficulté en empruntant à court terme sur les marchés financiers pour accorder des crédits hypothécaires à long terme. C'est facile de les critiquer, une fois qu'on connaît la suite de l'histoire ; la banque avait acquis sa popularité avec ses intermédiaires – les conseillers financiers qui recommandaient les prêts hypothécaires – et ils avaient des systèmes très modernes en place. C'était un bon moteur, mais il consommait beaucoup trop pour ce genre de route, et il venait de tomber en panne sèche. Nous voulions le faire repartir avec un carburant moins polluant que les marchés financiers à court terme.

Il fallait mettre en place une équipe de choc. Les médias allaient inévitablement se concentrer sur ma personne dans les mois à venir, mais je n'aurai ni le temps ni les capacités pour diriger une banque. L'équipe de réanimation était un groupe formidable animé par Jay-Anne Gadhia, la patronne de Virgin Money. Je resterai à l'arrière-plan, mais en contact permanent. Tous les soirs, j'appellerai Jayne-Anne pour qu'elle me fasse le compte rendu et me dire si je pouvais me rendre utile.

Stephen Murphy nomma James Lupton de Greenhill pour qu'il nous apporte son aide à Londres avec Peter Norris, de la firme Quayle Munro, et Andrew Balheimer, de la grande société de conseil juridique Allen & Overy. L'équipe était au complet. Nous avions besoin de savoir comment s'y prendre avec une société de la taille et de l'envergure de Northern Rock. « Sincèrement, vous pensez vraiment qu'on peut y arriver ? » Ils me répondirent que si – et seulement si – on pouvait apporter les fonds nécessaires, c'était jouable.

On me confia donc la tâche de faire du battage pour récupérer des fonds. Un des membres de notre équipe appela ça « SOS dollars ». J'avais un bon carnet d'adresses. J'appelai mes contacts pour les inviter à nous rejoindre. Je passai aussi un certain nombre d'appels plus personnels pour m'assurer que nous aurions affaire à des gens de bonne volonté. Je reçus l'accord du plus haut niveau.

Il fallait bâtir un business plan pour expliquer comment nous allions faire pour transformer Northern Rock en Virgin Bank. (Par jeu j'avais eu envie de l'appeler Virgin Rocks comme un clin d'œil à nos débuts dans la musique rock. Jayne-Anne m'en dissuada gentiment mais fermement.) Mon premier appel fut pour AIG, le groupe d'assurances et sponsor du club de Manchester United. Ils étaient d'accord pour nous soutenir. C'était un bon départ. Munis de nos bâtons de pèlerin, on alla présenter notre projet aux grandes banques du monde. Nos relations de longue date avec la Royal Bank of Scotland furent payantes ; ils étaient d'accord pour monter quelque chose en exclusivité avec nous et leurs partenaires, City Group et Deutsche Bank. Un sacré coup de pouce. On était en mesure d'apporter 11 milliards de livres (j'ai bien dit milliards) !

Le 12 octobre 2007 nous rendîmes public notre tour de table. Des poids lourds : Wilbur Ross, le célèbre investisseur de *distressed debts*[1], AIG, la plus grande compagnie d'assurances du monde,

1. Terme récent qui n'a pas encore d'équivalent en français ; il s'agit de sociétés qui se spécialisent dans le rachat de dettes d'entreprises mises en faillite ou sur le point de l'être, et qui interviennent dans leur gestion. *(NdT)*

First Eastern Investment, dirigée par Victor Chu, et Toscafund, une société d'investissements dirigée par Martin Hughes et dont le président était sir George Mathewson (sir George, l'ancien président de la Royal Bank of Scotland, jouait gentiment le rôle de *senior adviser* en attendant que nous trouvions notre président).

L'équipe Virgin eut un premier rendez-vous avec l'équipe de direction de Northern Rock, au siège, à Londres. Adam Applegarth en était encore le P-DG. Jayne-Anne me raconta plus tard que l'équipe de Northern Rock voulait faire sortir l'information au plus vite ; leur volonté de se sortir d'affaire l'avait frappée. À la suite de cette rencontre, Northern Rock nous donna l'accès à sa salle de données.

Le paysage commençait à bouger. Les firmes d'investissements, Olivant, Cerberus, JC Flowers et Five Mile, étaient vent debout contre notre plan. On comprit vite que nous allions nous trouver face à des offres concurrentes et, avec le resserrement du crédit, la bataille pour lever des fonds promettait d'être terrible. Il était clair pour nous tous que nous avions besoin d'une forte personnalité à la crédibilité indiscutable pour finaliser et conduire notre affaire.

Jayne-Anne me chargea de convaincre sir Brian Pitman[1] que je connaissais bien pour avoir travaillé avec lui pendant des années au conseil de Virgin Atlantic et à l'occasion de nos pourparlers avec Singapore Airlines. Cet homme d'une grande culture était à mes yeux le plus grand banquier de sa génération. J'avais beaucoup d'affection et d'admiration pour lui. À 76 ans, il était plus vif que jamais. Stephen et Jayne-Anne l'avaient rencontré plusieurs fois dans la période où nous travaillions à finaliser notre proposition. Il m'avait dit qu'il ne voyait pas comment éviter la faillite de la banque et n'avait pas l'intention de s'impliquer dans notre projet.

En le harcelant gentiment, j'arrivai à le convaincre de bien vouloir au moins nous écouter. Jayne-Anne passa deux heures chez lui

1. Brian Pitman est décédé en mars 2010 ; reconnu par l'establishment économique comme le plus grand banquier de sa génération, il était entré comme stagiaire à la Lloyd's Bank, et avait gravi tous les échelons jusqu'à la direction générale en 1983. *(NdT)*

à Weybridge pour lui présenter le dossier. Il admit que notre proposition était crédible et comprit qu'il fallait un homme de son envergure pour mettre le projet en forme. Il ajouta quelques suggestions en confirmant que notre plan ne manquait pas d'intérêt. Deux jours plus tard, il vint rencontrer l'équipe à Londres mais n'était toujours pas disposé à nous rejoindre.

La pression devenait de plus en plus forte ; Lee Rochford, le directeur général de la titrisation des institutions financières (je me demandais si tout ça tenait bien sur sa carte de visite !), fit savoir qu'il leur fallait absolument la garantie que notre président aurait les qualifications indiscutables. Jayne-Anne appela sir Brian dans sa maison du Surrey. Il accepta enfin. C'était extraordinaire. Elle téléphona à Lee pour lui donner son nom. Il était ravi. « C'est une excellente nouvelle. »

Sir Brian assista à toutes les réunions importantes, à la Bank of England, avec la FSA[1] et au ministère des Finances. De tous les spécialistes de la banque qui se trouvaient autour de la table, il était de loin le plus distingué et le plus expérimenté. Il nous apportait une crédibilité indiscutable.

Face au resserrement du crédit et aux problèmes de *subprimes* aux États-Unis, notre planning se devait d'être infaillible, en commençant par donner des gages aux marchés. Notre président était très à cheval là-dessus ; il nous demandait d'imaginer le pire scénario, et en particulier jusqu'où le marché immobilier du Royaume-Uni risquait de tomber.

Jayne-Anne demanda un jour à sir Brian pourquoi il avait finalement décidé de nous rejoindre. Il y avait plusieurs raisons, mais c'était surtout parce qu'il n'avait pas oublié le comportement de Northern Rock avec les familles des mineurs pendant les grandes grèves de 1980. Pendant toute la durée du mouvement, ils avaient pris le risque de mettre en sommeil les remboursements de leurs

1. Organisme britannique indépendant et non gouvernemental, créé par le Financial Services and Markets Act en 2000, ayant pour but de réguler le fonctionnement des marchés financiers. *(NdT)*

crédits immobiliers. Les mineurs et leurs familles avaient pu finalement garder leurs maisons. Pour sir Brian, une banque capable de se comporter ainsi méritait bien qu'on vole à son secours.

Notre plan consistait à injecter de nouvelles liquidités, à hauteur de 1,25 milliard de livres. L'apport viendrait de Virgin, de Wilbur Ross, de Toscafund et de First Eastern pour permettre aux actionnaires en place de récupérer leur investissement dans les années à venir.

N'ayant pas vraiment pris conscience de la situation catastrophique dans laquelle se trouvait leur banque, ils avaient le sentiment que notre proposition était largement insuffisante, ce qui n'était pourtant pas le cas. Il fallait que l'on soit plus clairs. Nous nous comportions de manière aussi diplomatique que possible, compte tenu de l'impératif qui était le nôtre de renforcer le capital pour satisfaire les demandes des régulateurs (n'y voyez aucune critique des actionnaires ; comme je l'ai dit précédemment, une situation ne s'analyse pas de la même façon, avec du recul).

Deux importants *hedge funds*[1] donnèrent leur position au gouvernement. Elle était sans détour. Ils allaient voter contre l'offre de Virgin ; et si l'État choisissait notre plan au lieu du leur, ils feraient pression pour que la banque soit nationalisée, un discours était destiné à forcer la main du Premier Ministre. Malgré la nécessité de trouver une solution au plus vite, le gouvernement ne voulait pas laisser penser qu'il nous soutenait pour ne pas se retrouver avec les actionnaires contre nous. Nous entrions dans un long processus mais nous étions décidés à le faire aboutir.

Nous fîmes savoir que, sans l'injection d'un nouveau capital de 1,25 milliard de livres, Northern Rock ne pourrait pas résister à une récession de l'ampleur de celle du début des années 1990. On publia nos pistes de réflexion et nos chiffres à la FSA. Ils semblaient très satisfaits de notre travail et jugeaient nos hypothèses raisonnables. C'était ma réponse à ceux qui suggéraient que je n'étais là-dedans que pour profiter des contribuables britanniques

1. Fonds spéculatifs. *(NdT)*

en espérant récupérer quelques milliards sans prendre de risques. Ils ignoraient que Brian m'avait expliqué plusieurs fois, en s'appuyant sur des chiffres, qu'avant que le contribuable ait quoi que ce soit à débourser le consortium pouvait perdre 1,6 milliard de livres au total.

Nous gardions confiance. Notre plan prévoyait d'éponger la dette d'ici 2010. Selon nos chiffres, au début de l'année 2009, Virgin Bank aurait perdu 300 millions de livres, rentrerait dans ses frais en 2010 et reprendrait sa croissance à partir de 2011. C'était un risque énorme pour nos investisseurs comme pour moi. Le taux normal d'amortissement chez Virgin est d'environ 30 %. Dans cette affaire, il montait à 50 %, mais sur un montant énorme. J'évoluais dans un territoire totalement étranger. Nous avions des discussions régulières avec Stephen et Gordon pour évaluer les risques courus par le groupe, et chaque fois nous tombions d'accord pour persévérer.

Nous faisions des comptes rendus réguliers à notre consortium pour les informer et conserver leur confiance. Un jour que Jayne-Anne s'entretenait avec Martin Hughes, de Toscafund, elle lui fit part de ses interrogations sur les effectifs. Compte tenu de l'augmentation de nos frais, fallait-il envisager des licenciements ? Martin insista pour qu'on résiste et qu'on en supporte la charge jusqu'à ce l'affaire redémarre. Il ne voulait pas que le spectre des pertes d'emplois vienne ternir un peu plus l'image de la banque. Martin n'était pas du genre à ne s'intéresser qu'à ce qui était simple à traiter ; il se colletait volontiers avec les dossiers importants et prioritaires. Tous les soirs à 18 heures, l'équipe Virgin tenait une conférence téléphonique menée par Stephen et Gordon. C'était notre occasion d'échanger les dernières informations et de prendre des décisions. Nous avions une véritable approche collégiale, en s'appuyant sur la sagesse et l'expérience des professionnels de la banque, chacun d'entre eux ayant eu à mener une fusion importante dans sa carrière. Nous avions les meilleurs avec nous et j'étais extrêmement fier de voir que le nom de Virgin pouvait attirer des gens d'un tel niveau. Aussi surprenant que cela puisse paraître, il est rare de trouver une équipe aussi soudée dans le milieu des affaires.

Wilbur Ross nous menait la vie dure. Il mit plusieurs fois Jayne-Anne à rude épreuve en la testant parfois jusqu'au petit matin pour la faire réagir à différents scénarios. Son obsession était d'éviter les risques de pertes. C'est aussi ma vision des affaires et cela a toujours été un des principaux objectifs de Virgin. Wilbur s'intéressait davantage à ce qu'il pouvait perdre plutôt qu'à ce qu'il pourrait gagner. C'est une leçon à retenir : dans des négociations de cette ampleur, où se jouent des milliards de livres, on a plus de chances de réussir en étant attentifs aux pertes pour les couvrir au plus vite, que de tirer des plans sur la comète sur ce qu'on va gagner. Wilbur, qui voulait s'assurer que nous avions bien compris cette règle, se rendit compte que c'était le cas. Sir Brian, la FSA et la Bank of England donnèrent leur accord en déclarant que notre dossier était le plus solide.

Les *hedge funds* qui avaient parié sur le prix de l'action étaient livides à l'idée de nous voir reprendre une banque. À l'approche de Noël, le resserrement du crédit se fit de plus en plus strict. À la City, toutes les grandes banques annonçaient qu'elles commençaient à manquer de liquidités. En regardant les chiffres, nous arrivions tous à la même conclusion : la charge de nos emprunts allait devenir exorbitante. La Royal Bank of Scotland et ses partenaires nous accordaient toujours nos lignes de crédit, mais les charges ne finissaient pas d'augmenter. Plus nous regardions les chiffres, plus nous arrivions à la conclusion que nous aurions du mal à suivre. Nous commencions à envisager de nous retirer. La Banque d'Angleterre et le gouvernement proposèrent alors de nous aider en suggérant que l'on prenne des obligations garanties par l'État, des titres émis par le gouvernement à un prix préférentiel. Tous les postulants avaient accès à ces financements, ce qui montrait que chaque proposition serait enfin considérée avec un degré minimal d'objectivité.

Voilà qui pouvait faire retomber la pression dont nous faisions l'objet. Dans cette course infernale, notre projet restait bien placé, mais nous aurions à subir des restrictions rigoureuses sur les transactions commerciales en vertu des accords européens de réciprocité. Le soutien du gouvernement nous donnait un avantage sur les autres banques commerciales et nous étions dans l'obligation de respecter des règles strictes pour ne pas fausser la concurrence, jusqu'à ce qu'on ait remboursé. Il n'y avait rien de plus normal, et cela ne nous posait aucun problème. Le gouvernement donna pour sa part l'assurance qu'aucun dividende ne serait versé tant que le contribuable britannique ne serait pas remboursé. C'était clair, et Virgin avait bien l'intention de rendre l'argent avant d'entreprendre quoi que ce soit.

Pendant que nous attendions les informations sur le timing de la part de Goldman Sachs, j'étais parti en Chine pour un important voyage d'affaires avec de hautes personnalités britanniques, dont le Premier Ministre Gordon Brown.

À Heathrow, notre décollage fut retardé par l'atterrissage en catastrophe d'un Boeing 777 de British Airways. Les deux moteurs avaient perdu de leur puissance pendant la descente et le pilote, grâce à ses grandes compétences, avait pu se poser sur l'herbe située avant la piste, épargnant à coup sûr la vie des passagers et du personnel de bord. Pendant plusieurs années nous nous étions tiré la bourre, mais je reconnais volontiers que British Airways a toujours eu des équipages de très haut niveau. Il régnait sur notre vol une atmosphère d'allégresse paisible car nous ne cessions de penser à l'exploit réalisé par le capitaine du 777 et son copilote.

En arrivant à Pékin j'appelai Jayne-Anne pour lui demander si nous avions des nouvelles du dossier Goldman Sachs.

– Oui, il vient d'arriver. Qu'est-ce qui s'est passé pendant le vol ?

– Que veux-tu dire ?

– Les infos répètent en boucle que tu as eu un entretien privé avec Gordon Brown à propos de Northern Rock.

– Hahaha !

– Il n'y a pas de hahaha ! Qu'est-ce que tu nous prépares ?

Il y eut un blanc.

– Jayne-Anne, dis-moi que tu plaisantes, s'il te plaît ?
– Ça passe aux infos encore en ce moment, dit-elle.

Gordon Brown était allé bavarder avec les 40 journalistes regroupés à l'arrière de l'avion ; l'un d'entre eux était le conseiller en relations publiques du consortium concurrent. Le Premier Ministre s'était ensuite arrêté près de moi pour me répéter ce qu'il leur avait dit : il allait informer les postulants des conditions de Goldman Sachs dans les vingt-quatre heures. C'était tout. Rien de plus. Surtout ne pas tenir compte de ces 40 journalistes et un groupe de patrons de *hedge funds* qui ne souhaitaient qu'une chose : que je débarrasse le plancher !

La rumeur d'un accord plus qu'amical entre Gordon Brown et moi ne cessa pas durant tout le séjour en Chine. L'instinct grégaire des médias britanniques compromit nos chances pour longtemps. On vit fleurir des caricatures de Gordon Brown en train de me mettre dans sa poche et inversement. Était-ce de la malice ou la volonté d'en rajouter, je ne le saurai jamais. On nous avait dit que le Premier Ministre et le ministre des Finances étaient favorables à un accord avec le secteur privé, mais l'épisode chinois a dû influencer la décision finale de son équipe.

Les médias ont joué un rôle capital dans l'affaire Northern Rock, y compris après le voyage en Chine. Bryan Sanderson (devenu P-DG de Northern Rock après la démission de Matt Ridley) me confia que tous les journaux avaient mis un journaliste à plein temps sur l'affaire et qu'on leur demandait de trouver une histoire par jour, ce qui relançait toujours les rumeurs.

On ne peut pas dire que le ministère des Finances nous aida beaucoup quand il commença à négocier avec la presse. John Kingman, un fonctionnaire chargé des affaires financières au Trésor, qui était aux premières loges, nous informa qu'avant toute décision le gouvernement devait prendre en compte l'avis de Robert Preston, le rédacteur en chef de la BBC. Robert est un type très aimable et un excellent journaliste, mais c'était tout de même bizarre qu'il soit informé sur notre dossier avant nous !

Plus étrange encore : Jayne-Anne reçut un soir un appel de Kathryn Giffiths du *Daily Telegraph*. Comme tout le monde, Griffiths voulait savoir combien Virgin allait gagner avec les droits d'exploitation de sa marque. Nous lui avions répondu que le montant serait au prix du marché, sensiblement identique à ce qu'on facturait aux autres entreprises, y compris Virgin Media, c'est-à-dire dire un pour cent, un montant très faible pour les années à venir compte tenu de la situation de Northern Rock. Le lendemain matin, les pages finances du *Daily Telegraph* portaient en gros titre : « NORTHERN ROCK VA RAPPORTER 200 MILLIONS DE LIVRES À BRANSON ! » Notre service de presse demanda d'où ils tenaient ce chiffre ; on leur répondit qu'ils avaient fait le calcul sur vingt-cinq ans ! Cela accréditait la rumeur que je ne cherchais qu'à faire un coup. Quand Jayne-Anne eut l'occasion de se rendre à Newcastle et qu'elle parla de ces chiffres avec l'équipe de direction de Northern Rock, David Jones, le directeur financier, demanda pourquoi nous n'avions pas évoqué les droits d'utilisation de la marque Virgin. Tout simplement parce que ce n'était pas prévu ! Il n'arrivait tout simplement pas à croire que le montant était si faible que nous n'avions pas jugé utile d'en parler. Il le confirma dans une interview au *Financial Times* début février, en indiquant que personne n'avait l'intention de « commettre un meurtre », et il ajouta : « Nous sommes heureux d'avoir bâti un capital structuré avec suffisamment de capitaux propres pour que si, par malheur, le pire arrivait ce seraient les actionnaires qui perdraient et non les contribuables. » Et pourtant, l'idée de l'accord « plus qu'amical » Branson-Brown commença à prendre des dimensions incontrôlables. Ce fut même l'objet d'une question officielle au Premier Ministre à la Chambre des communes le 23 janvier.

David Cameron, le chef du parti conservateur, dans l'opposition, demanda à Gordon Brown d'expliquer l'impact du principe des obligations décidé par le Premier Ministre sur les contribuables.

Le dialogue tourna au match de boxe entre un nouveau Premier Ministre aux abois et un chef de l'opposition ne se retenant pas de lui donner des coups bas :

– Soyons clairs. La somme que vous avez décidé d'attribuer est autant destinée à sauver la réputation de l'entreprise qu'aux poches des sauveteurs. Si les obligations ne sont pas remboursées et si Northern Rock manque à ses devoirs, en quoi le contribuable est-il exposé ? À hauteur de quelle somme ?

– Les prêts et obligations sont garantis contre les actifs de Northern Rock, qui, comme tout le monde le sait, a une situation d'endettement saine. Nous avons bien l'intention d'obtenir le meilleur accord pour les contribuables, qui récupéreront leur argent et plus encore, dit le Premier Ministre.

Cameron affirma ensuite que le chiffre s'élevait à 55 milliards de livres – un beau tour de force rhétorique – et termina son discours en disant que chaque foyer britannique allait se retrouver avec un nouvel emprunt sur le dos !

Si la presse nous a fait du tort pendant le séjour en Chine (et elle nous en a fait beaucoup), il en fut de même pour les batailles au Parlement. Les libéraux démocrates furent particulièrement agressifs, profitant de leur privilège de parlementaires pour nous insulter et nous dénigrer. Le député de Twickenham Vincent Cable, chef des libéraux démocrates, est un type bizarre, avec des talents indiscutables de comédien, surtout quand il prend la parole à la Chambre des communes. Ses interventions mordantes, qui résonnent encore, ont donné du relief au train-train du Parlement britannique, mais à cette époque les lois sur la diffamation dans cette noble assemblée n'existaient pas encore. Il pouvait raconter tout et n'importe quoi en toute impunité, et il ne s'en priva pas.

« Monsieur le Chancelier peut-il nous donner le montant exact de la contribution de M. Branson ? Je peux comprendre qu'il propose de mettre 250 millions de livres en nature, et pas en cash, pour acquérir une banque qui vaut 100 milliards, soit quarante fois la valeur qu'il investit. » Une banque à 100 milliards de livres ? Si c'était le cas, elle n'aurait sûrement pas eu ces problèmes.

Pouvoir sortir de ce genre de conflit sans contestation lui monta sans aucun doute à la tête. Il poursuivit en évoquant le fameux accord « plus qu'amical » avec le gouvernement. Il parla de nationalisation des risques et de privatisation des bénéfices. Puis il m'attaqua personnellement en disant que me confier la direction d'une banque était bien la dernière chose à faire à cause de mon casier judiciaire. C'était évidemment faux, et la seule raison pour laquelle il avait eu vent de ma stupidité, c'est parce que j'avais voulu la révéler dans mon livre de mémoires une quarantaine d'années après. J'espère de tout mon cœur qu'il a payé son exemplaire plein tarif.

Je fis appeler Nick Clegg, le nouveau chef des libéraux démocrates, pour lui demander de mettre un terme à cette personnalisation de la campagne et à ce genre de propos. Sir Brian Pitman et Jayne-Anne Gadhia proposèrent de rencontrer Vince Cable[1], mais il refusa de les voir. Il voulait me rencontrer.

Le lundi 4 février, Olivant annonça son retrait. Cette nouvelle mit davantage de pression sur le chancelier Alistair Darling. Son espoir de voir une bataille d'enchères entre Virgin et le groupe Lugman Arnold tombait à l'eau. Le gros titre du *Financial Times* résuma l'affaire dans le gros titre « OLIVANT ABANDONNE ROCK À LA ONZIÈME HEURE ». Il paraît qu'il était sonné. La proposition d'Olivant était soutenue par les actionnaires de Northern Rock, y compris les *hedge funds* SRM et RAB, qui possédaient 18 % de la banque. Ils étaient opposés à l'accord Virgin tout simplement parce qu'ils savaient qu'ils ne pouvaient pas en retirer grand-chose. À la toute dernière minute, on nous demanda d'augmenter nos garanties gouvernementales et d'ajouter un supplément de 100 à 200 millions de livres en bons de souscriptions.

Nous étions au maximum de ce qu'on pouvait faire. La même semaine, je tombai sur un grand nombre de commentaires qui disaient « qu'on achetait une banque en solde », « qu'on bénéficiait des avantages sans en avoir les inconvénients ». Encore une nouveauté.

En effet, alors que le dénouement approchait, Stephen Murphy et Wilbur Ross eurent encore quelques échanges à propos des nouvelles exigences du gouvernement. Nous prenions davantage de

1. Vincent Cable est ministre du gouvernement Cameron depuis mai 2010. *(NdT)*

risques pour des retours plutôt minces. Wilbur nous prévint qu'il n'accepterait rien de plus, étant donné la responsabilité qu'il avait envers ses investisseurs. Nous voulûmes respecter cette décision car nous faisions confiance à sa sagesse et son expérience des marchés financiers internationaux. Le gouvernement voulait (à juste titre) protéger le contribuable britannique en nous demandant un engagement gigantesque, mais était beaucoup plus frileux pour évoquer la couverture des risques. Cette position n'était plus tenable.

À la fin des fins, l'idée même d'un retour sur investissements, même en prenant des positions très risquées, plongea Gordon Brown, son chancelier de l'Échiquier, dans une véritable panique.

Le Premier Ministre prit la décision de nationaliser la Northern Rock Bank à 14 heures à Downing Street, persuadé, comme Alistair Darling, qu'il n'y avait pas d'autre solution. Nos derniers concurrents, la propre équipe interne de direction de Northern Rock, étaient encore en train de défendre leur plan de sauvetage lorsque Gordon Brown annonça sa décision. On ne peut pas dire que cette communication ait été pilotée par des experts en diplomatie.

Brown m'appela pour me demander aimablement de ne pas faire trop de bruit ni d'agitation. Il voulut m'expliquer que la nationalisation était la meilleure de toutes les options. Au fond de moi, je ne pouvais m'empêcher de me demander si ce n'était pas l'hystérie de la presse britannique, déclenchée lors de mon voyage en Chine avec le Premier Ministre, qui avait fichu nos chances en l'air. Pourtant je m'exécutai. Je fis simplement paraître un communiqué disant que notre offre était sérieuse et que j'étais « très déçu ». Une bonne raison pour m'enfiler pas mal de verres au bar de Biras Creek, ce soir-là.

En réfléchissant bien, je me dis que toute la saga de Northern Rock est typique d'une situation où le gouvernement manque de vision à long terme en préférant une solution politique médiocre. Virgin avait voulu aider Northern Rock pour qu'elle puisse continuer à vivre. Avec la banque Virgin, nous aurions eu une société brillante et nous aurions créé des emplois. Le gouvernement était à des années-lumière de l'innovation et du développement de la concurrence sur le marché bancaire, pourtant bien nécessaires. Il faut avant tout préserver le gentil contribuable des risques de la faillite.

Qui peut croire que les gouvernements ou les fonctionnaires sont capables de diriger des entreprises ? On en a eu malheureusement maint exemple partout dans le monde, et pendant des années au Royaume-Uni. Combien de « trains » – c'est curieux de les entendre employer ce mot sans rire – aurons-nous raté ? Pour eux, les affaires, c'est une autre planète. Ils ne savent pas faire, pas plus que je ne saurais gérer une banque à moi tout seul.

C'est où je veux en venir. Jamais je ne dirigerai de banque. Je n'ai pas cette prétention. Je connais mes limites. Je sais ce que je sais faire et ce que je ne sais pas faire. C'est la raison pour laquelle nous avions mis sur pied une structure crédible. Jayne-Anne Gadhia de Virgin Money, Gordon McCallum et Stephen Murphy de Virgin Management, sir Brian Pitman, sir George Mathewson, Wilbur Boss, investisseur brillant aux États-Unis pour sauver les entreprises de la faillite, et des conseillers comme James Lupton et Peter Norris. Nous avions créé une équipe exceptionnelle de très haut niveau. Nos avocats étaient dans leur rôle pour gérer la situation juridique de l'entreprise et négocier avec le gouvernement. En cas de désaccord, ils avaient toujours le dessus. Je voulais tout faire pour sauver la banque et je m'étais entouré des personnes les plus compétentes pour y parvenir.

Northern Rock nationalisée... Pour moi, cette décision fut une erreur qui va hanter tous les gouvernements de Grande-Bretagne pendant des années. J'ai passé la journée du lendemain à essayer de calmer mon mal de tête. La nouvelle se répandait dans la presse ; nous reçûmes un nombre impressionnant d'emails et d'appels amicaux. Le chancelier m'envoya un mot pour me remercier, en répétant encore une fois que la nationalisation était la meilleure solution pour la banque. Je ne pouvais évidemment pas être d'accord avec lui et je n'ai pas changé d'avis aujourd'hui, parce que je pense souvent au travail formidable que nous avons abattu, dont il n'a été tenu aucun compte, et à toutes les opportunités à côté desquelles on est passé. Dans la mesure où je pouvais éprouver quelque chose ce jour-là, alors qu'une réunion du syndicat des forgerons se tenait dans ma tête, j'éprouvais et j'éprouve toujours beaucoup de compassion pour les gens qui travaillent chez Northern Rock. Ces gens formidables s'étaient retrouvés dans un cauchemar public. Ils avaient travaillé sans relâche, tous les jours que Dieu avait faits pendant des mois, sans perdre une once de leur optimisme. Ils se seraient sentis très bien dans la grande famille Virgin.

L'équipe de Jayne-Anne fit comme si rien n'était arrivé ; le directeur financier de Virgin Money, Dave Dyer, et son directeur de la stratégie, Matt Baxby, se remirent à fond au travail. Ils incarnaient à merveille l'esprit Virgin, et ils n'hésitèrent pas à laisser de côté beaucoup de leur vie personnelle et familiale pour se battre jusqu'à la victoire.

Jayne-Anne m'appela le mardi qui suivit l'annonce. Je me faisais du souci pour elle. Elle avait été exemplaire de bout en bout ; avec son mari Ashok, ils avaient une petite fille de 5 ans. Jayne-Anne avait passé le plus clair de son temps à l'extérieur de son foyer et consacré la plus grande partie de ses week-ends à lire d'épais rapports et à analyser des chiffres. Combien de fois avait-elle bossé bien après minuit ? Elle devait être complètement déprimée.

– J'espère que tu n'es pas en haut d'un immeuble en te demandant si tu vas sauter, lui dis-je.

– Ne t'inquiète pas, Richard, me dit-elle en riant. J'ai passé mon week-end à examiner les chiffres de Bradford & Bingley et d'Alliance & Leicester.

Un éclair de douleur me traversa la tête.

– Mon Dieu ! Tout ça pour ça...

– Ils sont OK pour la reprise. Écoute ça...

C'était exactement le genre de comportement qui me redonnait la forme. Chez Virgin, on repart toujours.

Et si vous ne pouviez pas repartir ? Et si vous ne saviez pas où aller ?

Vous pouvez, en vous inspirant d'un bouquin genre *Le Business pour les nuls*, monter une toute petite entreprise, très spécialisée et aux tarifs prohibitifs. Attention toutefois à ne pas aller jusqu'à faire brûler l'argent de vos clients sous leurs yeux.

Pourquoi ne pas faire le contraire ? Reprendre une grosse affaire, chercher à réduire sa taille le plus possible en choisissant ses cibles, trouver de nouveaux marchés et monter en gamme pour justifier des augmentations de prix. Ce serait vraiment une innovation, et un challenge difficile, parce que c'est aussi une souffrance de regarder l'ancienne entreprise disparaître progressivement.

Que se passe-t-il, aujourd'hui, chez Virgin quand un pépin nous tombe dessus ?

On se réunit immédiatement pour trouver tous ensemble la réponse à la seule question : Peut-on-s'en sortir ? Puis on va droit au but. « Qu'est-ce que vous proposez ? »

Si c'est un problème grave, accordez-lui cent pour cent de votre temps et de votre énergie jusqu'à ce qu'il soit réglé. Travaillez jour et nuit pour trouver la solution et essayez de déléguer tout le reste de vos activités. Si, en y mettant tous ces moyens, vous n'arrivez pas à régler le problème, vous n'aurez rien à regretter car vous aurez fait tout ce qui était en votre pouvoir.

Ne vous laissez pas abattre. *Si vous devez recevoir des coups, arrangez-vous pour qu'ils ne vous atteignent pas en dessous du menton ; si vous avez mal, léchez vos blessures et relevez-vous. Si vous avez fait de votre mieux, ne perdez pas une seconde. Continuez à avancer !*

À l'heure où j'écris ces lignes, la crise économique se poursuit. Vous allez tôt ou tard connaître ce genre de situation. Alors bonne chance, et puisse le chapitre suivant, qui traite tout entier de l'innovation, vous être utile !

5

Innover, inventer

Toujours en pole position

En 1986, j'ai donné une interview à la presse musicale qui avait pour titre : « La bombe de Branson ». J'annonçais que nous étions sur le point de lancer un micro-ordinateur portable capable d'enregistrer albums et singles, et qu'on pourrait écouter toutes les musiques de notre choix avec des mini-écouteurs. Tout le monde m'a cru. J'ai reçu immédiatement les appels affolés des patrons des principales compagnies de disques me suppliant de ne pas mettre en vente cet appareil qui allait mettre leur industrie en miettes. Je leur répondis : « Prenez le temps de vérifier la date ! Regardez bien. » C'était le 1er avril. Ce canular n'amusa pas le moins du monde le rédacteur en chef.

Quinze ans plus tard, Apple mettait son premier iPod en vente.

Pour se donner les moyens de sortir d'une crise, une entreprise peut compter sur son expérience mais surtout sur ses capacités d'adaptation et d'innovation. Il faut savoir surfer sur les vagues d'un marché toujours en mouvement, et je suis persuadé que les sociétés qui comptent parmi les leaders pensent constamment à la nécessité de se remettre en question et de se rénover.

Les fréquentes opérations de changement et la recherche constante d'améliorations font partie intégrante du business. Pour les commerçants indépendants ou les petites entreprises, il est difficile de choisir entre satisfaction des clients et innovation. L'essentiel est de se comporter en homme responsable, créatif et réactif. *Small is beautiful* : plus l'affaire est petite, moins c'est compliqué.

Les grandes boîtes qui ont les reins solides ont théoriquement des capacités d'action plus importantes, mais il arrive souvent que la complexité et la lourdeur de l'organisation ruinent les efforts quotidiens. Un adage chinois merveilleusement équivoque résonne comme une malédiction : « Essayez donc de commander plus de cent personnes. »

L'expérience m'a appris qu'il faut bien savoir distinguer les notions d'entrepreneur et de manager. C'est un point que je développerai dans le prochain chapitre lorsque j'évoquerai les différentes formes de leadership. Lorsqu'on est absorbé par la gestion au jour le jour, c'est très difficile de conserver la fraîcheur et l'énergie qui nous portaient au moment où nous avons créé l'entreprise. Savoir innover est quelque chose de tout à fait particulier qui n'a rien de commun avec toutes les autres activités de la société. Quand vous commencez à douter, vos hésitations peuvent se transformer peu à peu en problèmes inextricables, jusqu'à ce que vous perdiez votre enthousiasme. C'est à ce moment-là que vous pouvez être amené à commettre des erreurs qui risquent de faire beaucoup de tort à l'entreprise.

À Virgin, nous avons choisi de donner du pouvoir à nos salariés. C'est un mode de management unique mais inimaginable si on a choisi de diriger par la peur. J'ai aussi beaucoup d'admiration pour deux autres entreprises qui n'ont rien de commun avec Virgin, mais qui ont choisi d'encourager et de récompenser la créativité de leurs équipes.

Apple n'a cessé d'innover et d'inventer depuis 1976 avec l'obsession du design et de la facilité d'utilisation de ses produits. Deux chiffres parlent d'eux-mêmes : 100 millions d'iPods vendus et 3 milliards de téléchargement réalisés avec iTunes. Alors que certaines entreprises ne se sont pas relevées de la révolution qui a frappé l'industrie du disque, Apple a su démontrer sa puissance de feu en s'adressant à une nouvelle génération de consommateurs, pas seulement avec la musique mais avec les *podcasts*, des émissions de radio et de télé et des films... Steve Jobs et Steve Wozniak, qui partageaient une passion pour la création, s'étaient installés comme entrepreneurs en électronique en 1970. Six ans plus tard, ils figuraient dans le palmarès des 500 personnes les plus riches du magazine *Fortune*. En 2008, la capitalisation d'Apple était de 105 milliards de dollars, devant Dell et juste derrière Intel. En 1984, Steve avait annoncé la sortie du premier Mac comme l'ordinateur le plus rapide et le plus puissant jamais mis à la portée du grand public. Évincé en 1985, il était de retour en 1997 à la direction d'Apple qui avait connu quelques revers. En passant du Mac et de sa souris à l'iPod puis à l'iPhone révolutionnaire, il a eu cette capacité et cette force créatives de faire évoluer la technologie au-delà de ses limites. Apple a changé nos vies. À Cupertino, en Californie, c'est la volonté de se colleter aux problèmes réputés insolubles qui donne les pistes de la recherche et de l'innovation. Steve Jobs a écrit dans un article paru dans le *Harvard Business Review* en février 2006 qu'il endossait volontiers l'habit de « *great intimidator*[1] ». Tout le monde dit que c'est un enfer de travailler avec lui. D'une exigence hors norme, il lui arrive souvent de demander des choses apparemment impossibles à réaliser, ce qui n'empêche pas ses collaborateurs de le vénérer comme un dieu. Leur plus grand bonheur est d'entendre Steve les complimenter pour leur travail. Perfectionniste, il s'attache au moindre détail et veille jalousement à toujours garder ses projets secrets, de manière que son entreprise ait toujours un temps d'avance sur les autres. C'est une bonne définition du leadership.

L'enseigne planétaire Apple est devenue une véritable icône. C'est un lien particulier, quasi affectif, qui s'est installé avec ses clients. Steve Jobs veut des produits irréprochables. Avec son équipe, il maîtrise tout ce qui concerne la conception, la fabrication et la distribution, jusqu'à la manière de poser son logo, et ne donne jamais le top du lancement d'un nouveau produit sans avoir étudié à fond le marketing et organisé ses campagnes publicitaires.

Steve Jobs a choisi de porter à la fois les casquettes d'entrepreneur et de manager, et il a réussi sur les deux tableaux. On dit que le patron d'une grande entreprise doit savoir pratiquer l'art

1. Certains managers sont ainsi qualifiés aux États-Unis pour leur façon de diriger leurs troupes par la crainte. *(NdT)*

délicat de la délégation, alors que Steve, espèce en voie de disparition, s'occupe de tout et que c'est sans doute la clé de sa réussite. Les consommateurs et les investisseurs sont rassurés de voir l'amiral tenir lui-même la barre, sans la lâcher. Il a l'art – rarissime dans le monde des affaires – de deviner et de sentir avant tout le monde ce que le public attend. Ce fut le cas avec les films et les dessins animés Pixar, dont il a été le cofondateur, avec une série de *blockbusters* au succès mondial, qui lui ont rapporté un grand nombre d'Academy Awards avec des succès comme *Toy Story*, *1 001 Pattes* et *Le Monde de Nemo*. Les films estampillés Pixar ont battu tous les records d'entrées et réalisé un chiffre d'affaires de plus de 4 milliards de dollars. Il a su gérer la fusion avec Disney en 2006, et il siège au conseil d'administration. Steve, qui a « fait » Apple, est un génie et un des plus grands businessmen du monde.

Tous les jours, on croise une foule de gens équipés d'iPods, preuve qu'Apple, marque bien américaine, s'est imposée dans notre monde de l'électronique et fait partie de notre vie. Lorsqu'on m'a demandé un jour quelle était pour moi l'invention la plus importante des cinquante dernières années, j'étais très embarrassé. Comment choisir entre les progrès fondamentaux apportés par la connaissance de l'ADN, l'ordinateur personnel ou Internet ? Après réflexion, c'est le fantastique moteur de recherche de Google que j'ai placé à la première place.

En permettant à des millions de personnes de découvrir le monde à une allure vertigineuse, Google a donné un véritable pouvoir aux consommateurs, et une plus grande liberté de circulation de l'information, de la connaissance et des idées. Ce n'est pas qu'un simple moteur de recherche, c'est un moteur du changement. Google collecte et organise les informations qui arrivent du monde entier pour les rendre accessibles à tous. Cette ambition généreuse a permis à des groupes de toute nature, politiques ou culturels, de se faire connaître et de s'exprimer. Le monde entier utilise Google. Qui l'aurait imaginé il y a dix ans ?

Je suis très honoré de compter parmi les amis de ses fondateurs, Larry Page et Sergey Brin, et j'ai été particulièrement flatté qu'on me demande d'organiser le mariage de Larry et de Lucy sur l'île Necker. Larry et Sergey ne m'en voudront pas si je les traite de dingues de l'informatique ; des *geeks*, comme on dit aujourd'hui ; pour moi c'est une marque de respect. Tous les deux ont des personnalités très fortes et des caractères qui se complètent à merveille, surtout quand ils bossent ensemble sur un projet. Jamais ils n'affichent un désaccord éventuel devant le personnel, les clients ou les investisseurs, ce qui demande une autodiscipline qu'on ne trouve pas, habituellement, dans le monde des affaires. S'il leur arrive d'avoir des divergences, ils attendent que tout le monde ait quitté la pièce avant de reprendre leur discussion. Le lien qui les unit fait penser aux mariages les mieux réussis, et leur parcours extraordinaire est le fruit de cette alchimie particulière.

Google sait repérer et recruter les meilleures compétences techniques. Larry et Sergey les encouragent à inventer et développer eux-mêmes leurs propres idées en leur permettant de consacrer 20 % de leur temps de travail à la création, pour le bien de Google et de ses consommateurs. Leurs multiples innovations nous ont permis d'avoir accès à Gmail, Adsense, Google Earth, Google Maps et Google News qui nous permet d'être informés de tout ce qui se passe sur la planète. Ils sont au top en matière de technologies de l'information et d'organisation. Google se teste en permanence, improvise, s'améliore, en s'appuyant sur une équipe aux capacités d'analyse des plus aiguës.

Larry et Sergey ont choisi de ne pas être des managers. Leur activité consiste à repérer des idées et à en tirer quelque chose pour Google ou d'autres entreprises. Lorsqu'ils ont imaginé et construit Google, ils ont voulu mettre en place un P-DG brillant en la personne d'Eric Schmidt, qui dirigeait Novell et qui fait partie du conseil d'administration d'Apple. Il connaît bien la technologie, mais il maîtrise aussi tout ce qui concerne la finance et les investissements. Voilà l'exemple d'une entreprise où les fonctions d'entrepreneur et de manager sont bien séparées, une notion que j'explorerai davantage dans le prochain chapitre. À Google, les fonctions sont bien définies. Eric assure la gestion de l'entreprise, ce qui permet à Sergey et Larry de se consacrer pleinement à la recherche, et de profiter de leur fortune !

Une équipe de Virgin qui avait visité le siège de Google à Mountain View m'avait raconté que leur schéma directeur et, pour tout dire, l'ensemble de leur stratégie étaient inscrits sur un tableau immense où tous les salariés peuvent s'exprimer. Parmi les milliers d'idées et de propositions qui évoquaient « l'embauche nécessaire d'ingénieurs de réseau » ou « de spécialistes du *hardware* », ils avaient vu : « Embaucher Richard Branson ! »... Suggestion inutile ; c'est un plaisir d'aider de temps à autre Sergey et Larry.

Le 1er avril 2008, on avait annoncé la naissance de Virgle, un partenariat de Virgin et Google, dont le but était de lancer des recherches afin de créer une communauté sur la planète rouge dans les quinze prochaines années, doublé d'un appel aux volontaires pour un aller simple sur Mars. C'est lors d'un dîner à Necker Island que cette idée nous était venue ; nous avions parlé sérieusement d'une colonie humaine sur la planète rouge en se demandant à quoi elle pourrait bien ressembler. On avait fait aussi la liste des gens à qui on avait envie d'offrir un aller simple. Cette annonce provoqua un buzz incroyable, alimenta des dizaines de blogs et fit les gros titres des journaux du monde entier qui se demandaient s'il s'agissait ou non d'une blague, et pourtant, c'était évident. Cela dit, mon canular qui annonçait la prochaine mise sur le marché de mange-disques portables numériques, qui s'était réalisé quinze ans plus tard avec l'iPod, nous a incités à déposer la marque Virgle, au cas où !

Une entreprise pourra faire preuve d'innovation si elle demande aux collaborateurs de trouver la solution à des problèmes même simples, à condition de leur donner les moyens de travailler. C'est ce que nous avons fait à Virgin America. Alors que l'équipe juridique se battait pour convaincre le ministère des Transports que la compagnie était bien américaine, les designers et les financiers cherchaient à inventer une nouvelle façon de voyager en améliorant les conditions de vol.

Nous nous posions des questions basiques : *qu'est-ce qu'un grand voyage en avion ? Comment vit-on cette expérience ? Comment innover et proposer des prestations différentes de ce qu'on connaît depuis toujours ? Comment faire pour leur en mettre plein la figure ?*

Nous avions mis en place une équipe de spécialistes qui travaillaient en étroite collaboration, en respectant leurs expériences réciproques, mais qui n'hésitaient pas à se battre pour faire passer une idée capitale à leurs yeux. Ils avaient l'autorisation de prendre des décisions rapides pour tout ce qui concernait le confort de nos passagers, un sujet qui les passionnait. Ils étaient les premiers intéressés puisqu'ils voyageaient eux-mêmes sur nos lignes !

Le P-DG de la nouvelle compagnie qui serait sous contrôle américain était convaincu qu'il fallait marquer notre arrivée en offrant des prestations inédites et complètement différentes de tout ce qui existait aux États-Unis, en faisant appel aux meilleurs spécialistes du service et du design. La meilleure solution n'était-elle pas de les chercher parmi les collaborateurs issus de Virgin Atlantic ?

Comme je l'ai dit plus haut, des collaborateurs qui avaient participé à la création d'une nouvelle compagnie du groupe Virgin avec une belle réussite à la clé ou qui en avaient dirigé une avec talent méritaient qu'on les sollicite, parce qu'ils sont très attachés à la marque et qu'ils ont contribué à son succès. D'autre part, leur expérience et leur connaissance de l'enseigne n'ont pas de prix. La meilleure façon de les garder dans la famille, c'est de leur proposer de nouveaux défis au sein du groupe.

Deux garçons de Virgin Atlantic, le jeune prodige de l'équipe de design Adam Wells, qui avait obtenu un prix pour avoir conçu et réalisé des suites pour la classe affaires, et Todd Palowski, expert en service clients, étaient de l'équipe d'origine. Charles Ogilvie, doué d'un immense talent pour tout ce qui concerne l'interactivité et la communication, les rejoignit peu de temps après.

Ce noyau de passionnés vit tout de suite très grand. C'était d'autant plus facile qu'ils travaillaient sur des appareils neufs et que

Virgin leur avait donné la liberté de laisser leur imagination s'exprimer. C'était pour nous la seule façon de créer un univers sortant réellement de l'ordinaire.

Comment supprimer les files d'attente à l'enregistrement ? Comment faire de l'avion un véritable espace de vie ? Comment donner un maximum d'autonomie aux passagers ? Que mettre dans les toilettes ? Comment ne pas se sentir prisonnier dans un fauteuil ? Comment donner toute liberté aux passagers dès qu'ils arriveraient à la billetterie ?

Il n'y a rien de plus contraignant qu'un voyage en avion. Dès que vous entrez dans l'aéroport, on vous donne des ordres. Demandez votre carte d'embarquement ici ; mettez vos bagages là… mettez-vous dans la file d'attente, détachez votre ceinture, déposez tout ce qui est liquide. À bord, ce n'est guère mieux. Avec un peu de chance, le personnel de cabine va vous passer un film moyen vu cent fois que personne n'a envie de regarder. Arrive ensuite le chariot de snacks qui n'ont rien de diététique et qui vous couperont l'envie d'aller aux toilettes.

En un mot, vous n'êtes pas libres.

L'équipe de Virgin Atlantic était persuadée de pouvoir vous rendre cette liberté ; on peut dire qu'ils ont réussi. Malgré leur génie, ils n'ont pas pu encore trouver le moyen de supprimer l'attente à l'enregistrement, malheureusement, mais ils sont parvenus à vous donner davantage qu'un simple sentiment de liberté pendant le vol proprement dit. Vous voulez travailler avec votre ordinateur portable ? Ouvrez-le, prenez la place qu'il vous faut, il y en a assez pour que vous ne vous sentiez pas coincé. Il est déchargé ? Branchez-le, mettez-le en charge, et profitez-en pour faire un jeu. Vous avez envie de « chatter » avec votre cousin assis quelques rangs derrière vous ? Rien de plus facile avec l'écran intégré et le clavier sur l'accoudoir. Vous avez une petite faim ? Commandez un sandwich de votre place et on viendra vous l'apporter quand vous le demanderez. Vous voulez écouter de la musique ? Créer votre playlist ? Vous préférez regarder un film ? En VO du chinois mandarin ? Pas de problème. Tout est pensé pour vous. Vous ne verrez pas le temps passer.

L'innovation doit être parfaitement appropriée à votre entreprise pour aller au-devant des attentes de vos clients et vous donner ainsi quelques longueurs d'avance sur vos concurrents. Le procédé imaginé pour commander une collation correspond très exactement à notre éthique en matière de service clients : que le personnel de cabine donne du pouvoir aux passagers. De toutes les compagnies existantes dans le monde, Virgin America est la seule à proposer la restauration à la demande. Les plateaux-repas gratuits servis en avion sont infâmes, mais les clients y sont habitués ; ils ont si peu d'exigences que les compagnies ne se gênent pas pour leur refiler des snacks bas de gamme. Nous voulions proposer choix et qualité contre une somme modique, alors qu'ils devaient se contenter de cacahuètes offertes par la maison.

Les études clientèle réalisées par Virgin USA sur le profil de nos clients les montrent ouverts, ambitieux, aimant les contacts et intéressés par la nouveauté. On peut dire que voler sur Virgin fait partie de votre identité. Sur une compagnie classique, un voyage en avion est perçu comme une espèce de piège où on est coincé avec des inconnus. En partant du principe que les clients Virgin ont beaucoup de points communs, notre équipe avait envisagé de leur faire partager des activités, qu'il s'agisse de jeux ou autres divertissements, de discuter avec son voisin ou « chatter » avec quelqu'un assis à quelques rangées de vous.

Nous savions que nous allions disposer de la large bande passante, mais nous ne savions pas exactement à quelle date ; il fallait trouver le moyen de permettre aux passagers d'envoyer des messages et de communiquer pendant le vol. Charles eut l'idée de créer des espaces d'échange et de donner la possibilité de discuter d'un siège à l'autre grâce à des claviers installés sur les accoudoirs. C'est totalement inédit de pouvoir ainsi se détendre et d'échanger les uns avec les autres dans un espace confiné. Il avait suffi d'installer des écrans pour créer du lien social. Nous nous réjouissions à l'avance d'imaginer le personnel de bord de cette toute nouvelle compagnie se comporter le plus aimablement du monde, avoir un mot pour les clients fidèles, et tout faire pour donner l'impression aux passagers qu'ils étaient invités à une soirée.

Pendant que les services commerciaux étaient sur le point d'engager des millions de dollars en commandant les appareils, dans le bureau voisin l'équipe marketing demandait au fournisseur de sièges une nuance de blanc plus brillant, ce qui était tout nouveau pour lui. En fait, il y avait déjà une palette de dix couleurs, du beige au pourpre en passant par le gris, mais pas de blanc, et encore moins de blanc plus blanc que l'iPod blanc.

Dans un avion, l'éclairage est le plus souvent agressif, voire sinistre. Adam a conçu des lumières douces, apaisantes, avec des réglages particuliers, étudiés spécialement pour nous, une grande première en aviation commerciale. L'option plus blanc que le blanc iPod n'étant pas disponible, au prix d'une réflexion et d'un travail approfondis, on décida de recouvrir les sièges d'une matière unique et réfléchissante, de façon qu'une lumière douce et reposante baigne la cabine pour donner une impression d'espace et de liberté.

C'est ce genre de détails qui ont fait l'âme de Virgin. J'aimerais croire que c'est ce que les professeurs des écoles de commerce appellent innovation. L'innovation consiste souvent à ne pas savoir qu'on désire quelque chose avant qu'on nous le donne. Maintenant, les autres compagnies ont l'air dépassées et ordinaires ; elles ont beaucoup de travail pour arriver à nous rattraper.

Comme toutes les entreprises du groupe, l'équipe de Virgin America avait été entourée d'éminents spécialistes qui leur faisaient profiter de leur expérience et leur transmettaient leur savoir, mais c'est dans ses équipes que Virgin a les meilleures ressources : des gens ouverts et intelligents, capables d'idées extravagantes à première vue, mais réalisables pour peu qu'elles plaisent à un collègue qui vous aidera à les mettre en œuvre. Des collaborateurs de ce type, exigeants et fourmillant d'idées, sont précieux car ils permettent de nous faire progresser.

Cette équipe aurait-elle été aussi efficace dans une autre entreprise ? Ils étaient extraordinaires, mais les circonstances étaient-elles aussi inhabituelles ? Ce qui motivait l'équipe, ce n'était pas d'en retirer un profit personnel, ni de chercher à gravir des échelons, et ils ne subissaient pas le poids d'une hiérarchie bureaucratique. Ils s'étaient tout simplement approprié le pouvoir qu'on leur avait confié et le conservaient après le lancement de la compagnie. Virgin est un leader qui a la réputation de se battre contre les idées reçues ; il n'y a donc pas besoin de les forcer à innover. Ils ne le font pas simplement pour le plaisir de donner libre cours à leur imagination, mais parce que la recherche constante d'améliorations fait partie de notre philosophie.

Virgin America a également su tirer parti de sa position d'outsider. Elle était considérée comme du menu fretin qui allait chercher la bagarre avec les requins sur leur territoire, lesquels n'avaient qu'une idée : mettre tous les moyens à leur disposition pour que nos avions restent cloués au sol. Cette bataille pour la vie était motivante.

La recherche de l'innovation ne signifie pas nécessairement être le premier ou le plus gros, mais le meilleur. On n'était pas les premiers à pratiquer le *low cost* en Amérique. On ne voulait pas desservir chaque aéroport des cinquante États d'Amérique. On voulait avant tout que nos clients gardent un excellent souvenir de leurs voyages et se développer en ajoutant progressivement de nouvelles destinations à notre programme. Les terribles turbulences que nous traversons actuellement ne nous détournent pas de notre objectif : faire notre métier correctement en donnant à nos passagers l'envie de revenir chez nous. La satisfaction de nos clients est une priorité à Virgin America comme dans les autres sociétés, en cherchant toujours à faire mieux.

Nos clients sont nos meilleurs agents de communication. Ils racontent leurs vacances sur leurs blogs et à partir du jour où ils ont embarqué sur un de nos appareils, ils parlent de Virgin America pour dire à quel point ils ont apprécié leur voyage, les vidéos, et tout ce qui est mis à leur disposition. Ils prennent des photos dans la cabine et envoient tout ça par téléchargement, en utilisant les claviers et écrans mis à leur disposition. On fait du bon boulot.

Le pouvoir de la recherche et du développement est si grand qu'on ne peut pas se contenter de continuer à gérer tranquillement notre affaire, en veillant à garder nos positions sur notre marché. Les gouvernements et des puissants philanthropes l'ont compris depuis des siècles, et ils ont souvent essayé avec un succès indéniable d'utiliser l'innovation pour atteindre leurs objectifs à long terme. Quant à moi, je m'implique de plus en plus dans la direction du capital investissement, pour anticiper les problèmes qui nous attendent à coup sûr mais qui ne pèsent pas encore sur le marché.

Il y a bien longtemps qu'on a décidé d'encourager les avancées techniques. Dès 1714, le gouvernement britannique a décidé de créer le premier prix destiné à récompenser financièrement la première personne qui découvrirait le procédé permettant de mesurer la longitude avec un demi-degré d'exactitude. L'enjeu était capital pour tous les pays maritimes – dont bien entendu la Grande-Bretagne –, confrontés à de violents accrochages en mer simplement parce que personne n'arrivait à se mettre d'accord sur l'emplacement exact des frontières définies par les traités.

Cinquante-neuf ans plus tard, un horloger du Yorkshire, le *self-made-man* John Harrison, remportait le prix de 20 000 livres, une somme conséquente à l'époque, qui fit sa fortune et celle de sa famille.

J'ai toujours été intéressé par ce système de récompense, même s'il faut parfois attendre longtemps pour voir un des compétiteurs réussir. Rien de tel, pour faire progresser et mûrir les idées, de faire avancer la créativité, la technologie et l'ambition des entrepreneurs. Nous en avons la meilleure preuve avec Virgin Galactic, notre société de tourisme spatial. Un prix comme l'Ansari X passionne le public et attire les candidatures de gens intéressés par le futur.

Les prix ont toujours fait progresser le monde de l'aviation. Jacques Schneider, un industriel français passionné par les courses en ballon, a lancé en 1912 un trophée à son nom. Pour le remporter et empocher la somme de 75 000 francs, il fallait gagner trois courses d'hydravion en cinq ans. En 1919, Raymond Orteig, propriétaire d'un hôtel à New York City, a offert 25 000 dollars au premier pilote qui traverserait l'Atlantique de New York à Paris, sans escale. Le vainqueur fut Charles Lindbergh en 1927. Le ministère de l'Air du Royaume-Uni avait décidé en 1925 de monter une équipe à Felixstowe, Suffolk. Il avait confié au designer Reginald Mitchell la construction d'un monoplan pour partir à la conquête du trophée Schneider, qui attendait encore son vainqueur. Le résultat de ses travaux fut le Supermarine S5, qui serait encore amélioré, jusqu'au modèle S6B qui battit le record du monde en volant à 650 km/h, performance qui put tenir pendant quatorze ans. Son successeur, le légendaire Spitfire, sauva la Grande-Bretagne de l'invasion des nazis.

On peut encourager la recherche et le développement en offrant des avantages fiscaux. Les gouvernements se sont attachés à mettre en œuvre des plans différents avec des réussites qu'on peut qualifier de diverses. Dans le secteur privé, la nouvelle génération d'entrepreneurs de Silicon Valley entre autres encourage l'innovation technologique et des actions caritatives, avec des projets d'une ambition incroyable. Il faut bien savoir ce qui se passe dans ce domaine. J'espère que ce chapitre consacré à l'innovation vous permettra de découvrir ces projets passionnants.

De Blair à Mandela, beaucoup de responsables politiques et de chefs d'État sont d'excellents vendeurs. Le président Gorbatchev est l'un d'eux : « Richard, votre réputation de merveilleux aventurier n'est plus à faire en Russie ; je suis certain que vous aimeriez être cosmonaute. »

Après l'implosion de l'Union soviétique, Gorbatchev voulait effacer tous les symboles du régime communiste inefficace et complètement discrédité. Au Kremlin, on ne parlait que de l'ouverture du marché ; Margaret Thatcher en était le porte-drapeau et le modèle du Président. C'est elle qui avait conseillé à son nouvel ami de me rencontrer.

Nous avions rendez-vous à Yalta, sur la mer Noire, au Palais de Livadia, la demeure impériale du tsar Nicolas et de sa femme Alexandra. C'est dans cette résidence de style italien que Churchill, Roosevelt et Staline s'étaient rencontrés pour refaire la carte de l'Europe à l'issue de la Seconde Guerre mondiale. Les Russes voulaient me persuader de transformer cet endroit extraordinaire un lieu de vacances pour touristes fortunés, un excellent moyen de faire rentrer les devises dont ils avaient tant besoin.

Quelques jours plus tard, on m'emmena en visite officielle par hélicoptère à la Cité des Étoiles de Baïkonour au Kazakhstan, privilège rarissime pour un Occidental de pouvoir pénétrer dans cet endroit secret. C'est là qu'ont travaillé les créateurs du Spoutnik, des vaisseaux habités Vostok et Soyouz, de la station spatiale Saliout et des missiles balistiques qui nous menaçaient autrefois. C'est ici que Youri Gagarine, le premier cosmonaute de l'histoire, a été lancé dans l'espace en avril 1961. La nouvelle génération qui occupe maintenant ces lieux maîtrise toutes les ficelles des négociations de haut niveau, dignes de l'école de Palo Alto[1]. Mais ce voyage dans l'espace n'était pas gratuit. L'addition dépassait 30 millions de dollars.

Virgin avait à cette époque un grand projet de course en ballon, baptisé Earthwings, et nous avions prévu qu'un cosmonaute soviétique ferait partie de notre équipe. J'avais très envie de faire des affaires avec les Russes qui me seraient utiles pour mon projet de création d'une compagnie aérienne *low cost* en Russie. Mais le prix de 30 millions de dollars était véritablement astronomique, et l'idée de dépenser autant d'argent aux frais de la princesse pour me faire plaisir me paraissait parfaitement immorale.

C'est exorbitant pour faire une balade dans l'espace, mais c'est pourtant le prix à payer pour passer vos congés annuels dans la station spatiale internationale. Une fortune, sauf pour quelqu'un qui n'a rien d'autre à faire et qui peut se l'offrir. Je trouvais cela ridicule, mais c'est ce qui m'a donné l'idée d'entreprendre des recherches pour créer une véritable entreprise de tourisme spatial. C'est un projet commercial colossal mais réaliste, qui permettra de goûter le

1. L'école de Palo Alto est un courant de pensée et de recherche, ayant pris le nom de la ville de Palo Alto en Californie à partir du début des années 1950, spécialisé en psychologie, psychosociologie et sciences de la communication. *(NdT)*

plaisir de voyager dans l'espace à un prix accessible et d'admirer de là-haut notre magnifique planète bleue.

Je laissai donc passer cette opportunité, mais d'autres étaient d'accord pour payer. Dennis Tito (un scientifique, ingénieur au Jet Propulsion Laboratory de Pasadena) fut le premier touriste de l'espace en 2001. Mark Shuttleworth et Greg Olsen lui succédèrent en 2002 et 2003, puis Anousheh Ansari en 2006 et Charles Simonyi en 2007. Ils étaient unanimes : cette expérience avait dépassé leurs rêves les plus fous. L'Anglais Richard Garriott fut le sixième en octobre 2008. Une demi-douzaine de personnes dans l'espace pour un prix total approchant les 200 millions de dollars. C'est ce qu'on appelle un bon business.

À 30 millions de dollars, ce n'est pas du tourisme spatial ; c'est la possibilité pour des gens très fortunés de s'offrir un plaisir hors du commun, mais aussi de subventionner la recherche spatiale russe. La probabilité de voir un touriste dans l'espace est actuellement de 1 sur 1 milliard, mais j'ai bien l'intention de réduire ce chiffre de façon drastique. Je veux étudier la viabilité d'un tel projet pour créer ensuite une plate-forme destinée à la recherche scientifique. Le tourisme sera notre première étape.

Notre tâche initiale a consisté à évaluer la demande, une tâche difficile quand on s'attaque à un domaine aussi nouveau et inconnu. Quelle peut être la liste des questions à se poser ? Comment interpréter les réponses ?

Si vous confiez ce genre d'étude à un cabinet, vous pouvez vous attendre à tout. Bien entendu, il faut accorder la plus grande attention à leurs conclusions, mais il ne faut surtout pas négliger les lectures et autres formes de documentation pour guider votre propre réflexion. Les experts sont toujours meilleurs si vous leur donnez des pistes de travail et des objectifs précis. Vos propres questions seront plus efficaces que tous les conseils qu'ils pourraient vous donner à l'issue de leur étude.

Notre recherche a été facilitée par le fait que l'espace représente un énorme potentiel commercial. Virgin Galactic n'est pas la seule compagnie à se mettre en piste ; d'autres sont aussi impatients que nous. Jeff Bezos, le fondateur et P-DG d'Amazon.com qui lui a permis de devenir milliardaire, le magnat de l'hôtellerie à Las Vegas Robert Bigelow, qui est en train de développer un grand hôtel spatial gonflable, et John Carmack, le créateur de jeux informatiques à l'origine de produits universellement connus comme Doom & Quake, et le fondateur de PayPal Elon Musk, qui a créé Space X, une entreprise de transport commercial orbital, ont le même objectif.

Pour ce qui est de la demande, quelques cabinets d'experts qui travaillent au développement et à la mise en place de ce nouveau marché se sont bien développés. Une enquête réalisée en 2002 par Zogby International pour Futron a beaucoup avancé. Leurs études indiquent qu'à partir de 2011 il y aurait 2 000 voyages spatiaux par an, un chiffre qui se monterait à 15 000 en 2021 avec la baisse des prix. Le chiffre d'affaires est estimé à 676 millions de dollars à l'année.

Zogby est arrivé à ces chiffres en interrogeant des milliers d'individus très riches. Pour ce qui me concerne, je voudrais les ouvrir à un grand public. Virgin Galactic n'a besoin que de deux vols par jour sur trois sites différents pour atteindre les estimations de l'enquête Futron, et si tout va bien, c'est tout à fait dans nos cordes. D'ici l'année 2019, le prix d'un voyage dans l'espace suborbital sera devenu suffisamment abordable pour permettre à des centaines de milliers de gens de connaître le grand frisson du voyage dans l'espace. Pour leurs vacances, Européens et Américains auront le choix : l'Australie ou l'espace. Nous estimons aujourd'hui que le prix pourrait se situer sous la barre des 100 000 dollars. Si on se réfère aux chiffres de l'enquête Futron, ce serait une excellente affaire pour Virgin Galactic.

Virgin, qui a fait voyager des millions de gens autour du globe dans les meilleures conditions de sécurité et de stabilité, est en position idéale. Contrairement à ses concurrents, elle a déjà un savoir-faire qui devrait les convaincre. Notre enseigne a aussi la crédibilité nécessaire pour monter une entreprise scientifique qui lancera des satellites et formera des astronautes.

En mars 1999, Will Whitehorn a enregistré Virgin Galactic en tant qu'entreprise, et nous avons commencé sérieusement les recherches des technologies nécessaires pour organiser les voyages spatiaux à des prix raisonnables. Notre idée fait parfois l'objet de controverses. Pourtant, depuis des années, je prends des notes sur pratiquement tout ce qui se dit ou s'écrit sur le sujet. Je voulais qu'on soit les premiers dans ce secteur comme que je voulais qu'on soit premiers sur le marché des biocarburants, et dans les deux domaines nous avons été amenés à découvrir des aventures extraordinaires !

S'il y a une chose à retenir de ce chapitre, c'est celle-ci : il a fallu des décennies pour que Virgin se positionne comme leader dans des marchés dominants, et il faut avant tout une bonne dose de curiosité pour réussir dans un tout nouveau secteur. C'est la face cachée de l'entreprise dont personne ne parle parce qu'il n'y a pas grand-chose à dire. Dans n'importe quel nouveau champ qui s'ouvre, le secret de la réussite, c'est de prendre tout le temps d'étudier ce qui se passe sans jamais relâcher son attention.

Au cours de nos recherches, nous avons découvert le monde extraordinaire des matériaux exotiques et de designs totalement inconnus, une communauté prospère de petites sociétés et de gens motivés, incités par l'obtention possible d'un prix, soutenus par des philanthropes parfaitement informés et partie prenante du projet.

Je me suis considéré toute ma vie comme un petit entrepreneur, alors que mes compagnies aériennes et toutes les autres sociétés du groupe montrent de moi une tout autre image. Il m'est d'ailleurs arrivé d'avoir le vertige en observant mes affaires sous l'angle de ma responsabilité personnelle. J'en étais à monter ma petite société de tourisme spatial, mais le capital dont je disposais changeait considérablement les données et me permettait d'aider d'autres petites entreprises à se développer. Ce fut une étrange expérience.

Je ne me contentais plus d'innover sur des marchés déjà existants. Moi et quelques autres en étions à inventer un marché. L'éternelle question s'éclairait d'un jour nouveau : comment marquer au mieux notre différence ?

L'événement qui nous a fait basculer s'est produit pendant les fêtes du Millenium lorsque Peter Diamandis a annoncé le lancement du prix Ansari X, un challenge assez simple : transporter trois personnes à 100 km d'altitude à deux reprises en deux semaines.

Depuis 1997, Peter était venu plusieurs fois en Angleterre pour m'en parler et nous pensions que le baptiser prix Virgin était une bonne idée. Cependant, plutôt que de sponsoriser un prix, nous décidâmes de faire nous-mêmes avancer la technologie et monter notre affaire.

C'était la meilleure décision.

Nous voulions jeter toutes nos forces dans la bataille. Cela dit, sans la détermination de Peter, et l'immense générosité d'Anousheh et Amir Ansari, prêts à faire un don de 10 millions, nous n'en serions pas là, à attendre la préparation et le lancement de notre premier vaisseau spatial.

Sur les 29 candidats, on en dénombra 3 vraiment crédibles, et parmi eux Spaceship One était le seul à avoir pu obtenir un financement sérieux et solide.

L'entreprise de Burt Butan, Scaled Composites, basée à Mojave en Californie, annonça son programme spatial le 18 avril 2003. Un avion porteur, le White Knight[1], emporte sous son fuselage le Spaceship One. À 16 000 km d'altitude, le Spaceship One est largué ; il allume son moteur et grimpe jusqu'à 50 km en atteignant 3 500 km/h en 80 secondes. Le vol continue sur sa propre inertie le long d'une trajectoire balistique, pour culminer au-delà de la limite supérieure de l'atmosphère terrestre.

Le 17 décembre 2003, on eut finalement la confirmation de ce qui était devenu un secret de polichinelle dans les milieux de l'aviation. Le mécène de Burt était le milliardaire Paul Allen, qui vivait reclus avec sa passion pour la science-fiction. Ce jour-là, pour son tout premier vol d'essai, Spaceship One franchit le mur du son avec un homme aux commandes. Le 21 juin 2004, Mike Melvill emmena le vaisseau à plus de 100 km d'altitude. C'était une date historique, car

1. Chevalier blanc. *(NdT)*

preuve était faite qu'un vol spatial piloté par un homme n'était plus réservé aux énormes programmes gouvernementaux.

J'avais calculé que Paul avait dépensé 26 millions de dollars pour essayer d'en gagner 10 millions. Je lui fis une lettre en janvier 2004 pour lui proposer de créer une coentreprise à 50/50.

Cher Paul,

Je tiens tout d'abord à vous féliciter pour cette magnifique performance. Je serais ravi de travailler avec vous sur ce projet pour en faire une véritable entreprise de tourisme spatial. J'espère qu'avec la force de notre enseigne et le savoir-faire de notre équipe marketing, ajoutés à votre expérience dans cette technologie de pointe, nous parviendrons non seulement à récupérer notre investissement, mais à gagner assez d'argent pour aller encore plus loin. Voici mes propositions :
1. Investir sur un vaisseau à 3 places (en respectant la ligne du vaisseau d'essai) mais avec de grandes fenêtres. Nous mettrons le maximum sur la sécurité, sans demander (à ce stade pour l'instant) la certification à la FAA. Ce vaisseau devrait être prêt à transporter des passagers dans un délai de dix-huit mois. Notre investissement sera de 100 millions de dollars sur trois ans.
2. Nous commençons une grande campagne de marketing qui coïnciderait avec le dernier vol précédant le vol pour le prix X. Nous offrons 1 000 voyages à 200 000 dollars le voyage. Cela devrait nous coûter 200 000 000 dollars et suffire à récupérer un peu plus de notre investissement afin d'utiliser le financement supplémentaire pour entamer l'étape suivante (je pense à un vaisseau six places à des tarifs plus abordables)...

Je suggérai le nom de Virgin Galactic Airways et ajoutai que l'on pouvait commencer à récupérer les premiers acomptes à partir de l'été ; je lui dis avec confiance : « J'ai l'équipe qu'il nous faut. »

Paul ne souhaitait pas prendre la direction de la compagnie ; il s'intéressait surtout à l'idée du vol commercial à 6 places. Will Whitehorn et Alex Tai, qui avait été commandant de bord sur Virgin

Atlantic, prirent l'avion pour Seattle pour rencontrer les conseillers de Paul. J'avais demandé à Jon Peachey, le directeur des investissements de Virgin et membre du conseil d'administration de Galactic, de les accompagner en lui donnant des consignes strictes pour tempérer l'enthousiasme de Will et d'Alex.

L'accord ne se fit pas lors de ce premier rendez-vous, mais les choses avancèrent à partir de la deuxième rencontre. Les deux parties étaient conscientes qu'il ne fallait pas perdre trop de temps, sous peine de voir le prix Ansari X nous échapper, et que nous devrions signer l'accord rapidement pour que la nouvelle entreprise puisse récupérer le bénéfice de la publicité. Virgin négocia finalement avec Paul Allen pour acheter les droits d'utiliser sa technologie trois semaines tout juste avant que le prix X soit lancé ! Pour nous, c'était absolument fantastique car lors de la présentation officielle de Spaceship One en octobre à Mojave, le vaisseau porterait le logo Virgin. Au-delà de cette extraordinaire couverture mondiale, notre message indiquait qu'il fallait prendre notre projet au sérieux.

La dernière semaine de septembre 2004 restera toujours une des plus belles périodes de ma vie. En quelques jours, nous avions lancé nos trains Pendolino qui roulaient à 200 km/h au Royaume-Uni. Le président du Nigeria nous avait encensés pour la réussite de Virgin Nigeria. Et voilà que j'étais sur le quai de la Royal Aeronautical Society à Londres, avec Burt, pour rendre publics le projet Virgin Galactic et l'accord historique signé avec la société de Paul Allen qui se montait finalement à de 21,5 millions de dollars. Nous annonçâmes aussi l'investissement de 100 millions de dollars pour développer un prototype commercial à 6 places dans l'usine de Burt à Mojave.

Burt Rutan est un génie de l'ingénierie qui a des années d'avance sur son temps. Vous rappelez-vous Voyager, ce catamaran volant qui avait fait le tour du monde avec un seul plein d'essence en 1986 ? C'était Burt qui avait conçu cet avion, le plus grand jamais construit avec des matériaux composites. Ce bourreau de travail s'était impliqué énormément pour donner ensuite naissance à

Spaceship Two, entièrement conçu en composite de carbone, verre graphite, aramide, époxy et résine.

Spaceship One était tout aussi exotique, ou presque, par sa conception, sa fabrication et son comportement en vol. Le moteur de fusée sans lequel il n'était pas possible d'envisager du tourisme spatial était véritablement révolutionnaire. C'était la première fois que Burt reprenait une vieille idée : un moteur-fusée hybride qui brûle du protoxyde d'azote (liquide) et un dérivé du polybutadiène hydroxytéléchélique (solide). C'est un compromis entre un moteur-fusée à ergol liquide et un propulseur à ergol solide. De conception plus simple et donc moins fragile, il brûle des ergols moins dangereux qui ne sont donc pas susceptibles d'exploser. La plupart des pannes arrivées aux fusées ont été fatales. Ce n'est pas le cas avec les vaisseaux spatiaux de Burt, qui sont d'une très grande fiabilité et d'un coût raisonnable. Une fois que toute l'ingénierie et que le design sont au point, il n'est pas compliqué de passer à la construction.

L'avion fusée, après une courte chute libre, met à feu le moteur-fusée et entame une montée à la verticale qui lui permet d'atteindre une vitesse maximale de 4 200 km/h. Parvenu à une altitude d'environ 60 km, le moteur-fusée, arrivé au bout de son carburant – point d'inflexion –, s'éteint, et l'avion continue de monter sur son inertie ; c'est le début de la chute libre. Les passagers sont en situation d'apesanteur. C'est comme quand vous lancez vos clés en l'air : quand elles sont au plus haut, elles retombent.

Il y a un autre détail intéressant dans ce moteur. Il est vert, et bien vert si on le compare à l'arsenal de fusées de notre monde. En volant sur Virgin Galactic, vous libérerez moins de CO_2 qu'une personne qui fait un aller-retour entre Londres et New York en classe affaires, alors que la navette spatiale de la NASA produit la même quantité de pollution que toute la population de New York un week-end ordinaire !

Le 29 septembre 2004, le pilote de Spaceship One, Mike Melvill, associé et vieil ami de Burt, décolla du centre d'essai spatial civil de

Mojave, collé à White Knight. Le vol avait été difficile, mais le talent du pilote lui permit d'atteindre son apogée à 337,6 pieds ou 103 km. Il était bien dans l'espace.

Le 4 octobre 2004, c'est Brian Binnie qui était aux commandes de Spaceship One. Lancé du porteur il monta pour prendre son vol suborbital à 367,442 pieds au-dessus de la terre. Un vol et un jour inoubliables à jamais pour Binnie qui venait de prendre son baptême d'astronaute.

SS1 avait remporté le prix Ansari X, et Burt Rutan était le plus heureux du monde ; c'était l'aboutissement de sa vie de travail.

Pour Virgin, ce succès confirmait les possibilités commerciales du vaisseau ; on décida immédiatement de déposer les brevets de Spaceship One et de White Knight.

On annonça la naissance d'une nouvelle société, The Spaceship Company, le 27 juillet 2005 à Oshkosh dans le Wisconsin. L'accord que Burt et moi avions signé stipulait que le design de Spaceship Two et du White Knight Two serait sa propriété. Les systèmes de lancement étaient en plein développement à Scaled Composites. The Spaceship Company appartiendrait à égalité à Virgin et Scaled Composites. L'entreprise de Burt, qui dirigeait l'équipe technique, avait la responsabilité de la recherche et du développement, des essais et de la certification des deux vaisseaux.

L'association de Virgin, Paul Allen et Scaled Composites est un exemple parfait du mariage réussi entre investissements et invention. Nous avions joué la même partition depuis le premier jour, et nous sommes en parfaite symbiose. Même si notre affaire est une réussite et nous apporte des retours sur investissement extraordinaires, Burt ne laissera pas son génie au repos. Il relèvera d'autres défis et obtiendra d'autres prix. Si je mets de côté les risques financiers énormes, je voudrais dire que notre réussite, qui peut paraître facile, est due en grande partie à l'ambiance dans laquelle nous avons travaillé. Notre enthousiasme n'a jamais fait défaut. Je l'explique par le fait que Virgin considère que tous ceux qui sont impliqués dans l'affaire sont au même niveau ; nous sommes tous des entrepreneurs, quelle que soit la surface financière des uns et des autres. Chacun d'entre nous, dans chacun de nos domaines d'activité, vit la même expérience en partant à la conquête de terres inconnues.

Le succès commercial de White Knight Two et de Spaceship One va encore nous ouvrir des portes. Une seule mission de la navette spatiale transporte 23 000 kg en orbite à un coût approchant 450 millions de dollars. Nous travaillons pour que White Knight Two puisse emporter un chargement de 12 500 kg à une altitude de 18 000 mètres pour le placer en orbite basse. Voilà qui ouvrira d'immenses possibilités commerciales, qu'il s'agisse des satellites météo géostationnaires, de la mesure des émissions de carbone et de l'entraînement en apesanteur des futurs astronautes.

Plus tard, Spaceship Two et ses successeurs pourront probablement transporter des cargaisons dans l'espace lointain. Virgin Galactic reste concentré sur son objectif premier, mais toutes ces options font partie de plans futurs pour que notre technologie continue à progresser et que l'entreprise poursuive sa croissance.

Je sais bien qu'il faut savoir relativiser l'importance des prix, mais je suis heureux que dans ce cas précis nous ayons choisi de créer et développer une entreprise plutôt que de sponsoriser une coupe. Ce nouveau marché a tout à gagner de l'esprit Virgin. Nous sommes capables d'investir lourdement pour que des idées puissent prendre corps. Nous voulons gagner de l'argent, mais nous essayons aussi d'apporter notre aide ici dans une conjoncture bien difficile. C'est une belle ambition que de vouloir rendre l'espace accessible à des prix raisonnables et une avancée importante pour l'humanité. Et, pourquoi pas, une contribution pour résoudre les problèmes de notre planète.

Faire du business dans l'espace n'est pas une activité ordinaire, mais elle se pratique avec les méthodes classiques. Une fois que nos systèmes auront fait leurs preuves et que nos premiers touristes raconteront leur voyage avec un grand enthousiasme, il est clair que les vannes s'ouvriront. Les prix baisseront sérieusement lorsque les compagnies d'assurances auront la certitude que nos expéditions seront sans danger. Les investisseurs en capital-risque, intéressés par les bénéfices à en tirer, se feront plus nombreux et, en retour, leurs apports financiers nous permettront de nous développer. Il est plus que probable que des compagnies spatiales seront cotées à la Bourse de New York ou de Londres.

Les risques d'échec sont encore élevés ; on va devoir convaincre rapidement pour attirer les investisseurs. L'espace est à notre portée et il y a encore des tas d'idées à explorer. La recherche sur les matériaux et les biotechnologies va si vite que les entreprises ont du mal à suivre pour en trouver les applications ; l'appétit d'apprendre est vital si vous voulez saisir les occasions. Mais il faut aussi vous intéresser vraiment aux gens : savoir qui ils sont, ce qu'ils font, et comment vous pouvez leur venir en aide. N'imaginez pas que vous trouverez la poule aux œufs d'or si vous êtes isolé.

Les *reality shows* sur le monde de l'entreprise connaissent une popularité grandissante. *Dragon's Den*, par exemple, est une émission de bonne qualité, pas seulement parce qu'elle évoque les aspects les plus passionnants de notre métier, mais aussi parce qu'elle permet de découvrir et de tester des idées. Le panel est composé d'hommes d'affaires qui ont connu la réussite au point de devenir millionnaires. Si ces types ont quelque chose d'effrayant, il apparaît clairement qu'ils ont également le sens de la courtoisie ; leur comportement donne enfin l'impression qu'ils vivent leur job comme une aventure. Certains concurrents ont bien préparé leur *pitch* ; d'autres sont jetés aux dragons, mais le spectacle est merveilleusement positif quand on voit le nombre d'idées et de projets passionnants présentés par les candidats.

Lors d'une réunion à Downing Street, des chefs d'entreprise russes m'ont demandé si je pouvais leur donner quelques conseils sur les aspects pratiques du capitalisme. Je gribouillai sur un morceau de papier : « Étudier l'idée d'un *Dragon's Den* russe. » En sortant de la réunion, un photographe du *Times*, qui m'observait dans la rue à une vingtaine de mètres, m'arracha le papier et en fit ce titre : « BRANSON VEUT LANCER *DRAGON'S DEN* EN RUSSIE. » Je continue à penser que c'est une bonne idée. Mais je suis sûr que la BBC, propriétaire des droits, est déjà dessus.

Où que j'aille, je suis submergé par les idées et les projets. Il y a quelques années, j'avais pris l'habitude de m'attaquer à une pile de lettres pour y trouver mon bonheur. Je repense à la proposition amusante d'un Espagnol. Dans un anglais parfait, il me faisait ses offres de services pour créer la lessive Virgin White. Il estimait que ce produit avait toutes les chances de connaître le succès. Pourquoi en douter ?

Parmi ces propositions, certaines nous parviennent sous la forme d'un dossier bien pensé et parfaitement argumenté par l'auteur qui nous assure que c'est l'affaire du siècle. D'autres ont griffonné une page envoyée avec la mention « Personnel et confidentiel ». « Cher Monsieur Branson, je pense que mon idée de créer la soupe de tomates Virgin va vous intéresser. Je ne doute pas que ce produit marchera bien. J'attends votre réponse avec impatience. »

Que répondre ? Que messieurs Heinz et Campbell ont pensé à tout ? Je déteste être désagréable. J'ai regardé attentivement. Nous avons reçu une bonne centaine de propositions Virgin White à mettre en forme ; si vous êtes persuadés que votre idée est originale, n'oubliez pas que d'autres ont pu avoir la même.

Il faut veiller à ne pas casser passion ou enthousiasme, mais c'est ce qu'on a dû faire ces dernières années chaque fois qu'une idée un peu fantasque nous était soumise. Nous sommes bombardés d'idées croustillantes – la baguette de pain Virgin – ou qui sentent le réchauffé comme les haricots Virgin. Mais certaines peuvent connaître un succès planétaire, à l'exemple de Virgin Mobile.

Pourquoi n'avoir pas retenu la proposition d'exploiter des cellules souches de top models ? Le sexe et la santé ont pourtant toujours fait partie des valeurs fondamentales de la marque Virgin...

L'allongement de la durée de la vie commence à poser de sérieux problèmes aux pays développés. Les systèmes de protection sociale s'essoufflent face au nombre croissant des *baby boomers*. Pour prendre l'exemple du Royaume-Uni, il est clair qu'on ne pourra plus tout attendre du National Health Service[1] pour garantir un niveau satisfaisant des retraites et des soins. On peut imaginer une organisation complémentaire pour le suivi de quelques affections légères ; ce n'est ni un point de vue politique ni le plaidoyer d'un homme d'affaires. C'est du pragmatisme.

Virgin joue encore dans ces domaines un rôle modeste, mais j'espère que nous pourrons dans un futur proche aider et soutenir les services publics actuels, en proposant des services de kinésithérapie, dentisterie, ophtalmologie, imagerie, et de diagnostics rapides. Ce serait pure folie de ne pas permettre à tous ceux qui disposent de revenus suffisants pour parcourir le monde d'investir aussi sur leur bien-être. Nous avons le devoir de penser à la qualité de la vie de la toute première génération Virgin !

Nous commençons à explorer le domaine très délicat des cellules souches. En respectant strictement les réglementations et en veillant particulièrement aux questions d'éthique, leur utilisation pourrait améliorer de manière considérable le traitement de certaines maladies dans des années à venir. J'ai noté un jour dans mon carnet : *Les cellules souches sont l'essence même de la vie. Si on crée les conditions nécessaires, elles peuvent se développer dans n'importe quel autre type de cellules et peuvent régénérer des organes, y compris le cœur ; peut-être le vôtre.*

Après avoir lancé des recherches sur le sang de cordons ombilicaux humains, nous avons créé une banque de stockage de cellules souches pour les générations futures. On a aussi investi dans la recherche en matière génétique pour arriver à détecter très tôt des gènes porteurs de certaines maladies. J'en ai parlé à plusieurs scientifiques de haut niveau, dont le patron de la société Via Cell, une entreprise spécialisée dans les biotechnologies et les nombreuses médecines cellulaires expérimentales. Ils espèrent bien un jour combattre le cancer, les maladies neurologiques, le diabète et la dystrophie musculaire. Nous devons nous interroger et donner des réponses à ces questions éthiques délicates chaque fois que nous en

1. Sécurité sociale britannique. *(NdT)*

avons l'occasion ; même s'il faut des années, même si des évolutions se font jour en matière d'éthique, tout ce qui pourra sauver des vies vaut la peine d'être étudié.

Virgin, comme tous les leaders, est en recherche permanente. Si vous imaginez qu'on va faire fortune ensemble en lançant une lessive, de la soupe de tomates ou même des collants pour femme à trois jambes (je vous jure que nous avons bien reçu cette proposition : vous mettez la jambe que vous n'enfilez pas dans vos sous-vêtements et vous l'utilisez si vous filez l'une des deux autres), cherchez ailleurs ; vous n'avez pas frappé à la bonne porte.

Les gourous des écoles de commerce donnent trop peu d'importance à un autre élément – peut-être parce qu'il contribue à démonter leurs théories – sur lequel il faut tout de même compter : la chance. Il en faut beaucoup, mais les P-DG qui admettent avoir été au bon endroit au bon moment sont rares, alors que beaucoup vous diront qu'ils étaient au bon endroit mais au mauvais moment et inversement. La chance a été une des clés de la réussite de Virgin Mobile, l'entreprise qui a atteint le chiffre d'affaires d'un milliard de dollars le plus rapidement au monde.

Si on ne veut pas la laisser passer, il faut toujours être prêts à la saisir ; le grand maître du golf sud-africain Gary Player disait que plus il s'entraînait, plus la chance lui souriait. Il arrive que le green lui porte-bonheur. Pour Virgin Mobile (c'était peut-être le rouge de notre logo ?), ce fut la même chose. Mais nous avons aussi mis toute notre énergie et travaillé sans relâche pour pénétrer le marché. Nous étions toujours prêts à sauter sur l'occasion qui se présentait.

Il reste encore un peu de chance pour notre planète, mais le changement climatique est un sacré challenge pour aujourd'hui et pour demain. Beaucoup d'entreprises ont compris les enjeux et se remettent en cause, mais le mouvement est encore trop lent. Le chantier des énergies renouvelables et des nouvelles technologies est immense, et nous n'avons pas commencé à travailler sérieusement sur nos futurs besoins : des chauffe-eau hyperperformants, des réfrigérateurs, des congélateurs, des matériaux de construction avancés, le chauffage, la climatisation, l'isolation ou la récupération et le traitement de l'eau de pluie…

On a vu déjà apparaître des fenêtres intelligentes qui s'adaptent pour maintenir la température à un niveau confortable, des éclairages LED très économiques, des techniques architecturales destinées à économiser l'énergie des bâtiments, une technologie qui sait détecter le gaspillage des ressources rares, et même une nouvelle génération de robots hyperintelligents, dont Bill Gates m'a confié que les technologies étaient aussi passionnantes que l'informatique des années 1970. Selon un rapport de l'*American Scientific* paru en 2008, en 2055, un ordinateur personnel de 1 000 dollars aura autant de puissance de traitement que le cerveau humain.

On parle beaucoup des prochaines voitures hybrides (Peter Diamantis, le fondateur du prix X, a créé un prix X pour les voitures les moins polluantes). On travaille beaucoup sur les énergies douces : des colonies d'éoliennes sont installées sur la terre et sur nos côtes ; des panneaux solaires, des barrages en mer pour la production d'eau douce. Des technologies permettant de capturer le carbone des centrales électriques ont fait leur apparition. Des miroirs paraboliques, déployés dans les déserts d'Afrique, fournissent de l'électricité écologique, et on investit lourdement sur les biocarburants, comme le butanol à base de cellulose qui ne pénalise pas les cultures destinées à nourrir les hommes. Des programmes bien pensés ont déjà fait l'objet d'une évaluation par le comité du conseil en investissement de Virgin.

Dans les affaires, c'est comme dans la vie : il faut avancer sans être obsédé par la peur de se tromper. Ce livre qui évoque mes erreurs et celles de mes confrères en apporte la démonstration. Virgin Fuel a investi dans des usines qui transforment le maïs en éthanol, sans imaginer que ce type de biocarburant pourrait pénaliser gravement les ressources alimentaires de la planète. La partie était perdue d'avance, mais nous, nous n'avons pas tout perdu. D'une mauvaise idée, il peut toujours rester quelque chose, preuve supplémentaire qu'il ne faut pas avoir peur d'essayer. Qui ne tente rien n'a rien.

Peut-être pensez-vous que j'ai eu beaucoup de chance. Pas plus que les autres. C'est ce qu'on en fait quand elle passe qui compte.

Vous réussirez à innover à condition de ne pas rester derrière votre bureau, en partant à la recherche des meilleures idées ; il y aura toujours quelqu'un pour vous conduire. Et ne laissez pas passer la chance.

« J'ai l'impression d'être au paradis... Tu me passes la crème solaire ? » Joan et moi faisons un break aux Maldives pour notre anniversaire de mariage. Dans le bruit des vagues qui caressent le sable blanc, nous sommes étendus sur nos chaises longues, face au miroir turquoise du lagon avec une douce brise de mer pour nous rafraîchir.

« Tu vas voir comme elle sent bon », me dit-elle en me passant un flacon de lotion biologique de protection 30, à base de noix de coco. Mon regard étonné devant mon corps luisant la fit sourire. Elle avait raison ; je dégageais l'odeur d'une barre géante de Bounty en fusion.

J'avais abandonné mon livre qui n'avait rien de palpitant, mais je remis mes lunettes pour lire la composition de cette étrange crème solaire. L'ironie de la situation me fit sourire. Ce petit paradis, dont 80 % des terres dépassent à peine le niveau de la mer, est comme tant d'autres menacé par le réchauffement climatique et la montée des eaux. Une partie des solutions pour lutter contre cette catastrophe était dans cette bouteille.

L'augmentation de la démographie et le changement climatique sont les deux grands défis que notre monde doit relever ; le transport aérien compte pour 2 % du réchauffement, mais l'agriculture en est la grande responsable. « Notre génération a hérité d'un monde magnifique transmis par nos parents et grands-parents. Nous refusons d'être la génération responsable d'une destruction irréversible de l'environnement. » C'est ce que je déclarai, aux côtés de Bill Clinton, le 21 septembre 2006, lors de la présentation de la Clinton Global Initiative[1] à New York. J'annonçai au président que Virgin allait reverser

1. La Clinton Global Initiative rassemble des chefs d'État, cadres dirigeants et leaders du monde entier. Ses membres, venus de 90 pays différents, travaillent dans tous les secteurs et étudient les problèmes, chacun à leur façon. Leur volonté et leur aptitude à construire un monde meilleur pour nos enfants et petits-enfants ont entraîné la prise de 1 946 engagements pour un montant de 63 milliards de dollars, dont une partie a déjà été utilisée pour améliorer les conditions de vie de 300 millions de personnes. *(NdT)*

ses bénéfices des activités de transport des dix prochaines années pour participer à la lutte contre le réchauffement climatique.

Je confirmai mon engagement dans l'émission de CNBC *Power Lunch* : « Nous avons notre part de responsabilité dans les émissions de CO_2. Nous prenons l'engagement que tout l'argent qui reviendra au groupe sous la forme de dividendes, de ventes d'actions ou de revenus boursiers sera investi dans ce combat, une somme que nous estimons à 3 milliards de dollars sur les dix ans à venir. »

Mes carnets de l'époque ressemblent à des toiles d'araignées, où s'entrecroisent des chiffres, des flèches et des points d'exclamation ; j'essayais de comprendre le débat sur les carburants et leur impact économique.

Moins d'une semaine plus tard, Virgin Atlantic dévoilait son projet particulièrement ambitieux de réduire jusqu'à 25 % ses émissions de carbone sur les 3 milliards de litres de kérosène consommés par nos compagnies chaque année. On faisait les propositions suivantes : remorquer nos avions sur la piste avant de mettre les moteurs en marche, travailler sur des grilles de départ performantes et utiliser « la descente en continu » à l'atterrissage. On avait mis aussi en évidence le système de contrôle aérien européen qui oblige les avions à tourner trop longtemps au-dessus des aéroports en attendant le feu vert pour l'atterrissage. (Il y a 35 organisations de contrôle aérien en Europe, toutes indépendantes les unes des autres, alors qu'il n'y en a qu'une aux États-Unis.) Virgin Atlantic essayait de faire partager ces procédures aux autres compagnies pour que tout le monde travaille à cet objectif favorable à notre environnement ; sous le feu des critiques, beaucoup ont commencé en 2008 à les adopter.

L'autre solution pourrait évidemment consister à mettre définitivement fin au transport aérien. C'est complètement irréaliste, mais ce serait aussi politiquement et économiquement désastreux pour des millions de pauvres et de populations défavorisées. S'il devenait impossible de se rendre en Afrique, la souffrance des populations se ferait plus aiguë encore. Beaucoup de complexes touristiques rentables ont vu le jour dans de nombreux pays du continent pour leur plus grand bien. On a eu la preuve que le tourisme était un de leurs vecteurs économiques essentiels lorsqu'à partir de 2007 la fréquentation des vacanciers s'était pratiquement tarie au Kenya, après les résultats de l'élection présidentielle. Le chômage avait fait un bond gigantesque.

L'économie mondiale dépend en grande partie de l'aviation et du tourisme, deux des industries les plus importantes du monde. Au cours des quarante dernières années, leur croissance exponentielle a permis le démarrage économique de nombreuses nations en voie de développement. Faudrait-il y mettre un terme et retourner à l'âge de pierre ? Les gens adorent voyager. Il faut s'en féliciter, car c'est une façon d'ouvrir les consciences et d'augmenter la coopération et l'amitié entre les peuples. N'oublions pas l'écotourisme, qui est souvent la meilleure façon de protéger les environnements sensibles comme les forêts tropicales.

L'aviation civile s'éveille lentement à une dure réalité : le statu quo n'est plus acceptable. Les fabricants de carlingues et les motoristes doivent poursuivre leurs recherches pour obtenir des moteurs plus silencieux et plus propres. L'autre problème concerne le prix du pétrole, dont toutes les compagnies Virgin ont subi l'impact de plein fouet. Pour l'ensemble du groupe, il a représenté plusieurs centaines de millions de dollars entre 2004 et 2006. Cependant, la réduction de la consommation des combustibles fossiles n'est pas pour autant une solution durable. Au mieux, cela ne fait que retarder la crise à venir.

Vers quelles solutions pouvons-nous nous diriger ?

Pour sauver la planète, il est indispensable d'inventer des énergies et des carburants propres, pour mettre fin à la déforestation en préservant les ressources alimentaires. Les besoins des populations s'accélèrent avec l'augmentation de la démographie. Les attaques récentes contre les bioénergies ont fédéré toutes les forces et initiatives sans tenir compte des arguments individuels. Mais toutes les drogues ne sont pas mauvaises – l'héroïne n'a rien à voir avec l'aspirine – et le même argument peut s'appliquer d'une manière générale aux énergies renouvelables. Les biocarburants ne sont pas la seule réponse, mais nous commençons à peine à découvrir tout ce qu'ils peuvent nous apporter.

Nous libérons du dioxyde de carbone ou du CO_2 dans l'atmosphère en brûlant du charbon et du pétrole. Ces combustibles sont nés de la compression de matière organique essentiellement végétale dans nos sous-sols pendant des millions d'années. Si l'on décidait d'utiliser la végétation vivante, comme le sucre de canne, les saules, les cacahuètes ou les noix de coco, à la place de ces combustibles fossiles, on n'ajouterait pas le carbone séculaire à celui qui est déjà dans notre environnement. Une phrase le résume parfaitement : « Ne déterrez pas les morts. »

Les combustibles synthétiques existent depuis les années 1910, époque où l'alcool a été utilisé pour la première fois pour la production de masse. Avant la prohibition aux États-Unis, c'était le carburant utilisé par les voitures, mais quand on s'est aperçu que l'éthanol était de l'alcool, son utilisation fut interdite de peur que les gens ne veuillent le boire.

Vinod Khosla, l'homme qui a fondé Sun Microsystems, un des investisseurs les plus influents de Californie et même aux États-Unis, pense que l'éthanol pourrait bien être l'avenir pour nos voitures, plus que l'hydrogène plus compliqué à utiliser. L'éthanol serait peut-être une alternative également très intéressante pour les avions, mais il gèle à 15 000 pieds[1]. Il y a presque un siècle que l'éthanol a été abandonné, et il ne semble toujours pas pris en compte dans les recherches de carburants alternatifs ; quand j'ai commencé à mettre le nez dans ce domaine, j'ai été très étonné par l'absence totale d'intérêt qu'il suscite. Personne n'aurait donc sérieusement pensé à faire voler les avions avec des biocarburants ?

Il faut croire que non. En 2006, lorsque j'ai annoncé pour la première fois que nous nous lancions dans la recherche de combustible propre, défenseurs de l'environnement et fabricants de moteurs nous ont ri au nez en affirmant que c'était impossible. Il ne faut pas

1. 5 000 m. *(NdT)*

oublier que dans les années 1950 des membres de compagnies aériennes, comme Charles Lindbergh qui travaillait alors pour la Pan Am, étaient certains que le moteur à réaction n'avait aucun avenir dans l'aviation commerciale. Il arrive que la réalité de l'économie nous fasse changer d'avis à condition d'avoir un bon catalyseur.

On commença nos discussions avec Rolls Royce, le premier motoriste du monde, basé à Derby. On essaya de les sensibiliser au développement des biocarburants, mais ils avaient choisi une autre voie, qui consistait plutôt à améliorer l'efficacité de leurs moteurs pour les rendre plus économiques. Plus encore, ils nous affirmèrent que le combustible auquel nous pensions était tout simplement « inimaginable ». On prit alors rendez-vous avec GE Aviation, un de leurs concurrents pour l'équipement des Boeings et des Airbus. Ils comprirent tout de suite et donnèrent immédiatement leur accord pour collaborer avec nous. Il en fut de même avec les services commerciaux de Boeing. Les acteurs clés s'engageaient enfin !

La plupart des notes que j'ai prises à cette époque sont très techniques. J'essayais de me faire entrer dans la tête tout ce qui concernait les structures moléculaires, les enzymes actifs et la formation clinique des algues. Ce qui me donnait réellement le vertige, c'était le chiffrage des économies potentielles. Les besoins de nos moteurs à explosion de nos voitures, nos bateaux et nos générateurs sont assurés par les combustibles liquides pour une vingtaine d'années. Pour que des carburants alternatifs soient viables, il nous faudra des quantités énormes de matières premières – le matériau brut servant à fabriquer de l'énergie – et il faut qu'ils soient moins cher ou au moins que leur prix soit du niveau de celui des carburants traditionnels.

Nos études ont débouché sur la biomasse végétale, issue des sous-produits agricoles, des déchets de collectivités ainsi que des effluents des animaux. Il y a là de quoi faire naître de nouvelles entreprises et investisseurs comme Virgin Green Fund[1] et Vinod

1. Fonds d'investissement, créé par Richard Branson en 2006, destiné à soutenir des initiatives en matière d'énergies renouvelables. *(NdT)*

Khosla, prêts à engager des milliards de dollars dans cette voie. Il convient, au-delà des matières premières de base, d'évaluer les coûts de traitement et de transport pour que le produit final soit compétitif. Nous y travaillons dur. Parfois, on arrive au bout d'une impasse, mais on a aussi trouvé des opportunités intéressantes. Je vous emmène sur ces avenues improbables pour vous donner une idée de la complexité du secteur des biocarburants.

L'éthanol de maïs qui a ouvert le bal aux États-Unis a été un échec malgré les énormes subventions du gouvernement, alors que l'expérience brésilienne a prouvé depuis longtemps l'efficacité du sucre de canne. Le Brésil a plus de trente-cinq ans d'expérience d'utilisation et en 2008 ses voitures ont consommé plus d'éthanol que de combustibles fossiles. Le sucre de canne et l'amidon de maïs – la source de l'éthanol américain – sont les matières premières de base pour la production de combustible renouvelable, mais l'éthanol de maïs pose vraiment problème aujourd'hui, compte tenu de son impact sur les ressources alimentaires mondiales. En Asie, on peut aussi utiliser le tapioca, les pommes de terre et autres amidons. Mais sincèrement, je ne vois pas l'intérêt de cultiver des produits alimentaires pour en faire du carburant à l'heure où tant de populations souffrent de malnutrition et que les prix de base de la nourriture augmentent partout.

Je me suis donc penché sur ce que pourrait représenter le tonnage de déchets par hectare. L'herbe de prairie, les saules, les tiges de maïs, la paille de blé, tous ces déchets peuvent tous être utilisés pour la biomasse. J'en ai parlé à John Ranieri, le vice-président des biocarburants chez DuPont de Nemours, le géant de la chimie, pour connaître leur position. John est un type bien ; il m'a donné des informations de premier ordre et d'excellents conseils. Il m'a parlé de la stratégie de DuPont pour mettre les technologies du biobutanol et de l'éthanol cellulosique[1] sur le marché. J'ai pu ensuite ren-

1. L'éthanol cellulosique (ou *ceetol*) est un biocarburant de transport fabriqué à partir de déchets agricoles et ligneux ainsi que d'arbres à croissance rapide. (*NdT*)

contrer Ian Ferguson de Tate & Lyle, le géant du sucre. De nos discussions est ressortie l'idée d'implanter une raffinerie de sucre en République Dominicaine. Nous avons également envisagé de créer une plantation d'herbe de prairie en Louisiane, et nos recherches ont aussi amené le Virgin Green Fund à investir sur Gevo, une entreprise mondiale qui transforme la biomasse en éthanol. C'est important de ne pas se contenter d'une seule piste ; il faut en explorer beaucoup.

Nous avons eu des contacts avec Iogen Corporation, qui avait avancé sur la transformation d'une partie des déchets importants de la prairie canadienne et qui fabrique du biocarburant E 10 pour les voitures. Nous avons aussi pris des contacts avec Cargill, une des plus grandes entreprises agroalimentaires du monde, et nous nous sommes rendus au Brésil pour y chercher des partenaires et créer des *joint-ventures*.

On a même joué avec des noix de coco.

Ce fruit ne va pas résoudre la crise mondiale de l'énergie, mais il mérite d'être étudié. Les cocotiers poussent sur des surfaces de plage sablonneuses dans les tropiques, un environnement que la plupart des végétaux ne supportent pas. Le marché du coprah, la chair de la noix de coco, est partout en chute, tout comme son prix et, du coup, les régions qui en dépendent largement souffrent et s'appauvrissent. Ce serait bien de lui trouver d'autres débouchés. La coupe et le séchage du coprah représentent un énorme travail pour un faible rendement, si bien que beaucoup d'exploitants se sont tournés vers d'autres types d'exploitations plus rémunératrices, laissant les cocotiers servir de décor sur les plages. On peut imaginer que la culture intensive de la noix de coco soit un revenu intéressant pour ces populations.

Son utilisation pour faire tourner les moteurs n'est pas un phénomène nouveau puisqu'on y avait déjà eu recours dans les Philippines pendant la Seconde Guerre mondiale, quand on s'était retrouvé presque à court de gazole. Aujourd'hui, sur les îles de Vanuatu dans l'océan Pacifique, un entrepreneur australien, Tony Deamer, a réussi à utiliser de l'huile de coco comme combustible pour des véhicules à moteur. C'est une belle opportunité pour relancer le marché du coprah ; Tony s'est associé avec un producteur local pour obtenir du gouvernement une diminution des taxes sur les mélanges contenant de l'huile de coco. À Vanuatu, l'entreprise d'électricité locale UNELCO utilise du gazole mélangé à de l'huile de coco pour faire tourner un générateur de 4 mégawatts qui dégage un parfum agréable.

Quelques estimations m'ont confirmé ce qu'on n'était pas loin d'imaginer : il y avait bien une possibilité de faire du coprah un acteur improbable de la scène mondiale des énergies renouvelables.

Le débat qui a cours sur les biocarburants ne va pas assez loin. Il ne s'agit pas d'en trouver un seul qui puisse répondre à toutes les attentes. Il faut penser et développer différentes solutions qui marchent bien dans des endroits différents avec des buts différents et à différentes échelles. Il devrait être possible de diminuer de façon spectaculaire l'empreinte de carbone en utilisant le bioéthanol pour les voitures et les bus. Pour ce qui est du transport aérien, il faut trouver tout à fait autre chose.

C'est pourquoi il était important d'apporter la preuve qu'un avion commercial pouvait voler avec un biocarburant. Pas question de perdre du temps à faire des tests et à se lancer dans des discussions ; il s'agissait simplement de faire voler un Boeing.

Le 24 février 2008, nous avons annoncé que Cosmic Girl, un Boeing 747-700 de Virgin Atlantic, allait faire un vol d'essai entre Londres et Amsterdam. Un 747 dispose de quatre moteurs et, pour la première fois, dans un des moteurs nous n'avons pas utilisé le carburant habituel pour l'un des moteurs, mais un mélange d'huile de coco et d'huile d'un fruit de même nature, la noisette babassu brésilienne, sans faire la moindre modification à l'appareil ou à ses moteurs.

Le commandant Geoff Andreasen, le responsable des pilotes de Boeing de Virgin Atlantic, décolla de Heathrow à 11 h 30 et se posa à Amsterdam à 13 h 30, heure locale. Pendant le vol, les conseillers techniques enregistraient un maximum de données en gardant les yeux sur les moniteurs. Cette expérience sereine et intense à la fois fut une réussite. La preuve était faite qu'un avion pouvait parfaitement voler à l'énergie propre à 12 000 mètres d'altitude. On venait de donner le départ de notre challenge qui consistait à développer un excellent biocarburant en préservant les réserves de nourriture de la planète.

Ce travail continue. Imperium Renewables qui a fabriqué notre combustible expérimental a ouvert depuis une des plus grandes raffineries de biodiesel du monde à Grays Harbor, dans l'État de Washington aux États-Unis. Ils sont capables d'en produire jusqu'à 400 millions de litres par an. L'entreprise a installé une filiale à Hawaï qui pourra en fabriquer aussi 400 millions à l'année en utilisant les produits locaux, dont la noix de coco.

Le P-DG d'Imperium supervise le développement d'une deuxième génération de biocarburant à partir des algues qu'on peut faire pousser en eau douce ou dans l'eau de mer. Je suis persuadé que cette démarche est très prometteuse.

Certaines personnes m'ont demandé pourquoi je ne distribue pas directement aux associations caritatives les bénéfices que j'ai promis de tirer des technologies propres et des énergies renouvelables. Pour moi, ce n'est pas la bonne voie. Il faut savoir être charitable, mais quand des opportunités économiques sont en jeu pour le bien de tous, il est beaucoup plus rentable d'exploiter la puissance de son organisation pour sa propre cause. Étant donné notre démographie galopante et la pression sur l'environnement qui en résultera, nos solutions doivent être à la fois technologiques et sociales. Je ne dis pas que tout va pour le mieux et que le marché doit tout nous dicter. Il faut au contraire profiter de notre position pour être encore plus efficace et prouver que l'on investit effectivement dans les technologies vertes. C'est ce que Virgin Green Fund s'efforce de faire.

C'est un devoir de toujours chercher à repousser les limites. Dans les dix prochaines années, nous allons partir à la conquête de territoires inconnus. Nos besoins en énergie ne vont pas cesser d'augmenter, alors que nous avons atteint et peut-être dépassé le *peak oil* (point de consommation maximale de pétrole). Nous entamons la descente et il nous faut une solution alternative. Si on considère que les prix des énergies fossiles vont se maintenir à un niveau élevé, ce besoin est urgent, mais la solution ne viendra pas d'un homme ou d'une femme providentiels. Si nous nous attaquons sérieusement et de façon concertée au problème du changement climatique, de nouvelles perspectives s'ouvriront pour de nouvelles entreprises passionnantes et prospères qui inventeront les technologies du futur.

Ce seront pour la plupart des petites entreprises. Si les débats sur le changement climatique sont complexes et parfois contradictoires, on aura appris tout de même que les solutions viendront en partie de petits projets locaux, capables de combattre dans la catégorie supérieure, alors que des initiatives reposant sur des approches sommaires seront ralenties par leur propre complexité, avec des conséquences imprévisibles et catastrophiques. Je sais de quoi je parle : je suis un businessman qui travaille sur des problèmes planétaires à un niveau planétaire.

La mise au point d'un carburant propre pour l'industrie du transport aérien est une ambition de très grande ampleur. Virgin Fuel y travaille beaucoup. Sa réussite repose aussi sur de petites initiatives comme celle de Vanuatu, où des voitures roulent à l'huile de noix de coco. Ce genre d'initiative ne demande qu'à se développer. Personne ne va résoudre le réchauffement climatique par décret ; et à Virgin nous n'oublions jamais que, dans des affaires, *small is beautiful*.

6

Leaders et entrepreneurs

Savoir tenir et lâcher les rênes

En 2004, j'ai produit et animé une émission de téléréalité, The Rebel billionaire, *pour la chaîne américaine Fox. Pendant douze semaines, les 16 candidats devaient faire la preuve qu'ils avaient toutes les qualités pour devenir dirigeant du groupe Virgin. Elle ne rassembla que 7 millions de téléspectateurs, mais fut tout de même un moment très important pour l'entreprise.*

La compétition se déroulait dans les pays où le groupe est présent. Je me comportais comme un patron tantôt aimable et sympathique, tantôt brutal et exigeant.

L'affrontement comprenait aussi des épreuves physiques. J'annonçai à Sam Heshmati, un des concurrents, que nous serions les premiers à descendre les chutes de Victoria dans un tonneau, un exploit accompli pour la première fois par une femme, en octobre 1901, dans les chutes du Niagara. Annie Taylor, qui avait entendu dire que les Indiens descendaient la fameuse chute de cinquante mètres de haut, voulut être la première femme à tenter l'expérience. Elle se fit construire un tonneau en bois et s'y faufila avec son chat noir. On gonfla le tonneau et des amis la larguèrent d'une barque à quelques encablures de la cataracte. Annie et son chat ressortirent vivants du tonneau. Ce fut la première d'une longue série de tentatives plus ou moins fatales à leurs auteurs pendant le XXe siècle.

Mais les chutes de Victoria, en Afrique, hautes de plus de cent mètres, qui tombent sur un canyon escarpé sont infiniment plus dangereuses.

Je pris le temps d'expliquer à Sam qu'on ferait la descente dans un tonneau conçu spécialement par la NASA. J'attendais sa réaction. Sam reprit son souffle et donna son accord. Le jour venu, une grue gigantesque nous descendit juste au-dessus de la rivière en furie, puis le compte à rebours commença. Une éternité. Cinq, quatre, trois, deux... Un quart de seconde avant qu'on nous lâche, je me mis à hurler : « Arrêtez ! Arrêtez tout ! » « Sam ! je vais te faire voir un truc. » Je lui montrai les rochers escarpés tout en bas. « Regarde ! Tu étais à dix secondes d'une mort certaine. Il ne faut jamais accepter aveuglément les ordres ou les conseils d'un patron. Retiens la leçon. Il faut réfléchir avant d'agir, mon vieux ! »

Avance rapide. Trois ans ont passé. Je suis à Las Vegas pour annoncer la mise en service de la nouvelle ligne de Virgin America vers San Francisco. Pour faire le buzz, on m'avait conseillé de sauter du haut de Fantasy Tower de Palms Casino[1] accroché à un câble, pour atterrir au beau milieu du cocktail de la réception.

Une chute de quelques secondes à 160 km/h le long d'un immeuble... Jamais je n'avais eu l'occasion de me livrer à ce genre d'exercice, mais j'étais habitué aux descentes en rappel et j'avais accepté sans problème. Nous sommes en octobre, et le vent souffle assez fort. Avant de sauter, j'examine consciencieusement mon harnachement et le fameux câble utilisé pour le tournage de *Spiderman*. Je vais tomber en longeant la façade ; je ne sens pas bien les choses. J'appelle un membre de l'équipe technique. « Excusez-moi. Je retourne un peu dans ma chambre. »

Ils pensent que je suis en train de me déballonner. J'ai juste besoin de réfléchir. On va me pousser dans le vent à 140 m de haut, au contact du bâtiment...

1. Le Palms Casino est un hôtel-casino de Las Vegas composé de deux tours : la Palms Hotel Tower, construite en 2001 et qui mesure 126 m, et la Fantasy Tower, haute de 140 m pour 40 étages. *(NdT)*

On a frappé. C'est l'équipe marketing de Virgin America. « Richard, pourriez-vous au moins monter sur le toit pour les journalistes ? » Je sais bien ce qu'ils pensent : « Il a la trouille... » J'essaie en vain de m'expliquer, sans trouver mes mots. Mes jambes me portent tout de même jusque là-haut. Le type m'assure que le vent est un peu tombé. J'ai plutôt l'impression qu'il souffle toujours aussi fort. Mais ce sont des professionnels, non ? Il ne faut pas décevoir tout ce monde qui attend, c'est bien ça ? Allez ! Je saute ! Pendant ma chute vertigineuse, je rebondis deux fois contre le mur. C'est fini. Je me balance au bout du câble, comme un pantin désarticulé et complètement sonné. J'ai mal partout. J'ai peur que ma colonne en ait pris un coup. Les invités m'entourent, affolés, sans un regard pour le nuage de billets d'avion gratuits qui accompagne mon arrivée.

Cher Sam ! Te voilà vengé de la mauvaise blague que je t'avais faite. J'ai très mal au dos. Je découvrirai plus tard les photos : complètement ébouriffé, le regard perdu et le pantalon en accordéon. Pourquoi ne me suis-je donc pas appliqué la règle que je conseille aux autres ?

Un patron doit savoir mesurer les risques.

Cette phrase ne concerne pas que les chefs d'entreprise ; ceux qui partent à la conquête d'un glacier, qui pratiquent l'alpinisme, font des courses en ballon et des courses de hors-bord peuvent se l'appliquer. Un chef d'entreprise doit toujours être en mesure d'anticiper les nombreux défis auxquels est confrontée une entreprise et trouver les meilleures façons d'y répondre. Il ne faut surtout pas céder aux réactions primaires.

Dans ce livre, j'aurai raconté mes réussites, mes échecs, et les leçons que j'en ai tirées. Pour une fois, je vais commencer un chapitre qui raconte une bévue commise par un autre.

Le 14 février 2007, la fusion de NTL, Televest et Virgin Mobile donnait naissance à Virgin Media, la plus grande entreprise Virgin du monde. C'était la première fois que les consommateurs disposaient d'une offre *quadruple play,* une gamme de forfaits comprenant téléphonie fixe et mobile, le pack télé le plus performant, un enregistreur sur disque dur à grande capacité et un accès Internet à haut débit.

Virgin Media était devenu en une journée l'opérateur le plus important du Royaume-Uni, avec le plus grand réseau de mobile virtuel du monde, et le deuxième fournisseur de TV payante et de téléphone fixe. Murdoch était persuadé qu'on lui avait déclaré la guerre.

Rupert Murdoch, né à Melbourne, est le businessman qui a eu le pouvoir le plus longtemps au monde. Il a monté un immense empire de presse, d'abord à partir de 1968 en Australie, son pays d'origine, puis en Grande-Bretagne, où il lui a donné sa dimension planétaire. En 2007, il a fait son entrée au Dow Jones aux États-Unis. Ses réseaux de télévision sont présents dans le monde entier et l'influence de ses journaux n'est plus à démontrer. Rupert Murdoch inspire autant la crainte que l'admiration. Malgré ses 80 ans, il est toujours aussi énergique.

Lachlan et James, ses deux fils, sont appelés à lui succéder. À partir de novembre 2006, une rumeur commença à préoccuper James, le P-DG de British Sky Broadcasting. Virgin Media voulait entrer au capital d'ITV, la première chaîne commerciale créée au Royaume-Uni et la plus importante aujourd'hui, pour y acquérir une position majoritaire. La perspective d'une alliance Virgin Media et ITV l'inquiétait beaucoup. Il décida d'y mettre un coup d'arrêt en achetant 17,9 % des parts d'ITV. Il en coûta 940 millions de livres à ses actionnaires (1 milliard d'euros).

Dans un bel ensemble, la presse s'était enthousiasmée pour cette opération. Or il venait de commettre une erreur majeure dans une carrière jusque-là sans nuages.

Le monde des médias et les responsables politiques avaient compris qu'il s'agissait clairement d'une volonté de nous barrer la route en montant une opération d'anticoncurrence. Il avait atteint son but. L'intervention de Murdoch avait, pour cette fois, contrarié nos projets.

Après la guerre des petites phrases, on entama une action en justice. Sky décida alors de retirer des séries comme *Lost* et *24 h chrono* de notre bouquet, erreur de calcul qui amputa sensiblement ses recettes publicitaires.

Peu de temps après, Virgin Media déposa une plainte auprès de l'Office of Fair Trading[1] au motif que la concurrence était faussée. Le secrétariat d'État demanda à la commission de la concurrence d'étudier les modalités de l'acquisition de 17,9 % du capital d'ITV.

James Murdoch avait acheté les actions d'ITV bien au-dessus de leur valeur, au prix de 1,35 livre, pour se protéger de deux grands investisseurs institutionnels qui revinrent en hâte en payant des actions 1,10 livre !

Le 29 janvier 2008, la Commission de la concurrence ordonna à Sky de revendre une partie de ses parts pour passer de 17,9 % à moins de 7,5 %, mais les actions avaient continué leur chute. Leur cours était maintenant à moins de 50 p et il descendit encore jusqu'à 40 p en juillet 2008.

Le coût de l'opération, pour BSkyB, fut au moins de 1,3 milliards de dollars. James avait fait l'erreur de surréagir aux intentions de Virgin. Il avait compris à juste titre que Virgin Media représentait une menace pour l'empire Murdoch, mais Sky n'aurait pas autant souffert qu'il l'avait imaginé, et de toute manière l'addition aurait été moins salée.

Quand vous vous retrouvez dans une situation difficile, quelle que soit sa nature, il faut d'abord prendre le temps d'évaluer les risques, puis préparer votre réaction en listant vos points forts et vos points faibles. Il faut ensuite constituer une équipe et lui donner ses objectifs pour commencer le boulot.

Quelques lignes devraient – ou plutôt doivent – figurer en préambule de tous les business plans : *L'entreprise va organiser beaucoup de soirées et beaucoup de fêtes.* C'est en effet une excellente façon qui permet de se lâcher, de mieux se connaître, et de souder une équipe, et la meilleure manière de s'intégrer, de s'apprécier,

1. Organisme britannique qui veille à la protection du consommateur et aux règles concurrentielles. *(NdT)*

d'échanger les savoir-faire, et de mettre en place les fondations d'une culture d'entreprise solide.

Les soirées auxquelles j'invitais l'ensemble du personnel de Virgin Business dans ma maison de l'Oxfordshire, chaque année, étaient devenues une véritable institution. Plus les années passaient, plus il y avait de monde, ce qui m'a conduit malheureusement à y mettre un terme. La dernière a duré trois jours avec presque 60 000 participants. C'était presque une fête foraine avec vendeurs de hamburgers et de hot dogs. Des groupes de rock, payés par le groupe Virgin, faisaient le show. J'avais tenu à accueillir chaque personne en lui serrant la main. Deux jours après, j'avais encore mal, mais je ne regrettais rien.

J'essaie de perpétuer la tradition, avec moins de monde, mais le plus souvent possible.

Les soirées Virgin Blue, élégantes et raffinées, sont devenues un événement incontournable. Elles nous permettent de récupérer des milliers de livres pour les associations caritatives australiennes. La fête est entièrement organisée et gérée par les équipes de Virgin sous la houlette de Jane Tewson qui a lancé au Royaume-Uni le Comic Relief[1] et mille autres projets caritatifs. Jane s'est aussi beaucoup investie dans la cause des Aborigènes. Le lot le plus important, c'est celui que j'offre personnellement avec grand plaisir, une semaine de vacances sur l'île Necker, avec un truc qui permet de récupérer pas mal d'argent. Si on a fait une offre à 80 000 dollars australiens alors que le gagnant a remporté l'enchère à 90 000 dollars, je leur propose de donner 85 000 dollars chacun et de passer la semaine à Necker ensemble. Il en est sorti de solides amitiés. On peut aussi avoir son nom sur nos avions pour 100 000 dollars australiens. Un cadeau qui ne nous coûte que le prix de la peinture. Il n'est pas difficile d'aider et de soutenir financièrement les organisations caritatives, et c'est excellent pour la motivation de nos équipes.

1. Organisation caritative britannique qui se bat contre la réduction des inégalités et la pauvreté dans le monde, essentiellement sur le continent africain, en sensibilisant les citoyens et en collectant des fonds. *(NdT)*

Les gouvernements devraient accepter que les soirées disco ou les rave parties soient totalement déductibles des impôts, en précisant bien que la responsabilité et l'organisation seraient à la charge de l'association. C'est très bien de faire des fêtes, mais c'est encore mieux si on peut les combiner avec quelque chose qui leur donnera un relief supplémentaire. Concerts, défilés de mode, compétitions sportives, tout ce qui peut rassembler les gens dans un moment festif doit pouvoir s'organiser dans chaque entreprise, en s'assurant évidemment que les fonds de l'association ne passent pas au bar !

Un mauvais chef d'entreprise est capable de rendre la vie infernale à tout le monde. Celui qui reste dans sa tour d'ivoire, qui prend toutes les décisions seul et se réjouit de voir tout le monde à ses ordres tient davantage du dictateur que d'un entrepreneur.

J'aime beaucoup la version britannique de l'émission de TV *The Apprentice* dans laquelle des hommes et des femmes se battent pour obtenir un job chez le fondateur d'Amstrad, Alan Sugar[1]. La réalisation et le montage sont rythmés, et l'illustration musicale parfaite. Les candidats s'investissent dans leurs projets avec enthousiasme et passion. C'est une bonne chose que de donner envie à ces jeunes gens et jeunes femmes de s'investir dans les affaires, mais il faut prendre garde à l'immense pouvoir de la télévision. Je n'apprécie pas la façon dont, à la fin de chaque épisode, Alan annonce au perdant qu'il est éliminé. Le visage mauvais, il le désigne de l'index : « Vous êtes viré ! » Je comprends bien qu'il faut faire du spectacle pour amuser les téléspectateurs, mais ce n'est pas bien de montrer un patron qui se comporte en tyran. On est loin des véritables dirigeants. L'émission donne toutefois une bonne une idée de ce qu'est la vie d'entreprise et fait surtout

1. Émission de télé-réalité dans laquelle une quinzaine de candidats séparés en deux groupes doivent gérer différents projets commerciaux. Les deux groupes sont en concurrence ; à chaque séquence, un candidat est éliminé à l'issue d'un entretien volontairement dramatique avec Alan Sugar. Le gagnant est embauché dans son entreprise à un poste très bien rémunéré. La version américaine est présentée par Donald Trump. *(NdT)*

comprendre que les emplois à vie ne sont plus garantis. Aujourd'hui, tout le monde doit donner une image positive de soi-même et savoir se vendre. En vivant cette compétition de l'intérieur, les concurrents comprennent, mieux que les téléspectateurs, qu'il ne faut pas se laisser abattre par les échecs et que l'on peut toujours rebondir.

Les fonctions de manager et d'entrepreneur sont très différentes, et souvent exercées par des personnalités qui n'ont rien en commun. Bien entendu, un bon entrepreneur peut faire un bon manager, mais d'une façon générale, je ne conseille pas d'essayer de porter les deux casquettes.

Les entrepreneurs sont des créateurs ; ils ont donc une vision particulière du monde, davantage de nez que d'autres pour sentir une opportunité et assez de culot pour fonder une entreprise. En revanche, un entrepreneur n'est pas forcément au fait de toutes les subtilités de la gestion d'une société. Je reconnais bien volontiers que ce n'est pas vraiment mon fort, mais ce qui peut passer pour une insuffisance est pour moi un « plus ». Combien d'entreprises ont vu leurs projets échouer lamentablement parce qu'il leur manquait un entrepreneur digne de ce nom ?

Les individus qui possèdent un savoir-faire suffisant pour organiser les choses avec tact et se jouer habilement des pressions quotidiennes, autrement dit ce qui fait un bon manager, valent leur pesant d'or. Mes carnets sont remplis de noms de gens dont on m'a parlé et susceptibles d'être recrutés chez Virgin. Il faut savoir les convaincre, mais aussi leur donner toute la place qui leur revient pour conduire l'entreprise à la réussite. Une fois qu'un entrepreneur a mis l'entreprise sur les rails, il peut alors passer le relais au manager. Il lui reste une dernière chose à faire : trouver celui qui partage complètement sa vision des choses pour lui succéder. Une fois l'affaire bien lancée, l'entrepreneur doit prendre du recul, puis préparer son départ pour créer autre chose.

Dans une petite entreprise il est possible d'être à la fois entrepreneur et manager, à condition de connaître tous ses rouages et de tout maîtriser. Je dis bien *tout*. Au départ, le patron doit s'appliquer à signer lui-même tous les chèques et à analyser chaque facture pour comprendre où va son argent. C'est une méthode que je pratique encore au sein du groupe Virgin. Deux fois par an et pendant un mois, je veux voir et signer chaque dépense ; je demande à mes directeurs généraux d'en faire autant et on en arrive toujours à se demander : « C'est quoi, ça ? » Faites-en autant. Vous arriverez à supprimer ou au moins à réduire sérieusement toutes les dépenses superflues de façon spectaculaire.

Si vous créez une petite entreprise, il faut vous immerger complètement dans sa structure pour connaître tous les mouvements financiers des différents départements. Quand vous vous agrandirez, il faudra déléguer ; lorsque vos collaborateurs viendront vous soumettre un problème, ils seront étonnés par la qualité de vos conseils, parce que vous avez une connaissance parfaite de l'entreprise. Vous avez une bonne expérience du terrain parce que vous vous en êtes donné les moyens. C'est la clé. Souvenez-vous de ce que j'ai écrit plus haut à propos de Brett Godfrey à Virgin Blue qui tient à ce que tous les cadres de direction passent du temps à faire différents travaux manuels comme le chargement des bagages (un bon exercice physique après une journée de travail, rien de mieux !).

Quand votre affaire se sera encore développée, il faudra choisir entre les fonctions de manager ou d'entrepreneur. Si vous avez choisi la fonction de manager vous pourrez rester dans l'entreprise pour continuer votre travail. Si vous êtes un entrepreneur dans l'âme, il vous faut trouver un manager. Vous pourrez partir, et prendre quelques belles vacances avant de créer une autre affaire.

On parle souvent de l'ambiance de feu qui règne dans la période de lancement d'une start-up. C'est toujours la même chose. Les charges de travail énormes fournies dans un climat électrique créent un esprit de groupe formidable et permettent à l'équipe de franchir des obstacles difficiles. J'ai rarement vu des gens se donner autant. Une fois que tout est bien en place, il faut veiller à ce que le soufflé ne retombe pas et que la passion des premiers jours subsiste pour que l'entreprise poursuive sa croissance ; c'est pourquoi nous tenons à ce que nos entreprises gardent une taille humaine, pour que tout le monde se connaisse et se sente dans sa famille.

Un bon manager doit vérifier que ses salariés gardent leur motivation et leur volonté de relever tous les challenges qui se présentent. Jack Welch, ce très grand chef d'entreprise qui a fait de General Electric une des principales compagnies d'électricité du monde, faisait constamment évoluer son organisation et ses méthodes. Il demandait à ses managers de commencer chaque journée comme si c'était la première, parce qu'il était convaincu que leur peur du changement pouvait les empêcher d'avancer. Je partage son point de vue. Il ne faut pas laisser les gens se reposer sur leurs lauriers. À la minute même où nous avons su que Virgin Atlantic avait été élue « la compagnie équipée des meilleurs sièges du monde en business class », notre designer était déjà au travail pour concevoir les futurs modèles et augmenter encore notre avantage sur nos concurrents. Il faut toujours garder un temps d'avance sur les autres et même sur vous-même pour stimuler vos capacités de création, sans oublier de s'intéresser à la vie quotidienne des gens pour garder le contact avec la réalité.

Sur les carnets que je conserve précieusement depuis trente-cinq ans, on ne trouve pas la moindre critique de mon staff ou d'un salarié. Il m'est arrivé évidemment d'avoir des désaccords avec certains d'entre eux ou de leur demander de se corriger. Le groupe Virgin cherche toujours ce qu'il y a de meilleur chez les individus pour que leur potentiel soit exploité au mieux.

Comme les plantes ont besoin d'être arrosées pour pousser, les gens ont besoin d'encouragements pour s'épanouir. Cette expression qui vous paraît peut-être convenue est lourde de sens. Aujourd'hui, chaque fois que j'entends des compliments sur une société du groupe, ça me fait plaisir, et je suis même flatté. En revanche, la moindre critique me fait mal. Avec l'expérience on se construit une carapace de plus en plus épaisse, mais pour rester performant il ne faut pas perdre sa sensibilité. Les remarques désagréables me touchent malgré plus de trente ans de réussite, mais je ne perds tout de même pas mon temps en y répondant ou en cherchant à me justifier. On dit que le monde des affaires est une vraie jungle. Il y a du vrai. On ne parle pas de « concurrence » sans raison. Je ne suis pas de ceux qui distribuent des coups bas. Mes parents m'ont appris le fair-play ; et je n'ai pas oublié leur éducation et les valeurs qu'ils m'ont transmises. Quand ils le jugeaient nécessaire, ils n'hésitaient pas à me faire des compliments, un principe que j'ai appliqué dans mon métier. Au lieu de distribuer des blâmes aux collaborateurs qui font des erreurs, nous cherchons à comprendre et nous préférons les encourager. Ils sont tout à fait conscients d'avoir commis une faute. Inutile d'en rajouter.

Le plus douloureux pour moi, c'est évidemment lorsqu'il faut annoncer à un collaborateur que nous allons nous séparer de lui. C'est difficile, mais s'il n'y a pas d'autres solutions, il ne faut pas se dérober. Si vous dirigez une petite entreprise, il est très important que vous vous en chargiez vous-même au lieu de déléguer. En lui expliquant votre décision les yeux dans les yeux, il comprendra ce qui s'est passé et pourra en tirer des leçons.

Si, en revanche, vous trouvez vraiment du plaisir à annoncer à un salarié que vous le licenciez, posez-vous des questions. Jack Welch mettait un point d'honneur à mettre lui-même à la porte les gens qui étaient en bas de l'échelle. Alan Sugar et Donald Trump ne redoutent pas non plus cette situation. Je doute quand même qu'ils s'y prennent comme ils le font dans l'émission *The Apprentice*. J'ai entendu certains managers évoquer le sujet avec une vulgarité répugnante, comme ce cadre d'Apple qui emploie volontiers la formule : « Je préfère un trou à un cul. » Je suis à des années-lumière de ce genre de propos.

Le licenciement est le dernier recours. On se sépare d'un salarié si – et seulement si – il a commis une faute grave et lourde de conséquences pour votre marque et votre réputation. Sinon, il faut prendre le temps de la réflexion. La solution se trouve probablement dans votre propre organisation, même si pour certains managers c'est un cauchemar. Quand un salarié a des difficultés, proposez-lui un poste qui soit davantage dans ses cordes ou une affectation dans un autre département. Il suffit d'un cadre ou d'une ambiance qui leur convient davantage pour qu'ils se remettent très vite sur leurs pieds et commencent à progresser. Ils sauront apprécier la deuxième chance qui leur aura été donnée et se défonceront d'autant plus pour rebondir. Il se peut enfin que vous ayez promu un collaborateur dans une fonction qui le dépasse. Au lieu de vous en débarrasser, proposez-lui de reprendre son poste précédent. C'est vous qui vous êtes trompé sur ses capacités, c'est donc vous le responsable. Pas lui.

De nombreuses entreprises parlent d'elles comme d'une famille, mais ce n'est souvent que du vent médiatique alors que c'est pourtant une bonne façon de voir les choses. Virgin a su réellement insuffler un esprit de famille dans ses sociétés. Pour y parvenir, il faut savoir vivre ensemble en dépassant les crises possibles liées aux problèmes de résultats. Dans une famille, on sait se pardonner. On est capable de s'expliquer et de faire face à des difficultés. On sait être tolérant, partager les bons comme les mauvais moments, et faire preuve de patience avec ceux qui ont un caractère difficile. Quoi qu'il en soit, vous ne pouvez pas jeter à la rue un membre de votre famille.

Plus vous montez dans la hiérarchie, plus il faut être performant, sinon vous êtes en danger, comme au foot, quand on descend en D2 ou qu'on n'arrive pas à se qualifier pour la Champions League. Il faut prendre des décisions pour faire oublier la catastrophe et se remettre en piste. Le conseil d'administration et le président du club font en général porter le chapeau au coach. Il n'y a rien de plus facile que de virer un entraîneur, mais est-on certain de trouver mieux ? Pour ce qui concerne au moins le foot, on le sait, ce n'est jamais garanti.

Je lis souvent des articles sur des P-DG, des directeurs généraux et des patrons de grandes entreprises dont les actionnaires ont demandé la tête suite à des résultats catastrophiques ; mais que penser de ce qui s'est passé aux États-Unis avec Angelo Mozilo,

P-DG de Countrywide Financial, de Chuck Prince, le patron de Citigroup et de Stan O'Neal de Merill Lynch, tous partis avec des parachutes dorés de 100 millions de dollars au moins, alors que leurs entreprises avaient fait naufrage avec l'affaire des *subprimes* ? Trop souvent des dirigeants empochent des indemnités de licenciement démesurées pour leur départ, en laissant à ceux qui restent la charge de redresser l'entreprise. C'est le contraire qui devrait se produire. Les patrons devraient rester jusqu'à ce qu'ils aient réparé les dégâts, avant de s'en aller moyennant une prime proportionnelle aux résultats.

Un bon dirigeant doit être capable d'expliquer les motifs d'une décision de la manière la plus claire et sans trahir la moindre émotion. Cela concerne surtout les grandes entreprises où beaucoup d'emplois sont en jeu. En période de turbulences, elles sont souvent amenées à prendre des mesures difficiles mais nécessaires pour assurer leur survie. Ces vagues de licenciements apportent beaucoup de souffrance aux salariés concernés, atteints dans leur amour-propre et leur estime de soi.

Au lendemain de l'attaque terroriste du 11 septembre 2001 sur New York, sur Washington et sur le vol 93, notre « conseil de guerre » se réunissait tous les jours pour suivre l'évolution de la situation. J'ai retrouvé dans mes carnets les traces de mes premiers appels passés pendant les heures décisives, à nos banquiers pour leur communiquer notre situation financière et au gouvernement britannique qui désirait faire le point régulièrement avec nous. Nous avions aussi pris contact avec nos concurrents pour avoir une vision complète des événements, non sans avoir obtenu une autorisation temporaire pour passer outre la loi antitrust et ne pas être suspectés d'entente illicite. J'appelai aussi le maire de New York pour lui présenter mes condoléances.

Quand on annonça la suppression des vols transatlantiques, avec Stephen Byers, on supplia le ministre des Transports de ne pas laisser les compagnies britanniques se fragiliser alors que le gouvernement américain soutenait activement ses entreprises. Sans la protection du chapitre 11, nous étions beaucoup plus vulnérables. Si nous n'avions pas pris des mesures efficaces immédiatement après l'attentat sur les Twin Towers, nos entreprises ne seraient plus là. On commença à renégocier nos prêts bancaires et nos contrats aériens, tout en s'attaquant à la réduction drastique de nos frais de fonctionnement. Notre activité aux États-Unis devant diminuer d'un tiers, on partit à la recherche d'autres routes internationales comme le Nigeria, la Chine et l'Inde, mais vint tout de même le moment d'annoncer, la mort dans l'âme, le premier licenciement massif de notre histoire. Virgin Atlantic devait se séparer de 1 200 personnes. On avait exploré toutes les pistes possibles, comme les emplois à temps partiel, le temps partagé, les congés sans solde et des transferts dans d'autres branches du groupe. Nos directeurs durent appliquer cette décision douloureuse qui fit souffrir tant de personnes. Nous leur avions promis de les reprendre dès que la conjoncture s'améliorerait et, Dieu merci, ce fut largement le cas.

La situation fut particulièrement pénible avec les ingénieurs de vol de Virgin Atlantic, une génération d'aviateurs passionnés, au savoir-faire exceptionnel, dévoués et fidèles. Nous en étions donc arrivés à ce moment où il fallait leur annoncer qu'ils allaient perdre leur travail[1]. Quand les compagnies concurrentes décidèrent de mettre en service des avions avec pilotage à deux – le commandant de bord et le copilote – au lieu de trois, comme c'était encore le cas sur de nombreux vols Virgin Atlantic, on s'était retrouvés face à un problème délicat.

La sophistication toujours croissante de systèmes de commandes électriques et la fiabilité grandissante des avions avaient permis de

1. L'ingénieur de vol assistait le commandant de bord et le copilote en effectuant certaines tâches au décollage et à l'atterrissage. En cas de problème, le capitaine demandait au copilote de prendre les commandes et, avec l'ingénieur de vol, il essayait de trouver la solution du problème. Avec l'arrivée d'ordinateurs de plus en plus performants, l'ingénieur de vol n'est plus nécessaire. Sur certains modèles d'avions plus anciens, l'ingénieur de bord est toujours nécessaire. *(NdT)*

pouvoir réduire l'équipage et de réaliser des économies importantes. Les ingénieurs de vol étaient victimes des progrès de la technologie et de l'obsolescence de l'industrie aérienne. Il fallait leur annoncer que nous n'avions plus besoin d'eux au risque de perdre notre compétitivité. C'était horrible, mais nous ne pouvions pas faire autrement.

La diversification pratiquée à Virgin représente un avantage extraordinaire parce qu'on peut offrir à nos collaborateurs des postes dans d'autres sociétés en attendant des jours meilleurs, mais dans le cas de nos ingénieurs de vol, ce n'était pas simple, compte tenu de leur savoir-faire et de leur extrême spécialisation. On ne pouvait pas non plus leur proposer de devenir pilotes, parce qu'on exige une expérience minimale de dix ans sur moyen-courriers à nos commandants de bord et à nos copilotes. Avec les économies réalisées, on put leur attribuer des indemnités bien plus élevées que ce qui était prévu par la loi. La plupart des ingénieurs avaient apprécié notre geste et pensaient que nous nous étions comportés correctement. Ce sentiment – et c'était très important – était partagé par leurs collègues qui gardaient leur job.

Pour être un bon dirigeant, il est inutile de chercher à copier Winston Churchill. Il faut savoir anticiper, préparer et s'entraîner à gérer des situations.

Cela dit, les qualités d'un leader sont souvent naturelles. Il faut savoir être généreux et faire confiance aux gens pour évaluer en toute objectivité leurs mérites et leurs insuffisances. Il faut aussi être courageux pour annoncer les mauvaises nouvelles. Il faut enfin de l'optimisme, de l'ouverture d'esprit et de la confiance en soi, qualités réparties de manière inégale chez les individus.

Au-delà, donc, des mesures pratiques que l'on a à prendre quotidiennement, nous avons beaucoup à gagner en nous inspirant des grands leaders naturels. On peut se documenter et lire ce qui est écrit à leur propos, mais il faut aussi s'intéresser à ceux qui sont dans notre entourage. On apprend beaucoup, y compris en se contentant de les observer. J'ai eu la chance et le privilège immense d'en rencontrer quelques-uns, anonymes ou célèbres, sur la planète entière. Il me faudrait un autre livre pour raconter ce qu'ils m'ont apporté, comment ils m'ont aidé, et l'influence qu'ils ont eue sur moi. Dans l'immédiat je vais m'en tenir à Nelson Mandela, qui m'a profondément marqué.

Je sais que, quand on pense à « Richard Branson », c'est ma réussite dans l'industrie musicale qui vient d'abord à l'esprit. C'est en effet une belle partie de notre histoire dont je suis très fier. Mais quand je reviens sur le chemin qui m'a conduit à devenir homme d'affaires, je repense inévitablement à la période brève mais combien passionnante et lumineuse du métier de journaliste.

Que pouvait-il y avoir de mieux pour un jeune homme qui se cherche que de rencontrer et d'interviewer des personnalités ? Je n'avais pas le talent d'un grand journaliste, mais je savais me taire pour laisser parler mes interlocuteurs et leur poser des questions bateau ou d'une naïveté confondante. J'ai continué à appliquer ces méthodes tout au long de ma carrière et cela m'a été très utile. Prendre le temps d'écouter les autres et poser des questions innocentes au risque de passer pour un idiot sont des choses essentielles pour un dirigeant.

J'ai grandi dans les années 1960, une époque où la jeunesse voulait changer le monde pour le rendre plus juste. Nous étions très sensibilisés aux questions sociales et aux problèmes des minorités privées de leurs droits élémentaires. J'étais fasciné par la lutte des Noirs américains qui se battaient contre le racisme, la discrimination et les inégalités.

Je suis encore fier aujourd'hui d'avoir manifesté devant l'ambassade des États-Unis à Grosvernor Square à Londres pour protester contre la guerre du Vietnam, mais je n'ai pas oublié la peur que j'avais ressentie en défilant aux côtés d'un jeune militant de gauche, Tariq Ali, et de l'actrice Vanessa Redgrave quand nous avions été chargés par la police à cheval, armée de matraques et de gaz lacrymogènes. J'étais emballé de voir les jeunes se bouger pour une bonne cause. Grâce à *Student Magazine*, le jeune homme bien élevé mais privilégié que j'étais, frais émoulu d'une *public school* anglaise typique, prit conscience de ce qui allait mal dans le monde. Je découvrais l'oppression, la maladie, la famine et autres horreurs qui se déroulaient en Afrique. *Student* faisait une campagne contre la terrible guerre au Biafra et au Nigeria. On publiait les photos bouleversantes du célèbre reporter Don McCullin, dont les images parues dans le *Sunday Times* nous renvoyaient aussi aux combats tragiques au Vietnam et au Cambodge. On voulait attirer l'attention du public sur le sort terrible des millions d'enfants qui mouraient de faim à cause de la guerre civile.

Le numéro de *Student* de l'automne 1968 était rempli des colères qui éclataient partout dans le monde ; les ghettos noirs explosaient de violence aux États-Unis, des étudiants révolutionnaires jetaient des pavés contre la police dans les rues de Paris ; les chars russes avaient écrasé le Printemps de Prague en Tchécoslovaquie, et le Vietnam se mourait sous les pluies de bombes. Il se passait tant de choses ! On avait demandé à Gyles Brandreth[1] de faire des articles sur ce qui se passait aux États-Unis, et *Student* publiait un reportage réalisé au Vietnam par un jeune homme de 17 ans au visage poupin, Julian Manyon – aujourd'hui célèbre correspondant étranger d'ITN – qui interrogeait un médecin nord-vietnamien sur les soldats vietcong qui mouraient de dysenterie. Mais c'est l'interview de l'écrivain américain James Baldwin qui m'avait le plus secoué. Si vous doutez de l'importance que peuvent avoir les questions naïves, lisez comment il réagit à mon questionnaire de débutant. Si j'avais été moins direct, son exaltation ne serait pas aussi bien passée.

– Quel genre d'éducation a reçu James Baldwin ?

– À l'école on m'a enseigné la Bible. Mais j'ai fait mon éducation dans la rue.

– Y avait-il de bonnes écoles en Amérique ?

1. Aujourd'hui brillant touche-à-tout, à la fois journaliste, producteur de théâtre, homme d'affaires et acteur. *(NdT)*

– Comment ça ? Elles sont bâties par un État blanc, dirigées par des Blancs et conçues pour que le nègre reste à sa place.

– Est-ce que l'homme blanc peut vous donner la liberté ou l'homme noir doit-il s'en emparer tout seul ?

– L'homme blanc n'est même pas capable de se libérer tout seul. JE N'ATTENDS RIEN DE VOUS ! Je vais me servir. Prendre ce dont j'ai besoin. Pas forcément à « vous », cela fait partie de vos idées toutes faites, je veux simplement vivre ma vie. Les Blancs ne m'intéressent pas. Ils n'ont aucune importance, nous ne nous battons pas contre les Blancs, mais contre le pouvoir qui interfère entre eux et la vie. C'est aussi simple que cela. Ce n'est pas la guerre des races, c'est la guerre de la pauvreté contre les privilèges, de la liberté contre la prison.

J'étais pétrifié par les propos au vitriol de Baldwin, et par sa colère pourtant contenue devant les inégalités. En 1963, il avait écrit dans son essai *Fire Next Time*[1] qu'il ne faudrait pas attendre dix ans pour voir la fin de la domination blanche. Je lui demandai s'il y croyait encore.

Baldwin me répondit :

– Je n'ai pas dit ça comme ça. C'était une prophétie et le prophète risque bien d'avoir raison. Je vous le dis, les sociétés occidentales crèvent.

– Sous la pression de l'homme noir ?

– Sous le poids de leurs propres mensonges.

C'était un message fort et pressant destiné à un jeune journaliste blanc. Je ne comprenais pas cette colère et je n'étais pas capable de lui répondre. Je voulais contribuer à changer le monde, mais j'avais beaucoup à apprendre.

Un Africain noir, Fred Dube, né à Johannesburg, travailleur social, marié, père de deux enfants, avait rejoint le Congrès national africain en 1955. Après quatre années de prison pour avoir commis des sabotages à Ladysmith dans la province du

1. *La Prochaine Fois le feu. (NdT)*

Natal, à Leeuwkop dans le Transvaal, sur Robben Island et à Groenpunt dans l'État libre d'Orange, il partit pour l'Angleterre en juillet 1968 et trouva du travail dans une banque à Londres. Interviewé par *Student*, il raconta que l'apartheid brutal et injuste était responsable de la pauvreté, de la malnutrition et d'un nombre impressionnant de sans-abri. On me parla ensuite de l'activiste Steve Biko, et c'est un peu plus tard que j'entendis pour la première fois le nom de Nelson Mandela. Ses parents l'avaient appelé Nelson parce ça sonnait « blanc » et que pour eux c'était le moyen de mieux s'en sortir dans une société entièrement blanche. En Grande-Bretagne, il était considéré par certains comme un dangereux extrémiste, mais je commençais à apprendre la vérité sur cet homme extraordinaire.

Quand je rencontrai Madiba pour la première fois – c'est ainsi qu'on l'appelle affectueusement en Afrique –, j'étais très nerveux et même mort de trouille. Il s'avança vers moi en souriant avec sa chaleur et son humour malicieux qui irradient les cœurs : « C'est un grand honneur de te rencontrer, Richard. » J'appris plus tard qu'il emploie cette formule avec tous ceux qu'il rencontre pour la première fois... J'étais donc enfin face à cet homme qui avait tant souffert en raison de la couleur de sa peau et de la cause qu'il défendait, victime de l'apartheid et de son cortège d'injustices. Il avait été condamné à perpétuité à l'âge de 46 ans. Son numéro de cellule était le 466/64, ce qui signifiait qu'il était le 466e prisonnier incarcéré dans le terrible pénitencier de l'île Robben, en 1964. Sa cellule mesurait 2 m^2, avec des murs de plus de 50 cm d'épaisseur. Quand il s'allongeait, sa tête et ses pieds touchaient les murs. Pendant les premiers mois de son incarcération, il avait côtoyé des prisonniers politiques contraints de casser des rochers avec un marteau de 2 kg pour en faire du gravier, un châtiment cruel et harassant ; ils avaient mal partout et tout le temps. J'ai vu sa cellule. Il y a vécu l'enfer.

Dans son autobiographie, *A Long Walk to Freedom*[1], il raconte que Robben Island était sans aucun doute la prison la plus dure et

1. *Un long chemin vers la liberté.* (NdT)

la représentation parfaite du système carcéral d'Afrique du Sud. « La vie y était aussi éprouvante pour les prisonniers que pour le personnel. Les gardiens blancs, dont la majorité parlait l'afrikaan, avaient instauré une relation de maître à esclave, et ils nous ordonnaient de les appeler *baas*[1], mais nous refusions. » Sur Robben Island, la ségrégation était totale. Pas de gardiens noirs et pas de prisonniers blancs.

Je n'ai pourtant jamais vu la moindre lueur de colère ou d'indignation dans ses yeux.

On comprend mieux sa personnalité en lisant le discours qu'il a prononcé après avoir été élu Président, à l'inauguration d'une statue de Steve Biko : « Alors que Steve Biko épousait, inspirait et mettait en avant sa fierté être noir, jamais il ne fit de cette couleur un totem. Le fait d'accepter d'être noir était le point de départ de son combat. Aujourd'hui, cette idée doit nous guider vers la reconstruction et le développement pour que tous ensemble nous mettions fin à la guerre, à la pauvreté, à l'ignorance et à la maladie. »

Ces quelques mots dessinent la personnalité d'un leader. Une intelligence aiguë pour évoquer les qualités individuelles d'une personne et la notion de solidarité vers un but commun ; une autorité certaine, mais rien de tyrannique ou de grandiloquent, qui nous donne une vision simple et claire de ce à quoi il faut parvenir. Le 12 septembre 1977, Mandela dévoila la statue de bronze de Steve Biko, œuvre de Naomi Jacobson. Peter Gabriel et moi étions les seuls visages blancs dans une foule de 100 000 personnes. Je poussai Peter à chanter la chanson qui avait tant fait pour que le nom de Biko reste dans les mémoires ; son interprétation reprise en chœur par Nelson Mandela et la foule restera éternellement dans ma mémoire. Je l'emporterai dans ma tombe comme un trésor. Du jour où Mandela est venu me serrer la main et me remercier pour mon soutien, j'ai voulu faire quelque chose de significatif pour l'Afrique du Sud, et l'aider à se remettre de ses

1. Maître. *(NdT)*

terribles blessures. Je ne sais pas écrire des chansons, mais je n'eus pas à attendre longtemps l'appel.

Le leadership de Mandela comporte une caractéristique qui n'est pas ressortie dans son discours, mais qui est typique chez la plupart des leaders que j'ai rencontrés : ce sont des vendeurs exceptionnels ! Pour sa part, Mandela ne s'arrête jamais, et il ne s'arrêtera jamais. Chaque fois que nous nous retrouvions, Madiba ne manquait jamais une occasion de me demander un coup de main pour son pays. À la suite d'un déjeuner à Londres avec lui, Joan, Holly, Sam et quelques amis intimes, j'écrivis dans mon carnet : *Pas un déjeuner ou un dîner sans qu'il demande quelque chose pour quelqu'un dans le besoin. Il est venu à la maison avec sa nouvelle femme, Graca Machel, et sa fille. « Merci pour ce déjeuner délicieux, Richard. Tu sais, la semaine dernière j'ai vu Bill Gates et il m'a donné 50 millions de livres en dollars »... Glups !*

Je suis fier de compter parmi les amis intimes de Mandela. À plus de 90 ans, il est un modèle, pour ce qu'il représente humainement. Je garde précieusement le souvenir des bons moments passés avec lui. Il faut imaginer l'aide fantastique qu'il a pu apporter à son pays en combinant son étonnant sens des affaires et la haute idée qu'il se fait de son devoir. Madiba savait que sa longue marche de la liberté pour ses frères et sœurs le conduisait vers un avenir économique fructueux. Il savait parfaitement qu'il faudrait des années, voire une génération pour mettre fin aux inégalités de la discrimination raciale, mais il était bien persuadé que mon engagement et celui d'autres chefs d'entreprise pourraient créer beaucoup d'emplois et permettre à l'Afrique du Sud de se développer et de s'enrichir.

Une belle opportunité se présenta juste après le drame du World Trade Center. En une seule nuit, les voyages d'affaires et touristiques s'étaient arrêtés, et l'ensemble de l'industrie aérienne était dans la confusion la plus totale. Un soir que j'étais dans mon bain à me torturer les méninges pour trouver comment le groupe Virgin pouvait se sortir de ce terrible choc et du bouleversement qui affectait Virgin Atlantic, mon téléphone sonna. C'était lui.

La voix de Madiba, douce et rassurante, agissait comme un baume apaisant :

– Richard, tu m'as souvent dit que tu voulais aider l'Afrique du Sud.

– Oui, Madiba, tu le sais bien !

– Écoute-moi, nous avons un problème.

Un des plus grands centres de santé d'Afrique, la Health and Racquet Chain, venait de faire faillite, entraînant une perte de 5 000 emplois.

– Penses-tu pouvoir faire quelque chose pour nous aider ? Peux-tu venir à notre secours ?

Rien ne me disait que l'affaire était intéressante, mais je me laissais porter par mon instinct et mon désir d'aider un homme que je révérais. De plus, j'avais totalement confiance en Madiba. Dans une autre vie il aurait fait un excellent homme d'affaires !

J'appelai Franck Reed, le P-DG de Virgin Active, et Matthew Bucknall, son directeur financier, qui dirigeait justement trois grands centres au Royaume-Uni. Seraient-ils prêts à reprendre une société sud-africaine en difficulté qui faisait huit fois leur taille ? Matthew ravala sa salive. Le temps de se reprendre, il me répondit qu'ils allaient sauter sur cette opportunité. Magnifique ! En quelques heures nous réussîmes à mettre en place un secours d'urgence en prenant la décision de franchiser le centre sous le nom de Virgin Active. Je rappelai Madiba pour lui dire que notre décision était prise.

Il fallait maintenant lever les fonds en réalisant un montage financier avec beaucoup de précaution. Nous prîmes contact avec la société britannique de capital investissement Bridgepoint Capital, qui accepta de prendre 55 % des 110 millions de livres qu'on allait mettre au pot. Virgin en acquit 36 % et Franck et Matthew et leur équipe à peu près 8 %. Quand Gordon McCallum apprit à quelle vitesse nous avions réglé la transaction, il nous dit : « Au rythme où vous allez, on devrait changer le nom de la société et la baptiser Virgin hyperactive. »

Notre stratégie impliquait de garder autant de salariés que possible et de conserver les 900 000 fidèles de Health and Racquet, même s'il nous fallait modifier un peu le règlement. La plupart des clients avaient reçu une carte de membre à vie pour les remercier de s'être inscrits moyennant une somme conséquente. Tout se passa bien jusqu'au jour où les nouveaux membres se firent de plus en plus rares. On pensait que presque tous les clients seraient d'accord pour payer un abonnement mensuel afin de bénéficier de centres de remise en forme de grande classe après la rénovation des gymnases qui n'avaient pas été entretenus depuis longtemps.

Ce sauvetage qui nous donna une réputation fantastique en Afrique du Sud nous permit de poursuivre notre croissance. En octobre 2005, Virgin Active se trouvait dans une situation financière favorable ; sa taille avait doublé, et elle avait fait des petits en Italie et en Espagne. Nous pûmes alors racheter les 55 % de Bridgepoint Capital pour un montant de 134,5 millions de livres.

Quand Nelson Mandela était président d'Afrique du Sud, il était conscient de l'importance de sa position sur le plan diplomatique. L'Afrique du Sud renaissante comptait sur la force croissante de la Chine et sur ses investissements. Il ne voulait pas offenser ce grand pays et ne le fit jamais.

Une fois libéré de ses obligations, Madiba retrouva son indépendance.

Au mois de novembre 2004, j'étais à Johannesburg pour l'inauguration du Campus de CIDA City, la première université gratuite pour les étudiants noirs des *townships* et des petits villages qui n'avaient pas les moyens de payer leur éducation. J'étais en compagnie de Kelly Holmes, l'athlète deux fois médaille d'or, de la chanteuse Estelle et de l'équipe de Virgin Unite qui travaille à l'émancipation des jeunes femmes d'Afrique du Sud. La cérémonie terminée, je m'attardai pour écouter le Dalaï-lama, le leader tibétain en exil qui avait été invité à prendre la parole. C'était la troisième fois qu'il venait en Afrique du Sud. Il s'exprima avec verve, compassion et un humour délicat. Il souriait à tous les gens qui venaient à lui, qu'ils croient à d'autres religions ou qu'ils ne croient en rien, et sans faire non plus de différence entre les Blancs et les Noirs. Les mots de cet homme profondément spirituel qui parlait de paix et de justice m'avaient captivé. « Si vous avez besoin de paix, donnez la paix aux autres. Si vous voulez vous sentir bien, faites en sorte qu'ils se sentent bien. Si vous voulez comprendre des choses apparemment incompréhensibles, aidez les autres à les comprendre. Si vous voulez guérir votre tristesse ou votre colère, essayez de soigner la tristesse ou la colère de l'autre. Ils vous attendent. Ils ont besoin de vous. Ils attendent que vous les éclairiez, que vous leur donniez du courage, de la force et de l'assurance. Ils ont besoin de votre amour. »

Il n'y avait rien dans les propos du Dalaï-lama qui puisse importuner les autorités chinoises. Il affirmait simplement que l'écart qui existait entre les riches et les pauvres était une faute morale.

La veille, j'avais passé l'après-midi chez Madiba et je lui avais demandé pourquoi il n'avait jamais rencontré le Dalaï-lama. En fronçant les sourcils, il me répondit qu'il faisait trop de politique. Les Sud-Africains ne voulaient pas qu'une prise de position sur le Tibet puisse froisser la Chine, et moi je tenais à ce que ces deux merveilleux aînés puissent se rencontrer malgré leurs divergences politiques.

« Vous n'êtes plus président, Madiba, dis-je. Il peut très bien vous rendre une visite privée. Il n'habite qu'à quelques pas de chez vous. »

Un sourire illumina son visage. Il jeta un regard à Zelda Le Grange, son assistante et conseillère. Je sentais qu'il était d'accord. Le lendemain Zelda me convia à participer à la rencontre que j'avais suggérée, mais, en m'étonnant moi-même, je déclinai cette invitation extraordinaire. Ce devait être un moment particulier entre ces deux belles âmes. Il fallait les laisser tous les deux. Ce soir-là, juste après leur entretien, Wendee, qui travaille pour le Dalaï-lama, m'envoya un message. « Au nom de toute la délégation, merci d'avoir organisé ce qui risque d'être la première et la dernière rencontre de deux très grands esprits... Leur échange infiniment riche a duré une heure. »

La vie m'a procuré beaucoup de satisfactions. Mais le rapprochement de ces deux icônes à Johannesburg restera un moment précieux aussi longtemps que je vivrai. La réussite de cette rencontre renforça l'idée que Peter Gabriel et moi avions eue de constituer un groupe de sages, composé d'aînés célèbres du monde entier.

Necker Island, janvier 2004

Cher Madiba,

J'ai une idée – oui, je suis désolé –, encore une idée ! Le jour du merveilleux concert 46664[1]*, avec Peter Gabriel, nous avons imaginé quelque chose.*
Vous le savez, dans un village africain, tout le village respecte et écoute les Anciens. Le village planétaire d'aujourd'hui a aussi des aînés qui pourraient être de bon conseil. Vous nous avez dit un jour que vous aviez pu gagner la confiance des généraux qui négociaient au Rwanda, car en vous parlant, ils avaient le sentiment de parler à un père. Nous souhaitons créer un petit groupe rassemblant certains esprits les plus vénérés sur la planète. Vous êtes la personne la plus respectée au monde ; c'est pourquoi nous voudrions vous demander de devenir la figure tutélaire de cette organisation et le premier des Aînés.
Einstein a dit un jour : « J'aimerais qu'il y ait quelque part une île pour les sages et les hommes de bonne volonté. » Ce serait merveilleux si les Aînés pouvaient se retrouver dans un endroit comme Necker Island deux ou trois fois par an pour réfléchir aux problèmes urgents du monde en essayant de proposer des solutions.
Ce serait à vous de choisir vos premiers compagnons, puis, dans l'avenir, le choix se ferait par la communauté planétaire pour leur donner une légitimité sur la scène mondiale. Pas question de faire appel à des hommes politiques en place. Le conseil des Aînés comprendrait douze hommes et femmes. Quatre d'entre eux pourraient se

1. En novembre 2003, une déclaration de guerre contre le Sida en Afrique du Sud. *(NdT)*

retirer tous les trois ans. On pourrait choisir les quatre nouveaux qui représenteraient la diversité de notre monde d'après une short list *constituée par les Aînés eux-mêmes en votant avec Internet, la télévision, la poste ou les mails.*

Avec Peter, nous pensions que ce premier vote planétaire inciterait les gens à se sentir intégrés dans la mondialisation et à s'engager au-delà de leurs frontières, de leur culture et de leur religion. Au même titre que les Nations unies représentent les gouvernements du monde, les Aînés représenteraient les espoirs, les aspirations, les craintes et les rêves des gens.

Les Aînés auraient à leur disposition « l'arbre de l'espoir », une armée de gens dans le monde qui sont en retraite ou qui ont du temps, d'accord pour apporter leur expertise afin de contribuer à résoudre les problèmes qui agitent notre monde. Se demander s'il faut une université ouverte pour l'Afrique ou l'Inde, résoudre les conflits, lutter contre les maladies ou la pauvreté. Ils aideraient aussi à concevoir des programmes d'éducation.

Depuis le début il s'agissait de constituer un groupe de conseillers mondiaux, mais pas de servir de guide aux peuples. Ils devraient être des individus avant tout et pas les représentants d'un pays ou d'un État. Ils devraient être au-dessus des partis politiques et libres de dire ce qu'ils pensent être la vérité.

Je serais heureux que vous puissiez trouver le temps d'apporter votre contribution qui donnerait une énorme crédibilité aux Aînés et d'accepter de leur donner votre bénédiction en tant que père fondateur. Je consacrerai du temps et des ressources pour apporter mon aide à l'organisation en coulisses, pour m'assurer que les Aînés puissent devenir une véritable force qui donnerait un peu d'espoir en espérant que votre œuvre se poursuivra dans le futur.
Mes amicales pensées,

Richard

Nelson Mandela fut séduit par notre idée qui avait touché sa fibre d'entrepreneur ; il donna son accord pour devenir l'Aîné fondateur avec sa femme Graca, et publia des invitations destinées aux onze personnes dans le monde dont il pensait qu'elles avaient la plus grande autorité morale.

Je n'oublierai jamais l'instant où j'ai quitté la maison de Madiba en compagnie de Jean Oelwang, après que Nelson et Graca eurent donné la touche finale à la liste. J'éprouvais le merveilleux sentiment que nous commencions une des aventures les plus riches d'espoir. J'étais ému du privilège qui m'était donné de pouvoir passer du temps avec ces deux vrais leaders planétaires. Graca et Madiba partagent l'extraordinaire capacité de montrer la voie avec humilité et honnêteté, sans jamais oublier ceux qui n'ont jamais la parole. Madiba dit souvent qu'il n'aurait jamais entrepris cette démarche s'il n'était pas certain de faire changer le village planétaire.

Virgin Unite nous aida à organiser le voyage de prise de contact avec des personnalités du monde entier pour chercher des soutiens et donner forme à notre projet. On passa deux semaines extraordinaires au cours desquelles l'archevêque Tutu et l'ex-président Jimmy Carter aidaient Peter et moi à constituer des groupes de personnes très différentes : scientifiques, philosophes, entrepreneurs et leaders d'opinion qui seraient conviés à Necker Island. Comme dans une entreprise, lorsqu'on veut donner corps à un projet, on se mit autour d'une table en se demandant : « Comment fait-on ? » Puis arriva le moment magique où tout fut finalisé. Tout le monde était persuadé que cette initiative allait réussir à apporter des changements sur notre planète. On passa aussi de merveilleux moments, en particulier avec les traits d'humour de l'archevêque qui ne nous laissaient aucun répit. On n'oubliera jamais les moments où Peter et moi essayions de lui apprendre à nager dans les eaux magnifiques de Necker.

Le discours de Madiba, lors de la rencontre fondatrice du premier groupe des Aînés à Ulusaba, restera toujours dans ma mémoire :

Ils s'appelleront les Global Elders[1] *non pas à cause de leur âge, mais pour leur sagesse individuelle et collective. Ce groupe ne trouve pas sa force dans le pouvoir politique, économique ou militaire, mais dans l'indépendance et l'intégrité de ceux qui sont ici. Ils n'ont pas de carrière à faire, d'élections à gagner ni de circonscriptions à séduire. Ils peuvent parler à qui leur plaît et sont libres d'emprunter les voies qu'ils croient justes, même si elles sont des plus impopulaires. Ce groupe peut parler librement et franchement, et travailler de manière ouverte ou discrète sur toutes les actions nécessaires à entreprendre. Ensemble, nous travaillerons pour soutenir le courage là où il y a des craintes, promouvoir l'entente là où il y a conflit, et inspirer l'espoir là où il y a la détresse.*

À l'issue de cette réunion, les Aînés décidèrent qu'ils annonceraient leur naissance à l'occasion du prochain anniversaire de Madiba, le 18 juillet 2007. L'équipe de Virgin Unite mit les bouchées doubles pour préparer le lancement et m'aider à lever les fonds dont on avait besoin pour les premières années. Tout cela en cinq semaines seulement ! Pendant ce temps-là, nous eûmes la chance d'entrer en contact avec un groupe d'entrepreneurs et d'organisations modestes et sincères qui nous donnèrent un bon coup de pouce. Ils avaient compris le sens de notre démarche en acceptant spontanément de partager notre rêve et en mettant de côté leurs agendas individuels. Ils sont devenus nos partenaires, mais je sais que notre amitié est éternelle.

Alors que j'écris ces mots, les autres Aînés sont la femme de Madiba, Graca Machel, défenseure renommée des droits des femmes et des enfants, l'archevêque anglican Desmond Tutu, qui n'a pas compté ses efforts pour lutter contre l'apartheid en Afrique du Sud, Kofi Annan, secrétaire général des Nations unies de 1997 à 2006, Ela Bhatt, fondatrice de l'association pour l'emploi des femmes en Inde ; Lakhdar Brahimi, ancien ambassadeur d'Algérie qui avait commencé sa vie en luttant pour la libération de son pays

1. Les Aînés planétaires. *(NdT)*

puis qui devint médiateur dans plusieurs conflits au Moyen-Orient ; Gro Harlem Brundtland, l'ancien Premier ministre de Norvège, qui a eu un rôle important pour la planète grâce à sa commission sur l'environnement et le développement durable ; le sociologue Fernando Cardoso, ancien président du Brésil qui a livré une dure bataille pour les droits de l'homme en Amérique du Sud, Jimmy Carter, qui a initié les accords de paix historiques de Camp David quand il était président des États-Unis, Mary Robinson, ancienne présidente d'Irlande et haut-commissaire distinguée aux Nations unies pour les droits de l'homme de 1997 à 2002 ; Muhammad Yunus, l'économiste du Bangladesh et prix Nobel de la paix, fondateur de la merveilleuse banque Grameen, et Aung San Suu Kyi, qui lutte sans peur contre la junte militaire au pouvoir en Birmanie.

Les Aînés sont par essence un groupe de personnalités mondiales de grande influence qui mettent leur leadership indépendant à la disposition du groupe pour aider à résoudre des problèmes inextricables. Ils se trouvent à un moment de leur carrière où ils n'ont pas d'autres rendez-vous que celui qu'ils ont pris avec l'Humanité.

Autrefois, une poignée d'oligarques pouvait diriger d'immenses empires dans une petite pièce. Cette époque est bien derrière nous, et Dieu merci, et il n'est pas question de donner un pouvoir politique aux Aînés. Mais ce qu'on espère de tout notre cœur et ce que nous voulons réussir, c'est leur donner la possibilité d'utiliser leur notoriété et leur enthousiasme sur la scène mondiale pour apporter aux peuples de la planète une voix et une conscience.

En vous expliquant comment travaillent les Aînés, j'espère vous convaincre que le monde de l'entreprise n'est pas uniquement celui des traders, et que ce n'est pas nécessairement un univers fermé. On peut s'ouvrir au monde ; que l'on s'occupe d'une petite entreprise ou de groupes planétaires comme le groupe.

L'esprit d'entreprise est une vertu universelle, au risque d'employer une expression un peu pompeuse. Je veux dire qu'il est utile pour s'attaquer à des problèmes, relever des challenges et saisir des opportunités quelle que soit leur dimension.

Pour créer le groupe des Aînés, nous avons procédé comme pour une entreprise Virgin, en facilitant leur organisation et en leur donnant les moyens de travailler ensemble. Nous nous sommes assuré que l'équipe administrative était solide et motivée, et nous avons pris nos précautions pour que la « marque » les Aînés et sa raison d'être soient protégées. Leur identité propre doit être reconnue et se développer au fil des ans, malgré les changements fréquents de sa composition et la diversification de ses activités.

Peter Gabriel et moi avons senti qu'il était essentiel de se retirer pour que les Aînés puissent se sentir complètement indépendants, comme le stipulent les statuts de l'association. Les Aînés n'appartiennent à personne, ni à leurs fondateurs ni à leurs pourvoyeurs de fonds.

Nous avons beaucoup réfléchi à la structure du groupe. Les douze Aînés sont tous d'une grande intégrité. Ils ont tous un peu plus de 60 ans, et ont oublié leur ego. Leur déclaration de mission, dont l'élaboration nous a demandé un immense travail, affirme que leur rôle consiste à travailler pour résoudre les problèmes planétaires et alléger les souffrances de l'humanité.

Je l'ai dit, nous avons rassemblé aussi un fantastique groupe de créateurs d'entreprise, dont les généreuses contributions nous assurent le financement des Aînés pour les trois premières années, pour des voyages au Darfour et au Kenya. Les Aînés ne sont pas rétribués. Ils peuvent se pencher sur certains des principaux conflits et faire appel à des spécialistes du monde entier pour aider à leur résolution. Leur stature internationale leur donne la possibilité de faire appel aux meilleurs techniciens qui puissent répondre rapidement à certaines questions. Des médiateurs professionnels pourront également préparer le terrain avant que les Aînés ne se rendent ici ou là sur la planète.

J'espère que dans cent ans le groupe existera toujours et qu'il sera ouvert à ceux qui auront une vie riche, qu'ils soient politiciens, diplomates, issus du monde humanitaire ou grands entrepreneurs. Quand toutes ces personnalités, sages et généreuses, entreront dans les quinze dernières années de leur vie, les Aînés pourront leur demander de les rejoindre pour continuer à essayer de résoudre les problèmes planétaires. Cette initiative extraordinaire vous inspire-t-elle pour créer et faciliter la mise en place d'une telle structure dans votre propre compagnie ? Je l'espère. Après tout, cette idée a vu le jour en confrontant mes quarante années d'expérience dans le monde des affaires à celles de Peter, qui avait mis toute son énergie pour créer des organisations mondiales comme Witness[1]. Chaque entreprise a ses propres figures pour qui elle a un profond respect ; des personnalités de référence consultées régulièrement pour obtenir leurs conseils sages et avisés. Aujourd'hui, les businessmen vivent plus longtemps ; ils veillent à l'hygiène de leur mode de vie ; la plupart du temps, ils n'ont rien perdu de leur fibre entrepreneuriale et ils ont toujours de l'appétit. Pensez à tous ces mentors, qui sont à votre disposition et qui se feront une joie de vous rejoindre si vous les sollicitez. Imaginez que votre société soit aidée par un réseau de personnalités brillantes comme sir Brian Pitman l'avait fait pour Virgin.

Tout cela ressemble peut-être davantage à un appel à prendre les armes qu'à des conseils pour réussir en affaires, mais si ces pages vous amènent à réfléchir à tout ce qu'il y a de positif dans votre entreprise et de quelle manière votre organisation peut contribuer à une conduite efficace et responsable, vous m'aurez bien compris. Tout ce que vous trouverez d'intéressant à exploiter sera des forces complémentaires des plus utiles. Si vous trouvez le moyen de les utiliser pour dynamiser votre entreprise, ce sera toujours une valeur ajoutée à votre enseigne et tout ce que vous en tirerez aura un effet direct et positif sur votre société.

Un bon entrepreneur doit toujours être prêt à sauter dans un précipice. Il arrive de temps en temps qu'on se retrouve en chute libre et sans parachute. Aujourd'hui, c'est certain, des industries

1. Organisation fondée en 1992, qui a pour but d'utiliser la vidéo et les nouvelles technologies pour aider la défense des droits de l'homme. Elle permet ainsi d'utiliser l'image comme preuve devant un tribunal ou une commission. C'est aussi un outil de dissuasion. Witness permet enfin à des groupes locaux qui s'occupent des droits de l'homme de bénéficier d'une aide globale. *(NdT)*

vont s'écraser au sol, et pour ce qui me concerne, en tant qu'homme d'affaires, j'ai échappé de peu à ce genre de catastrophe. Mais si dans votre chute vous arrivez à saisir de justesse une saillie de la montagne, vous pourrez vous redresser petit à petit pour retrouver votre l'équilibre et la sécurité.

Beaucoup d'individus se sont construit une vie confortable et déjà planifiée par leurs parents et leurs professeurs. Un bon job après des études universitaires, un emprunt, une jolie fiancée, ou un copain ou un compagnon… ce que vous appelez « une belle vie »… mais depuis combien de temps n'avez-vous pas pris de risques ?

Beaucoup de mes lecteurs ont de l'argent. Si ce n'est pas votre cas, le fait même que vous ayez pu vous offrir ce livre ou prendre le temps de l'emprunter à la bibliothèque – et le simple fait que vous soyez capable de le lire – fait de vous un des plus riches et des plus privilégiés de notre temps. Beaucoup n'ont pas cette chance. Il n'y a pas si longtemps que nous sommes riches et on ne sait pas encore très bien comment s'y prendre pour le devenir. Cela dit, quand on a de l'argent, on a tendance à s'habituer et à se complaire dans le confort du quotidien, comme si on était dans du coton. Si vous êtes bien payé, qui peut vous reprocher de ne pas vouloir prendre des risques, par exemple de créer votre boîte ?

Ce mode de vie convient à la majorité, mais si vous voulez vous faire peur, tentez le coup. Apprenez l'art de créer votre propre entreprise, ce sera aussi une leçon de vie ; vous ferez évidemment des erreurs, mais vous en tirerez beaucoup d'enseignements. Mais si vous voulez devenir entrepreneur et que, sur votre parcours, vous vous ne faites jamais de fautes, vous n'apprendrez rien et vous aurez peu de chances de réussir.

La peur de l'échec est un sentiment répandu ; c'est à la fois normal et étrange parce que c'est bien en se trompant qu'on apprend. Prenez le temps d'observer un musicien en train de répéter, regardez un bébé qui apprend à marcher, écoutez un enfant qui commence à parler… Pour acquérir des savoir-faire, c'est comme pour apprendre à marcher, à parler et à jouer de la musique. On arrive à trouver son équilibre et à atteindre son but non sans avoir fait des tonnes d'erreurs. C'est vrai dans tous les domaines, c'est par exemple la raison pour laquelle les voyages en avion du XXIe siècle sont devenus sûrs, et si sûrs qu'on y est peut-être davantage en sécurité que devant la télé chez soi.

Je suis d'accord pour dire qu'il y a tout de même une limite au-delà de laquelle vos erreurs ne vous apprendront plus rien. Je n'aurai jamais un album classé disque d'or, je ne me produirai jamais sur la scène du Carnegie Hall, je ne vais pas publier un recueil de poèmes... sans parler des millions de choses que je ne saurai jamais faire ! Mais cela n'a rien à voir avec des échecs. Au contraire. L'important, c'est de trouver ce qui vous convient et qui vous a permis de connaître la réussite. Le monde est immense et même si votre réussite est planétaire, il sera toujours plus grand que vous.

L'échec, c'est surtout de ne rien essayer. Ce sont ceux qui n'auront jamais rien tenté, qui n'auront jamais rien risqué, qui ne se seront jamais bougés qui seront en situation d'échec. Ceux qui ont tenté quelque chose et qui se sont cassé la figure auront au moins eu la satisfaction d'avoir essayé ; j'ai appris plus de choses de ceux qui ont osé, sans succès, que de ceux qui ont réussi rapidement et qui en sont heureux.

En Grande-Bretagne, c'est notre système d'éducation qui est responsable de notre peur de l'échec. La réussite par les voies classiques est la seule reconnue. Les autres façons d'apporter sa contribution à la société sont sous-estimées. Les scientifiques et les ingénieurs méritent davantage de considération ; pour ce qui me concerne, j'ai beaucoup d'admiration pour eux. Ils sont respectés en Allemagne, aux États-Unis, au Japon, mais la société britannique a tendance à les regarder de haut.

Comme ceux qui n'ont jamais mis les pieds à l'université, j'ai peut-être un point de vue un peu radical sur l'éducation. Je ne plaisante pas en matière d'excellence et d'expertise dans les affaires et je crois que nous avons le devoir de montrer à la jeunesse ce que représente réellement la création de richesses. Les parcours universitaires devraient être moins longs. Je n'ai jamais compris pourquoi certaines matières n'ont que deux ou trois cours par semaine et pourquoi les étudiants sont abandonnés à eux-mêmes la plupart du temps, sans bénéficier de l'aide de leurs tuteurs ou de leurs professeurs qui passent davantage de temps à chercher des fonds. De toute manière, il est évident qu'on a un grand besoin de formation et de sensibilisation à l'esprit d'entreprise dans nos lycées et universités.

Freddie Laker, disparu en 2006 à l'âge de 83 ans, sera toujours pour moi un chef d'entreprise modèle et un héros. Il aura vécu à fond. C'était quelqu'un de remarquable, toujours joyeux, qui dégageait quelque chose de lumineux et magique. Il était aussi un vendeur hors pair. David Taitt, son ancien collègue et ami intime, disait qu'il était capable de vendre du sable au Sahara. Inventeur du voyage aérien international à bas coût, il avait beaucoup aidé et soutenu Virgin Atlantic.

Les premiers vols Skytrain avaient décollé de Gatwick pour New York en septembre 1977. La compagnie de Freddie n'avait rien d'original, mais le prix des billets était incroyablement bas. Il n'en coûtait que 59 livres en aller simple pour l'Amérique, c'est-à-dire un tiers du prix pratiqué par toutes les autres compagnies. Dès la première année, ses résultats étaient d'un million de livres. J'étais un de ses clients réguliers au moment où Virgin Records se développait en Amérique.

Skytrain transportait un passager transatlantique sur sept. Freddie fut fait chevalier en 1978, mais en 1982 l'entreprise, qui avait 264 millions de livres de dettes, fut placée sous administration judiciaire. Freddie avait beaucoup emprunté pour acheter quinze nouveaux avions juste au moment où la livre plongeait par rapport au dollar ; mais, pire encore, les principales compagnies aériennes s'étaient entendues pour l'abattre, en proposant des tarifs encore plus bas ; elles menacèrent également les fabricants de carlingues en leur demandant de ne plus en vendre à Freddie. Sa compagnie fit faillite alors que des passagers étaient encore en vol.

En 1983, Touche Ross, les liquidateurs, firent un procès antitrust aux États-Unis, en réclamant 1 milliard de dollars à dix compagnies importantes, dont British Airways, Panam, TWA et Lufthansa, qui s'étaient unies pour comploter et faire tomber Freddie. La partie adverse finit par demander un règlement à l'amiable qui s'éleva à 35 millions de livres ; Freddie accepta à contrecœur 6 millions de livres de dommages et intérêts et se retira aux Bahamas.

Trois jours avant la faillite, dans son style bien à lui, il déclara : « Je vole haut et j'ai une confiance totale en l'avenir. » David Tait n'a pas oublié le jour où ils ont décollé de Gatwick sur un vol Air Florida dix jours après la faillite. De là-haut, ils observaient le hangar Laker où les DC10, toujours marqués du logo de Skytrain, symboles de toute une vie de travail, étaient maintenant cloués au sol. Freddie se tourna vers son voisin qui avait le cœur brisé et lui dit « Ne t'inquiète pas, mon vieux ; ça va aller. »

Son entreprise était en faillite. Mais Freddie, qui en était à son quatrième mariage, savait qu'il y avait autre chose dans la vie. Il adorait me raconter ses souvenirs un verre de rhum orange Pusser's à la main sur son yacht aux Bahamas. Il passait aussi du bon temps en buvant des bières et en rigolant avec ses amis.

C'est sur un autre vol d'Air Florida qu'il rencontra Jacqueline Harvey, une hôtesse d'Easter Airlines qui était en congé. Ce fut un coup de foudre, et Jacquie enchanta les vingt dernières années de Freddie en faisant tout pour effacer ses mauvais souvenirs.

Je n'oublierai jamais ses dictons préférés.

« Il n'y a que les imbéciles qui ne changent pas d'avis. »

« Ne venez pas avec des problèmes, apportez-moi des solutions. »

Et le plus célèbre : « Il faut attaquer les salauds ! » Les avocats du monde entier adorent cette phrase. Ce fut aussi le meilleur conseil qu'il me donna à la fin des années 1980 lorsque je décidai d'attaquer British Airways en justice après leur campagne ignoble contre Virgin Atlantic.

Freddie n'a jamais eu peur de l'échec. Il ne cessa jamais de rebondir et a réussi sa vie. C'est pourquoi un de nos avions s'appelle *Spirit of Sir Freddie*.

7

La responsabilité sociale

C'est le job

Malgré les milliards de dollars dépensés pour l'aide médicale et les secours d'urgence, plus de 16 000 personnes meurent encore chaque jour de maladies qu'on pourrait diagnostiquer et soigner, comme le Sida ou la tuberculose. La moitié de la planète vit aujourd'hui avec moins de deux dollars par jour. Un milliard d'êtres humains n'ont pas accès à l'eau potable, et la liste des catastrophes ne fait que s'allonger jour après jour, malgré la bonne volonté et le travail acharné des organisations humanitaires et écologistes. Sans l'engagement et l'appui de certaines entreprises, qui ont les moyens de mettre en œuvre les meilleures idées et de les porter à la connaissance du public, on n'en resterait qu'au niveau des bonnes intentions.

C'est en courant le monde ces vingt dernières années que j'ai réalisé qu'on ne pourra pas apporter de changements radicaux sans l'association hétéroclite mais efficace d'entrepreneurs, d'associations caritatives, des gouvernements, des ONG et de tous ceux, animés par un esprit d'entreprise, qui sont au front. Les malades ont souvent les réponses et il suffirait parfois de les écouter pour soulager leurs souffrances. On ne peut pas tout faire tout seul. Il faut savoir mettre nos différences de côté et changer radicalement nos façons de travailler si nous voulons laisser le monde en bon état pour les sept générations à venir, selon la philosophie des indigènes avec qui nous travaillons au Canada.

Dans ce dernier chapitre, je veux vous raconter nos aventures sur des territoires où se rejoignent la vie économique du groupe

Virgin et ce que nous avons entrepris pour rendre le monde meilleur. Cela ne date pas d'aujourd'hui. À 18 ans j'avais créé un centre d'accueil pour les jeunes confrontés à des problèmes d'ordre sexuel. Il a évolué avec le temps, mais il est toujours là, sur Portobello Road, à Londres, quarante ans après.

Quand le Sida a commencé à se propager au milieu des années 1980, nous nous étions appuyés sur notre structure et notre savoir-faire pour lancer des préservatifs afin d'inciter les jeunes gens à en porter pour faire l'amour. (Les conseils d'abstinence ne leur disaient rien !) C'était tellement vital à nos yeux qu'on a ajouté une fonction sociale au groupe pour que les bénéfices soient investis dans des messages de prévention. Toute l'équipe s'est mise à la tâche avec conviction. On obtint même de la BBC qu'elle diffuse pour la première fois de son histoire une campagne de pub qui mettait l'accent sur la nécessité d'une sexualité protégée, tout cela avec le ton décalé qui est le nôtre. Le plus populaire aux Caraïbes est « No glove no love[1] ».

J'ai compris depuis longtemps que Virgin pouvait jouer un grand rôle pour contribuer à lutter contre les drames qui frappent l'humanité. Il fallait commencer à faire l'inventaire de toutes les actions qu'on menait ici et là pour les remettre au cœur de Virgin. On discuta pendant des mois avec nos équipes, nos clients et les organisations humanitaires du monde entier pour mettre au point notre pensée : « Faire au mieux pour les peuples et pour la planète. » De là est née la fondation Virgin Unite, dont la mission est d'inventer et de développer de nouvelles méthodes pour s'attaquer aux problèmes les plus difficiles. L'action en profondeur de Virgin n'a rien à voir avec les gros chèques que certains font par charité et de manière spectaculaire pour soigner leur image. C'est aussi une façon de faire participer toutes nos équipes avec l'extraordinaire esprit d'entreprise qui les anime.

1. Littéralement : « Pas de gant, pas d'amour. » *(NdT)*

Le *self-interest* (l'intérêt personnel) devrait être encouragé. Ce n'est pas antinomique de faire des affaires et de faire le bien[1]. S'il est capable de faire preuve d'humanité, de générosité et d'humilité, le capitalisme peut apporter les solutions aux drames de notre monde. Avant de vous parler en détail de tout ce que nous avons entrepris dans ce domaine, je voudrais vous dire un mot de ceux qui m'ont inspiré.

À Necker Island, nous avons accueilli beaucoup de personnalités importantes et brillantes, mais c'est la visite de Bill et Melinda Gates à Pâques en 2001 qui a été la plus marquante. Ils m'ont ouvert les yeux et j'ai découvert mille façons de m'investir pour le bien de l'humanité.

Il faut un peu de temps pour apprendre à connaître Bill Gates, un cérébral qui se donne à fond dans tout ce qu'il entreprend, y compris dans notre confrontation au tennis qui s'est terminée par un honorable match nul.

Pendant le séjour de Bill et Melinda, on a beaucoup parlé de leur fondation. En 2008, ses 37,6 milliards de dollars en avaient fait la plus grande organisation caritative du monde, une énorme puissance de feu pour intervenir sur toute la planète. La fondation avait distribué 1,54 milliard de dollars en 2006, sous forme de bourses, dans la santé et l'éducation, et surtout dans des programmes ambitieux aux États-Unis, avec la création de 43 nouveaux lycées à New York. Je notai dans mon carnet : *Son application est sincère. Il ne se contente pas de distribuer des milliards. Il se documente au maximum sur les fléaux qui frappent le continent africain, et il essaie sérieusement d'apporter son aide pour lutter contre le Sida, la malaria, la tuberculose, et pour le port de préservatifs.*

1. Adam Smith pensait que le *self-interest* suffisait pour organiser et faire vivre une économie libre. Ce n'est pas nécessairement une notion négative. L'amour de soi et le développement de l'intérêt personnel qui en découle font apparaître les différentes facettes d'une personnalité, être social et par là même moral qui doit conduire à respecter l'autre. *(NdT)*

La fondation de Bill et Melinda Gates venait de dépasser en valeur le Wellcome Trust, une des plus anciennes organisations du Royaume-Uni, qui finance depuis 1936 la recherche sur la santé de l'être humain et de l'animal avec une dotation de 650 millions de livres chaque année. Depuis, elle s'est encore développée de façon spectaculaire, pour devenir sans discussion la plus grande organisation caritative du monde qui combat la pauvreté, les maladies et l'ignorance.

Bill et Melinda ont fait un travail immense de sensibilisation en Venture Philanthropy[1], au point que Warren Buffet, qui a battu Gates en 2008 au palmarès des plus grandes richesses du monde, leur a confié une grande partie de sa fortune.

Joan, très impressionnée par Bill, l'avait accueilli chaleureusement. Elle apprécia aussi beaucoup les moments passés avec Melinda, charmante et intelligente, qui approchait de son quarantième anniversaire. Elle avait amassé un tas de connaissances sur la malaria inoculée par les moustiques, la tuberculose, le Sida, et sur les rotavirus, première cause de diarrhée aiguë qui tue plus de 500 000 enfants par an. Elle donnait des cours particuliers à Bill sur les grands problèmes de la santé du monde. Alors qu'il s'intéressait aux recherches scientifiques en microbiologie, espérant qu'elles pourraient déboucher sur un vaccin, Melinda s'appliquait à soulager autant que possible la souffrance quotidienne.

En faisant du voilier avec Bill, j'ai découvert avec surprise qu'il faisait souvent des régates. Il m'a parlé de la Xbox, destinée à remplacer la Play Station Sony, qu'il était sur le point de lancer sur le marché. « C'est la plus grande chose que j'aie jamais faite », m'avait-il dit, pensif. Je sentais qu'il était en train de donner un nouveau sens à sa vie. Après le succès planétaire de Microsoft qui a changé le monde en vingt ans, Bill Gates a mis ses capacités intellectuelles prodigieuses au service de notre Terre, et des problèmes apparem-

1. Secteur quasiment inconnu en France, la Venture Philanthropy consiste à diffuser et utiliser le business dans des actions philanthropiques et de revoir ces pratiques sous l'angle de la performance. *(NdT)*

ment insolubles auxquels elle est confrontée. Il me raconta sa rencontre avec Mandela : « On vous considère comme un saint. Dites-moi la vérité. Avez-vous éprouvé de la haine pour ceux qui vous ont mis en prison ? » « Oui, répondit-il. En ayant à les supporter chaque jour à mes côtés, je les ai détestés pendant douze ans, et puis je me suis dit qu'ils ne pourraient jamais s'emparer de mon cœur ni de mon âme. »

Bill ne s'était pas remis de cette rencontre, un des moments les plus forts de son existence. « Il m'a appris la vie », m'a-t-il dit.

Imaginons l'instant où se sont rencontrés l'homme le plus riche du monde et l'être le plus vénéré. Il a montré d'autres chemins à Bill, qui s'est fixé de tout nouveaux défis. Cette rencontre devrait avoir sa place dans les livres d'histoire comme un virage déterminant et le début de quelque chose de grand.

En janvier 2008, Bill Gates avait été invité au forum économique de Davos en Suisse. Sa déclaration frappa les esprits : « Le capitalisme enrichit toujours les plus riches. Il devrait aussi servir les plus pauvres. » Bill a trouvé un nom à cette démarche : le « capitalisme créatif ». Si on pouvait refréner l'individualisme qui est le moteur du capitalisme, tout le monde y gagnerait.

J'ai approuvé ses propos. Le capitalisme a fait ses preuves économiquement, mais il ne manque pas de lacunes. Il permet à un tout petit nombre d'individus de s'enrichir de façon stupéfiante. Il n'y aurait rien de bien grave si les très pauvres n'étaient pas à ce point démunis, ne disposant même pas du strict minimum pour vivre décemment. Si les chefs d'entreprise étaient toutefois amenés à choisir de réinvestir leurs gains en créant des emplois ou en luttant contre les malheurs du monde, ils se retrouveraient avec une énorme responsabilité. L'idéal serait de pouvoir agir sur les deux leviers, chers au microcrédit de Muhammad Yunus.

On ne connaît pas d'alternative viable au libre-échange des capitaux de biens et de services, et d'entreprises dirigées honnêtement. Mais il faut réfléchir sérieusement à ce que contient l'idéologie capitaliste qui a un grand besoin d'être réformée. Elle ne doit plus être exclusivement au service des plus puissants.

Mon point de vue, qui n'a rien d'original, c'est que le capitalisme devrait accorder beaucoup plus d'attention aux gens et aux ressources de la planète. Je l'appelle le capitalisme Gaïa pour faire court, en rendant hommage aux travaux du professeur James Lovelock, selon lequel la Terre serait un système physiologique dynamique qui maintient notre planète depuis plus de trois milliards d'années en harmonie avec la vie. Il pense que tous les êtres vivants seraient comme un vaste organisme, qu'il a baptisé Gaïa, réalisant l'autorégulation de ses composants pour favoriser la vie.

Gaïa est le nom de la déesse de la mythologie grecque personnifiant la Terre. Le comportement humain et le capital humain devraient fonctionner comme notre planète.

Plus généralement, les entrepreneurs et les créateurs de richesse doivent être une force positive pour faire le bien. Il n'y a rien d'anormal à partager les bénéfices de votre entreprise avec des gens heureux et épanouis, et en investissant sur notre planète qui se perpétuera pour le bonheur de nos enfants et petits-enfants.

Lorsque j'ai fait mes offres de services en 1997 pour installer un loto à Johannesburg, je fis appel au monde des affaires pour qu'ils mettent davantage d'éthique dans leur gouvernance et pour qu'ils imposent la tolérance zéro en matière de corruption, en particulier pour remporter les contrats, ce qui est le plus immoral et le plus dangereux. En instaurant un système pourri au plus haut niveau, les dirigeants d'entreprise qui corrompent les politiciens autorisent les policiers, les douaniers, les agents des impôts et le système judiciaire à en faire de même. Ils ont toutes les raisons de penser : « Nos patrons acceptent des pots-de-vin. Pourquoi n'en ferions-nous pas autant ? »

J'ai volontairement simplifié ma définition de l'éthique. Je suis attaché à une moralisation des affaires. Les questions d'éthique sont moins complexes que certaines institutions ou écoles de commerce ne veulent le faire penser. Il ne faut pas donner le bâton pour se faire battre, et le plus simple est de ne pas prêter le flanc à des articles de presse désastreux. Nous avons beaucoup de chance d'avoir une presse libre dans les pays libres. C'est très désagréable de trouver dans un journal ses propos déformés ou des interprétations sujettes à caution ; un mauvais journaliste peut faire beaucoup de mal mais, si on regarde les choses avec objectivité, ce ne sont en réalité que des petits désagréments. Une presse libre est en quelque sorte la conscience d'une société.

Imaginons que vous soyez occupé à décourager un concurrent. Vous étudiez un plan posé sur votre bureau qui aurait de bonnes chances de réussir à condition de prendre beaucoup de risques. Si ce projet venait à la connaissance du public et des médias, ils se contenteraient peut-être de hausser les épaules en trouvant que vous y allez un peu fort, mais ils pourraient tout aussi bien vous montrer du doigt et vous diaboliser. Un dérapage est vite arrivé. Il ne faut pas toujours se fier à ses réactions instinctives.

Nous travaillons à améliorer et réformer le capitalisme. Il est évident que la libre entreprise et la liberté de la presse doivent aller ensemble. C'est une chance d'avoir une presse libre parce qu'elle exerce un contrôle saint et légitime ; l'idéal serait d'en avoir de moins en moins besoin, puisque tout le monde commence à admettre qu'il faut mettre le bonheur des gens et le souci de l'environnement au cœur de l'entreprise.

Nelson Mandela m'a invité en juin 1999 à sa soirée d'adieux et à l'intronisation de son successeur Thabo Mbeki. Ma voisine de table, un médecin, m'avait invité à visiter son hôpital qui accueille plus de patients que n'importe quel autre au monde. Le lendemain matin, sur la route de Soweto, j'ignorais l'ampleur du choc qui m'attendait. Après le faste et le protocole de la veille, je revenais brutalement sur terre. La situation était pire que ce qu'elle m'en avait dit. Le chaos dans le hall des urgences me faisait penser à un film sur la guerre du Vietnam. Une file de gens qui venaient chercher un médicament s'étirait sur presque un kilomètre. Elle me dit que 20 % des femmes qui venaient en consultation prénatale étaient atteintes du Sida et que les médicaments ne parvenaient pas souvent à ceux qui en avaient besoin. J'ai un tel respect pour l'Afrique du Sud que j'ai éprouvé immédiatement l'envie irrépressible de venir en aide à ce pays, qui dispose d'un fabuleux potentiel et d'une population chaleureuse et sympathique. On avait déjà fait un bon travail sur le Sida au Royaume-Uni et j'étais désormais déterminé à faire tout ce qui était en mon pouvoir pour mettre fin aux malheurs qui frappent l'Afrique de Sud.

Virgin avait investi dans quelques entreprises pour apporter sa pierre au démarrage économique de l'Afrique du Sud, et par le biais de Virgin Unit, elle voulait aider la jeunesse du pays. Taddy Blecher, le leader charismatique de l'université Cida de Johannesburg, m'avait poursuivi dans la rue pour me convaincre de monter un partenariat, ce qui a donné la Branson School of Entrepreneurship. Installée sur le campus, elle assure une formation diplomante à la création d'entreprise et assiste financièrement les jeunes qui veulent créer leur affaire. J'ai eu la possibilité de passer une soirée avec les étudiants, à l'occasion de mon anniversaire. Leur énergie et leur enthousiasme m'ont apporté à la fois inspiration et humilité. Ils sont venus me voir pour me parler de leurs petites sociétés créées grâce à la Branson School, qui commençaient à se développer pour le bien de ces jeunes, de leurs familles et de leurs communautés. Ce fut mon plus beau cadeau d'anniversaire.

J'écrivis dans mon carnet ce que me dit l'un d'entre eux :

> *J'aime la Branson School qui sait nous donner une grande motivation. Grâce à elle, on oublie un peu ses problèmes, ce qui nous permet de nous concentrer sur notre entreprise. Je voudrais remercier et souhaiter les meilleures choses aux belles personnes qui dirigent la Branson School. Continuez s'il vous plaît ! Nous vous aimons. Merci.*

Alors que cette formidable génération commence à écrire un autre volume de l'histoire sud-africaine, je me rendais à l'évidence. Le Sida minait ce pays. Une économie vibrante et dynamique doit s'appuyer sur une population en bonne santé, afin de maintenir le tissu social et aider les malades, les infirmes et les personnes handicapées, mais il y a un point de non-retour au-delà duquel l'ampleur de la maladie et le taux de mortalité rendent impossibles

les créations d'entreprise. L'Afrique du Sud vivait sous cette menace. Il fallait que je m'investisse encore davantage.

Donald Makhubele, un serveur de notre réserve de Virgin Ulusaba, fut le symbole de la tragédie du Sida. Poète et musicien, ce personnage merveilleux avait chanté sa terre, ses habitants et sa maladie avec un talent extraordinaire. Son testament était bouleversant d'humanité. « J'écris sur le HIV et le Sida. Soyons fiers de lutter tous ensemble comme un seul homme pour terrasser l'ennemi. Ce n'est pas une maladie ; c'est une guerre que nous menons contre ce fléau qui veut détruire notre continent. »

À la mort de Donald, emporté par la tuberculose, je fis le serment que plus jamais un de nos salariés mourrait de façon aussi injuste. Il était intolérable que des centaines d'entreprises, qu'elles soient étrangères ou locales, acceptent que leurs employés disparaissent de cette façon.

Nelson Mandela m'avait raconté le jour où il était allé voir des enfants dont les parents étaient morts du Sida. Au lieu de leur jeter de la nourriture par-dessus la barrière, il était entré dans leur misérable cabane pour passer un long moment avec des petites filles. Lorsqu'il revint à sa voiture, son chauffeur sortit d'un bond pour s'enfuir à toutes jambes tant il redoutait d'être contaminé. Mandela m'avait dit que la princesse Diana était allée encore plus loin en prenant un bébé atteint du HIV dans ses bras. Ce geste simple avait permis à l'Afrique de faire un énorme pas en avant.

À Ulusaba, il fallait montrer que nous n'avions pas peur du HIV. Avec Joan on fit appel à Hugo Templeman un homme merveilleux, médecin et entrepreneur social[1]. On rassembla tout le personnel. On passa d'abord le test du Sida devant eux en les incitant à faire de même, et la plupart se joignirent à nous. On invita ensuite des jeunes gens atteints de la maladie à venir raconter comment les médicaments antirétroviraux leur avaient sauvé la vie.

1. Une entreprise sociale est une société dont les objectifs sont essentiellement sociaux, dont les surplus sont réinvestis dans la société ou la communauté pour poursuivre ces objectifs plutôt que pour satisfaire un besoin de maximiser les profits pour des actionnaires et des propriétaires. *(NdT)*

Virgin Unite finança avec un partenaire deux films tournés par des Africains, qui furent traduits en plusieurs langues pour expliquer le fonctionnement de notre système immunitaire et démontrer l'efficacité des médicaments contre le HIV. On découvrit que, dans une de nos entreprises, 24 % du personnel, atteints par le Sida, étaient condamnés à une mort certaine s'ils ne pouvaient bénéficier d'un traitement. J'étais bouleversé, et pourtant cette situation était représentative de la situation de nombreuses entreprises installées sur le continent.

J'annonçai le lancement du Challenge 0 % dans toutes nos entreprises. On s'engageait à fournir des antirétroviraux gratuits à tous nos employés, pour que plus personne ne meure du Sida, que plus personne ne soit positif, et que pas une femme enceinte atteinte du HIV ne le transmette à son bébé. Enfin, on ne tolérerait pas la moindre discrimination envers les personnes atteintes du HIV. Le Challenge 0 % ne contribue pas seulement à mettre fin aux souffrances inutiles ; il donne tout son sens à notre projet d'assurer le bien-être et la bonne santé de nos équipes.

À l'occasion d'une tournée qui mettait en lumière les actions destinées à lutter contre l'extension du HIV et du Sida, nous avons visité un maximum de cliniques pour prendre la mesure de la crise sanitaire. J'étais déjà très au courant de la réalité et des chiffres, mais je voulais me faire une idée plus précise de l'ampleur de l'épidémie. Il est impossible de mettre des mots sur les scènes auxquelles nous avons assisté. Plus nous avancions, plus nous avions la sensation d'être en enfer. Les rangées d'hommes et de femmes, souvent avec leur bébé, nous faisaient penser à des squelettes. Les salles d'attente étaient pleines de gens qui espéraient pouvoir s'allonger dans un lit où quelqu'un était mort à peine quelques heures auparavant. Ce n'étaient pas des hôpitaux mais des mouroirs. On savait pourtant qu'on pouvait faire face à ce problème, et on savait même comment. J'écrivis dans mon carnet :

Une mère enceinte avec le HIV ou le Sida qui risque de transmettre le HIV à son enfant. Il suffirait de 50 cents américains pour qu'on lui donne les médicaments six semaines avant la naissance, et faire une injection au bébé six semaines après, pour que tous ces enfants ou presque vivent une vie normale sans le HIV.

Malheureusement, bien peu de femmes enceintes avaient accès à ces médicaments.

J'étais effondré. Plus je retournais en Afrique du Sud pour continuer à créer des entreprises, plus je voyais l'épidémie empirer. Depuis son apparition en 1982, le virus avait fait des millions de morts. En 2006, près de 30 % de femmes enceintes étaient infectées.

On doit pouvoir donner de l'espoir à ceux qui savent qu'ils ont le Sida. On ne peut pas les considérer comme des morts vivants en sachant qu'ils s'éteindront dans la souffrance dans cinq ou sept ans avec un peu de chance. Les médicaments antirétroviraux sauvent réellement des vies. Avant que notre campagne de tolérance zéro ne commence, un de nos employés d'Ulusaba était pratiquement réduit à l'état de squelette. Il avait encore un jour ou deux à vivre quand on put obtenir les médicaments. Un mois plus tard, il avait retrouvé son poids normal, et trois mois après il avait repris son travail. Si les antirétroviraux sont utilisés correctement, une personne peut vivre tout à fait normalement, et ils diminuent de manière spectaculaire les risques que cette personne transmette la maladie. Je pensais que notre expérience nous aiderait à monter des partenariats avec de grandes organisations. Pour mettre fin à ce drame, il fallait lancer un programme d'urgence permettant d'administrer ces médicaments et nous assurer que des préservatifs étaient largement distribués. J'envisageais aussi la construction de cliniques capables de prendre leur autonomie avec le temps. Virgin Unite fit équipe avec Hugo Templeman et Brian Brink, du PLC anglo-américain, le gouvernement sud-africain et le président américain de programmes de lutte contre le Sida pour fonder le Centre de santé de la communauté Bhubezi à Mpumalanga. Ce fut un brillant exemple de l'efficacité et de la réussite d'un partenariat public-privé, avec une administration locale qui marche main dans la main avec des chefs d'entreprise.

Hugo rêvait de créer un centre d'accueil pour les premiers soins, avec une pharmacie, des appareils de radio et du matériel obstétrique, ainsi qu'un laboratoire et une clinique pour les malades du Sida. Hugo ne se contenta pas de le construire ; il en avait profité pour créer toute une infrastructure économique avec des équipements basiques comme l'eau, l'électricité, des routes, ainsi qu'une boulangerie, une station de lavage pour voitures et même une manufacture de couches ! Bhubezi fut l'occasion pour Hugo de développer ses idées et de les concrétiser.

J'y retournai en 2006 pour l'inauguration du centre. Entre-temps, des milliers de gens étaient morts du Sida et des milliers d'autres avaient été infectés par le virus. Je n'étais évidemment pas le seul à m'investir. Des pays aidaient aussi les dizaines et les dizaines d'organisations compétentes et efficaces qui travaillaient sans relâche pour arriver à éradiquer la maladie, mais elles étaient si nombreuses que c'en était parfois un handicap. Un médecin m'avait dit qu'avec ses équipes il passait 40 % de son temps à gérer la centaine d'interlocuteurs différents. Cela m'avait donné l'idée de créer avec Virgin Unite un « cabinet de guerre » pour l'Afrique subsaharienne pour regrouper toutes nos actions dans notre combat commun en assurant une meilleure coordination.

Après quelques visites bouleversantes dans des hospices et toujours en colère contre moi-même parce que j'avais laissé mourir Donald, je décidai de ne plus me taire. À la grande surprise de Virgin Unite, qui s'inquiétait parce que cela risquait de bloquer leurs projets, je déclarai à la télévision nationale que le président Thabo Mbeki et son ministre de la Santé méritaient d'être traduits en justice pour crimes contre l'humanité.

Le lendemain matin, le 27 octobre 2006, je découvris avec surprise l'article du *Financial Mail*: « Le milliardaire britannique Richard Branson accuse le président Thabo Mbeki et le ministre de la Santé Manto Tshabalala-Msimang de tuer leur propre peuple. »

Je n'en revenais pas. Richard Branson se permettait de donner des appréciations sur les dirigeants d'un pays où j'étais très impliqué économiquement alors que son métier était l'industrie et non la politique. Ce n'était évidemment pas raisonnable d'un point de vue strictement commercial, mais je pensais et je pense toujours que le plus important dans la vie c'est de faire ce qu'on estime juste, en exprimant ses convictions, au risque d'aller contre ses intérêts commerciaux. Il devrait toujours en être ainsi. Le business ne doit pas se dispenser de la morale.

Il ne s'agissait pas de moi mais d'un pays, d'un peuple et de leaders que j'aimais. Je voulais que l'ANC reste dans les mémoires pour tout ce qu'il avait fait pour son pays et non parce qu'ils acceptaient de voir mourir autant de gens en refusant d'accepter l'idée que le HIV et le Sida étaient liés.

Le président Mbeki me fit immédiatement un courrier dans lequel, je le reconnais, il ne me condamnait pas de m'être exprimé publiquement. Il voulait au contraire engager un dialogue sur ce qu'il envisageait de faire. Il proposait un plan honnête de son point de vue sur les problèmes auxquels l'Afrique du Sud était confrontée, depuis le HIV jusqu'au chômage endémique. Après quelques discussions franches et ouvertes, on parvint à faire fi de nos différences d'approche pour créer ensemble le cabinet de guerre destiné à combattre la maladie en Afrique subsaharienne. C'était la première étape d'un voyage que nous espérons capital. J'ai demandé à Pruja Bery et Jean Oelwang de Virgin Unite de travailler en étroite collaboration avec le gouvernement de l'ANC, quelques étonnants entrepreneurs sud-africains et d'autres partenaires du secteur de la santé, pour préparer le lancement du cabinet de guerre.

Il portera le nom de Donald Makhubele et sera dédié à la foule des anonymes emportés par cette maladie. Voilà comment les savoir-faire d'un entrepreneur, associés à l'expertise des acteurs de la santé et à leur connaissance des lignes de front, peuvent ensemble mettre en route une puissante force de changement.

En avril 2006, l'organisation caritative Starfish, qui se consacre aux orphelins d'Afrique du Sud, m'envoya la parabole des étoiles de mer.

Une jeune fille marche le long d'une plage en rejetant des étoiles de mer à l'eau. Un vieillard s'arrête et lui demande les raisons de son geste. « Le soleil se lève, et avec la marée descendante, elles vont toutes mourir. » « Mais vous ne pouvez rien y faire, réplique le vieil homme, la plage s'étend sur des kilomètres. » La fille ramasse une autre étoile et la remet à la mer : « Si, au moins, pour celle-ci. » Que peut-on faire pour changer les choses ? Et pourquoi ?

Si le résultat d'une partie de notre travail en Afrique est passé d'une façon vertigineuse de petites initiatives à des opérations de grande dimension pour revenir au point de départ, c'est parce que ce n'est pas l'ampleur de l'investissement humanitaire qui compte. C'est de chercher à faire le bien quel que soit le niveau où l'on se trouve. Une politique de lutte contre le Sida mise en œuvre à petite échelle est tout aussi fondamentale que ce que nous faisons dans l'ensemble du groupe Virgin ou au niveau d'un pays entier. L'important est d'être animé par la volonté de la réaliser et de l'inscrire dans sa stratégie d'investissement pour saisir en même temps des opportunités économiques que vous pourrez mener conjointement.

Au cours des cinq dernières années, Virgin Unite est devenue une sorte de plate-forme logistique humanitaire pour le groupe Virgin. Tous ceux qui ont la volonté d'agir pour venir en aide aux populations et à notre planète peuvent se regrouper et gagner en efficacité. Virgin Unite est la garantie que je ne suis pas le seul à me battre, et que toute la communauté Virgin travaille dans ce sens, chacun à sa façon, parce que nos actions se présentent sous différentes formes. C'est ce qui fait notre originalité. À Virgin Atlantic qui veut devenir la compagnie aérienne la plus propre, on travaille sans relâche pour trouver la meilleure façon de réduire son impact sur l'environnement. J'ai été particulièrement enthousiasmé par la réussite du test effectué il y a quelques mois avec les biocarburants. Si on arrive à trouver une source alternative de combustible écologique, ce sera une des plus grandes contributions que notre compagnie aura jamais apportée à la lutte contre la pollution.

Dan Schulman et son équipe de Virgin Mobile USA ont également travaillé avec Virgin Unite. Tout le monde, personnel, clients et des jeunes Américains, apporte imagination et bonne volonté pour trouver un toit aux millions d'adolescents sans abri aux États-Unis. Il n'y a rien de plus choquant que de voir dans des pays aussi prospères autant d'adolescents vivre dans la rue. Virgin Mobile a utilisé tous ses moyens de communication, par mailing, par son site Web, par son poids de lobbyiste et tout ce qui est possible encore pour mettre ce problème au premier plan et lever des fonds. Virgin Unite et le chanteur-compositeur Jewel ont uni leurs efforts pour obtenir du gouvernement américain d'organiser en novembre le « Mois des adolescents sans abri », une belle opération, non seulement pour nos partenaires comme Stand up for Kids (« debout pour les enfants ») et pour la jeunesse, mais aussi pour l'entreprise. Une véritable communauté en est ressortie, rassemblant nos clients, notre personnel et les adolescents sans abri eux-mêmes, pour actionner les leviers du changement et apprendre les uns des autres.

Les actions peuvent prendre différentes formes ; certaines entreprises se concentrent sur leurs propres programmes ; parfois, elles se regroupent avec d'autres pour créer un impact plus important. C'est le cas de ce que nous avons mis en œuvre pour repérer et soutenir les meilleures idées combinant la création d'emplois et l'écologie, par exemple en recrutant les Aborigènes d'Australie pour qu'ils pratiquent et développent leur technique séculaire qui consiste à brûler la terre pour la nettoyer et permettre aux jeunes pousses de se développer ; cette méthode dégage très peu de carbone et protège la biodiversité. Au Kenya, nous travaillons avec le Green Belt sur un écolodge[1] pour soutenir leurs projets de reforestation. On espère que ces initiatives feront des petits dans les

1. L'écolodge, anglicisme composé du terme *lodge*, désignant une petite structure d'hébergement touristique, et du terme *éco*, qui indique un souci de répondre à des règles écologiques, est une forme d'habitat destiné à l'accueil de touristes. Il se veut un lieu d'accueil touristique qui s'insère également dans le milieu naturel qui l'entoure, en limitant au minimum les impacts négatifs liés habituellement au tourisme. *(NdT)*

années à venir pour la protection de nos ressources naturelles, contre le réchauffement climatique et contre la pauvreté.

Les petites solutions très efficaces sont comme la poussière d'or, car c'est facile de les améliorer ou d'en faire plusieurs répliques jusqu'à ce qu'elles acquièrent une influence planétaire. La Grameen Bank de Muhammad Yunus en est le plus bel exemple.

Ne laissez pas de côté une proposition qui vous semble insignifiante. *Réfléchissez de la manière la plus réaliste et la plus concrète possible jusqu'où elle peut vous mener,* que vous soyez directeur d'entreprise ou trader à votre compte. Tout ce que vous apprendrez par la voie de l'entrepreneuriat bénéficiera directement à votre entreprise.

Dans mon métier, j'ai appris mille choses. S'il fallait en faire un résumé, je dirais que ce qui compte ce n'est pas l'importance ou le niveau de ce que vous faites. Ce sont les gens. C'est ce que je fais actuellement, en regroupant des entrepreneurs dans des petits cabinets de guerre pour s'attaquer à de grands problèmes. Je voudrais vous expliquer comment je travaille avec Virgin Unite et d'autres partenaires pour fonder un cabinet de guerre afin de traiter le problème le plus grave, le plus insaisissable, le plus urgent et le plus abstrait de tous : le changement climatique.

Quand j'étais enfant, je faisais souvent le même cauchemar, dû probablement à mes lectures de bandes dessinées. Je rêvais que les Martiens nous envahissaient. J'étais terrifié par ces monstres aux yeux d'insectes qui voulaient exterminer les humains avec leurs armes à rayons mortels. Les films de science-fiction des années 1950, comme *Le jour où la Terre s'arrêta* et *La Guerre des mondes,* racontaient la même histoire : notre planète était menacée de destruction par des forces du mal venues d'ailleurs. Pour lutter contre cette perspective épouvantable, les nations oubliaient leurs rivalités pour mettre leurs forces en commun et combattre le même ennemi. Nous ne sommes pas éloignés de ce scénario aujourd'hui. L'invasion est invisible, sans odeur, et pourtant omniprésente. C'est au carbone que nous faisons la guerre. Ce n'est pas une menace extraterrestre mais, ironie du sort, un des éléments qui ont permis à la vie d'apparaître.

L'eau gèle à 0 °C et bout à 100. La température de la surface de la Terre a été en moyenne de 14 °C au cours des dix mille années écoulées. Le record est de 58 °C à El Aziza, dans le désert du Sahara en 1922, et 2007 a été l'année la plus chaude.

Les scientifiques nous disent que si on n'essaie pas de se sortir du piège dans lequel nous nous sommes enfermés, en brûlant des matières qui libèrent du CO_2 dans l'atmosphère, menaçant de faire de notre planète une terre aride et inhumaine. Si rien n'est fait, la température va augmenter de 5 °C. Elle est actuellement de 14,5 °C. Imaginons le désastre si nous atteignons 19 °C. Il faut agir. Maintenant.

En déménageant les biens de l'ancien propriétaire de Mosquito Island dont je veux faire un lieu d'écotourisme dans les Caraïbes, je suis tombé sur quelques vieux livres écrits par Jacques-Yves Cousteau. Lorsqu'il avait eu connaissance des menaces qui pesaient sur nos mers, il a inventé le scaphandre autonome. Dans les années 1970, il avait filmé une partie de la Méditerranée polluée et sans signe de vie ; ces images tristes et choquantes ont provoqué des réactions salutaires.

Dans son livre *Fenêtre ouverte sur la mer,* publié en 1973, Cousteau posait cette question : qu'arrivera-t-il si les océans meurent ?

> *Si les océans et les mers mouraient, c'est-à dire que si toute forme de vie venait à disparaître, ce serait la plus grande et sans doute la dernière catastrophe de l'histoire des hommes, des animaux et des plantes qui se partagent la planète.*
> *En l'absence de vie dans les mers, le dioxyde de carbone contenu dans l'atmosphère augmenterait de façon dramatique jusqu'à ce qu'il dépasse un certain stade. Sous l'effet de serre, la chaleur de la terre serait piégée sous la stratosphère et la température du niveau de la mer augmenterait sensiblement. Les calottes glaciaires des pôles fondraient et le niveau des océans pourrait monter d'une trentaine de mètres en quelques années.*

Cousteau a écrit cet avertissement prophétique il y a trente-cinq ans. On ne pourra pas dire qu'on ne savait pas, que cette calamité n'était pas prévue et qu'elle nous a pris de court.

Les entreprises doivent maintenant changer radicalement leur mode de pensée, et il ne s'agit pas seulement de réduire l'empreinte de carbone ; rien ne sera simple, car c'est l'Homme qui est à l'origine de ce problème dans les domaines industriel et agricole pour répondre aux besoins des populations.

Je l'ai dit, toutes nos entreprises s'interrogent et cherchent comment elles peuvent réinventer leurs modes de fonctionnement pour diminuer au maximum leur impact sur l'environnement. Je me suis investi personnellement, c'est pourquoi je suis parti à la découverte de nouvelles façons d'aborder le problème.

Il a fallu commencer par rassembler les faits pour faire un état des lieux et élaborer un projet. J'avais aussi besoin de m'entourer d'experts comme le professeur James Lovelock, l'équivalent de Nelson Mandela dans le domaine de l'environnement, et Tim Flannery, un spécialiste de l'écologie dont le livre *Les Faiseurs de pluie* est le meilleur guide que j'aie jamais lu sur la situation d'aujourd'hui.

Des chercheurs ont creusé profondément la banquise pour aller récupérer des échantillons de glace. En étudiant le niveau de dioxyde de carbone piégé dans ces capsules de glace millénaires, ils ont estimé de manière précise l'évolution de la température terrestre depuis des siècles. L'invention de la machine à vapeur et l'arrivée de la révolution industrielle dans les années 1780 en Grande-Bretagne ont été à l'origine de ce processus vieux comme le temps. Mais ce sont surtout les progrès de la médecine et des sociétés qui, en améliorant sensiblement nos conditions de vie et en diminuant le nombre et l'impact des maladies, ont conduit à une augmentation sensible de la démographie. La population mondiale n'en finit pas de franchir des seuils, et il est clair que les milliards d'habitants de la planète consomment beaucoup plus d'énergie que leurs parents ne l'ont jamais fait. La planète se heurte à un déficit environnemental, équivalent écologique à l'affaire des *subprimes*.

Avant 1800, il y avait environ 280 parts par million (ppm) de CO_2 dans l'atmosphère. Depuis, l'industrie a brûlé, extrait par fusion et forgé ; les humains ont exploité la terre, cuisiné, et se sont chauffés avec d'énormes quantités de carbone. Pendant des générations, l'équilibre s'est maintenu quand la végétation consommait le dioxyde de carbone pour se développer. Mais la banque du carbone est maintenant dans le rouge et on se dirige à grands pas vers une situation à la Northern Rock ou Bear Stearns.

La prospérité du monde moderne s'est construite sur le charbon et le pétrole, deux hydrocarbures riches en énergie mais qui ne sont pas éternels. Pendant des millénaires, le carbone est resté enfoui en sous-sol. En se mélangeant par compression aux plantes et aux animaux en décomposition, il a donné naissance aux combustibles fossiles. Si l'activité humaine devait extraire tout ce carbone du sol pour le brûler, le carbone ainsi libéré se mélangerait à l'oxygène pour produire du dioxyde de carbone ; et on n'aurait plus besoin de s'inquiéter du réchauffement climatique ; on serait tous déjà morts asphyxiés par manque d'oxygène.

Au mois de juillet 2005, Gordon Brown, qui était alors chancelier de l'Échiquier, annonça la parution du rapport Stern, consacré au changement climatique. Sir Nicholas Stern, économiste britannique et ancien vice-président senior de la Banque mondiale de 2000 à 2003, voulait évaluer tout ce qu'on gagnerait en fonctionnant avec une économie pauvre en carbone, comment cela nous permettrait de nous adapter au changement climatique. Le rapport, publié en octobre 2006, ajoutait des éléments considérables au débat. Pendant la révolution industrielle, la concentration atmosphérique de gaz à effet de serre était déjà passée de 280 ppm à 430 ppm. En 2035, elle sera de 550 ppm, ce qui donne 77 % de chances pour que la température de la Terre augmente de plus de 2 degrés, le maximum qu'on puisse tolérer d'après les études scientifiques avant que se produise une catastrophe.

L'avertissement de Stern était alarmant. Si on n'agissait pas, la température mondiale pourrait augmenter de 5 degrés à la fin du XXIe siècle, phénomène qui plongerait la vie humaine dans l'inconnu. Une augmentation de 3 ou 4 degrés affecterait gravement le rendement des récoltes, et la montée des eaux menacerait Londres, New York, Shanghai et Le Caire. Cela signifierait aussi la disparition de la forêt amazonienne et la disparition du Gulf Stream, ce courant océanique régulateur du climat d'une grande partie de l'Europe.

D'après Stern, les coûts et les risques du changement climatique seraient équivalents à la perte d'au moins 5 % du PIB mondial, mais si on prenait en compte d'autres conséquences économiques comme les épidémies, l'effet pourrait être de plus de 20 %. Ces risques doivent être pris très au sérieux par les entreprises et pris en compte dans l'élaboration de nos stratégies.

Pour espérer stabiliser les gaz atmosphériques à 500 ou 550 ppm, il faudrait abaisser de 80 % les émissions planétaires du niveau de l'année 2006, ce qui revient à les diminuer de 1 à 3 % par an dans le futur proche.

Stern faisait plusieurs propositions, dont un ensemble de quatre mesures intéressant particulièrement le groupe Virgin : réduire la demande de biens et de services, grosse génératrice d'émissions ; améliorer l'efficacité de tous les moteurs produisant du carbone ; agir avec force sur les émissions inutiles à l'exemple de la déforestation et passer à des technologies à faible empreinte de carbone en matière d'énergie, de chauffage, et dans le transport.

Certaines entreprises planétaires sont convaincues, mais les actions dispersées des uns et des autres leur font perdre de l'efficacité. Notre guerre contre le dioxyde de carbone doit être relayée par le gouvernement et par les forces économiques pour chaque élaboration et chaque conception de produit. Nous devons enfin travailler pour retirer autant que possible le dioxyde de carbone de l'atmosphère. Tous ces points ont retenu mon attention.

Steve Howard, le président du GIEC[1], affirme que nous avons quelques années décisives devant nous pour agir, sinon les hommes pourraient disparaître d'ici deux siècles. Je suis d'un naturel opti-

1. Groupe d'experts intergouvernemental sur l'évolution du climat. *(NdT)*

miste et je crois que l'entreprise peut trouver – et trouvera – les solutions à cet énorme challenge. Il faut prendre ce problème à bras-le-corps à partir d'aujourd'hui pour le bien de nos enfants.

Ai-je assez accordé de prix à la nature ? J'ai grandi dans la magnifique campagne anglaise, en pleine nature, entouré d'oiseaux et d'arbres. Je me suis passionné pendant une grande partie de ma vie pour la protection de l'environnement. C'est surtout la visite à Londres d'un ex-candidat à l'élection présidentielle américaine qui fut décisive ; il me montra comment cette passion devait s'inscrire dans la gouvernance des entreprises.

Al Gore, l'ancien vice-président américain, que je n'avais jamais rencontré, était venu me voir à Holland Park. Il cherchait un dirigeant d'entreprise connu dans le monde entier pour entraîner les autres dirigeants. J'étais pour lui l'homme de la situation. Il passa deux heures avec Will Whitehorn, Jean Oelwang et moi pour faire un tour complet des problèmes liés au changement climatique. Son speech fit l'objet plus tard du documentaire *Une vérité qui dérange* qui connut un succès immense, vu par des millions de spectateurs avant d'être récompensé par un oscar. J'avais lu avant sa visite *L'Écologiste sceptique*, un livre dont l'auteur prétendait que le réchauffement climatique avait des aspects positifs et qu'il pouvait même protéger le monde en l'empêchant de se précipiter vers le prochain âge de glace. Une lecture dangereuse pour quelqu'un qui est dans les affaires !

Après avoir rencontré Al Gore, je retournai voir d'autres scientifiques et d'autres chercheurs. Je redécouvris le travail de Crispin Tickell et James Lovelock. À la fin de ma lecture, j'avais pris conscience d'une vérité qui me dérangeait, moi : je ne pouvais pas rester les bras croisés. Il fallait que je fasse quelque chose.

La lecture du livre de Tim Flannery, *Les Faiseurs de pluie,* fut capitale. Sa thèse fascinante et alarmante donnait une consistance indiscutable au concept de réchauffement climatique en s'appuyant sur des exemples concrets. Je dévorai ses nombreuses anecdotes, superbement écrites. J'en ai gardé une en tête : comment les pionniers américains ont détruit les immenses forêts à l'est et à l'ouest du continent en les coupant et en les brûlant pour en faire des pâturages mais aussi des déserts. La végétation reprit peu à peu sa place, et la plupart des forêts américaines qui ont moins de 60 ans sont en train de repousser avec vigueur. Elles absorbent un demi-milliard de tonnes de CO_2 par an, contribuant ainsi au rafraîchissement de la planète, mais une fois que cette végétation aura atteint sa maturité, elle absorbera moins de CO_2 au moment même où on en aura le plus besoin.

Le livre de Tim était une pépite. Il avait été largement influencé par le livre de Lovelock, *Gaïa*, qui parlait de manière très convaincante de la Terre comme entité vivante et unique. Il faisait sans cesse référence à son travail.

C'est un de mes privilèges que de pouvoir rencontrer beaucoup de personnalités de haut niveau. Je voulais discuter avec James Lovelock pour découvrir sa pensée profonde. Jim est un penseur indépendant, un scientifique et un inventeur. Cet homme âgé de 90 ans m'a frappé par sa vivacité et sa lucidité. Professeur honoraire de l'université d'Oxford, il a reçu beaucoup de décorations et de distinctions pour sa réflexion originale sur l'environnement.

Jeune chercheur et mathématicien, James Lovelock a travaillé dans les laboratoires de propulsion des Jets à Pasadena, qui avaient des relations étroites avec la NASA et le programme spatial américain. Il avait fait des recherches sur les missions spatiales inhabitées, qui ont contribué à la réussite de nombreuses expéditions de sondes interplanétaires lancées par la NASA pendant des années pour aller explorer d'autres planètes. Jim travaillait sur un laboratoire de microbiologie envoyé sur Mars, dirigé à distance pour voir si des bactéries, des champignons et d'autres micro-organismes pouvaient s'acclimater à la planète rouge. Ce fut pour lui l'occasion de se poser la vraie question : qu'est-ce que la vie ? Comment la reconnaître ?

Avec son célèbre collègue Dian Hitchcock, il commença à étudier la possibilité de vie sur Mars. Les scientifiques se tournèrent naturellement vers la Terre pour comparer sa biosphère et son atmosphère. Ils arrivèrent à la conclusion que la présence d'atmosphère sur notre planète était due au flux constant des différents gaz de l'atmosphère, fabriqués quotidiennement, preuve de l'activité de la Terre.

La théorie émergente de Jim, considérée comme radicale et rejetée par le monde scientifique, c'était que le monde et son atmosphère étaient un système vivant qui respirait. Carl Sagan, le rédacteur en chef de la revue d'astronomie *Icarus*, fut cependant assez intéressé pour la publier.

Quand le gouvernement américain abandonna en 1965 le projet d'exploitation sur Mars sur lequel Jim avait travaillé, il partit chez Shell Research pour étudier les effets de la pollution de l'air et ses conséquences planétaires. En 1966, trois ans avant la fondation des Amis de la Terre, Jim signala la présence de particules qui réduisaient la couche d'ozone, cette fine couche de gaz qui nous protège des radiations du Soleil. Parmi ses nombreuses inventions, le système de capture des électrons était essentiel pour détecter et mesurer la concentration atmosphérique des chlorofluorocarbones (CFC), des produits chimiques étant responsables de la destruction de la couche d'ozone.

C'était son ami William Golding, l'auteur du *Seigneur des anneaux*, qui lui suggéra « Gaïa », du nom de la déesse grecque de la Terre qui a donné la racine des mots comme géographie et géologie. Jim avança son hypothèse « Gaïa » en 1968, lors d'un meeting scientifique à Princeton consacré aux origines de la vie sur Terre. C'est le mot qu'il utilise lorsqu'il parle des interactions complexes entre la biosphère, l'atmosphère, les océans, les rochers et les sols. Pour lui, la Terre est effectivement un mécanisme autorégulateur et une machine à fabriquer de la vie.

La première fois où j'ai parlé à Jim, il m'a dit que dans les années 1970 il ne savait pas très bien comment marchait cette machine, mais en tant que scientifique il savait que la Terre était différente de nos voisins les plus proches du système solaire. Il était fasciné de voir comment la Terre, contrairement à Mars et Vénus, parvenait constamment à faire d'elle-même un lieu de vie convenable et sain.

Jim Lovelock est devenu un grand ami, et il m'a fait part de son travail sur le livre qu'il devait rendre depuis longtemps et qui aurait une suite. Il s'agissait d'un soliloque pour sa Gaïa bien-aimée. En avançant en âge, il a conservé une étonnante liberté de pensée. Je ne suis pas un intellectuel, et j'ai des difficultés à comprendre certains détails scientifiques et techniques, mais les descriptions de Jim sont poignantes, belles et compréhensibles. Il sait qu'il n'a plus beaucoup de temps devant lui et que ses idées risquent de disparaître si on ne prend pas le relais. Il m'a envoyé un tas d'idées avec l'espoir qu'elles prendront corps sous la forme d'entreprises, où il me parlait de lâcher des tubes dans l'océan, d'enterrer les algues dans la mer et d'ajouter de l'acide sulfurique dans l'atmosphère. Ce n'est pas un excentrique ou quelqu'un qui crie dans le désert, mais un homme qui jouit d'une autorité internationale respectée et honorée pour ses idées très modernes. Il lui manque tout de même un programme de recherche sérieux et disposant des moyens nécessaires pour approfondir les idées qui valent la peine.

En avril 2006, presque en même temps que la lettre de l'association caritative Starfish, j'ai reçu un courrier de l'ancien président des États-Unis Bill Clinton, qui me conviait à la Clinton Global Initiative à New York en septembre. J'ai un profond respect pour le travail de Bill dans les domaines sociaux et environnementaux, et je lui donnai mon accord pour y participer. Bill m'appela pour me demander si je pensais faire un geste.

C'est en prenant un bain que me vint l'idée de redistribuer tous les bénéfices des entreprises émettrices de carbone du groupe Virgin, comme les compagnies aériennes et les trains, dans le développement des technologies propres ! Je regardais aussi du côté de la recherche que nos entreprises avaient commencée sur le vent et le soleil, susceptibles de remplacer les combustibles fossiles. Bill fut très enthousiaste quand je le briefai avant la réunion. Il voulait en faire le sujet principal du colloque de septembre. Je lui dis que si son ancien vice-président Al Gore ne m'avait pas rendu visite, je n'aurais jamais eu cette idée et que j'aimerais bien qu'il soit des nôtres. Bill Clinton commença son discours ainsi :

– Au cours de ma déjà longue vie, j'ai eu le privilège de rencontrer beaucoup de gens étonnants. Richard Branson est un des plus intéressants, des plus créatifs et des plus engagés que j'aie connus.

Un peu gêné, je ravalai ma salive. Merci infiniment, cher Bill. Tu croyais qu'après ça je pouvais te répondre ?

Heureusement pour moi, je n'étais pas dans la salle. Une assistante lui cria :

– Il n'est pas encore là ! Il arrive !

J'avais loupé mon tour. J'étais aux toilettes.

Bill passa tranquillement au sujet suivant jusqu'à ce que j'arrive. J'expliquai en détail mes projets pour le groupe Virgin.

– On a décidé de mettre tout ce que rapportent les entreprises de transport du groupe pour contribuer à protéger l'environnement. Avec un peu d'espoir, cela pourrait représenter 3 milliards de dollars environ sur plusieurs années. Comme Al Gore, je ne crois pas qu'il soit trop tard. Nous avons une ou deux bonnes années pour tout mettre en route et s'attaquer au problème. Si on peut travailler sur un carburant alternatif, si les gens peuvent prendre des risques en développant des enzymes, si on peut faire en sorte que la biomasse remplace les combustibles polluants qu'on utilise en ce moment, je pense qu'on a un avenir très prometteur.

Al Gore s'avança :

– Richard, dit-il, j'ai une question que tu n'as pas évoquée. Peux-tu me dire si les bénéfices des voyages dans l'espace sont concernés ?

– Bien entendu ! D'ailleurs, ces vaisseaux sont écologiques !

La conférence fut bien accueillie et mon annonce fit l'effet attendu par Al Gore. L'affirmation, par un patron d'une grande entreprise de transport, de la réalité du réchauffement climatique, et qu'il annonce lui-même qu'il fallait y mettre fin, fit les gros titres. Les compagnies pétrolières et minières ne pouvaient plus continuer à nier leurs responsabilités. Pour aller encore plus loin, je décidai de lancer un prix. Il s'agissait d'encourager chercheurs et inventeurs pour qu'ils trouvent le moyen d'extraire le dioxyde de carbone de l'atmosphère terrestre. Si on trouvait la méthode, cela signifiait que la température terrestre pourrait être un jour régulée par l'espèce humaine.

Le premier Virgin Earth Challenge fut officiellement lancé le 9 février 2007. Pour remporter les 25 millions de dollars, les participants devaient présenter un projet solide et viable commercialement, qui permettrait d'enlever ou de déplacer une quantité importante de gaz à effet de serre de l'atmosphère. Le challenge était prévu pour une durée de dix ans.

Al Gore, Tim Flannery et James Lovelock acceptèrent de faire partie du jury. Je sollicitai aussi deux autres personnes de grande valeur pour compléter le tableau, sir Crispin Tickell, le directeur du Policy Foresight Programme de l'Institut James Martin du département Science et Civilisation de l'université d'Oxford, et le docteur James Hansen, professeur à l'Institut de la terre de l'université de Columbia, et responsable de l'Institut pour les études de l'espace de l'institut Goddard de la NASA à New York City ; un jury de poids lourds.

Ce sont eux qui décideront si une proposition a de bonnes chances de jouer un rôle capital dans la lutte contre le changement climatique et si le prix devait être remis à un lauréat unique ou réparti en deux ou trois personnes. Les possibilités étant totalement ouvertes pour trouver une solution, on décida de ne pas fixer de cadre strict, un principe expliqué de manière limpide par James Lovelock :

> *En découvrant l'ébauche du Virgin Earth Challenge, j'avais été surpris de voir qu'on récompenserait celui qui trouverait la solution pour extraire au moins 1 milliard de tonnes de CO_2 par an, un chiffre bien faible comparé aux 30 milliards de tonnes qu'on ajoute tous les ans dans l'atmosphère tandis que 6,3 milliards d'humains respirent presque 2 milliards de tonnes de CO_2. Essayer de restaurer la terre en enlevant 1 ou 2 milliards de tonnes par an, c'est comme si on essayait de renflouer une barque qui fuit avec une cuillère à café.*

Il m'avait dit qu'il fallait garder à l'esprit qu'il était possible de retirer 1 milliard de tonnes de carbone de l'atmosphère en développant largement la nourriture synthétique pour libérer d'énormes surfaces de terre cultivées et les rendre à la végétation naturelle.

> *Est-il trop tard pour rendre les conditions plus difficiles et en même temps plus générales ? Ce serait une grave erreur de refuser une offre intéressante pour fabriquer des aliments au goût agréable et de bonne qualité nutritive par la synthèse biochimique issue de l'air et de l'eau.*

Je sentais qu'il fallait que Jim se sente plus impliqué. Will Whitehorn décida d'aller le voir. De retour d'une réunion en France avec l'ancien président Jacques Chirac, il fut d'accord pour compléter la liste des jurés. « C'est une excellente idée, m'écrivit-il, et, qui sait, cela pourrait accélérer les recherches vers la solution. On a marché vers la catastrophe comme des somnambules ; il nous faut retrouver une bonne motivation. »

Tous les gens qui sont dans les affaires ont besoin d'avoir dans leur entourage des scientifiques sceptiques sur qui s'appuyer mais qui puissent aussi les défier et les stimuler. Jim était en plein dans son rôle.

Le Virgin Earth Challenge pourrait très bien être remporté par un postulant qui prendrait en compte la capacité d'autorégulation de la Terre. En septembre 2007, Jim et son collègue Chris Rapley écrivirent au journal scientifique *Nature* : « L'extraction de 500 gigatonnes de dioxyde de carbone de l'atmosphère par les humains dépasse nos capacités technologiques actuelles. Si on ne peut pas "guérir la planète" directement, on peut l'aider à se guérir toute seule. »

On pourrait installer des milliers de tubes verticaux de 100 à 200 mètres de long et de 10 mètres de diamètre dans les océans afin de mélanger les eaux profondes et les eaux de surface grâce aux mouvements de la houle. Ces ondulations permettraient de faire remonter les nutriments à la surface pour nourrir plus abondamment le plancton et les algues qui se développeraient et consommeraient du CO_2 en produisant du dimethylsulfide qui transforme l'air humide en nuages.

Jim avait évoqué ce sujet parce qu'il avait une réunion à Washington la semaine suivante. Il voulait en profiter pour en parler avec des scientifiques et des ingénieurs. Il m'écrivit récemment avec une nouvelle idée :

> *Je suis persuadé que notre meilleure chance d'inverser le changement climatique, c'est d'enterrer du charbon de bois sous la terre et dans l'océan. En transformant la plupart des déchets agricoles en charbon de bois chaque année pour l'enfouir, ce serait déjà beaucoup plus efficace que tout ce qu'on nous a proposé. Mieux encore, la préparation du charbon de bois produit un peu de biocarburant et tout ça ne serait pas négligeable. Il faudrait davantage de temps pour faire de même avec les fermes marines, mais si on veut vraiment aboutir à quelque chose, c'est la direction qu'il faut prendre.*

Cette idée ingénieuse pourrait même devenir une proposition fructueuse. Au cours de la première année, le Virgin Earth Challenge reçut plus de 3 000 dossiers qui prouvaient son immense intérêt. Au-delà de notre enthousiasme, je pris conscience qu'il faudrait du temps pour que la compétition donne des résultats. Peter Diamandis me proposa de reprendre le concept de prix X du vol commercial dans l'espace en 1994. Pendant plusieurs années, il l'avait présenté à de nombreuses personnes, y compris à Virgin, pour obtenir des financements, mais il avait fallu attendre dix ans pour qu'il soit remporté par Burt Butan et Paul Allen. Pour ce qui concernait la guerre contre le réchauffement climatique, on était plus que conscients que nous manquions de temps.

Un prix de 25 millions de dollars était une motivation pour les départements de nombreuses universités, mais je commençais à me demander ce qui se passerait si quelqu'un offrait une somme dix ou vingt fois plus importante. Un prix de cette envergure ferait beaucoup pour stimuler les grandes sociétés à investir en recherche et développement. Elles pourraient même être amenées à changer leur programme pour les mettre sur le projet.

Alors que j'étais plongé dans ces réflexions, je reçus au début de l'année 2008 une invitation pour faire une communication aux Nations unies à l'occasion d'un atelier de travail de deux jours sur le changement climatique. Je fus nommé « Citoyen de l'année » des Nations unies par le secrétaire général Ban Ki-moun pour mon engagement. L'ironie de la situation n'échappait pas au propriétaire de plusieurs compagnies aériennes !

J'étais séduit par les thèses de Jeffrey Sachs exprimées dans son livre *Common Wealth : Economics for a Crowded Planet*. Quand on s'attaque à des problèmes importants et à plus forte raison planétaires, on est parfois découragé par le cynisme et le défaitisme d'institutions complètement dépassées. Dans un marché libre où les États sont en concurrence, on ne peut pas avoir de solutions toutes faites. La clé, c'est de développer des nouvelles technologies durables, en s'assurant qu'elles parviendront directement et rapidement à tous ceux qui ont en besoin.

J'arrivai donc à New York avec Jackie McQuillan et Jean Oelwing, bien déterminé à faire un plaidoyer pour la création d'un cabinet de guerre de l'environnement.

J'avais l'intention d'ouvrir mon discours sur une citation de Cousteau : « Sur notre vieille Terre, il n'y a pas de frontières. Pas d'États-Unis, pas de Russie, pas de Chine, pas de Taiwan. Les rivières coulent librement sur les terres de nos continents et la discrimination n'existe pas pour le mouvement des marées, ni pour la force de nos mers qui viennent caresser les côtes de la planète. »

Le président de l'assemblée générale des Nations unies, Srgjan Kerim, et l'ancien ministre des Affaires étrangères de Macédoine présidaient la séance. Autant que je me rappelle, cet événement s'était déroulé sous la bannière « Action sur le changement climatique. Les Nations unies et le Monde sont au travail ». Srgjan était un hôte charmant. Parmi les autres participants se trouvaient le secrétaire général et le maire de New York, Michael Bloomberg, et la comédienne Daryl Hannah qui fait aussi campagne avec passion sur le problème du changement climatique. Srgjan ouvrit la session le 11 février : « Je me réjouis de voir le climat changer – du moins en termes politiques – et de constater que l'ignorance a été remplacée par la conscience. La conscience est maintenant notre alliée, mais cela ne suffit pas. Nous ne sommes pas là pour parler de projets à long terme et du monde de demain mais de l'urgence d'aujourd'hui. »

Il poursuivit en expliquant que les Nations unies travaillaient à des partenariats et qu'un processus de négociations était en cours entre les nations membres pour fixer ensemble des nouvelles normes concernant les gaz à effet de serre. Mais il ajouta que les seuls partenariats qui peuvent réellement fonctionner doivent comprendre le monde des affaires, les médias, les organisations non gouvernementales et les institutions universitaires (comme elles avaient contribué au GIEC récompensé par le prix Nobel de la paix en 2007 et aident les responsables politiques à comprendre l'envergure du problème). Il souligna que les Nations unies ne pourraient pas le faire toutes seules. Le Président dit qu'à l'époque où il se préparait à prendre le poste de président de l'assemblée générale, il s'était beaucoup documenté sur le sujet, en particulier sur le Virgin Earth Challenge.

« Ils ne sont pas là par hasard, dit-il. Je les ai invités parce qu'ils m'ont beaucoup appris. C'est pourquoi nous sommes tous ensemble ici aujourd'hui. »

Je pris la parole sur un ton volontairement grave. Au dernier moment, je sautai l'introduction poétique de Cousteau pour passer directement au point le plus sensible. « Certains scientifiques éminents pensent qu'on a déjà dépassé le point de non-retour et que personne ne pourra empêcher la température de la Terre d'augmenter de 5 degrés avec toutes les affreuses conséquences auxquelles il faut s'attendre. »

Je citai ensuite Jim Lovelock en expliquant qu'il était allé plus loin que le rapport des États-Unis. Il prédisait qu'avec la fonte de la banquise en été dans l'océan Arctique dans les dix prochaines années, l'augmentation de 5 degrés était prévisible dans quarante ans au lieu des quatre-vingts estimés par les Nations unies, mais contrairement à leur rapport il était persuadé que la température se stabiliserait à cette augmentation de 5 degrés et qu'il y aurait des survivants. Une grande partie de notre monde luxueux et confortable aurait disparu pour se préparer à devenir un désert sans relief. La vie disparaîtrait en partie et nous nous retrouverions dans un univers où on manquerait de nourriture et d'eau potable pour une population considérable.

> *Que vous croyiez ou non qu'on soit arrivés au point de non-retour, la plupart des scientifiques sont d'accord pour dire qu'on s'en approche beaucoup et que les perspectives ne sont pas brillantes. L'histoire nous a appris qu'en période de grand danger, quand tout semble perdu, le seul moyen de s'en sortir c'est de rassembler les esprits les plus forts et travailler tous ensemble pour un but commun – notre survie. Je suis convaincu qu'on peut construire une stratégie gagnante. Ces grands esprits existent, mais ils se battent chacun de leur côté.*
> *On a tous un rôle à jouer pour rassembler les scientifiques, les ingénieurs et les inventeurs du monde entier pour qu'ils proposent des perspectives innovantes et radicales, y compris un moyen d'extraire du carbone de l'atmosphère terrestre. Si on y parvenait, l'humanité serait capable de réguler la température de la Terre, en extrayant le carbone en période de grande chaleur et en ajoutant du carbone quand il ferait trop froid. On a trouvé la façon d'y ajouter du carbone ; on a juste besoin de trouver comment le retirer. On ne peut pas imaginer que l'esprit humain ne puisse pas le comprendre !*

Je fis ensuite mon offre ferme de partenariat à quiconque se sentait vraiment concerné.

> *Virgin offre 25 millions de dollars pour encourager les scientifiques et les inventeurs à se pencher sur le problème. Aujourd'hui, on aimerait que les 20 pays les plus prospères nous rejoignent pour*

qu'on puisse en faire le plus grand prix scientifique de l'histoire d'une valeur d'un demi-milliard de dollars. Je n'ignore pas qu'il va falloir des négociations !

J'attends encore le premier appel.

Le monde pourrait s'unir pour combattre un ennemi commun avec détermination. Si l'ingéniosité de l'homme est guidée par la perspicacité de l'homme d'affaires, on pourra faire face aux plus grandes catastrophes. Dans les temps difficiles, les grands esprits peuvent s'unir sur un projet commun ! C'est exactement ce qu'il nous faut aujourd'hui. Tout le monde doit s'y mettre pour trouver la meilleure solution. Quand la Grande-Bretagne se trouva emportée dans la guerre à la fin des années 1930, la section des Exigences opérationnelles de l'Air Force se mit d'accord pour le concept d'un monoplace, plus efficace pour surprendre les nazis. Deux projets étaient en concurrence : le Spitfire de Reginald Mitchell et le Hawker Hurricane, conçu par Camm ; ils devaient pouvoir frapper 266 fois sur un bombardier de métal pour le détruire. Pour y parvenir, il fallait tirer 1 000 salves par minute. Les deux y parvinrent. D'innombrables nouvelles technologies émergent en temps de guerre – depuis l'invention de canons assez puissants pour bombarder les murs des châteaux, jusqu'à la naissance de l'informatique moderne à Bletchley Park en Angleterre pour aider l'équipe d'Alan Turing à décrypter les codes secrets. Pourquoi donc ne pas créer un cabinet de guerre en temps de paix pour combattre notre nouvel ennemi commun, cet insensé changement climatique.

Le cabinet de guerre de l'environnement serait une combinaison unique de la force d'entrepreneurs, des données les plus complètes et de la mobilisation des ressources pour motiver les représentants de la haute finance et des affaires, même s'ils ont pu avoir dans le passé quelques difficultés relationnelles avec les écologistes. Les meilleurs de la classe seraient donc pour la première fois réunis dans un groupe réellement planétaire pour le bien de tous. L'organisation consisterait à faire travailler une petite équipe indépendante avec des partenaires proches, en s'assurant qu'on ne perdrait pas de temps à se répéter ou à revenir sur des choses qu'on connaît, mais qu'avec une communication permanente et efficace on se dirigerait le plus rapidement possible vers les solutions.

Le cabinet de guerre choisirait les meilleures idées, même si elles sont radicales, répartirait le travail, étudierait les pistes, en donnant toujours la priorité à la réduction de carbone et à la préservation de notre environnement. À partir des informations recueillies, il fournirait de nombreuses analyses pour identifier et sélectionner les options les plus intéressantes.

Ce genre d'action a besoin d'un leadership indiscutable. Pendant les questions et les réponses à la Conférence des Nations unies, les journalistes voulaient savoir qui assurerait le commandement des troupes. Plusieurs fois on me parla d'Al Gore, mais je répondais à côté car aucune décision n'était prise. Il était évidemment l'homme de la situation, mais j'ignorais quelle serait sa position. Il nous faut un Winston Churchill ou un Franklin D. Roosevelt, quelqu'un d'une stature indiscutable, sachant faire entendre sa voix et inspirant respect et autorité.

Virgin Unite est actuellement en train de créer un cabinet de guerre pour lutter contre la maladie en Afrique du Sud, et un autre pour s'attaquer au carbone.

Si on ne trouve pas de solutions technologiques, il faudra préparer le monde aux conséquences désastreuses dues à l'augmentation de la température de 5 °C et chercher tous les moyens d'en atténuer ses terribles effets. Il reviendra au cabinet de guerre de trouver des idées radicales pour gagner le soutien et mettre toute la communauté planétaire d'accord comme lorsqu'on a interdit les gaz CFC dans le monde entier pour diminuer le trou dans la couche d'ozone.

À New York, je m'appuyai sur l'exemple suivant :

> *Tout le monde accepte maintenant l'idée que le réchauffement climatique entraînera une montée des eaux ; la destruction de milliers de maisons sur les côtes du monde entier provoquera de gigantesques déplacements de population. Si on commençait aujourd'hui à créer*

d'immenses lacs à l'intérieur des continents en Afrique, en Asie, en Australie, au nord du Canada et en Amérique du Sud pour capter l'eau fraîche des rivières au lieu de les laisser se jeter dans la mer, le niveau actuel des mers se stabiliserait. Au-delà de ça, ces étendues d'eau contribueraient au rafraîchissement de la Terre, en permettant des pluies plus fréquentes et abondantes dans les régions désertiques où pourraient pousser de nouveaux arbres qui, à leur tour, absorberont davantage de carbone.

Le cabinet de guerre environnemental pourrait gérer le financement des actions importantes et négocier individuellement la part de chaque pays. Mais j'insistai pour que les Nations unies travaillent en partenariat étroit avec lui pour s'assurer de la mise en œuvre du projet. J'avais préparé une citation de sir Winston Churchill, qui avait créé son fameux cabinet de guerre à Londres pendant la Seconde Guerre mondiale. « Il ne faut jamais s'enfuir devant un danger qui nous menace, car en tournant le dos à votre adversaire, vous multipliez le danger par deux. Si vous y faites face, vous le diminuez de moitié. Ne jamais s'enfuir. Jamais ! »

En mars 2008, sur la suggestion de Richard Stromback, un ancien joueur professionnel de hockey devenu un excellent entrepreneur de technologies propres, on décida de rassembler ceux qui travaillaient sur le sujet pour voir comment on pourrait unir nos forces. Richard, le P-DG d'Ecology Coatings, le Climate Group et Virgin Unite invitèrent un groupe de gens à la sensibilité écologiste, hommes d'affaires et anciennes personnalités politiques, pour appréhender le futur. Larry Page de Google, Vinod Khosla, le capitaliste entrepreneur, Elon Musk, le créateur de Pay Pal, Jimmy Wales, le créateur de Wikipedia, et Tony Blair, l'ancien Premier Ministre britannique chargé d'une mission diplomatique au Moyen-Orient, en faisaient partie. En Amérique, les technologies propres connaissent une énorme croissance, pas seulement dans la Silicon Valley et ailleurs en Californie, mais aussi à Boston et ses environs, Albuquerque au Nouveau-Mexique, et près d'Austin au Texas. Les investissements consacrés aux énergies arrivent à la troisième place des sociétés à capital-risque, et il est de loin le segment qui a la plus forte croissance. La liste des entreprises et des individus qui rejoignent ce secteur ne cesse de s'allonger : Odersum, Solyndra, Clipper Windpower et Enphase Energy montent en puissance.

L'ex-président de SAP Shai Agassi a créé Better Place à Palo Alto ; il commence à installer les infrastructures nécessaires pour fabriquer des voitures électriques à destination d'Israël.

Elon Musk, le créateur de PayPal et maintenant entrepreneur de l'espace, a parlé de ses moteurs Tesla, une entreprise de Silicon Valley qui vend des voitures de sport électriques au prix de 100 000 dollars (Larry en a commandé une ; moi, je remets ça à plus tard car j'en utilise très rarement en ce moment). Hunt Ramsbottom, le P-DG de l'entreprise de fuel synthétique Rentech, a évoqué son projet de biocarburant pour les avions pendant que William McDonough nous montrait les plans d'un immeuble à Abu Dhabi équipé de panneaux solaires intégrés et d'un centre commercial Wal-Mart équipé d'un toit de gazon qui économise sensiblement l'énergie.

Tony Blair donna son point de vue d'homme politique. Il expliqua que les gouvernements, embarqués dans le tourbillon quotidien de la vie politique, n'avaient pas le temps de se pencher sur des sujets aussi importants que le carbone. Avec un peu de chance, il arrivait à rencontrer son ministre de l'Environnement deux heures par mois. Le cabinet lui montrait un projet à court terme, et Tony disait : « D'accord, on a fait ceci ou cela. »

Cette anecdote sans doute typique confirme la nécessité absolue de créer un cabinet de guerre et de donner aux entrepreneurs « verts » une place essentielle.

Pour diriger une entreprise avec des principes éthiques, *il faut être exemplaire*. Si vous avez banni toute forme de corruption, vous devez être tout aussi intraitable pour ce qui concerne la protection de l'environnement. Il m'a fallu du temps pour le comprendre. J'avais peur de regarder en face le problème du changement climatique, comme si cela m'intimidait, sans doute parce que je pensais que cela me dépassait et dépassait tout le monde. C'est pourquoi j'essayais de me persuader qu'il n'existait pas.

Tel à celui qui chemine seul apeuré et craintif
Qui se retourne et continue sa route
Et tourne la tête encore une fois
Parce qu'il sait qu'un terrible ami
Court derrière lui pour le rejoindre.

Mais, contrairement à la vision du vieux marin du poète Coleridge, il faut se confronter à la réalité et aux vrais problèmes, même lorsqu'ils sont de la dimension du réchauffement climatique ; ils ne seront jamais aussi terrifiants que les spectres qui hantent nos esprits. On peut agir. Il faut juste qu'on cesse d'en avoir peur. La crainte nous a pétrifiés jusqu'à ce qu'on en arrive à nier son existence Mais maintenant il faut se bouger.

Personne ne vous demande de sauver la planète. *Vous n'avez qu'à laisser travailler votre imagination et essayer de mettre une ou deux idées en œuvre.* Personne ne vous demande de trouver une solution planétaire à tout ce qui arrive. Contentez-vous de faire ce qui est à votre portée. Les solutions locales ont de la valeur par elles-mêmes, et certaines peuvent être développées ensuite ; peu importe, donc, si vous ne disposez que d'un petit budget, vous serez utile.

C'est la bonne nouvelle.

Voilà maintenant ce qui peut vous faire peur.

Si vous ne vous impliquez pas, il y a de grandes chances pour que vous perdiez votre affaire ; si ce n'est pas l'année prochaine, ce sera peut-être dans cinq ans, dans dix ans ou dans vingt. Le climat change et la population augmente à grande vitesse. Tous les prix sont sensibles à de fortes fluctuations. Le marché des assurances est en proie au chaos. Des pénuries inattendues et imprévisibles perturbent la production. Les évolutions météorologiques mettent en péril des populations et perturbent les économies de nations entières.

La situation ne va faire qu'empirer avant d'espérer voir les choses s'améliorer.

Vous vous souviendrez que lorsque je décrivais nos recherches de biocarburants et nos vaisseaux spatiaux, j'ai dit qu'on ne changeait pas les données d'un marché en vingt-quatre heures. Les succès rapides de Virgin dans ses différentes branches ont été le résultat d'années d'études et de recherche.

Ce travail sur le changement climatique n'est pas un secteur qui permet de faire des affaires. Que cela nous plaise ou pas, nous sommes dans le même bateau. Quelle que soit votre taille, il faut vous sentir concerné. Si nous échouons, nous serons ruinés.

Si vous n'avez pas un temps d'avance, si vous ne recherchez pas des solutions à des problèmes susceptibles d'affecter votre affaire dans dix ans, vous courez le risque sérieux de faire une hémorragie et d'y laisser la peau.

Ne regardons pas le mauvais côté des choses. L'inverse est aussi vrai : si vous réussissez quelque chose de bien dans le secteur de l'environnement, vous ferez du bien à tous et votre entreprise y gagnera.

Vous pourrez alors envisager d'aller plus loin et donner à votre projet de plus en plus d'ampleur.

Il y a du bon travail à faire sur le changement climatique et je vous garantis qu'une fois que vous y aurez goûté vous n'aurez aucune envie de vous arrêter.

Les problèmes du HIV, du Sida et du changement climatique me passionnent et donnent du sens au groupe Virgin. Nous nous investissons sur d'autres projets sociaux et environnementaux, mais ce sont tous les efforts que l'on fournit qui ont un effet de levier sur notre atout essentiel, l'esprit d'entreprise de notre personnel. Cet état d'esprit, de bons partenaires et de grandes idées, c'est ce qui fera notre originalité et notre force pour la prospérité des peuples et de notre planète.

Si nous voulons être fiers de laisser ce monde aux sept prochaines générations, chaque entreprise doit regarder comment elle peut contribuer au changement dans chacune de ses spécialités. Un dernier point encore : *n'oubliez pas de tendre l'oreille*. Les meilleures idées viendront parfois de votre personnel, de vos clients et des gens que vous côtoierez sur la ligne de front.

Et si vous avez envie de nous rejoindre pour construire avec nous un monde où il fera bon vivre, n'hésitez pas à nous contacter à Virgin Unite : www.virginunite.com

Épilogue

Le succès

Si je ne m'étais pas blessé gravement à un genou pendant mon adolescence, j'aurais certainement fait du sport. Si je n'avais pas été dyslexique, je n'aurais pas quitté l'école à l'âge de 16 ans pour créer un magazine, ce qui signifie que je ne me serais pas retrouvé à diriger Student, *ce qui veut dire que les disques Virgin n'auraient jamais vu le jour, ce qui signifie…*

Dans une vie, différents chemins s'offrent à vous. Le tout est de choisir le bon. Ce n'est pas simple, et pourtant Dieu sait si c'est important. Pour en rajouter, ce n'est pas bien de choisir de ne pas choisir. C'est l'échec assuré. Je crois qu'on ne s'occupe pas assez des jeunes ; on devrait les aider davantage à choisir leur route.

Ils ont tous besoin de conseils avisés. Ils ont besoin de quelqu'un qui soit capable de leur montrer ce qu'est l'avenir. Ils ont besoin d'imaginer de quoi leur vie sera faite, comment ils pourront en profiter, et comment ils pourront se comporter en responsables.

C'est dommage qu'on apprenne aux enfants tout ce qu'on sait sur le monde, mais qu'on ne leur enseigne pas comment en faire partie, comment réaliser une idée, comment mesurer les conséquences de leurs actes, comment encaisser les coups ou comment partager le succès. Quel monde avons-nous construit pour que les gens utilisent si souvent l'expression « *It's just business* » sans chercher à se fixer des challenges et en évitant soigneusement les difficultés.

L'esprit d'entreprise est le cœur des affaires. Ce n'est pas seulement une question financière, c'est aussi une affaire d'idées. On peut enseigner une grande partie de l'entrepreneuriat, et il faut impérativement le faire dans la mesure où on est confronté aux énormes défis planétaires du XXIe siècle. L'entrepreneuriat est une affaire d'excellence, pas de l'excellence récompensée par des décorations ou des félicitations, mais l'excellence pour soi-même, en explorant ce que le monde a à nous offrir. J'ai écrit récemment à quelqu'un qui est dyslexique comme moi. Je lui ai dit que c'est important de chercher où est sa force, pour essayer d'exceller dans ce qui lui convient.

Les gens n'ont pas à savoir ce en quoi vous n'êtes pas bon et cela ne devrait certainement pas vous intéresser vous-même. Quoi que vous fassiez de votre vie, vos points forts sont moins nombreux que vos points faibles. Peu importe ; ne laissez pas vos insuffisances prendre le dessus et détruire la confiance que vous avez en vous. Oubliez-les, et avancez avec vos propres forces.

Voilà ce qu'on peut dire de sensé à la jeunesse. À ceux d'entre vous qui ont déjà bien avancé dans la vie, je conseille de relire le paragraphe précédent, en ajoutant des points d'exclamation après chaque phrase. Parce qu'on a toujours le choix et que vous êtes toujours obligé de choisir. Si, dans l'entreprise, vous savez adopter l'attitude qui convient quand il faut, vous serez toujours jeune d'esprit, parce que tout change tout le temps, que le changement vous amène toujours de nouvelles opportunités, et qu'il ne faut pas se cacher quand le changement vous attend au coin de la rue.

Ne soyez pas constamment sur la défensive : vous risquez de vous affaiblir, donc d'avoir des difficultés à affronter de face certaines situations, et vous risquez d'y laisser la peau. L'entreprise vous ouvre l'esprit. La réussite est promise à ceux qui sont d'un naturel optimiste, qui regardent l'avenir sans crainte et l'attendent avec passion. Elle est aussi promise à ceux qui ont envie de s'engager sans perdre leur humanité. Elle est promise à ceux qui sont capables de se mettre dans la peau de leurs clients, de leurs collaborateurs et de tous ceux qui ont affaire à eux. Elle est promise à ceux qui, quand ils tombent sur un problème ou une injustice, réagissent immédiatement pour y remédier. Place aux pragmatiques plutôt qu'aux perfectionnistes, aux aventuriers plutôt qu'aux fantaisistes. Si vous travaillez bien, avec l'esprit qui convient, vous connaîtrez le succès.

Comment reconnaître ceux qui ont réussi ? Sur ma liste arrive en tête sir Freddie Laker. Vous comprendrez que c'est une évidence. Mais ensuite ? Faut-il consulter la liste des plus riches et feuilleter les magazines people ? Mettons tout ça à plat une fois pour toutes. Quand on parle de réussite, de quoi parle-t-on ?

Faut-il parler d'argent ? C'est un peu sommaire. Les gens veulent toujours connaître la fortune de l'autre. C'est un sujet fascinant qui fait couler beaucoup d'encre et de salive. En réalité, la richesse est comme une rivière. Il y a des saisons où le flux d'argent est torrentiel et où le *cash* déborde. Dans la minute qui suit, pour peu que vous ayez investi sur une de vos entreprises, vos liquidités, comme la rivière, se sont soudain asséchées. Le palmarès des plus riches, même s'il a fait l'objet d'une enquête poussée, ne veut pas dire grand-chose. Parfois j'étais au bord de la faillite alors que mon nom figurait sur la liste du *Sunday Times* en compagnie des plus grosses fortunes. J'en étais heureux, car j'imaginais que le directeur de la banque allait se calmer. Je me suis bien gardé de protester auprès du journal qui n'a pas donné les bons chiffres. Ces dernières années, les choses se sont bien passées pour le groupe Virgin. En 2008, le chiffre d'affaires a frôlé les 12 milliards de livres.

Et moi ? Oui, je suis riche. Voilà. Je l'ai dit. Aux États-Unis, le sujet n'est pas tabou, au contraire ; en Grande Bretagne, on est plutôt embarrassé d'évoquer le sujet, et ce n'est pas plus mal. Quand je vais à une soirée, je discute avec des gens, pas avec des relevés de comptes. Je voudrais être sûr que quand ils bavardent avec moi ils ont le même sentiment. Pour être parfaitement honnête, j'ai détesté que le mot milliardaire apparaisse dans le titre de l'émission que j'ai faite pour Fox TV. Le titre était accrocheur, mais ce n'est pas du tout mon genre. L'argent n'est intéressant que pour ce qu'il vous permet de faire. En théorie, si demain je vendais les parts de mes entreprises, ma richesse serait considérable, mais je ne m'amuserais plus.

Si l'argent n'est pas le meilleur moyen de mesurer le succès, la célébrité est encore pire. Les médias aiment qu'une entreprise soit personnalisée. C'est compréhensible, car c'est beaucoup plus facile de parler de Steve Jobs pour Apple, de Bill Gates pour Microsoft ou de Richard Branson pour Virgin. Mais cela simplifie les choses à l'extrême, et on ne dit rien des milliers de gens compétents qui ont des rôles importants et qui prennent des décisions essentielles tous les jours. Je voudrais faire comprendre que rien n'est vraiment simple dans les affaires et que c'est très complexe de diriger une entreprise de média, une affaire de tourisme spatial ou une compagnie aérienne.

La direction d'une entreprise planétaire est complexe financièrement, parce qu'elle doit s'adapter à la législation de nombreux pays différents, qui exigent un niveau élevé d'expertise dans le domaine de la juridiction, des taxes et des affaires légales, sans oublier l'informatique, le marketing et les ressources humaines. Je n'ai jamais rencontré un P-DG qui possédait tout ce savoir-faire. Celui qui supervise l'ensemble prend des décisions stratégiques capitales, mais elles sont toujours fondées sur le travail et les capacités d'autres collaborateurs. Le succès d'une entreprise ne repose pas sur une ou deux personnes. Nous travaillons le même nombre d'heures par semaine. Enfin, le travail est une de nos valeurs fortes avec une éthique partagée par tous.

Si les critères du succès ne peuvent se résumer à l'argent ou à la célébrité, que dire du pouvoir personnel ? On m'a souvent demandé ce qui se passerait si le ballon de Richard Branson explosait. Le groupe Virgin ne repose-t-il pas sur un seul individu ? J'ai répondu en plaisantant que, pendant la phase où on dirigeait Virgin Records, on avait toujours pensé que si un artiste de musique rock important venait à disparaître les ventes exploseraient. J'ai passé plus de trente-cinq ans à construire l'enseigne Virgin et si demain je me fais écraser, elle continuera à vivre sans moi, exactement comme Google continuera à vivre sans ses fondateurs et Microsoft aussi sans Bill Gates. Pour moi, le travail le plus important a été fait. Beaucoup de gens ont fourni un travail remarquable au commencement pour construire l'enseigne. Avec ou sans moi, Virgin existera encore pendant de nombreuses années.

Alors ? C'est cela le pouvoir ? Oui, sans doute. Mais l'idée que c'est moi qui contrôle l'enseigne d'une manière ou d'une autre a quelque chose d'inquiétant et de stupide. J'ai donné naissance à l'enseigne, je l'ai nourrie et je continue à la nourrir. Je l'ai mise au monde et je la défends. C'est pour elle que je me lève chaque matin. Il n'y a que les idées qu'on ne peut pas contrôler.

Ce qui me fait lever le matin, c'est aussi l'idée que nous sommes différents. Je n'ai jamais voulu diriger une grosse entreprise ; c'est pourquoi je me réjouis vraiment d'en avoir créé beaucoup de petites (je dois être prudent avec les termes que j'emploie ici parce que les compagnies aériennes sont rarement de petites entreprises). Je sais que vous comprenez parfaitement ce que je veux dire. C'est parce que Virgin n'a jamais oublié ce que c'est d'être un petit entrepreneur qu'elle a su se distinguer et marquer de son empreinte le monde des affaires.

Plus vous vous engagerez en étant réactif et en faisant preuve de sens pratique, plus vous aurez des chances de réussir. Et si c'était ma définition du succès ? Je m'engage de plus en plus pour sauver notre planète. Je ne sais pas si cela peut m'apporter de la réussite, mais c'est ce qui me rend heureux.

J'espère que les anecdotes et les réflexions que vous aurez trouvées dans ce livre vous seront utiles. Vous vous serez rendu compte que pour moi le succès n'a rien à voir avec le profit pour le profit. C'est d'avoir créé quelque chose dont on peut être vraiment fier. Les profits sont évidemment nécessaires pour investir, pour payer les factures, rendre l'argent aux investisseurs et récompenser tout le travail difficile, mais c'est tout. On ne devrait rappeler à personne l'argent gagné dans la vie. Que vous mouriez avec un compte en banque de 1 milliard de dollars ou avec 20 livres sous votre oreiller n'a rien d'intéressant en soi. Ce qui compte, c'est ce que vous avez fait de votre vie. Les gens qui réussissent ne possèdent pas de secrets qu'ils conservent jalousement. Ne vous laissez pas impressionner. Écoutez plutôt la sagesse des gens qui ont mené une vie enrichissante, ceux, par exemple, qui ont su trouver du temps pour leurs amis et leur famille. Soyez généreux dans votre interprétation du succès. Les vies les meilleures et qui ont le plus de sens ne se terminent pas toujours bien. Mon ami Madiba a passé vingt-sept ans de sa vie en prison. S'il y était mort, n'aurions-nous rien retenu de sa vie ?

Dans les affaires comme dans la vie, tout ce qui compte est ce que vous faites de positif. Merci d'avoir lu ce livre et jouissez de la vie. On n'en a qu'une.

Si

Si tu restes ton maître alors qu'autour de toi
Nul n'est resté le sien, et que chacun t'accuse ;
Si tu peux te fier à toi quand tous en doutent,
En faisant cependant sa part juste à leur doute ;
Si tu sais patienter sans lasser ta patience,
Si, sachant qu'on te ment, tu sais ne pas mentir ;
Ou, sachant qu'on te hait, tu sais ne pas haïr,
Sans avoir l'air trop bon ou paraître trop sage ;

Si tu aimes rêver sans t'asservir au rêve ;
Si, aimant la pensée, tu n'en fais pas ton but,
Si tu peux affronter, et triomphe, et désastre,
Et traiter en égaux ces deux traîtres égaux ;
Si tu peux endurer de voir la vérité
Que tu as proclamée, masquée et déformée
Par les plus bas valets en pièges pour les sots,
Si voyant s'écrouler l'œuvre qui fut ta vie,
Tu peux la rebâtir de tes outils usés ;

Si tu peux rassembler tout ce que tu conquis
Mettre ce tout en jeu sur un seul coup de dés,
Perdre et recommencer du point d'où tu partis
Sans jamais dire un mot de ce qui fut perdu ;
Si tu peux obliger ton cœur, tes nerfs, ta moelle
À te servir encore quand ils ont cessé d'être,
Si tu restes debout quand tout s'écroule en toi
Sauf une volonté qui sait survivre à tout ;

Si t'adressant aux foules tu gardes ta vertu ;
Si, fréquentant les Rois, tu sais rester toi-même,
Si ton plus cher ami, si ton pire ennemi
Sont tous deux impuissants à te blesser au cœur,
Si tout homme avec toi compte sans trop compter ;
Si tu sais mettre en la minute inexorable
Exactement pesées les soixante secondes
Alors la tienne est tienne et tout ce qu'elle porte
Et mieux encore tu seras un homme mon fils !

Rudyard Kipling
(trad. de Germaine Bernard-Cherchevsky, 1942)

Index

Table

RÉALISATION : NORD COMPO À VILLENEUVE-D'ASCQ
NORMANDIE ROTO IMPRESSION S.A.S. À LONRAI
DÉPÔT LÉGAL : MARS 2011. N° 103963 (110161)
IMPRIMÉ EN FRANCE